财会人员实务操作丛书

事业单位会计实务
（第三版）

王国生◎编著

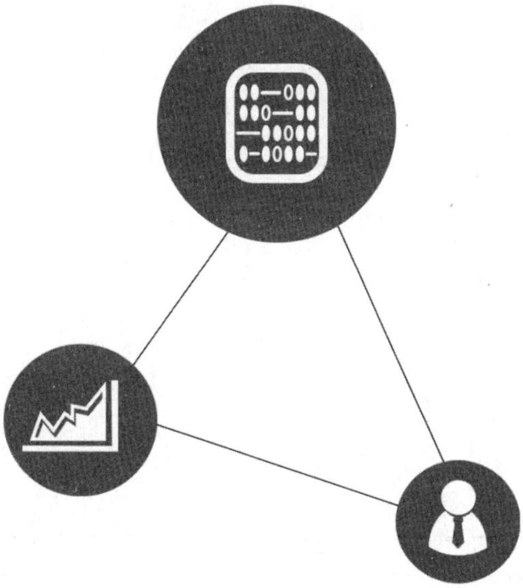

中国人民大学出版社
·北 京·

图书在版编目（CIP）数据

事业单位会计实务/王国生编著．—3 版．—北京：中国人民大学出版社，2019.4
（财会人员实务操作丛书）
ISBN 978-7-300-26694-7

Ⅰ.①事… Ⅱ.①王… Ⅲ.①行政事业单位-单位预算会计-中国 Ⅳ.①F812.2

中国版本图书馆 CIP 数据核字（2019）第 028551 号

财会人员实务操作丛书
事业单位会计实务（第三版）
王国生　编著
Shiye Danwei Kuaiji Shiwu

出版发行	中国人民大学出版社		
社　　址	北京中关村大街 31 号	邮政编码	100080
电　　话	010－62511242（总编室）		010－62511770（质管部）
	010－82501766（邮购部）		010－62514148（门市部）
	010－62515195（发行公司）		010－62515275（盗版举报）
网　　址	http://www.crup.com.cn		
经　　销	新华书店		
印　　刷	北京密兴印刷有限公司	版　　次	2013 年 6 月第 1 版
开　　本	787 mm×1092 mm　1/16		2019 年 4 月第 3 版
印　　张	21.25	印　　次	2024 年 2 月第 2 次印刷
字　　数	512 000	定　　价	45.00 元

前 言

《事业单位会计实务》一书，历经2013年第一版、2017年第二版的发行，以其内容简明、规范、通俗及实例丰富等特点，得到了广大读者的认可、支持与厚爱。借第三版出版之际，谨向选用本书的广大读者朋友们表示衷心的感谢！

本书自2017年第二版修订后，我国行政事业单位会计规范发生了历史性变革。2017年10月24日，财政部印发了《政府会计制度——行政事业单位会计科目和报表》（财会〔2017〕25号，以下简称《政府会计制度》），自2019年1月1日起施行。

《政府会计制度》将原来的《行政单位会计制度》《事业单位会计制度》及行业会计制度有机地整合，构建了统一的政府单位会计制度。该制度的出台，标志着具有中国特色的政府会计标准体系初步建成。

与原来的行政事业单位会计制度相比，《政府会计制度》具有以下重大创新与突破：

第一，统一了各项行政事业单位会计制度。《政府会计制度》实施后，会计制度不再区分行政单位和事业单位会计制度，也不再区分行业事业单位会计制度，所有的行政事业单位（不包括纳入企业化管理的事业单位）会计核算都由《政府会计制度》予以规范。

第二，重构了政府会计核算模式。《政府会计制度》创造性地构建了“财务会计和预算会计适度分离并相互衔接”的会计核算模式。在行政事业单位中，实现财务会计和预算会计双重功能，通过财务会计核算形成财务报告，通过预算会计核算形成决算报告，预算会计要素和财务会计要素相互协调，决算报告和财务报告相互补充，共同反映行政事业单位的预算执行信息和财务信息。

第三，强化了财务会计功能。为了准确反映行政事业单位财务状况和运行成本等情况，《政府会计制度》在财务会计核算中全面引入了权责发生制。一是广泛地运用权责发生制的重要概念和方法，如坏账准备、预计负债、待摊费用和预提费用等概念，对长期股权投资采用权益法核算，对固定资产、公共基础设施、保障性住房计提折旧，对无形资产进行摊销，对应收账款计提坏账准备等；二是扩大了资产负债核算范围，如增加了公共基础设施、政府储备物资、文物文化资产、保障性住房、受托代理资产和预计负债等核算内容；三是增加了收入和费用财务会计要素核算内容，重新对净资产按其来源进行了分类。对基本建设投资不再单独建账，由《政府会计制度》统一规定。

第四，改进了预算会计功能。一是强化了收付实现制会计核算基础，除按《预算法》要求的按权责发生制核算的事项外，预算会计均采用收付实现制核算；二是调整和优化了预算会计科目及其核算内容；三是扩大了预算会计核算范围，将依法纳入部门预算管理的现金收支均纳入预算会计核算范围，如增设了债务预算收入、债务还本支出、投资支出等核算内容。

第五，完善了报表体系和结构。《政府会计制度》将报表分为预算会计报表和财务报表两大类。预算会计报表由预算收入表、预算结转结余变动表和财政拨款预算收入支出表组成。财务报表由会计报表和附注构成，会计报表包括资产负债表、收入费用表、净资产变动表和现金流量表。

为了满足从事事业单位会计实际工作、政府会计理论研究和政府会计教学的需要，编者根据《政府会计制度》对《事业单位会计实务（第二版）》进行了全面的修订。本次修订以习近平新时代中国特色社会主义思想为指导，全面融入党的二十大精神，始终把提高学生的思想道德素质与专业素养融为一体，培养学生诚实守信、爱岗敬业等优秀品质，为中国式现代化建设提供高技能人才支撑。与第二版相比，第三版更新的内容包括：

1. 第一章增加了第三节"预算会计与财务会计的关系"。

2. 第二章至第七章属于财务会计实务范畴，按照《政府会计制度》更新了资产、负债、净资产、收入、费用的内容及账务处理方法，同时按照预算会计的要求，也对此进行了预算会计的处理，体现了财务会计和预算会计双重功能的有机融合。

3. 增加了第八章"预算收入、预算支出和预算结余"。该章属于预算会计实务范畴，主要介绍了预算收入、预算支出和预算结余的内容及账务处理方法。

4. 增加了预算会计报表的内容，并对财务报表的内容进行了全面更新。

5. 根据财政部等部门关于深化增值税改革有关政策的公告，对书中涉及增值税业务的内容按 2019 年增值税改革要求进行了全面修订。

由于时间因素和编者水平有限，书中难免存在疏漏和错误，恳请读者批评指正。

编者

目 录

第一章　总　论

美国经济学家约瑟夫・E. 施蒂格里兹对政府的功能曾经有过这样一段精辟的论述："从摇篮到坟墓，我们的生活无不受政府活动的影响。"① 这句话也恰好道出了事业单位的作用。在我国，事业单位是以政府职能、公益服务为主要宗旨，是社会管理和公共服务职能的主要载体。其数量庞大、涉及行业众多，并与我们的生活密切相关。我们大多数人都是在政府举办的医院里出生的，长大后进入公立学校接受教育，为了丰富日常生活，还经常出入公立文化馆、图书馆、体育馆，老了可能还要进政府办的敬老院等养老机构。在我国，提供上述医疗、教育、文体、养老等服务的部门或机构，绝大多数属于事业单位。事业单位从事的教育、科技、卫生保健、文体和养老等服务是全民的基本需求，关系到人们的生活质量与福祉，也关系到国家的稳定与发展。

第一节　事业单位会计实务概述

一、事业单位的概念、分类及特征

（一）事业单位的概念

按照汉语构词法的理论，"事业单位会计实务"是"事业单位"与"会计实务"复合而成的一个概念。在深入研究事业单位会计实务前，有必要先对事业单位、会计实务等重要概念做出明确的界定，有助于读者理解事业单位、会计实务背后蕴含的逻辑关系。

事业单位，是指国家为了社会公益目的，由国家机关举办的或者其他组织利用国有资产举办的，从事教育、科技、文化、卫生等活动的社会服务组织。② 根据上述事业单位的定义，可对事业单位有如下认识：

（1）事业单位的数量众多、涉及内容广泛、人才济济。目前，中国有 100 多万个事业单位，其职工总数接近 3 000 万人，占公共部门就业人数的 41%，占全国劳动力总量的 4%，涉及教育、科技、文化、卫生等领域。中国的经济资源有相当大一部分投入到了事业单位，绝大多数事业单位是以脑力劳动为主体的知识密集型组织，专业人才是事业单位

① 约瑟夫・E. 施蒂格里兹 . 政府经济学 . 北京：春秋出版社，1988：2.

② 《国务院关于修改〈事业单位登记管理暂行条例〉的决定》（国务院第 411 号令），2004-6-27.

的主要人员构成，其中包括60%的受过良好教育的专业技术人员（如教师、医生、科学家、工程师等）、大量的国有土地、大约三分之二的非经营性国有资产，以及各级政府综合预算经常性开支的三分之一。[①]

（2）事业单位不是从事生产经营的单位，它一般不直接提供物质产品，或者虽然提供物质产品，但是将其作为新知识、信息、技术的载体来提供，尽管事业单位从事部分生产经营活动，但其社会职能仍为提供非生产性服务。

（3）事业单位是由政府直接管理的。它一般隶属于以下六个层级政府中的某一级并由其主管：国务院、中央部委、省（市）政府、地区（市）政府、县（市、区）政府和乡政府。其活动领域涉及教育、科技、文化、卫生等。

（4）事业单位的资金来源主要是国家的财政拨款。其开展专业及辅助活动支付的款项，属于国家财政开支的范围，一般由国家财政予以全部或部分补贴，因此它一般不存在成本补偿的问题。

（二）事业单位的分类

事业单位可以按照不同标准进行下述分类。

1. 按照行业分类

按照行业分类，事业单位可分为：（1）教育事业单位；（2）科研事业单位；（3）文化艺术事业单位；（4）卫生事业单位；（5）体育事业单位；（6）农业、林业、渔业和水利事业单位；（7）社会福利事业单位；（8）城市公用事业单位；（9）交通事业单位；（10）信息咨询事业单位；（11）中介服务事业单位；（12）勘察（探）事业单位；（13）气象事业单位；（14）地震测防事业单位；（15）海洋事业单位；（16）环境保护事业单位；（17）检验检测事业单位；（18）知识产权事业单位；（19）机关后勤服务事业单位。[②]

2. 按照事业单位隶属关系分类

按照事业单位隶属关系分类，可将其分为国务院所属、中央部委所属、省（市）政府所属、地区（市）政府所属、县（市、区）政府所属和乡政府所属六个层次。

3. 按照事业单位承担的社会功能分类

按照事业单位承担的社会功能分类，可将其分为：（1）承担行政职能的事业单位；（2）从事生产经营活动的事业单位；（3）从事公益服务的事业单位。

根据职责任务、服务对象和资源配置方式等情况，将从事公益服务的事业单位细分为两类：承担义务教育、基础性科研、公共文化、公共卫生及基层的基本医疗服务等基本公益服务，不能或不宜由市场配置资源的，划入公益一类；承担高等教育、非营利医疗等公益服务，可部分由市场配置资源的，划入公益二类。

（三）事业单位的特征

与行政单位、企业相比，事业单位的特征主要表现在以下方面。

1. 事业单位活动目的：公益性

实现社会公共利益均衡，追求公共利益最大化是事业单位活动的目的。事业单位所追

---

① 世界银行东亚和太平洋地区减贫和经济管理局．中国：深化事业单位改革，改善公共服务提供．北京：中信出版社，2005：1.

② 黄恒学．分类推进我国事业单位管理体制改革研究．北京：中国经济出版社，2012：85.

求的目标首先是社会效益即公益性。公益性是由事业单位的社会功能和市场经济体制的要求所决定的。在社会主义市场经济条件下，市场对资源配置起基础性作用，但在一些领域，如教育、卫生、基础研究、市政管理等，其产品或服务不能或无法由市场来提供。为了保证社会生活的正常进行，就要由政府组织、管理或委托社会公共服务机构从事社会公共产品的生产，以满足社会发展和社会公众的共同需求。

事业单位以追求社会公共利益为目的，并不意味着不进行任何营利性的经济活动，只是这种营利活动的目的是更好地实现公共利益。

2. 事业单位举办主体：政府性

事业单位是政府或其代理机构利用国有资产举办，而不是利用社会资产或私有财产举办；初始资金来源于国有资产。在社会主义市场经济体制下，从事社会公共服务的组织的资金来源通常包括国有资产、社会募捐、私人投资等，而事业单位运营的资金来源主要是国有资产。

3. 事业单位活动领域：社会事业性

教育、科技、文化、卫生、体育等社会事业的发展，关系万千家庭，关乎国运昌盛。而事业单位活动范围恰恰是教育、科技、文化、卫生、体育等领域，提供公共产品和公共服务。事业单位所涉及的领域有如下特点：一是政府和企业不能也不宜涉足；二是根据国家和社会经济发展以及经济运行良性循环的要求，可以较政府与企业更能降低交易协调成本；三是并非政府专属，以及虽然不属于政府范围，但企业做不好、做不了又不愿做。

4. 事业单位功能：服务性

事业单位主要分布在教育、科技、文化、卫生、体育等领域，是保障国家政治、经济、文化生活正常进行的社会服务支持系统。如教育事业单位，主要功能是为社会培养合格的劳动者和各方面所需要的人才；科技事业单位，主要功能是揭示自然和社会规律，促进生产力的发展；文化事业单位，主要功能是提高全民族的文化修养和道德水平；卫生事业单位，主要功能是保障公民的身体健康，使其享受良好的医疗服务；等等。缺乏这些服务支持，或服务支持系统不健全，生产力发展就会受到制约，并影响社会稳定。经济愈发展，社会愈进步，对服务功能的要求标准也愈高，范围也愈大。服务性，是事业单位最基本、最鲜明的特征。

二、事业单位会计的概念和组成

（一）事业单位会计的概念

事业单位会计是适用于事业单位的一门专业会计，是政府会计的重要组成部分。它是以货币为主要计量单位，对事业单位资金运动的过程及结果进行确认、计量、记录和报告，向会计信息使用者提供与事业单位财务状况、运行情况、现金流量、预算执行情况等相关的会计信息，反映事业单位受托责任的履行情况，以帮助会计信息使用者进行监督、管理和决策的一项管理活动。

根据事业单位会计的概念，对事业单位会计有如下认识：

（1）事业单位会计是政府会计的一个分支。政府会计是一门用于确认、计量、记录政府受人民委托管理国家公共事务和国家资源、国有资产，报告政府公共财务资源管理业绩及履行受托责任情况的会计分支。政府会计是由财政总预算会计和政府单位会计（包括行政单位会计和事业单位会计）所组成，事业单位会计是政府单位会计的组成部分。

（2）事业单位会计是一门专业会计。首先，事业单位履职和开展各类专业及辅助活动所需要的资金主要来自财政拨款，因此，事业单位会计应以预算资金运动为其反映和监督的主要内容，体现预算会计的特点；其次，事业单位的辅助活动以及非独立核算的经营活动专业性强，对其会计核算体现了生产加工、商品流通、餐饮服务等专业会计特点；再次，事业单位涉及的行业众多，比如有工业型事业单位、农业型事业单位、流通型事业单位、科技型或文化型事业单位等，它们的业务活动特点、管理要求不尽相同，采用的会计核算方法也各具特色。因此，事业单位会计融合了多种专业会计的理论与方法，是一门专业会计。

（3）事业单位会计的目标是反映受托责任履行情况、提供相关决策所需要的会计信息。会计活动本身仅是一种手段而非目的，事业单位会计的目标是向会计信息使用者提供与事业单位财务状况、预算执行等有关的会计信息，反映管理层受托责任履行情况，有助于会计报告使用者做出各种经济决策。

（4）事业单位会计内容是经济资源的增减变动情况。事业单位会计是以经济资源的增减变动为核算内容。经济资源可能是有形的，如仪器或设备、房屋、建筑物、自然资源、各类基础设施等；也可能是无形的，如专利权、著作权、土地使用权等。当事业单位会计内容为广义的经济资源时，该资源包括全部的资产（流动资产和非流动资产）和全部的负债（流动负债和非流动负债），以此为基础，构成了事业单位财务会计的内容；当事业单位会计内容为狭义的经济资源时，即经济资源仅为全部的货币资金（主要是指预算资金），以此为基础，便构成了事业单位预算会计的内容。

（5）事业单位会计的基本程序为确认、计量、记录和报告。“确认”是指将经济事项作为资产、负债等会计要素加以记录和列入报表的过程；“计量”是指依据一定的计量标准和计量方法，将符合确认条件的会计要素加以衡量、计算、入账、列报，以确定其金额的过程；“记录”是指在确认和计量基础上对经济业务运用会计科目进行账务处理的方法；“报告”即编制会计报告（包括财务报表和预算会计报表），它是确认、计量和记录的结果，是连接会计信息和会计信息使用者的载体和桥梁。

（6）事业单位会计的性质是一项管理活动。事业单位会计是基于人们为反映事业单位财务状况、运行情况和现金流量情况，加强预算资金管理的需要而产生的一项重要的管理活动。它既是处理经济资源信息与预算信息的载体，为事业单位加强管理提供真实、完整的会计信息，又直接对事业单位经济活动的合法合规、资产安全进行有效的监督和管理，履行规划、组织、实施和控制等一系列管理职能，它是一项重要的管理活动。

（二）事业单位会计的组成

依据不同的会计目标和会计基础，事业单位会计分为财务会计和预算会计。

1. 财务会计

财务会计是指以权责发生制为基础对事业单位发生的各项经济业务或者事项进行会计核算，主要反映和监督事业单位财务状况、运行情况和现金流量等的会计。它主要以各级政府及其有关部门、债权人、单位自身和其他利益相关者为服务对象，以事业单位的财务状况（如单位控制经济资源的存量与消耗、承担的债务与偿还能力等）、运行情况（如运行成本及其补偿情况、资金的使用效率等）和现金流量等有关信息为核算内容。通过提供相关的财务信息，反映事业单位公共受托责任履行情况，有助于财务报告使用者客观评价事业单位过去的运营业绩，预测未来的发展趋势，并做出相关决策或者进行监督和管理。

2. 预算会计

预算会计是指以收付实现制为基础对事业单位预算执行过程中发生的全部收入和全部支出进行会计核算，主要反映和监督预算收支执行情况的会计。

预算会计以各级政府及其有关部门、事业单位自身、社会公众和其他利益相关者为服务对象，以立法机构批准的事业单位预算为核算依据和内容，通过设立预算收入、预算支出和预算结余这一套自我平衡的预算账户体系，核算预算资金的来源、预算资金的分配，以及预算资金流转的全过程，比较分析预算与实际执行情况、期末报告预算和预算执行结果，帮助预算会计报表使用者评价和考核事业单位预算任务完成情况，为编制后续年度预算提供参考和依据。

三、事业单位会计实务

“会计实务”一词有广义与狭义之分。从广义视角考察会计实务，其内容相当广泛，包括会计实务的主体（即会计人员）、客体（会计实务处理的信息内容）、程序（确认、计量、记录和报告）、方法（借贷记账法等）、法规（会计准则、会计制度等）、工具（手工系统和计算机系统）等。狭义的会计实务，是指从原始凭证的整理、汇总，记账凭证的填制，总账、日记账或明细分类账的登记，直至财务报表的编制、分析等一系列工作步骤和方法。

本书所讲的“事业单位会计实务”是狭义的会计实务。它是指事业单位会计人员，以会计法规为依据，根据事业单位发生的经济业务编制凭证、登记账簿、编制财务报表并进行相关分析等一系列工作步骤和方法。

事业单位会计实务的内容主要表现在以下两个方面：

第一，对事业单位资金取得与运用的核算。事业单位为了开展教育、科技、卫生、文化、体育等事业活动，必须拥有一定数量的货币资金、房屋、建筑物、车辆、办公用品等财产物资。这些财产物资的货币表现就是事业单位的资金，它分为相对静止和显著运动两种状态。事业单位会计实务分别对这两方面进行核算。

事业单位资金的相对静止状态表现为资金的取得（来源）与运用。按资金来源分类，事业单位支配使用的资金可分为财政拨款、上级补助资金、所属单位上缴收入、事业收入或经营收入、投资收益、接受捐赠收入、内部形成资金、借入资金等类别。按资金运用分类，事业单位取得的资金一般表现为各种不同的占用形态，如货币资金，库存物品和债权，房屋、建筑物、设备、车辆等固定资产以及专利权、著作权、土地使用权等无形资产。

事业单位会计实务内容之一是对上述资金的取得（来源）与运用进行核算与监督。

第二，对事业单位资金运动的核算。事业单位资金随着教育、科技、卫生、文化等公益活动的开展而运转和发生变化。资金的运动依次经历资金投入（取得）、资金使用、资金退出三个阶段，从而完成运动的全过程。

（1）资金投入（取得）阶段。在资金投入（取得）阶段，事业单位一方面通过建设单位建造、购置并移交使用的房屋及建筑物、大型仪器设备等主要固定资产而取得固定资金；另一方面根据主管部门核定的经费预算，从国家预算中取得财政预算拨款等预算资金，其占用形态为货币资金。此外，根据合同协议，从有关部门和企业单位取得横向课题经费、对外服务收入等非税资金，其占用形态为货币资金。

（2）资金使用阶段。在资金使用阶段，随着教育、科技、卫生、文化等活动的进行，一方面动用货币资金购买运营活动所必需的库存物品和预付有关费用（如预付零星开支备用金、差旅费等），货币资金转化为存货和预付款项；另一方面以货币资金支付人员费用、公务费、业务费等有关费用，购置仪器设备、图书资料、一般设备等日常运营的固定资产，形成以公共管理为基础的公共基础设施、政府储备物资、保障性住房等资产，资金形态由货币资金分别转化为各种费用或相关资产。此外，日常运营活动领用库存物品等存货，其资金由存货形态转化为各项费用支出，专门为研发活动或建造相关资产而领用的库存物品等存货成本则转化为相关资产成本。

对于事业单位直接为社会开展的教育科技有偿服务活动，需要归集其费用支出并进行必要的成本计算，以便与收入相配比，从而确定收益，并形成累计盈余。

（3）资金退出阶段。在资金退出阶段，事业单位发生的费用或支出随着年终结账而核销，与之相关的财政拨款收入、事业收入、上级补助收入、经营收入等收入也相应冲销。当年预算已执行但未完成，或者因故未执行，下一年度需要按照原用途继续使用的资金，应转入下年继续使用。当年预算工作目标已完成，或者因故终止，当年剩余的资金，按照规定，返还财政或留归单位转入累计盈余。

事业单位会计实务内容之二是对上述资金运动过程进行核算与监督。

第二节　事业单位会计基本理论

一、事业单位会计基本理论的作用

事业单位会计实务是一项有目的的人类社会实践活动。理论是实践的总结，事业单位会计理论是人们在长期会计实践活动的基础上，积累起来的关于事业单位会计实践活动的理性认识，是对事业单位会计实务的本质和特征的概括、总结与反映。

事业单位会计理论包括基本理论和应用理论两部分。其中，基本理论是关于事业单位会计最为基本理论问题的本质和规律性的认识，是整个会计理论的基础，是研究应用理论的出发点和前提。它主要包括会计目标、会计假设、会计要素、会计信息质量要求等内容。应用理论是指关于事业单位具体的会计实践或特殊业务处理程序、方法的理性认识。事业单位会计理论即研究基本理论在具体会计实践中运用的理论体系。

事业单位会计理论源于事业单位会计实践（或实务）活动，它揭示会计实践活动系统运行、发展的规律性，不仅为观察到的会计实务提供依据，还可以评估会计实务，预测未观察到的会计现象。反过来，会计理论可以有效地指导事业单位会计实践活动，促进会计实务的发展。

二、事业单位会计目标

概括地讲，事业单位会计目标是向会计信息使用者提供反映其受托责任履行情况以及对决策有用的经济信息。事业单位会计目标明确了会计信息的内容和范围，确立了事业单位会计核算模式或方法，决定了财务报表和预算会计报表的框架结构，它既是事业单位会计核算的起点、事业单位会计行为的导向，也是制定事业单位会计规范的依据，还是评价、鉴定事业单位会计工作质量的最终标准。

事业单位会计由财务会计和预算会计构成，其会计目标也具体分为财务会计目标和预算会计目标，两者既有联系但又不完全相同。

《政府会计准则——基本准则》（以下简称《基本准则》）指出，财务会计的目标是向财务报告使用者提供与政府的财务状况、运行情况（含运行成本）和现金流量等有关的信息，反映政府会计主体公共受托责任履行情况，有助于财务报告使用者做出决策或者进行监督和管理。预算会计的目标是向决算报告使用者提供与政府预算执行情况有关的信息，综合反映政府会计主体预算收支的年度执行结果，有助于决算报告使用者进行监督和管理，并为编制后续年度预算提供参考和依据。

无论是财务会计目标还是预算会计目标，其基本内容主要包括三个方面，即向谁提供信息（会计信息使用者）、提供什么信息（信息内容、信息质量）、以何种方式提供信息（财务报表和预算会计报表系统）。这三者的关系可以用图 1－1 表示。

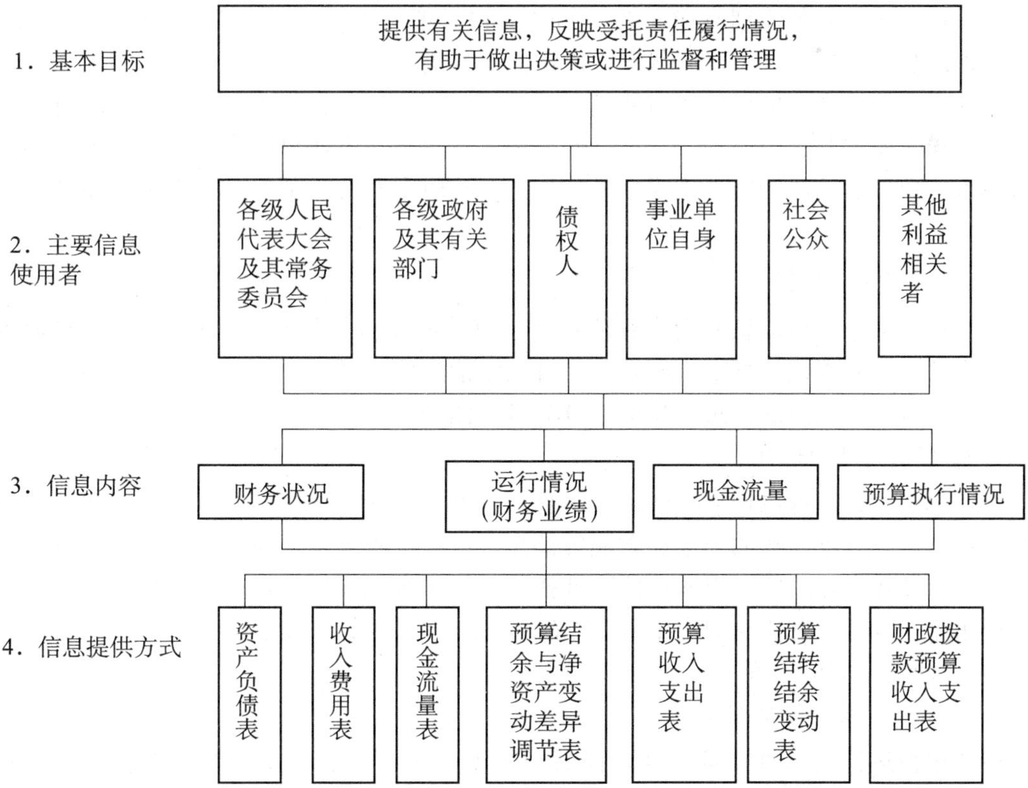

图 1－1　事业单位会计目标框架

（一）向谁提供会计信息

向谁提供会计信息，"谁"即会计信息使用者。《基本准则》分别规定了政府决算报告（预算会计）和政府财务报告（财务会计）的使用者。根据《基本准则》的规定，政府决算报告使用者包括各级人民代表大会及其常务委员会、各级政府及其有关部门、政府会计主体自身、社会公众和其他利益相关者。政府财务报告使用者包括各级人民代表大会常务委员会、债权人、各级政府及其有关部门、政府会计主体自身和其他利益相关者。

（1）各级政府及其有关部门。主要是指各级财政机关、上级机关、立法机关、审计机关等。它们利用事业单位提供的会计信息，一是取得事业单位运营目标实现程度的信息；二是监督检查事业单位遵守预算、法律规章、行政法令等情况。

（2）债权人。主要是指国内外银行等金融机构、国外政府或国际组织（国际货币基金组织或者世界银行组织等）以及为事业单位赊销提供经济资源的各类经济主体等。这些债权人需要利用会计信息，做出是否继续向事业单位提供或提供更多的贷款和信用，或者是否对事业单位进行赊销的决策。潜在的债权人，也需要根据相关的会计信息决定是否未来继续保持与事业单位的资金信贷或其他合作关系。

（3）事业单位自身。主要是指事业单位领导、纪检部门、预算管理委员会、资产管理部门、内部审计等部门。它们要用会计信息表现或检查自身受托职责履行情况，或取得的工作业绩与实现运行目标的程度，有助于会计信息使用者评价事业单位对受托资源保管、使用以及取得效率或效果等情况。

（4）社会公众和其他利益相关者。如经济和财务分析师、工会组织、媒体、职工等，通过会计信息了解事业单位发展状况，以便做出各类恰当的经济决策。

上述事业单位会计信息使用者可分为两类：一是内部使用者，如事业单位内部管理者、事业单位职工及工会组织；二是外部使用者，是指与事业单位有一定的利益关系，但不参与事业单位运营活动的单位或个人，如各级政府及其有关部门、债权人、事业单位客户、社会公众等。

（二）提供什么信息

提供什么信息包括信息的内容和质量要求（或称质量特征）。从总体来说，事业单位会计提供的信息主要包括两个方面：一是有助于信息使用者做出各类决策的信息；二是与受托责任履行情况相关的信息。具体可分为以下四个方面。

1. 预算执行情况信息

事业单位会计应提供预算执行情况信息，有助于会计信息使用者了解事业单位预算收入和预算支出及收支差额的形成、数额等信息，以评价收支预算执行情况，并将预算实际执行结果与预算对比，掌握事业单位预算执行效果，客观评价事业单位工作业绩，提高预算执行水平。同时，利用会计信息来了解事业单位财务资源的筹集和使用是否合法、合规，与预算是否吻合。

2. 业务活动运行情况信息

事业单位运行情况通常是以其职能履行情况作为评价标准。而履行职责需要耗费资源，会计信息使用者首先关注的是如何获得资源以及使用资源的情况。对此，事业单位会计需要提供当期财务资源的取得和使用信息，帮助使用者了解事业单位资源的来源和使用情况。

3. 财务状况信息

财务状况即事业单位的资产、负债、净资产及其结构。它是事业单位日常活动、投资和筹资活动的结果。提供财务状况信息，有助于会计信息使用者了解事业单位资产的规模、结构及流动性，负债的规模、结构和偿还能力，净资产的规模、结构及变化趋势。

4. 现金流量

充裕的货币资金（广义现金）是保证事业单位正常运行的前提。因此，有关现金流入、现金流出以及现金流量净额（现金结余）等信息，在评价事业单位支付能力、偿债能力和工作业绩等方面发挥了不可替代的作用，该信息也为全方位评价事业单位受托责任履行情况提供了重要依据。

（三）以何种方式提供信息

事业单位会计是以财务报表和预算会计报表形式将会计信息传输给使用者的，供他们做出正确决策，以揭示事业单位受托责任履行情况。应该说，会计信息使用者的范围非常广泛，对会计信息需求的侧重点有所不同，但财务会计报表和预算会计报表的容量毕竟是有限的，它们不可能同时满足信息使用者所有的要求，只能提供一般的、通用的财务信息。这些信息通过会计报表（财务会计报表和预算会计报表）和附注两种方式传递给使用者。

1. 财务会计报表和预算会计报表

财务会计报表主要包括资产负债表、收入费用表和现金流量表。其中，资产负债表是反映事业单位在某一特定日期全部资产、负债和净资产情况的会计报表；收入费用表是反映事业单位在某一会计期间内全部收入、费用及净资产变动情况的会计报表；现金流量表是反映事业单位在某一会计年度内现金流入和流出信息的会计报表。

预算会计报表包括预算收入支出表、预算结转结余变动表和财政拨款预算收入支出表。其中，预算收入支出表是反映事业单位在某一会计年度内各项预算收入、预算支出和预算结转结余情况，以及年末非财政拨款结余分配情况的会计报表；预算结转结余变动表是反映事业单位在某一会计年度内预算结转结余的变动情况，以及与资金结存存在钩稽关系的会计报表；财政拨款预算收入支出表是反映事业单位某一会计年度财政补助收入、支出、结转及其结余情况的报表。

2. 附注

附注是“会计报表附注”的简称，是对在财务会计报表和预算会计报表中列示项目的文字描述或明细资料，以及对未能在这些报表中列示项目所做的说明等。

三、事业单位会计基本前提及核算基础

（一）会计基本前提

各级、各类事业单位在提供会计信息时，会面临某些不确定但不能逾越的事物。为了使会计工作顺利进行，就必须对这些事物做出种种判断，对某些未知情况做出合理推定，并假设其存在的合理性，由此就形成了会计基本前提。事业单位会计基本前提主要包括会计主体、持续运营（运行）、会计分期和货币计量。其中：会计主体前提是指会计确认、

计量和报告的经济活动是一个事业单位的经济活动，这个单位的经济活动与其他单位的经济活动相区别，也与单位出资者的经济活动相区别；持续运营（运行）是指事业单位会计核算应当以其持续运行为前提；会计分期是指将会计主体持续不断的运营活动，人为地划分为若干等距离的时间间隔；货币计量是指会计确认、计量、记录和报告均以货币作为计量单位，并且假定币值是稳定不变的。

上述四项会计基本前提具有相互依存、相互补充的关系。会计主体确立了会计活动的空间范围，持续运营（运行）与会计分期确立了会计活动的时间长度，而货币计量则为会计核算提供了必要的手段。

（二）会计核算基础

1. 权责发生制

《基本准则》指出：权责发生制是指以取得收取款项的权利或支付款项的义务为标志来确定本期收入和费用的会计核算基础。凡是当期已经实现的收入和已经发生的或应当负担的费用，不论款项是否收付，都应当作为当期的收入和费用；凡是不属于当期的收入和费用，即使款项已在当期收付，也不应当作为当期的收入和费用。

根据权责发生制的概念，可对权责发生制核算特征总结如下：

第一，采用权责发生制核算，以经济资源为核算对象，需要报告全部经济资源的增加、减少以及余额。① 经济资源通常被定义为具有稀缺性且能带来效用的财富。事业单位会计中的经济资源是指由事业单位控制、能够产生服务潜能或经济利益流入的事项。

第二，权责发生制一般在交易和其他事项发生时（而不是在收到或支付现金或现金等价物时）确认其对事业单位的财务影响，并在相关期间的财务报表中予以列报。以此基础编制的财务报表，不仅告诉使用者单位过去发生的、关系到现金收付的交易，而且告诉他们未来支付现金的义务和代表未来将要收到现金的资源。②

第三，广泛采用应计、递延及摊销等技术方法，形成应计、递延和摊销等会计项目。其中：应计项目是指经济收益产生于目前，但现金收付将在未来会计期间发生的项目，如应付利息等；递延项目是指现金收付发生在过去，而其经济收益产生于未来的项目，如长期待摊费用；摊销项目是指定期冲销一项资产的账面价值以确认相应费用的项目，如累计折旧等。

权责发生制的作用表现在：一是使事业单位管理决策更为相关。采用权责发生制，能够全面反映事业单位资产、债务情况，有助于事业单位做出更为科学、谨慎的各类决策。二是有助于事业单位防范各类风险。采用权责发生制能够准确地反映事业单位已经发生的债务、未来发生的债务（预计负债）情况，使事业单位偿付债务和履行义务的持续能力等信息能够真实、全面地得到反映，有助于会计信息使用者及时了解各种风险情况，提高了防范风险的能力。三是能够全面反映事业单位对资源的有效管理，在服务成本、效率、成果方面取得的业绩。

根据《基本准则》的规定，事业单位财务会计实行权责发生制。

---

① 王彦，王建英．政府与事业单位会计：第5版．北京：中国人民大学出版社，2017：13.

② 国际财务报告准则2008. 北京：中国财政经济出版社，2008：78.

2. 收付实现制

收付实现制是以某一期间的现金收支差额来计量财务结果的会计基础。《基本准则》指出：收付实现制是指以现金的实际收付为标志来确定本期收入和支出的会计核算基础。凡在当期实际收到的现金收入和发生的支出，均应作为当期的收入和支出；凡是不属于当期的现金收入和支出，均不应当作为当期的收入和支出。

根据《基本准则》的规定，事业单位预算会计实行收付实现制。

四、事业单位会计信息质量要求

会计信息质量要求，是指财务报表提供的信息对使用者做出相关决策有用而应具备的基本特征。它回答的主要问题是什么样的会计信息才算有用或有助于反映受托责任并帮助使用者做出正确决策。事业单位会计信息质量要求主要包括可靠性、全面性、相关性、及时性、可比性、可理解性和实质重于形式。

（一）可靠性

可靠性要求事业单位会计必须以实际发生的经济业务为依据，如实记录和反映各项财务（财政）收支情况和结果。

（二）全面性

全面性，是指事业单位会计应当将发生的各项经济业务或者事项统一纳入会计核算，确保会计信息能够全面反映事业单位预算执行情况和财务状况、运行情况、现金流量等。

（三）相关性

相关性，是指事业单位会计提供的会计信息应当与反映事业单位公共受托责任履行情况以及会计信息使用者做出决策或者监督、管理的需要相关，有助于会计信息使用者对事业单位过去、现在或者未来的情况做出评价或者预测。

（四）及时性

及时性，是指事业单位会计对已经发生的经济业务或者事项应当及时进行会计核算，不得提前或者延后。

（五）可比性

可比性，是指事业单位会计提供的会计信息应当具有可比性。可比性包括两层含义：

(1) 对于同一事业单位不同时期发生的相同或者相似的经济业务或者事项，应当采用一致的会计政策，不得随意变更。确需变更的，应当将变更的内容、理由及影响在附注中予以说明。

(2) 对于不同事业单位发生的相同或者相似的经济业务或者事项，应当采用一致的会计政策，确保事业单位会计信息口径一致，相互可比。

（六）可理解性

可理解性，是指事业单位提供的会计信息应当清晰明了，便于信息使用者理解和使用。

（七）实质重于形式

实质重于形式，是指事业单位会计应当按照经济业务或者事项的经济实质进行会计核算，不限于以经济业务或者事项的法律形式为依据。

五、事业单位会计要素

事业单位会计要素，是指为了实现事业单位会计目标，以会计基本前提为基础，对事业单位会计对象的基本分类和具体化，也是事业单位用于反映其财务状况、运行情况、现金流量和预算执行情况的基本单位。

与事业单位会计分类相适用，事业单位会计要素分为财务会计要素和预算会计要素。财务会计要素侧重于提供反映事业单位财务状况、运行情况和现金流量等方面的信息；预算会计要素则侧重于提供反映事业单位预算执行情况方面的信息。

（一）财务会计要素

1. 资产、负债和净资产

资产，是指事业单位过去的经济业务或者事项形成的，由单位控制的，预期能够产生服务潜力或者带来经济利益流入的经济资源。事业单位的资产按照流动性分为流动资产和非流动资产。负债，是指事业单位过去的经济业务或者事项形成的，预期会导致经济资源流出单位会计主体的现时义务。事业单位的负债按照流动性分为流动负债和非流动负债。净资产，是指事业单位资产扣除负债后的净额。

事业单位的资产、负债及净资产是同一资金的两个不同方面。资产表明事业单位拥有哪些经济资源，其数额是多少。负债和净资产则表明是谁提供了这些经济资源。有一定数额的资产，就必然有一定数额的负债和净资产。反之，有一定数额的负债与净资产，也必然会形成一定数额的资产。在数量上，任何事业单位的资产都等于该单位负债与净资产之和。资产、负债和净资产之间的关系可用下式即会计等式表示：

资产＝负债＋净资产　　　　公式（1-1）

2. 收入和费用

收入，是指报告期内导致事业单位净资产增加的、含有服务潜力或者经济利益的经济资源的流入。收入是事业单位履行公共受托责任的资金来源，取得收入表现为资产的增加或负债的减少，最终导致事业单位净资产增加。

事业单位在一定时期内会获得收入，同时会发生一定的费用。费用，是指报告期内导致事业单位净资产减少的、含有服务潜力或者经济利益的经济资源的流出。费用是事业单位因履行公共受托责任而引起的经济资源的流出，发生费用表现为资产的流出、消耗或负债的增加，最终引起净资产的减少。

如果将收入、费用要素考虑进去，会计等式就转化为以下形式：

资产＝负债＋净资产＋(收入－费用)　　　　公式（1-2）

或

资产＋费用＝负债＋净资产＋收入　　　　公式（1-3）

期末，将收入及费用转入净资产后，公式（1-2）和公式（1-3）就转化为公式（1-1）的形式。

会计等式反映了会计要素之间的基本数量关系，它是设置会计科目、复式记账和编制资产负债表、收入费用表的依据。会计等式、会计要素和财务报表之间的关系如图1-2所示。

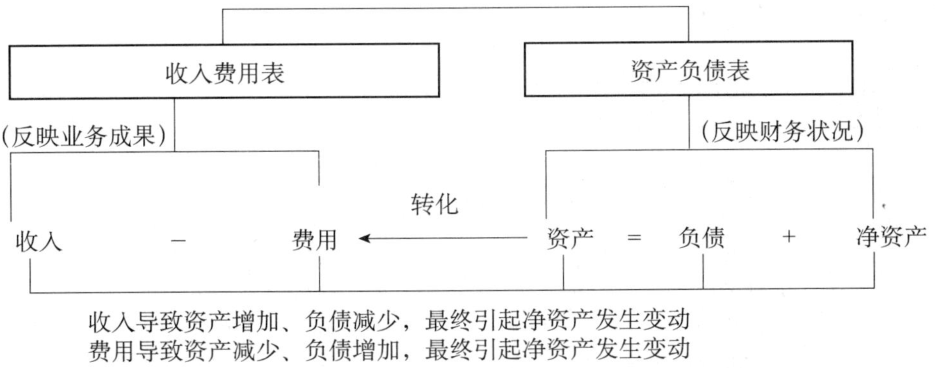

图 1-2 会计要素、会计等式和财务报表之间的关系

（二）预算会计要素

根据《基本准则》的规定，政府预算会计要素包括预算收入、预算支出与预算结余。

1. 预算收入

预算收入，是指行政和事业单位在预算年度内依法取得的纳入预算管理的现金流入。根据《政府会计制度》的规定，预算收入包括财政拨款预算收入、事业预算收入、上级补助预算收入、附属单位上缴预算收入、经营预算收入、其他类预算收入。

2. 预算支出

预算支出，是指行政和事业单位在预算年度内依法发生并纳入预算管理的现金流出。根据《政府会计制度》的规定，预算支出包括事业支出、经营支出、上缴上级支出、对附属单位补助支出、投资支出和其他支出。

3. 预算结余

预算结余，是指行政和事业单位预算年度内预算收入扣除预算支出后的资金余额，以及历年滚存的资金余额。根据《政府会计制度》的规定，预算结余包括财政拨款结转结余、非财政拨款结转、经营结余和其他资金结余。

预算结余反映了事业单位报告期内控制现金经济资源的净流入，用公式可表示为：预算结余＝预算收入－预算支出。可见，预算结余是现金资源流入、现金资源流出两个因素共同作用的结果。其数额的大小取决于预算收入、预算支出的确认和计量，它不存在确认标准和计量问题。

需要说明的是，上述预算收入、预算支出确认和计量的基础为收付实现制，因此，预算结余也是在收付实现制基础上形成的。

六、事业单位会计科目

会计科目就是对会计要素按其经济内容和用途所做的具体分类项目。通过设置会计科目，可以将会计要素的增减变化分门别类地予以登记，为事业单位内部经济管理和满足外部有关方面需要提供一系列具体的分类数量指标。《政府会计制度》按照会计要素的不同性质，将会计科目分为两类：一类是按照权责发生制基础设置的财务会计类科目，具体分为资产、负债、净资产、收入和费用五类一级会计科目，如表 1-1 所示；另一类是按照收付实现制基础设置的预算会计类科目，具体分为预算收入、预算支出和预算结余三类一级科目，如表 1－2 所示。

表 1－1　　会计科目名称和编号（财务会计类）

序号	科目编号	科目名称
（一）资产类		
1	1001	库存现金
2	1002	银行存款
3	1011	零余额账户用款额度
4	1021	其他货币资金
5	1101	短期投资
6	1201	财政应返还额度
7	1211	应收票据
8	1212	应收账款
9	1214	预付账款
10	1215	应收股利
11	1216	应收利息
12	1218	其他应收款
13	1219	坏账准备
14	1301	在途物品
15	1302	库存物品
16	1303	加工物品
17	1401	待摊费用
18	1501	长期股权投资
19	1502	长期债券投资
20	1601	固定资产
21	1602	固定资产累计折旧
22	1611	工程物资
23	1613	在建工程
24	1701	无形资产
25	1702	无形资产累计摊销
26	1703	研发支出
27	1801	公共基础设施
28	1802	公共基础设施累计折旧（摊销）
29	1811	政府储备物资
30	1821	文物文化资产
31	1831	保障性住房
32	1832	保障性住房累计折旧
33	1891	受托代理资产
34	1901	长期待摊费用
35	1902	待处理财产损溢
（二）负债类		
36	2001	短期借款
37	2101	应交增值税
38	2102	其他应交税费
39	2103	应缴财政款
40	2201	应付职工薪酬
41	2301	应付票据
42	2302	应付账款
43	2303	应付政府补贴款
44	2304	应付利息
45	2305	预收账款
46	2307	其他应付款
47	2401	预提费用
48	2501	长期借款
49	2502	长期应付款
50	2601	预计负债
51	2901	受托代理负债
（三）净资产类		
52	3001	累计盈余
53	3101	专用基金
54	3201	权益法调整
55	3301	本期盈余
56	3302	本年盈余分配
57	3401	无偿调拨净资产
58	3501	以前年度盈余调整
（四）收入类		
59	4001	财政拨款收入
60	4101	事业收入
61	4201	上级补助收入
62	4301	附属单位上缴收入
63	4401	经营收入
64	4601	非同级财政拨款收入
65	4602	投资收益
66	4603	捐赠收入
67	4604	利息收入
68	4605	租金收入
69	4609	其他收入
（五）费用类		
70	5001	业务活动费用
71	5101	单位管理费用
72	5201	经营费用
73	5301	资产处置费用
74	5401	上缴上级费用
75	5501	对附属单位补助费用
76	5801	所得税费用
77	5901	其他费用

表 1-2　　会计科目名称和编号（预算会计类）

预算收入类			预算支出类			预算结余类		
序号	科目编号	科目名称	序号	科目编号	科目名称	序号	科目编号	科目名称
1	6001	财政拨款预算收入	10	7101	行政支出	18	8001	资金结存
2	6101	事业预算收入	11	7201	事业支出	19	8101	财政拨款结转
3	6201	上级补助预算收入	12	7301	经营支出	20	8102	财政拨款结余
4	6301	附属单位上缴款预算收入	13	7401	上缴上级支出	21	8201	非财政拨款结转
5	6401	经营预算收入	14	7501	对附属单位补助支出	22	8202	非财政拨款结余
6	6501	债务预算收入	15	7601	投资支出	23	8301	专用结余
7	6601	非同级财政拨款预算收入	16	7701	债务还本支出	24	8401	经营结余
8	6602	投资预算收益	17	7901	其他支出	25	8501	其他结余
9	6609	其他预算收入				26	8701	非财政拨款结余分配

第三节　预算会计与财务会计的关系

一、预算会计与财务会计的联系

前已述及，预算会计与财务会计构成了事业单位会计两个重要分支，彼此既有区别又相互联系。

（一）预算会计和财务会计存在共同的会计主体

每个事业单位的会计活动都是财务会计与预算会计的有机融合，如以业务活动业绩和结果为例，一方面通过对收入和费用的确认、计量、记录和报告，反映事业单位全部财务活动的业绩和结果，揭示事业单位受托责任履行情况；另一方面，为了充分体现预算的严肃性，明确预算管理部门和预算执行单位各自的责任，需要通过预算会计核算预算收入、预算支出和预算结余情况，实现对预算执行过程的管理和控制。

（二）预算会计和财务会计具有同样的会计对象

预算会计和财务会计具有同样的会计对象，也就是二者反映和监督的对象均为事业单位各项经济活动。其区别在于预算会计侧重于对事业单位预算资金来源和使用情况的核算，以及对预算资金流量进行监督控制；财务会计则侧重于反映事业单位全部财务资源来源和运营情况，既包括预算年度的收支信息，也包括预算年度之前和之后相关的会计信息，既关注财务资源的流量控制，也关注存量控制。

（三）财务会计包含预算会计

预算会计专门确认、计量、记录和报告当年的预算收支及其结果，以满足财政部门、上级主管部门以及立法机关、审计部门等相关方面考核事业单位公共财产受托责任履行情况的需要。财务会计除了反映预算编制、调整与执行过程中的预算信息外，还需要全面反映事业单位的财务状况、运营业绩等情况。可见，预算会计寓于财务会计之中，财务会计包括预算会计。

二、预算会计与财务会计的区别

（一）会计目标不同

在会计目标方面，财务会计融合了受托责任观与决策有用观，一方面通过财务报表向经济资源提供者、债权人和其他外部使用者反映事业单位受托责任履行情况，另一方面利用财务会计信息客观评价事业单位运营业绩，预测未来的发展趋势，做出各类公共管理决策，提高公共管理绩效；而预算会计的目标相对简单，即监控事业单位预算执行过程，防止预算超支等。

（二）会计基础不同

我国现阶段的预算编制基础仍为收付实现制。因此，以预算资金运动为对象，对预算及预算收支执行情况进行确认、计量、记录和报告的预算会计，其核算基础与预算编制基础保持一致，即采用收付实现制。

与预算会计不同，财务会计采用权责发生制。通过权责发生制，客观反映事业单位经济业务或者事项的本质以及权责义务，为加强资产和负债管理、防范财务风险、客观评价事业单位受托责任履行情况等提供支持。

（三）会计对象范围不同

预算会计是以纳入预算管理的现金资源，即预算资金运动为对象，反映预算及预算执行情况及其结果。由于预算是以“年度”为期间进行编制、执行和调整的，因此预算会计确认、计量、记录和报告的对象就是当年预算收支情况及其结果。

财务会计除了反映当期预算资金运动情况及其结果外，还应该全面、系统、完整地反映事业单位财务状况、运行情况、现金流量以及受托责任履行情况等。可见，财务会计对象的范围要比预算会计宽泛。

（四）会计要素不同

根据不同的会计基础，事业单位会计要素区分为现金基础（预算会计）要素和权责发生制（财务会计）要素。预算会计要素分为预算收入、预算支出和预算结余三类，以连续、系统地反映预算执行的过程和结果；财务会计要素分为资产、负债、净资产、收入和费用，以完整地反映资产、负债状况和财务收支运行情况。

（五）会计报告提供的信息不完全相同

根据《政府会计制度》的规定，预算会计应编制预算收入支出表、预算结转结余变动表和财政拨款预算收入支出表等预算会计报表，集中提供预算执行情况的信息；财务会计应编制资产负债表、收入费用表、现金流量表、预算结余与净资产变动差异调节表、附注等财务报表。可见，财务会计提供的信息，除反映预算执行情况外，还要提供资产、负债、净资产、收入和费用等经济业务的信息。

三、预算会计与财务会计相互结合方式

由于事业单位会计目标的多重性，单一的预算会计或财务会计均难以全面反映事业单

位预算收支执行情况、财务状况、运行情况以及公共受托责任履行情况。为此，需要在事业单位内部构建预算会计和财务会计体系，分别承担预算管理和财务管理的相应职责，发挥两类不同会计系统各自的优势。

《政府会计制度》确立了事业单位预算会计和财务会计适度分离又相互衔接的会计模式，以全面、清晰反映预算执行信息和财务状况，满足会计信息使用者的需要。

（一）预算会计与财务会计的适度分离

预算会计与财务会计是事业单位会计的两个子系统，彼此之间的适度分离表现在以下方面：

（1）在同一会计核算系统中实现财务会计和预算会计双重功能，通过资产、负债、净资产、收入、费用五个要素进行财务会计核算，通过预算收入、预算支出和预算结余三个要素进行预算会计核算。这样在完善预算会计功能的基础上，强化财务会计功能，更加完整地反映事业单位会计信息。

（2）在同一会计核算系统中，分别设置财务会计类科目和预算会计类科目。财务会计设置资产、负债、净资产、收入和费用五类共计 74 个科目；预算会计设置预算收入、预算支出和预算结余三类共计 28 个科目。

（3）在同一会计核算系统中，财务会计采用权责发生制，预算会计采用收付实现制，使得事业单位会计核算既能反映预算收支等预算管理所需信息，又能反映资产、负债、运行成本等财务管理所需信息。

（4）在同一会计核算系统中，分别提供财务报告和决算报告。财务报告和决算报告的目标不同，各自内容也不同。财务会计主要通过资产负债表、收入费用表、现金流量表、预算结余与净资产变动差异调节表和附注，提供关于事业单位全面和完整的财务状况、财务业绩、现金流量甚至成本等信息，从而促进事业单位更好地履行公共受托责任；决算报告主要通过预算收入支出表、预算结转结余变动表、财政拨款预算收入支出表，及时提供事业单位预算执行情况信息，以提升事业单位预算管理水平。

（二）预算会计与财务会计的衔接

预算会计与财务会计的衔接主要通过“平行记账”方式，即事业单位发生纳入预算管理的现金收支业务，在进行财务会计核算的同时，也需要进行预算会计核算，各自编制会计分录，记入相关账簿中。对于其他业务，仅财务会计进行确认，编制会计分录，记入相关账簿中。预算会计与财务会计的衔接如图 1－3 所示。

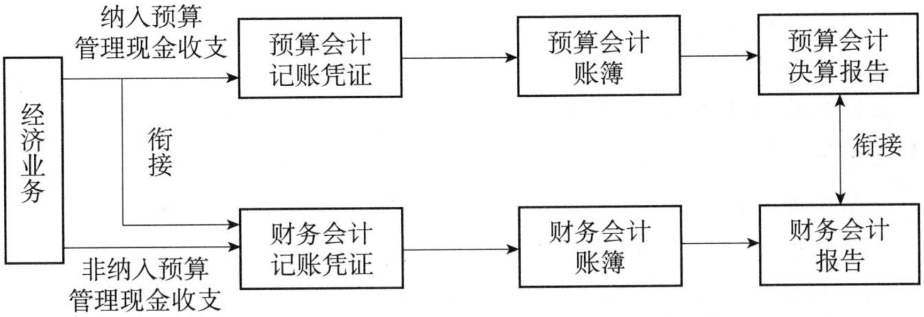

图 1－3　预算会计与财务会计的衔接

【例1-1】某事业单位（增值税一般纳税人）各项经济业务均纳入预算管理。2×19年，该单位根据发生的经济业务，编制相关的会计分录。①

（1）职工张某出差预借差旅费1 500元，以现金付讫。

编制财务会计分录：

借：其他应收款——职工张某	1 500	
贷：库存现金		1 500

不编制预算会计分录。

（2）计提固定资产折旧共计35 000元，其中：业务活动设备计提折旧15 000元，行政管理用设备计提折旧20 000元。

编制财务会计分录：

借：业务活动费用	15 000	
单位管理费用	20 000	
贷：固定资产累计折旧		35 000

不编制预算会计分录。

（3）购入材料一批，增值税专用发票上注明的价款为12 000元，增值税税额为1 560元，材料尚未到达。同日，与运输公司结清运输费用，增值税专用发票注明的运输费用为500元，增值税税额为45元。全部款项已用转账支票付讫。

编制财务会计分录：

借：在途物资	12 500	
应交增值税——应交税金（进项税额）	1 605	
贷：银行存款		14 105

同时，编制预算会计分录：

借：事业支出	14 105	
贷：资金结存——货币资金		14 105

（4）3月20日，采用财政直接支付方式购入一台不需要安装的设备，设备价款为60 000元，增值税税额为7 800元。另以银行存款支付运输费、保险费等费用5 000元，其增值税税额为420元。

编制财务会计分录：

借：固定资产	65 000	
应交增值税——应交税金（进项税额）	8 220	
贷：财政补助收入		67 800
银行存款		5 420

同时，编制预算会计分录：

借：事业支出	73 178	
贷：财政拨款预算收入		67 800
资金结存——货币资金		5 378

① 事业单位发生同一笔经济业务或事项，如果需要财务会计和预算会计分别处理的，财务会计分录在前，预算会计分录在后，并在编制预算会计分录前标明“同时”两字，下同。

(5) 向乙单位转让开发的新产品500件，应收取工料补偿费20 000元、增值税2 600元，收到乙单位开具并承兑面值为22 600元、期限为3个月的商业汇票一张。

编制财务会计分录：

借：应收票据——乙单位	22 600	
贷：事业收入		20 000
应交增值税——应交税金（销项税额）		2 600

不编制预算会计分录。

这种适度分离又相互衔接的事业单位会计核算模式，既兼顾了现行部门决算报告制度的需要，又能满足部门编制权责发生制财务报告的要求，使公共资金管理中预算管理、财务管理和绩效管理相互联结、融合，全面提高管理水平和资金使用效率，对于规范事业单位会计行为，夯实事业单位预算和财务管理基础，强化事业单位绩效管理具有深远的影响。

第四节 事业单位会计标准体系

事业单位会计标准体系主要由会计准则和会计制度组成。

一、政府会计准则

政府会计准则是关于政府会计核算工作的规范，是评价政府会计信息质量的准绳。该准则既是政府会计实务的“提纯”，也是政府会计理论的延伸。政府会计准则由政府会计基本准则、具体准则及应用指南构成。

（一）基本准则

在政府会计标准体系中，基本准则是政府会计的“概念框架”，其功能是明确政府会计的基本原则和方法，构建政府会计核算框架体系。基本准则统驭政府会计具体准则、应用指南和政府会计制度，为政府会计实务问题提供处理原则，为编制政府财务报告提供基础和标准。《政府会计准则——基本准则》（以下简称《基本准则》）发布于2015年，自2017年1月1日起施行。该准则共六章62条，包括总则、政府会计信息质量要求、政府预算会计要素、政府财务会计要素、政府决算报告和财务报告和附则。

（二）具体准则

具体准则是在政府会计基本准则的指导下，主要规定政府发生的经济业务或事项的会计处理原则，具体规定经济业务或事项引起的会计要素变动的确认、计量和报告。

财政部为了适应权责发生制政府综合财务报告制度改革的需要，于2016年7月制定印发了《政府会计准则第1号——存货》《政府会计准则第2号——投资》《政府会计准则第3号——固定资产》《政府会计准则第4号——无形资产》四项具体准则，自2017年1月1日起施行。四项具体准则的出台，标志着政府会计准则体系建设工作继《政府会计准则——基本准则》出台后又迈出了坚实的一步。

（三）应用指南

应用指南是对具体准则的实际应用做出的操作性规定，是针对具体准则的难点和关键点所制定的操作性指南，有助于会计人员完整、准确地理解和掌握具体准则。目前，我国出台了《政府会计准则第3号——固定资产》应用指南。

二、政府单位会计制度

会计制度有广义和狭义之分。广义的会计制度即国家统一的会计制度，是指国务院财政部门根据《会计法》制定的关于会计核算、会计监督、会计机构和会计人员以及会计工作管理的制度。狭义的会计制度，是指财政部制定的会计核算行为规范，主要规定会计科目及其使用说明、会计报表格式及编制说明等，便于会计人员进行日常核算。此处所讲的会计制度是狭义的会计制度，即2019年实施的《政府会计制度》。

《政府会计制度》是以《会计法》为依据，根据政府会计准则的要求，结合行政事业单位特点和管理要求制定的，它直接对行政事业单位会计核算工作发挥规范作用。《政府会计制度》的内容如图1-4所示。

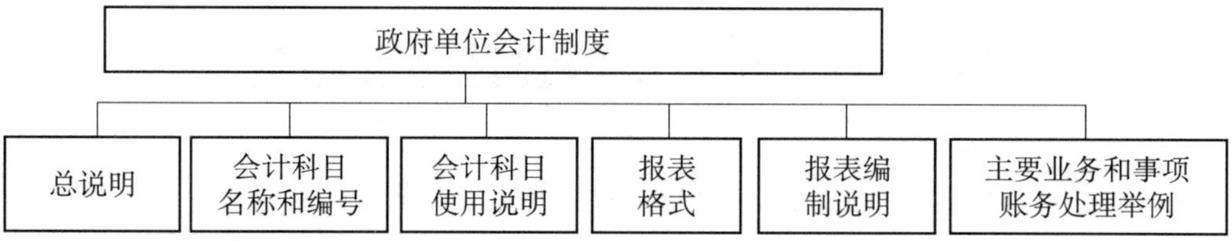

图1-4　《政府会计制度》的内容

（一）总说明

总说明，是会计制度的总纲或基本规定，是对会计制度的重要原则性问题、各部分核心内容以及不宜在各部分中做出的具体要求等方面做出的规定。它说明了会计制度制定依据、会计制度适用范围、会计核算模式、会计基础、会计要素、运用会计科目原则、财务报表和预算会计报表的组成内容、报表责任、会计工作组织等内容。

（二）会计科目名称和编号

“会计科目名称和编号”部分主要对会计科目名称、分类和编号统一做出规定。《政府会计制度》将会计科目分为两类：一类是按照权责发生制基础设置的财务会计类科目，如表1-1所示；另一类是按照收付实现制基础设置的预算会计类科目，如表1-2所示。

（三）会计科目使用说明

“会计科目使用说明”部分是政府会计制度的核心内容。该部分对会计科目核算范围、明细账设置方法、涉及某科目的经济业务的会计处理原则及方法做出具体规定。此外，也对与会计科目相关的重要概念进行了界定。

为了保证行政事业单位会计核算工作的正常进行，并满足会计资料使用者的需要，行政事业单位在会计科目的使用上，必须遵循《政府会计制度》的规定。

（四）报表格式

“报表格式”部分主要就行政事业单位对外报送财务报表和预算会计报表的编号、名称、格式和编制期等内容做出统一规定。其中，财务报表包括资产负债表、收入费用表、净资产变动表、现金流量表及附注，预算会计报表包括预算收入支出表、预算结转结余变动表和财政拨款预算收入支出表。

（五）报表编制说明

“报表编制说明”部分详细说明了财务、预算报表相关项目的含义及编制方法，以及报表附注应披露的内容。

（六）主要业务和事项账务处理举例

该部分列举了涉及各会计科目的主要业务和事项的账务处理。

制度测试

1. 与企业会计相比，事业单位会计的特点表现在哪些方面？

2. 如果你想了解一家公立学校或医院的运行情况，需要知道它的哪些具体情况？其中有哪些可由会计信息提供？

3. 事业单位会计的基本前提有哪些？这些前提之间有何联系？

4. 事业单位会计基础主要包括哪些？为什么事业单位财务会计基础采用权责发生制？

5. 事业单位会计信息质量要求有哪些？在具体的会计确认、计量和报告中，这些信息质量要求是如何体现的？

6. 什么是会计要素？事业单位财务会计和预算会计包括哪些会计要素？会计要素之间关系如何？

7. 什么是预算会计、财务会计？预算会计和财务会计关系如何？

8. 事业单位会计法规体系由哪些内容组成？各自作用表现在哪些方面？

第二章　资产（上）

资产是事业单位最重要的经济资源。资产与人力资源、其他资源的有机结合是事业单位持续发展的物质基础。资产可以是货币性的，如库存现金和银行存款；也可以是非货币性的，如房屋、公共基础设施、政府储备物资等。资产可以是动产，如库存物资、家具、用具及装具等；也可以是不动产，如房屋和建筑物。资产可以是有实物形态的资产，如库存物资、保障性住房等；也可以是无形资产，如专利权、著作权等。

第一节　资产概述

一、资产的概念

《基本准则》第二十七条指出：资产是指政府会计主体过去的经济业务或者事项形成的，由政府会计主体控制的，预期能够产生服务潜力或者带来经济利益流入的经济资源。服务潜力是指政府会计主体利用资产提供公共产品和服务以履行其职能的潜在能力。经济利益流入表现为现金及现金等价物的流入，或者现金及现金等价物流出的减少。

财务会计所有的要素中，资产是首要的或位居第一位的要素，它是事业单位会计核算的主要内容。事业单位任何会计要素都直接或间接地与其相关，事业单位会计确认、计量和报告的主要信息也是资产增减变动情况。

二、资产的特点

根据资产的概念，可对资产的基本特点概括如下。

（一）资产的本质是一种经济资源

资产必须是一种经济资源。这种经济资源具有使用价值，能够为事业单位开展专业业务活动及其辅助活动提供或创造客观条件，并预期能够产生服务潜力或者带来经济利益。

（二）资产必须是事业单位占有或使用的经济资源

一般而言，某种经济资源被确认为事业单位资产，该单位必须对其拥有所有权，从而能够获得经济利益。有时，有些资产并不为事业单位所拥有，但该单位能够支配、控制这些资产，并且能够在资产的使用过程中获得经济利益，该单位也应将其确认为资产。

（三）资产必须是能以货币计量的经济资源

事业单位所拥有的各项经济资源，如房屋或设备、公共基础设施、库存物品等，其实物形态是各不相同的，采用的计量方式也是多种多样的，如重量、长度、容积、货币等。会计对事业单位进行综合反映时，显然是不能采用实物计量单位的。在商品经济条件下，由于货币是一般等价物，以各种实物形态存在的资产的价值都可以通过货币获得统一的反映和计量。如果归属于事业单位的某项经济资源，不能通过货币获得反映和计量，该项经济资源就不能纳入事业单位的资产范围。

三、资产的分类

为了提供与资产相关的会计信息，需要根据资产的性质和特点对其进行科学的分类。如按资产是否具有实物形态，可以分为有形资产和无形资产；按资产与货币的关系，可以分为货币性资产和非货币性资产；按资产转化为货币的速度即流动性，可以分为流动资产和非流动资产；按资产的来源，可以分为自有资产和租入资产；等等。

《基本准则》第二十八条指出：政府会计主体的资产按照流动性，分为流动资产和非流动资产。

（一）流动资产

流动资产是指预计在1年内（含1年）耗用或者可以变现的资产。包括货币资金、短期投资、应收及预付款项、存货等。

（二）非流动资产

非流动资产是指流动资产以外的资产。包括固定资产、在建工程、无形资产、长期投资、公共基础设施、政府储备资产、文物文化资产、保障性住房和自然资源资产等。

四、流动资产的特征及分类

（一）流动资产的特征

与非流动资产相比，流动资产主要有以下特点：

(1) 周转期限短。这是由事业单位开展专业及其辅助活动时，该资产不断地被使用或耗费的特性所决定的。各项流动资产固定保持其自身形态的时间是短暂的，一般不会超过1年。例如最具有代表性的货币资金，由于具备了流通手段的职能，随时都可用于购置资产、支付费用。

(2) 资产价值一次性消耗或转移。这是由资产的单位价值量较低和通常被一次性使用或耗费，并直接作为其他资产的构成要素的特性所决定的，例如事业活动中领用的材料、物品等。

(3) 占用数量具有波动性。在循环中，流动资产的占用数量在不同时期不是固定不变的，会随着事业单位活动的变化而有升有降，起伏不定。如文化事业单位，其业务活动与季节、民族风俗直接相关，流动资产的消耗有一定的季节性，因此季节性波动较为明显。

（二）流动资产的分类

根据《政府会计制度》的规定，事业单位流动资产一般分为货币资金、短期投资、财政应返还额度、应收及预付款项、存货、待摊费用等。

（1）货币资金，是指以货币形态存在的资产，包括库存现金和银行存款（有外币收付业务的单位，除人民币存款外，还有外币存款）。

（2）短期投资，是指事业单位取得的持有时间不超过1年（含1年）的投资。

（3）财政应返还额度，是指实行国库集中支付的事业单位年终应收财政下年度返还的资金额度。

（4）应收及预付款项，是指事业单位在生产经营活动中因商品、产品已经交付或劳务已经提供或因购买货物等而预先支付给供货单位的货款，从而取得的向其他单位或个人索取货款或劳务补偿的要求权。

（5）存货，是指事业单位库存的各种材料、物品、低值易耗品及达不到固定资产标准的工具、器具等。

（6）待摊费用，是指事业单位已经支付，但应当由本期和以后各期分别负担的分摊期在1年以内（含1年）的各项费用，如预付航空保险费、预付租金等。

第二节 货币资金

货币资金是以货币形态存在的资产。按存放地点和用途不同，货币资金分为库存现金、银行存款和零余额账户用款额度。货币资金是事业单位资金运动的起点和终点，也是唯一能够随时转换为其他资产或用于清偿债务并最具流动性的资产，在资产负债表中，列在资产项目的首位。

一、库存现金的核算

库存现金是指存放于单位财会部门，由出纳人员经管的货币资金，包括库存的人民币和各种外币。现金是一种用于价值储存和交换的媒介。它是事业单位支付货款、支付职工薪酬或获取其他服务的结算工具。

（一）库存现金管理的基本要求

库存现金流动性强，收付频繁，也容易出现差错，还有可能被挪用或侵吞。所以，事业单位应重点加强库存现金的管理与控制。

1. 库存现金的使用范围

按照国务院颁布的《现金管理暂行条例》的规定，事业单位库存现金的使用范围如下：职工工资、津贴；个人劳务报酬；根据国家规定颁发给个人的各种奖金；各种劳保、福利费用以及国家规定的对个人的其他支出；向个人收购农副产品和其他物资的价款；出差人员随身携带的差旅费；结算起点以下的零星支出；中国人民银行确定需要支付现金的其他支出。

除上述范围以外的结算业务，应通过银行办理转账结算。

2. 库存现金限额

库存现金限额是指为保证各单位日常零星支出按规定允许留存的现金的最高数额。库存现金限额由开户银行根据开户单位的实际需要和距离银行远近等情况核定，一般按照单位3至5天日常零星开支所需现金确定。离银行较远或交通不便的事业单位，银行最多可以根据事业单位15天的正常开支需要量来核定库存现金限额。库存现金限额一经核定，事业单位必须严格遵守，应将超过限额的现金及时存入银行；当库存现金低于限额时，事业单位可以签发现金支票从银行提取现金，补足限额。

3. 不准坐支现金

按照《现金管理暂行条例》及其实施细则的规定，开户单位支付现金，可以从本单位的现金库存中支付或者从开户银行提取，不得从本单位的现金收入中直接安排。事业单位如因特殊情况需要坐支现金的，应当事先报经开户银行审查批准，由开户银行核定坐支现金的范围和限额，事业单位应定期向开户银行报送坐支现金的金额和使用情况。未经银行批准，事业单位不得擅自坐支现金。

（二）库存现金日常收支的核算

为了反映库存现金的增减变动情况，事业单位应设置“库存现金”科目，核算库存现金的收支和结存情况。该科目的借方登记库存现金的增加额，贷方登记库存现金的减少额；期末余额在借方，反映事业单位实际持有的库存现金。

事业单位有外币现金的，应当分别按照人民币、各种外币设置现金日记账进行明细核算。

需要说明的是，“库存现金”科目下应当设置“受托代理资产”明细科目，核算单位受托代理、代管的现金。

1. 库存现金的增加

事业单位从银行等金融机构提取现金，按照实际提取的金额，借记“库存现金”科目，贷记“银行存款”科目；将现金存入银行等金融机构，借记“银行存款”科目，贷记“库存现金”科目。按规定从单位零余额账户提取现金，借记“库存现金”科目，贷记“零余额账户用款额度”科目。

事业单位因提供服务、商品或者其他事项收到现金，按实际收到的金额，借记“库存现金”科目，贷记“事业收入”“应收账款”等相关科目，按照应交的增值税，贷记“应交增值税”科目。因购买服务、商品或者其他事项支付现金，按照实际支付的金额，借记“业务活动费用”“单位管理费用”“库存物品”等相关科目，贷记“库存现金”科目，按照支付的增值税（增值税一般纳税人），借记“应交增值税——应交税金”科目。

事业单位收到受托代理、代管的现金时，按照实际收到的金额，借记“库存现金——受托代理资产”科目，贷记“受托代理负债”科目；支付受托代理、代管的现金时，按照实际支付的金额，借记“受托代理负债”科目，贷记“库存现金——受托代理资产”科目。

2. 库存现金的减少

事业单位内部职工因出差等从财会部门借出现金时，按照实际支付的金额，借记“其他应收款”科目，贷记“库存现金”科目；出差人员报销差旅费时，按照实际报销的金额，借记“业务活动费用”“单位管理费用”等科目，按照实际借出的现金金额，贷记“其他应收款”科目，按照借贷方差额，借记或贷记“库存现金”科目。事业单位将现金退回单位零余额账户，借记“零余额账户用款额度”科目，贷记“库存现金”科目。以库存现金对外捐赠，按照实际捐出的金额，借记“其他费用”科目，贷记“库存现金”科目。

【例2-1】 2×19年5月10日，某事业单位根据发生的库存现金收支业务，编制相关的会计分录。

（1）签发现金支票，从银行提取现金6 000元备用。编制财务会计分录：

借：库存现金　　6 000

　　贷：银行存款　　6 000

（2）支付现金500元购买零星办公用品，并直接交行政管理部门使用。编制财务会计分录：

借：单位管理费用　　500

　　贷：库存现金　　500

同时，编制预算会计分录：

借：事业支出　　500

　　贷：资金结存——货币资金　　500

（3）职工张某出差预借差旅费1 500元，以现金付讫。张某出差归来报销差旅费2 000元，以现金补足差额。

1）张某预借差旅费，编制财务会计分录：

借：其他应收款——职工张某　　1 500

　　贷：库存现金　　1 500

2）张某报销差旅费，编制财务会计分录：

借：单位管理费用　　2 000

　　贷：其他应收款——职工张某　　1 500

　　　　库存现金　　500

同时，编制预算会计分录：

借：事业支出　　2 000

　　贷：资金结存——货币资金　　2 000

（4）开展专业活动取得零星现金收入3 000元，不考虑增值税因素。编制财务会计分录：

借：库存现金　　3 000

　　贷：事业收入　　3 000

同时，编制预算会计分录：

借：资金结存——货币资金　　3 000

　　贷：事业预算收入　　3 000

事业单位应当设置现金日记账，由出纳人员根据收付款凭证，按照业务发生顺序逐笔登记。每日终了，应当计算当日的现金收入合计数、现金支出合计数和结余数，并将结余数与实际库存数核对，做到账实相符。

（三）库存现金清查盘点的核算

为了加强库存现金的管理，出纳或有关人员应对库存现金进行定期或不定期的盘点清查。清查方法是将库存现金的实有数与账面余额进行核对。清查时，不仅要查明库存现金实有数和账面结存数是否相符，还要审查现金收支是否符合现金管理制度。如果清点的库存现金实有数大于现金日记账余额，为现金溢余；反之，则为现金短缺。清查结束，应根据清查结果编制现金盘点报告单，列明实存、账存、溢余或短缺金额。

每日账款核对中发现现金短缺，应按照实际短缺的金额，借记“待处理财产损溢”科目，贷记“库存现金”科目；发现现金溢余，按照实际溢余的金额，借记“库存现金”科目，贷记“待处理财产损溢”科目。如经查明属于应由责任人赔偿或应向有关人员追回的现金短缺，借记“其他应收款”科目，贷记“待处理财产损溢”科目；属于无法查明原因的，报经批准核销时，借记“资产处置费用”科目，贷记“待处理财产损溢”科目。如为现金溢余，属于应支付给有关人员或单位的，借记“待处理财产损溢”科目，贷记“其他应付款”科目；属于无法查明原因的，报经批准后，借记“待处理财产损溢”科目，贷记“其他收入”科目。

【例 2-2】 2×19 年 5 月，某事业单位根据发生的现金溢余或短缺业务，编制相关的会计分录。

（1）20 日现金清查时，发现库存现金比其账面余额多 150 元，原因待查。

1）现金溢余时，编制财务会计分录：

借：库存现金	150	
贷：待处理财产损溢		150

同时，编制预算会计分录：

借：资金结存——货币资金	150	
贷：其他预算收入		150

2）经查，溢余的现金属于出纳工作失误多收某单位的款项，尚未退还该单位。编制财务会计分录：

借：待处理财产损溢	150	
贷：其他应付款		150

（2）25 日现金清查时，发现库存现金比其账面余额少 180 元，原因待查。经查，25 日现金短缺 100 元为出纳员的责任，已收到赔款 100 元；其余短缺无法查明原因，经批准确认为资产损失。

1）现金短缺时，编制财务会计分录：

借：待处理财产损溢	180	
贷：库存现金		180

同时，编制预算会计分录：

借：其他支出	180	
贷：资金结存——货币资金		180

2）现金短缺报经批准时，编制财务会计分录：

借：库存现金	100	
资产处置费用	80	
贷：待处理财产损溢		180

同时，编制预算会计分录：

借：资金结存——货币资金	100	
贷：其他支出		100

二、银行存款（人民币存款）的核算

银行存款是指事业单位存入银行和其他金融机构的各种存款。任何独立核算的事业单位都必须在当地银行开设账户。除规定可用现金直接支付的款项外，其他一切收支业务均须通过银行存款账户核算。同时，事业单位必须在经国家有关部门正式批准的银行或非银行金融机构开立账户及办理有关存款、取款和转账结算等业务。

为了反映银行存款增减变动情况，事业单位应设立“银行存款”科目核算银行存款收支和结存情况。该科目的借方登记银行存款的增加额；贷方登记银行存款的减少额；期末借方余额，反映事业单位存在银行或其他金融机构的款项。

事业单位将款项存入银行或者其他金融机构时，借记“银行存款”科目，贷记“库存现金”“事业收入”“经营收入”“其他收入”等相关科目；提取现金时，借记“库存现金”科目，贷记“银行存款”科目；以银行存款支付相关费用时，借记“业务活动费用”“单位管理费用”等相关科目，贷记“银行存款”科目，涉及增值税业务，应借记“应交增值税——应交税金（进项税额）”科目（增值税一般纳税人）或将增值税计入相关资产成本或相关成本费用（小规模纳税人）；收到银行存款利息，借记“银行存款”科目，贷记“利息收入”等科目；支付银行手续费等时，借记“业务活动费用”“单位管理费用”等科目，贷记“银行存款”科目。

收到受托代理、代管的银行存款时，借记“银行存款——受托代理资产”科目，贷记“受托代理负债”科目；支付受托代理、代管的银行存款时，编制相反的会计分录。

【例 2-3】 2×19 年 6 月，某事业单位（增值税一般纳税人）根据发生的银行存款业务，编制相关的会计分录。

（1）开展非独立核算的经营活动销售产品一批，开具的增值税专用发票上注明的价款为 16 000 元，增值税为 2 080 元，全部款项存入银行。编制财务会计分录：

借：银行存款　　18 080

　　贷：经营收入　　16 000

　　　　应交增值税——应交税金（销项税额）　　2 080

同时，编制预算会计分录：

借：资金结存——货币资金　　18 080

　　贷：经营预算收入　　18 080

（2）购进专业业务活动需要的材料一批，增值税专用发票上注明的价款为 50 000 元，增值税为 6 500 元，全部款项以零余额账户支付。编制财务会计分录：

借：库存物品　　56 500

　　贷：银行存款　　56 500

同时，编制预算会计分录：

借：事业支出　　56 500

　　贷：资金结存——零余额账户用款额度　　56 500

（3）接到银行结息通知，第二季度取得银行存款利息收入 5 000 元，并转入银行存款账户。编制财务会计分录：

借：银行存款　　5 000

贷：利息收入 5 000

同时，编制预算会计分录：

借：资金结存——货币资金 5 000

贷：其他预算收入 5 000

（4）暂收某单位交纳的保证金 1 200 元，存入银行。编制财务会计分录：

借：银行存款 1 200

贷：其他应付款 1 200

（5）收到银行转来电费结算通知，本月电费 31 600 元，其中专业活动用电 20 000 元（含税），非独立核算经营部门用电 10 000 元，支付增值税 1 300 元。电费通过零余额账户结算。编制财务会计分录：

借：业务活动费用 20 000

经营费用 10 000

应交增值税——应交税费（进项税额） 1 300

贷：零余额账户用款额度 31 300

同时，编制预算会计分录：

借：事业支出 20 000

经营支出 11 300

贷：资金结存——零余额账户用款额度 31 300

三、银行存款（外币存款）的核算

在经济全球化的趋势下，越来越多的事业单位的国际交往范围日益扩大，随之外币业务日趋频繁，其收支数额也在不断增加。加强外币核算与管理已成为事业单位会计工作的重要内容之一。

（一）基本概念

1. 记账本位币

记账本位币是指一个单位经营或运营所处的主要经济环境中的货币。主要经济环境通常是指单位主要产生和支出现金的经济环境。例如，我国大多数事业单位主要产生和支出现金的环境在国内，因此，一般以人民币作为记账本位币。

2. 外币与外币业务

一个单位选定的用于反映其经营或运营业绩和财务状况的货币为记账本位币，记账本位币以外的货币称为外币。需要注意的是，在会计核算中，外币并非仅指本国货币以外的外国货币，而是指记账本位币以外的各种货币。

外币业务是指以记账本位币以外的其他货币进行收付、往来结算和计价的经济业务。

3. 汇率与即期汇率

汇率是指两种货币相兑换的比率，是一种货币单位用另一种货币单位所表示的价格。根据表示方式的不同，汇率可以分为直接汇率和间接汇率。直接汇率是一定数量的其他货币单位折算为本国货币的金额；间接汇率是指一定数量的本国货币折算为其他货币的金额。通常情况下，人民币汇率是以直接汇率表示。

《政府会计制度》规定，事业单位发生外币业务时，应当按照业务发生当日（或当期期初，下同）的即期汇率，将外币金额折算为人民币记账，并登记外币金额和汇率。期末，各种外币账户的外币余额应当按照期末的即期汇率折算为人民币，作为外币账户期末人民币余额。

4. 汇兑差额

汇兑差额是指对同样数量的外币金额采用不同的汇率折算为记账本位币金额时所产生的差额。根据现行《政府会计制度》的规定，汇兑差额作为汇兑损益计入当期费用。

（二）外币业务日常核算

事业单位以外币购买物资、设备等，按照购入当日的即期汇率将支付的外币或应支付的外币折算为人民币金额，借记“库存物品”等科目，贷记“银行存款”“应付账款”等科目的外币账户。涉及增值税业务的，按照支付或应付的增值税税额，借记“应交增值税——应交税金（进项税额）”科目。

事业单位销售物品、提供服务以外币收取相关款项时，按照收入确认当日的即期汇率将收取的外币或应收取的外币折算为人民币金额，借记“银行存款”“应收账款”等科目，贷记“事业收入”等相关科目。

【例 2-4】某事业单位 2×19 年第四季度期初有关外币科目的余额如表 2-1 所示。

表 2-1　外币科目余额表

项目	美元金额（美元）	汇率（美元：人民币）	折合人民币金额（元）
银行存款（美元户）	1 500 000	1∶6.2	9 300 000
应收账款（美元户）	100 000	1∶6.2	620 000
应付账款（美元户）	585 000	1∶6.2	3 627 000

2×19 年 12 月，该单位发生以下与外币有关的业务或事项（不考虑增值税因素）：

(1) 5 日，从国外以外币购买库存物品一批，货款为 218 000 美元，尚未支付。当日市场汇率为 1 美元＝6.3 元人民币。编制财务会计分录：

借：库存物品　　1 373 400
　　贷：应付账款（美元户）　　1 373 400

(2) 8 日，从境外购进物资一批，价款共计 220 000 美元，由外币存款支付。当日市场汇率为 1 美元＝6.3 元人民币。编制财务会计分录：

借：库存物品　　1 386 000
　　贷：银行存款（美元户）　　1 386 000

同时，编制预算会计分录：

借：事业支出　　1 386 000
　　贷：资金结存——货币资金　　1 386 000

(3) 18 日，对外转让科技成果，以外币计算的相关款项为 200 000 美元。该款项已符合收入确认条件，但款项尚未收到。当日市场汇率为 1 美元＝6.3 元人民币。编制财务会计分录：

借：应收账款（美元户）　　1 260 000
　　贷：事业收入　　1 260 000

（4）22日，偿还应付境外某部门款项800 000美元，款项已通过美元账户划转。当日市场汇率为1美元＝6.35元人民币。编制财务会计分录：

借：应付账款（美元户） 5 080 000
　　贷：银行存款（美元户） 5 080 000

同时，编制预算会计分录：

借：事业支出 5 080 000
　　贷：资金结存——货币资金 5 080 000

（5）25日，收到本年11月对外提供A项目服务款项100 000美元，存入银行。当日市场汇率为1美元＝6.3元人民币。编制财务会计分录：

借：银行存款（美元户） 630 000
　　贷：应收账款（美元户） 630 000

同时，编制预算会计分录：

借：资金结存——货币资金 630 000
　　贷：事业预算收入 630 000

（三）期末账项调整

期末，将各外币银行存款账户按照期末汇率调整后的人民币余额与原账面人民币余额的差额作为汇兑损益，借记或贷记“银行存款”科目，贷记或借记“业务活动费用”“单位管理费用”等科目。“应收账款”“应付账款”等科目涉及外币账户期末汇率调整的业务，相关核算方法同理，此处不再赘述。

【例2-5】承例2-4，2×19年12月31日，市场汇率为1美元＝6.1元人民币。该单位2×19年12月外币科目发生额和外币科目按12月31日市场汇率计价的期末余额如表2-2所示。

表2-2　外币相关科目情况表　　单位：美元；元

会计科目	期初余额		借方发生额		贷方发生额		期末余额（2×19年12月31日）	
	美元金额	折合人民币金额	美元金额	折合人民币金额	美元金额	折合人民币金额	美元金额	折合人民币金额
银行存款（美元户）	1 500 000	9 300 000	100 000	630 000	1 020 000	6 466 000	580 000	3 538 000
应收账款（美元户）	100 000（借方）	620 000（借方）	200 000	1 260 000	100 000	630 000	200 000（借方）	1 220 000（借方）
应付账款（美元户）	585 000（贷方）	3 627 000（贷方）	800 000	5 080 000	218 000	1 373 400	3 000（贷方）	18 300（贷方）

外币汇兑损益计算结果如下：

银行存款当期产生的汇兑差额＝3 538 000－(9 300 000＋630 000－6 466 000)
＝74 000（元）

应收账款当期产生的汇兑差额＝1 220 000－(620 000＋1 260 000－630 000)
＝－30 000（元）

应付账款当期产生的汇兑差额＝18 300－(3 627 000＋1 373 400－5 080 000)
＝97 900（元）

根据表 2-2，该单位编制 2×19 年 12 月 31 日外币汇兑损益的财务会计分录如下：

借：银行存款（美元户）　74 000
　　业务活动费用　53 900
　　贷：应收账款（美元户）　30 000
　　　　应付账款（美元户）　97 900

同时，编制预算会计分录：

借：资金结存——货币资金　74 000
　　贷：事业支出　74 000

四、零余额账户用款额度的核算

零余额账户用款额度是指实行国库集中支付的事业单位根据财政部门批复的用款计划收到和支用的用款额度。在介绍零余额账户用款额度核算方法前，先对国库集中收付制度内容做简单说明。

（一）国库集中收付制度

国库集中收付制度，又称国库单一账户制度，是指财政部门在中央银行或商业银行设立国库单一账户体系，将所有财政收支都纳入国库单一账户体系管理。该制度主要包括三个方面内容：一是建立国库单一账户体系，将所有财政性资金都纳入国库单一账户体系管理；二是将所有财政收入直接缴入国库或财政专户；三是财政性资金统一通过国库单一账户体系支付给商品和劳务供应者或用款单位。

实行国库集中收付制度，财政性资金按发出支付令的主体不同分为两种支付方式：一是由财政部门发出支付令，称为财政直接支付方式；二是由预算单位经财政部门授权自行发出支付令，称为财政授权支付方式。与财政资金支付方式相对应，财政资金支付程序具体分为财政直接支付程序和财政授权支付程序。

1. 财政直接支付程序

财政直接支付是指预算单位根据财政部门批复的部门预算和用款计划，提出用款申请，由财政部门开具支付令，向财政国库支付执行机构提出支付申请，财政国库支付执行机构根据批复的部门预算和资金使用计划及相关要求对支付申请审核无误后，向代理银行发出支付令，并通知中国人民银行国库部门，通过代理银行进入全国银行清算系统实时清算，通过国库单一账户体系，直接将财政性资金支付到收款人（即商品和劳务供应者，下同）或用款单位账户。

实行财政直接支付的支出内容包括工资支出、工程采购支出、物品和服务采购支出。其具体程序如图 2-1 所示。

2. 财政授权支付程序

财政授权支付是国库集中支付的另一种方式，是指预算单位按照部门预算和用款计划确定资金用途，根据财政部门授权，自行开具支付令送代理银行，通过国库单一账户体系中的单位零余额账户或特设专户，将财政性资金支付到收款人或用款单位账户。财政授权支付的支出范围是指除财政直接支付支出以外的全部支出，包括未实行财政直接支付的购买支出和零星支出。财政授权支付程序如图 2-2 所示。

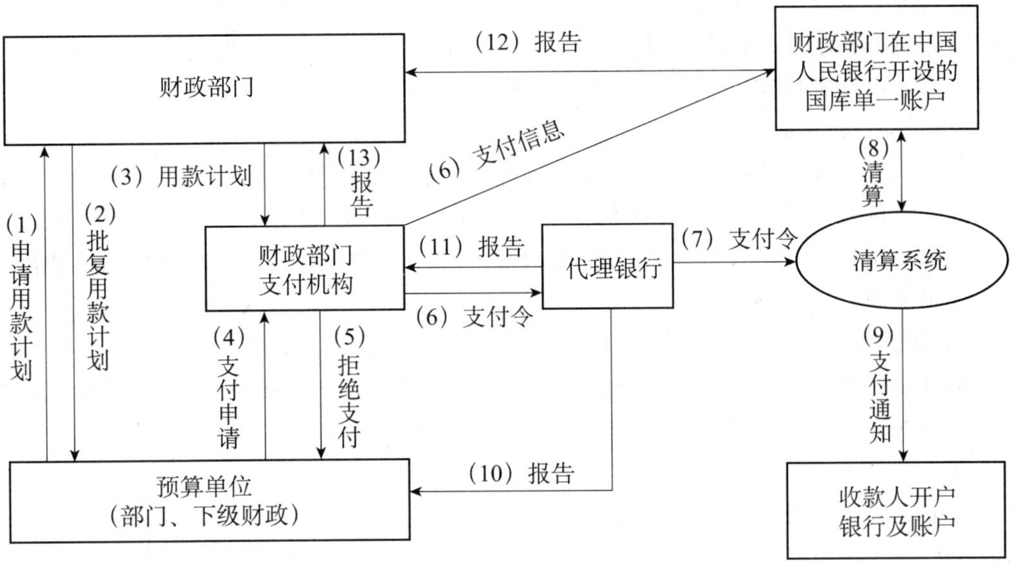

图 2-1　财政直接支付程序

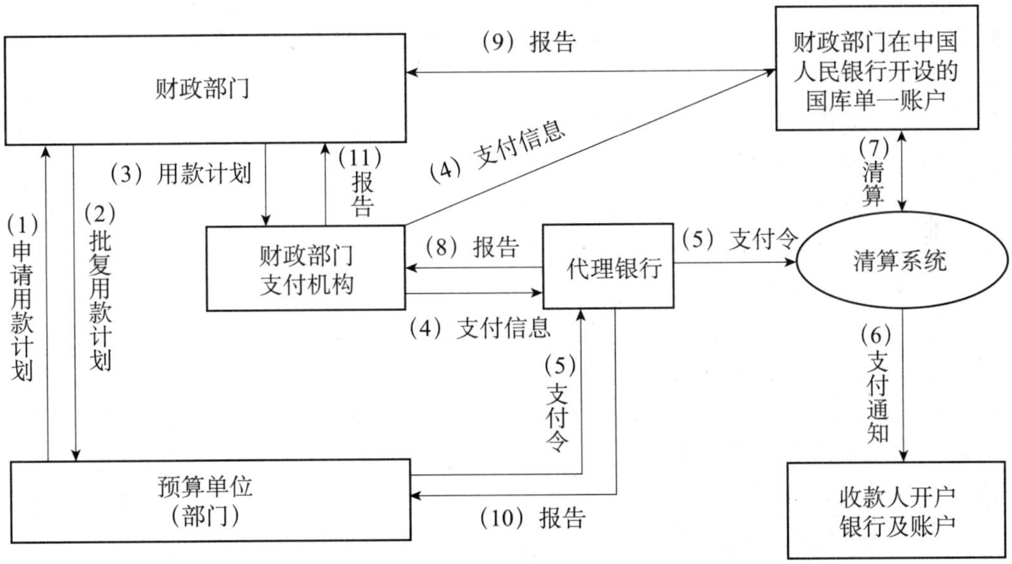

图 2-2　财政授权支付程序

（二）零余额账户用款额度

零余额账户用款额度是指实行国库集中支付的单位，根据财政部门批复的用款计划收到的零余额账户用款额度。

具体来说，零余额账户用款额度是财政部门按照预算和批准的用款计划，通过国库集中支付代理银行下达到预算单位零余额账户的资金使用额度，是一种新的无纸化的货币形式，具有与现金和各种存款基本相同的支付结算功能，因此是单位可以支配的流动资产形式之一。财政授权的转账业务一律通过单位零余额账户办理。需要说明两点：一是单位在商业银行开设的零余额账户不是实存资金账户，而是一个过渡性的待结算账户，通过该账户反映的用款额度不是实际的货币资金；二是单位零余额账户的用款额度具有与人民币存款相同的支付结算功能，可办理转账、汇兑、委托收款和提取现金等支付结算业务。可以向本单位按账户管理规定保留的相应账户划拨工会经费、住房公积金及提租补贴，以及划拨经财政部门批准的特殊款项。

为了反映零余额账户用款额度增减变动情况，事业单位应当设置“零余额账户用款额度”科目。该科目借方登记收到授权支付到账额度；贷方登记支用的零余额用款额度；期末借方余额，反映事业单位尚未支用的零余额账户用款额度。“零余额账户用款额度”科目年末应无余额。

1. 零余额账户用款额度的增加和减少

在财政授权支付方式下，事业单位收到代理银行盖章的“财政授权支付额度到账通知书”时，根据通知书所列数额，借记“零余额账户用款额度”科目，贷记“财政拨款收入”科目。

事业单位按规定支用额度时，借记有关科目，贷记“零余额账户用款额度”科目；从零余额账户提取现金时，借记“库存现金”科目，贷记“零余额账户用款额度”科目；向按账户管理规定保留的相应账户划拨工会经费、住房公积金及提租补贴以及经财政部门批准的特殊款项时，借记“银行存款”等科目，贷记“零余额账户用款额度”科目。

【例 2-6】 2×19 年 12 月，某事业单位根据发生的国库集中支付业务，编制相关的会计分录。

（1）2 日，收到代理银行转来的“财政授权支付额度到账通知书”，通知书中注明的本月授权额度为 500 000 元。编制财务会计分录：

借：零余额账户用款额度	500 000	
贷：财政拨款收入		500 000

同时，编制预算会计分录：

借：资金结存——零余额账户用款额度	500 000	
贷：财政拨款预算收入		500 000

（2）5 日，采用国库授权支付方式支付职工薪酬 3 000 000 元，通过银行转账划入职工个人账户。编制财务会计分录：

借：应付职工薪酬	3 000 000	
贷：零余额账户用款额度		3 000 000

同时，编制预算会计分录：

借：事业支出	3 000 000	
贷：资金结存——零余额账户用款额度		3 000 000

（3）14 日，从零余额账户提取现金 50 000 元备用。编制财务会计分录：

借：库存现金	50 000	
贷：零余额账户用款额度		50 000

（4）25 日，行政管理部门购买办公用品支出 2 000 元，款项从零余额账户中支付。编制财务会计分录：

借：单位管理费用	2 000	
贷：零余额账户用款额度		2 000

同时，编制预算会计分录：

借：事业支出　　2 000

　　贷：资金结存——零余额账户用款额度　　2 000

（5）30日，以零余额账户用款额度支付行政办公大楼日常维修费50 000元。编制财务会计分录：

借：单位管理费用　　50 000

　　贷：零余额账户用款额度　　50 000

同时，编制预算会计分录：

借：事业支出　　50 000

　　贷：资金结存——零余额账户用款额度　　50 000

2. 国库授权支付额度的退回

有时，事业单位因购货退回等发生国库授权支付额度退回的，应按照退回金额，借记“零余额账户用款额度”科目，贷记“库存物品”等科目。

【例2-7】 2×19年1月10日，甲事业单位从上海乙公司购进专业活动所用材料一批，全部款项为500 000元，通过零余额账户支付。因材料存在质量问题，被全部退回。2月20日接到银行通知，退回的材料款已全部转入零余额账户。

（1）1月10日，购进材料。编制财务会计分录：

借：库存物品　　500 000

　　贷：零余额账户用款额度　　500 000

同时，编制预算会计分录：

借：事业支出　　500 000

　　贷：资金结存——零余额账户用款额度　　500 000

（2）2月20日，收到退回材料款。编制财务会计分录：

借：零余额账户用款额度　　500 000

　　贷：库存物品　　500 000

同时，编制预算会计分录：

借：资金结存——零余额账户用款额度　　500 000

　　贷：事业支出　　500 000

3. 零余额账户用款额度的期末注销

年度终了，事业单位根据代理银行提供的对账单做注销额度的相关账务处理，借记“财政应返还额度——财政授权支付”科目，贷记“零余额账户用款额度”科目。

事业单位本年度财政授权支付预算指标数大于零余额账户用款额度下达数的，根据未下达的用款额度，借记“财政应返还额度——财政授权支付”科目，贷记“财政拨款收入”科目。

下年初，事业单位根据代理银行提供的上年度注销额度恢复到账通知书做恢复额度的相关账务处理，借记“零余额账户用款额度”科目，贷记“财政应返还额度——财政授权支付”科目。事业单位收到财政部门批复的上年末下达零余额账户用款额度的，借记“零余额账户用款额度”科目，贷记“财政应返还额度——财政授权支付”科目。

【例 2-8】某事业单位 2×19 年度财政授权支付年终结余资金为 360 000 元。2×20 年 2 月 15 日，该单位收到代理银行转来的“财政授权支付额度恢复到账通知书”，恢复2×19 年度财政授权支付额度 360 000 元。根据以上资料，该单位应当进行如下账务处理：

(1) 2×19 年注销财政授权支付年终结余资金。编制财务会计分录：

借：财政应返还额度——财政授权支付　　360 000

　　贷：零余额账户用款额度　　360 000

同时，编制预算会计分录：

借：资金结存——财政应返还额度　　360 000

　　贷：资金结存——零余额账户用款额度　　360 000

(2) 2×20 年恢复财政授权支付额度。编制财务会计分录：

借：零余额账户用款额度　　360 000

　　贷：财政应返还额度——财政授权支付　　360 000

同时，编制预算会计分录：

借：资金结存——零余额账户用款额度　　360 000

　　贷：资金结存——财政应返还额度　　360 000

五、其他货币资金的核算

(一) 其他货币资金的内容

其他货币资金是指事业单位除库存现金、银行存款、零余额账户用款额度以外的货币资金。就性质而言，其他货币资金与现金和银行存款一样，同属于货币资金，但其存放地点和用途不同于现金和银行存款，因此在会计上它们是分别核算的。其他货币资金主要包括外埠存款、银行本票存款、银行汇票存款、信用卡存款。其中：外埠存款是指单位到外地进行临时或零星采购时，汇往采购地银行开立采购专户的款项；银行本票存款是指单位为取得银行本票按规定存入银行的款项；银行汇票存款是指单位为取得银行汇票按规定存入银行的款项；信用卡存款是指单位为取得信用卡按规定存入银行的款项。

(二) 其他货币资金的账务处理

为了反映和监督其他货币资金的收支和结存情况，事业单位应当设置“其他货币资金”科目，其借方登记其他货币资金的增加额，贷方登记其他货币资金的减少额，期末余额在借方，反映单位实际持有的其他货币资金。

“其他货币资金”科目下应设置“外埠存款”“银行本票存款”“银行汇票存款”“信用卡存款”等明细科目，进行明细核算。

事业单位到外地进行临时或零星采购并在采购地银行开立采购专户，将款项委托本地银行汇往采购地开立专户时，借记“其他货币资金”科目，贷记“银行存款”科目。收到采购员交来供应单位发票账单等报销凭证时，借记“库存物品”等科目，贷记“其他货币资金”科目。将多余的外埠存款转回本地银行时，根据银行的收账通知，借记“银行存款”科目，贷记“其他货币资金”科目。

事业单位将款项交存银行取得银行本票、银行汇票，按照取得的银行本票、银行汇票金额，借记“其他货币资金”科目，贷记“银行存款”等科目。使用银行本票、银行汇票支付，按照实际支付金额，借记“库存物品”等科目，贷记“其他货币资金”科目。如有余款或因本票、汇票超过付款期等原因而退回款项，按照退款金额，借记“银行存款”科目，贷记“其他货币资金”科目。

事业单位将款项交存银行取得信用卡，按照交存金额，借记“其他货币资金”科目，贷记“银行存款”科目。用信用卡购物或支付有关费用，借记相关科目，贷记“其他货币资金”科目。单位信用卡在使用过程中，需要向其账户续存资金的，按照续存金额，借记“其他货币资金”科目，贷记“银行存款”科目。

【例 2－9】某事业单位为增值税小规模纳税人，2×19 年根据发生的其他货币资金业务，编制相关的会计分录。

（1）6 月 5 日，向银行申请办理银行汇票用以购买材料，通过转账划入银行汇票存款专户 50 000 元。6 月 20 日，购入材料一批，已验收入库，取得的增值税专用发票上注明的价款为 40 000 元，增值税税额为 5 200 元。全部款项用银行汇票办理结算，多余款项 4 800 元已退回开户银行。

1）取得银行汇票，编制财务会计分录：

借：其他货币资金——银行汇票　　50 000
　　贷：银行存款　　50 000

2）用银行汇票购入材料并验收入库，编制财务会计分录：

借：库存物品　　45 200
　　贷：其他货币资金——银行汇票　　45 200

同时，编制预算会计分录：

借：事业支出　　45 200
　　贷：资金结存——货币资金　　45 200

3）收到开户银行退回多余款项，编制财务会计分录：

借：银行存款　　4 800
　　贷：其他货币资金——银行汇票　　4 800

（2）8 月 10 日，为取得银行本票，向银行填交“银行本票申请书”，并将 10 000 元银行存款转存银行本票专户。8 月 15 日，用银行本票购买办公用品 10 000 元并直接交付使用。

1）8 月 10 日取得银行本票，编制财务会计分录：

借：其他货币资金——银行本票　　10 000
　　贷：银行存款　　10 000

2）8 月 15 日购买办公用品，编制财务会计分录：

借：单位管理费用　　10 000
　　贷：其他货币资金——银行本票　　10 000

同时，编制预算会计分录：

借：事业支出　　10 000
　　贷：资金结存——货币资金　　10 000

（3）10 月 15 日，向银行申领信用卡，并交存资金 30 000 元。10 月 25 日，该单位用信用卡支付购书款 5 000 元，增值税专用发票上注明的增值税为 450 元。

1）申领信用卡，编制财务会计分录：

借：其他货币资金——信用卡 30 000

　　贷：银行存款 30 000

2）支付购书款，编制财务会计分录：

借：固定资产 5 450

　　贷：其他货币资金——信用卡 5 450

同时，编制预算会计分录：

借：事业支出 5 450

　　贷：资金结存——货币资金 5 450

第三节　短期投资

一、投资概述

（一）投资的概念

投资是事业单位按规定以货币资金、实物资产、无形资产等方式形成的债权或股权投资。

从理论上讲，由于事业单位是专门向社会提供公共服务的非营利性组织，政府对其提供的经费是用于公益事业的发展而非对外投资。但从目前实际情况看，以下原因使对外投资成为事业单位一种客观存在的经济现象：一是《事业单位财务规则》规定，单位在保证其正常运转和事业发展的前提下，按照国家有关规定可以对外投资，但应当履行相关审批程序。这使得事业单位开展对外投资活动有了相关法律依据。二是一些事业单位也确实需要通过对外投资方式推广科技成果来转化或缓解财政经费供给不足，以实现其特定公益目标。需要说明的是，对外投资仅是事业单位业务活动的辅助活动，因此必须在保证单位正常运转和事业发展的前提下，按照国家有关规定开展对外投资活动，不得使用财政拨款及其结余进行对外投资，不得从事股票、期货、基金、企业债券等投资活动，国家另有规定的除外。

（二）投资的分类

投资可以按照以下标准进行分类：

（1）按照投资性质不同，可将投资分为权益性投资、债权性投资和混合性投资。其中，权益性投资是指为获得另一个单位的权益或净资产所做的投资；债权性投资是指为取得债权所做的投资；混合性投资是指既具有权益性投资性质又具有债权性投资性质的投资。

（2）按照投资目的不同，可以将投资分为短期投资与长期投资两类。其中，短期投资是指事业单位依法取得的，持有时间不准备超过1年（含1年）的投资；长期投资是指事业单位取得的除短期投资以外的债权和股权性质的投资。

（3）按照投资形式不同，可将投资分为货币投资、实物投资和无形资产投资。

二、短期投资的概念及特征

《政府会计准则第 2 号——投资》指出：短期投资是指政府会计主体依法取得的持有时间不超过 1 年（含 1 年）的投资。

与其他投资相比，事业单位的短期投资具有以下特点：

（1）投资对象主要是国债。

（2）短期投资具有高度的变现性，可根据需要随时变现，其流动性在单位的资产中仅次于货币资金。

（3）投资的目的不是控制被投资单位或对其实施重大影响，而是利用正常运营中暂时多余的资金，谋求高于银行存款利息收入的利益。

（4）短期投资持有期限较短，这里的短期持有是指投资的意向，而非实际持有时间。

三、短期投资取得与持有的核算

事业单位取得短期投资时，按照确定的投资成本，借记“短期投资”科目，贷记“银行存款”等科目。收到取得投资时实际支付价款中包含的已到付息期但尚未领取的利息，按照实际收到的金额，借记“银行存款”科目，贷记“短期投资”科目。

事业单位收到短期投资持有期间的利息，按照实际收到的金额，借记“银行存款”科目，贷记“投资收益”科目。

【例 2－10】 2×19 年，某事业单位根据发生的购买国债业务，编制相关的会计分录。

（1）1 月 5 日，用银行存款 510 000 元（包括已到期未付的利息 10 000 元）购入面值为 500 000 元的国债，期限为 5 年，年利率为 4%，利息于每年 6 月 30 日支付。该单位将购入的国债划分为短期投资。编制财务会计分录：

借：短期投资	510 000	
贷：银行存款		510 000

同时，编制预算会计分录：

借：投资支出	510 000	
贷：资金结存——货币资金		510 000

（2）收到购买时已到付息期但尚未领取的利息。编制财务会计分录：

借：银行存款	10 000	
贷：短期投资		10 000

同时，编制预算会计分录：

借：资金结存——货币资金	10 000	
贷：投资支出		10 000

（3）6 月 30 日，收到国债的半年利息。

半年利息＝500 000×4%×1/2＝10 000（元）

编制财务会计分录：

借：银行存款	10 000	
贷：投资收益		10 000

同时，编制预算会计分录：

借：资金结存——货币资金　　10 000
　　贷：投资预算收益　　10 000

四、短期投资处置或到期收回的核算

事业单位出售短期投资或到期收回短期投资本息，按照实际收到的金额，借记“银行存款”科目，按照出售或收回短期投资的账面余额，贷记“短期投资”科目，按照借贷方差额，借记或贷记“投资收益”科目。涉及增值税业务的，按照应交的增值税，贷记“应交增值税——应交税金（销项税额）”科目。

【例 2-11】 承例 2-10，2×19 年 7 月 10 日，该事业单位对外转让部分国债，其面值为 200 000 元，取得转让价款 203 000 元，不考虑相关税费。编制财务会计分录：

借：银行存款　　203 000
　　贷：短期投资　　200 000
　　　　投资收益　　3 000

同时，编制预算会计分录：

借：资金结存——货币资金　　203 000
　　贷：投资支出　　200 000
　　　　投资预算收益　　3 000

第四节　应收及预付款项

应收及预付款项是指事业单位在其业务活动过程中形成的短期债权，如财政应返还额度、应收票据、应收账款、预付账款和其他应收款。

一、财政应返还额度的核算

财政应返还额度是指实行国库集中支付的单位年终应收财政下年度返还的资金额度，即反映结转下年使用的用款额度。

为了反映财政应返还额度的增减变动情况，事业单位应设置“财政应返还额度”科目，核算实行国库集中支付的单位应收财政返还的资金额度。该科目的借方登记财政应返还额度增加数；贷方登记财政应返还额度减少数；期末借方余额，反映单位应收财政下年度返还的资金额度。该科目应当设置“财政直接支付”“财政授权支付”两个明细科目，进行明细核算。

（一）财政直接支付方式

在财政直接支付方式下，年度终了，事业单位根据本年度财政直接支付预算指标数与当年财政直接支付实际支出数的差额，借记“财政应返还额度——财政直接支付”科目，贷记“财政补助收入”科目。下年度恢复财政直接支付额度后，事业单位以财政直接支付方式发生实际支出时，借记有关科目，贷记“财政应返还额度——财政直接支付”科目。

（二）财政授权支付方式

在财政授权支付方式下，年度终了，事业单位依据代理银行提供的对账单做注销额度的相关账务处理，借记“财政应返还额度——财政授权支付”科目，贷记“零余额账户用款额度”科目。单位本年度财政授权支付预算指标数大于零余额账户用款额度下达数的，根据未下达的用款额度，借记“财政应返还额度——财政授权支付”科目，贷记“财政补助收入”科目。下年初，事业单位依据代理银行提供的额度恢复到账通知书做恢复额度的相关账务处理，借记“零余额账户用款额度”科目，贷记“财政应返还额度——财政授权支付”科目。事业单位收到财政部门批复的上年末未下达零余额账户用款额度时，借记“零余额账户用款额度”科目，贷记“财政应返还额度——财政授权支付”科目。

【例 2-12】 2×19 年 12 月 31 日，某事业单位预算结余资金为 200 000 元，其中：财政直接支付（甲项目）年终结余资金为 130 000 元，财政授权支付年终结余资金为 70 000 元。2×20 年 2 月 12 日，该单位收到“财政直接支付额度恢复到账通知书”，恢复 2×19 年度财政直接支付额度 130 000 元；收到代理银行转来的“财政授权支付额度恢复到账通知书”，恢复 2×19 年度财政授权支付额度 70 000 元。2×20 年 3 月 5 日，使用甲项目上年预算结余资金 60 000 元支付相关支出。根据上述资料，该单位应当分别进行如下会计处理：

（1）财政直接支付方式。

1）2×19 年 12 月 31 日，结转本年度预算指标数大于当年实际支付数的差额。编制财务会计分录：

借：财政应返还额度——财政直接支付　　130 000
　　贷：财政补助收入　　130 000

同时，编制预算会计分录：

借：资金结存——财政应返还额度　　130 000
　　贷：财政拨款预算收入　　130 000

2）2×20 年使用 2×19 年财政直接支付额度支付款项。编制财务会计分录：

借：业务活动费用　　60 000
　　贷：财政应返还额度——财政直接支付　　60 000

同时，编制预算会计分录：

借：事业支出　　60 000
　　贷：资金结存——财政应返还额度　　60 000

（2）财政授权支付方式。

1）2×19 年 12 月 31 日，注销零余额账户用款额度。编制财务会计分录：

借：财政应返还额度——财政授权支付　　70 000
　　贷：零余额账户用款额度　　70 000

同时，编制预算会计分录：

借：资金结存——财政应返还额度　　70 000
　　贷：资金结存——零余额账户用款额度　　70 000

2）2×20 年 2 月 12 日，恢复财政支付额度。编制财务会计分录：

借：零余额账户用款额度　　70 000
　　贷：财政应返还额度——财政授权支付　　70 000

同时，编制预算会计分录：

借：资金结存——零余额账户用款额度　　70 000
　　贷：资金结存——财政应返还额度　　70 000

二、应收票据的核算

（一）应收票据概述

应收票据是指事业单位因开展经营活动销售产品、提供有偿服务等而收到的商业汇票。事业单位与其他单位发生业务活动，除用现金直接支付外，还可以用票据作为结算工具。票据是具有一定书面格式的债权、债务凭证，是由债务人签发的在指定日期内由持票人向出票人（即签发人）或承兑人收回票面金额的书面证明。通常，单位持有还没有到期、尚未兑现的票据包括支票、银行本票和银行汇票等。但在我国实务中，上述票据大部分为即期票据，有较强的兑付能力，可以即刻收款或存入银行成为货币资金，不需要作为应收票据核算。作为应收票据核算的是商业汇票。商业汇票是指出票人签发的，委托付款人在指定日期无条件支付确定的金额给收款人或者持票人的票据。商业汇票的付款期限由交易双方商定，但最长不得超过 6 个月。商业汇票可以背书转让，符合条件的商业汇票可向银行申请贴现。

商业汇票按其承兑人的不同，分为商业承兑汇票和银行承兑汇票。前者是由银行以外的付款人承兑的票据；后者则是由在承兑银行开立存款账户的存款人签发的，由银行承兑的票据。按是否计息，商业汇票可分为不带息商业汇票和带息商业汇票。不带息商业汇票是指商业汇票到期时，承兑人只按票面金额（即面值）向收款人或被背书人支付票款的票据。带息商业汇票是指商业汇票到期时，承兑人必须按票面金额加上应计利息向收款人或被背书人支付票款的票据。

（二）应收票据取得与到期收回

为了反映应收票据增减变动情况，事业单位应设置“应收票据”科目。该科目的借方登记取得的商业汇票的票面金额；贷方登记到期收回的商业汇票的票面余额；期末借方余额，反映单位持有的商业汇票票面金额。其明细账应当按照开出、承兑商业汇票的单位设置并进行明细核算。

事业单位应当设置应收票据备查簿，逐笔登记每一应收票据的详细情况。应收票据到期结清票款或退票后，应当在备查簿内逐笔注销。

事业单位因销售产品、提供服务等收到商业汇票，按照商业汇票的票面金额，借记“应收票据”科目，按照确认的收入金额，贷记“事业收入”“经营收入”等科目。涉及增值税销项税额的，还应进行相应的处理。

票据到期收回票款时，事业单位按照实际收到的商业汇票票面金额，借记“银行存款”科目，贷记“应收票据”科目。因付款人无力支付票款，收到银行退回的商业承兑汇票、委托收款凭证、未付票款通知书或拒付款证明等，按照商业汇票的票面金额，借记“应收账款”科目，贷记“应收票据”科目。

【例 2-13】M 事业单位为增值税小规模纳税人，2×19 年根据发生的应收票据业务，编制相关的会计分录。

（1）4 月 1 日，该单位所属非独立核算部门向 N 公司销售一批产品，开具的普通发票上注明的货款（含税）为 61 800 元，款项已存入银行。收到 N 公司商业承兑汇票一张，面值为 61 800 元，期限为 6 个月，票面年利率为 4.2%。编制财务会计分录：

不含税销售额＝含税销售额÷(1＋征收率)＝61 800÷(1＋3%)＝60 000（元）

借：应收票据——N 公司　　61 800

　　贷：经营收入　　60 000

　　　　应交增值税　　1 800

(2) 10 月 1 日，持有 N 公司签发的商业承兑汇票到期，将收回的款项 63 097.8 元转存银行。编制财务会计分录：

借：银行存款　　63 097.8

　　贷：应收票据——N 公司　　61 800

　　　　经营费用　　1 297.8

同时，编制预算会计分录：

借：资金结存——货币资金　　63 097.8

　　贷：经营预算收入　　63 097.8

如果 N 公司签发并承兑的票据到期，但无力支付票款。M 事业单位编制财务会计分录：

借：应收账款——N 公司　　61 800

　　贷：应收票据——N 公司　　61 800

(三) 商业汇票贴现与背书转让

1. 商业汇票贴现

商业汇票贴现是指事业单位持有的应收票据到期前如果需要变现，将未到期的商业汇票背书后转让给银行，银行受理后，从票据到期值中扣除按银行贴现率计算确定的贴现利息，将余额付给事业单位。在贴现中，银行向贴现单位收取的利息为贴现利息；银行计算贴现利息使用的利率为贴现率；贴现单位从银行获得的票据到期值中扣除贴现利息后的货币资金称为贴现所得。相关计算公式如下：

贴现所得＝票据到期值－贴现利息

贴现利息＝票据到期值×贴现率×贴现期

贴现期＝票据期限－票据已持有期限

按照《支付结算办法》的规定，实付贴现金额按票面金额扣除贴现日至汇票到期前 1 日的利息计算，承兑人在异地的，贴现期限及贴现利息的计算应另加 3 天的划款日期。

事业单位持未到期的商业汇票向银行贴现，按照实际收到的金额（即扣除贴现息后的净额），借记“银行存款”科目，按照贴现息金额，借记“经营费用”等科目，按照商业汇票的票面金额，贷记“应收票据”科目（无追索权）或“短期借款”科目（有追索权）。

附追索权的商业汇票到期未发生追索事项的，按照商业汇票的票面金额，借记“短期借款”科目，贷记“应收票据”科目。

【例 2-14】 2×19 年 5 月 2 日，某事业单位持非独立核算经营活动中取得的不带息商业承兑汇票向银行贴现。该票据出票日为 3 月 23 日，期限为 6 个月，面值为 110 000 元。该单位与票据承兑单位在同一票据交换区域内，银行年贴现率为 4.75%，该单位与银行签订的协议中规定，商业汇票无追索权。票据贴现支付贴现息 2 090 元，实际取得贴现款

107 910 元，已转存银行。编制财务会计分录：

借：银行存款　　107 910

　　经营费用——利息支出　　2 090

　　贷：应收票据——某单位　　110 000

同时，编制预算会计分录：

借：资金结存——货币资金　　107 910

　　贷：经营预算收入　　107 910

2. 商业汇票背书转让以取得物资

事业单位持有的商业汇票到期前，可将汇票背书转让以取得所需要的物资。事业单位将商业汇票背书转让以取得所需物资时，按照取得物资的成本，借记“库存物品”等科目，按照商业汇票的票面金额，贷记“应收票据”科目，如借贷方有差额，则借记或贷记“银行存款”等科目。

【例 2-15】2×19 年 1 月 5 日，甲事业单位（小规模纳税人）将持有的乙公司商业汇票背书转让给丙公司，以采购非独立核算经营活动所需的材料，取得增值税专用发票上注明的材料款为 45 000 元，增值税为 5 850 元。该票据的面值为 50 000 元，另以转账支票补付材料价差 850 元。编制财务会计分录：

借：库存物品　　50 850

　　贷：应收票据——乙公司　　50 000

　　　　银行存款　　850

同时，编制预算会计分录：

借：经营支出　　850

　　贷：资金结存——货币资金　　850

三、应收账款的核算

（一）应收账款的概念

应收账款是指事业单位提供服务、销售产品等应收取的款项，以及单位因出租资产、出售物资等应收取的款项。应收账款是事业单位在结算过程中形成的流动资产，属于单位的短期债权，它体现了事业单位对其他单位或者个人的货币、商品或者劳务的一种索取权。

关于应收账款，主要应从以下三个方面理解：一是应收账款是事业单位开展日常运营活动过程中应收取的款项；二是应收账款是具有流动资产性质的短期债权，不包括长期债权（如对外长期债权投资等）；三是应收账款仅指本单位应收其他单位的款项，不包括本单位付出的各类存出保证金，如租入资产的保证金。

为了反映应收账款增减变动情况，事业单位应设置“应收账款”科目核算单位因开展业务活动应收取的款项。该科目的借方登记应收账款的增加额；贷方登记应收账款的减少额；期末借方余额，反映事业单位尚未收回的应收账款。其明细账应当按照对方单位（或个人）设置并进行明细核算。

（二）应收账款收回后无须上缴财政

事业单位发生应收账款时，按照应收未收金额，借记“应收账款”科目，贷记“事业收入”“经营收入”“租金收入”“其他收入”等科目。涉及增值税业务的，按照应交增值税，贷记“应交增值税——应交税金（销项税额）”科目。收回应收账款时，按照实际收到的金额，借记“银行存款”等科目，贷记“应收账款”科目。

【例 2-16】 甲事业单位为增值税一般纳税人。2×19 年 6 月，该单位根据发生的非独立核算经营业务，编制相关的会计分录。

（1）15 日，向乙公司提供技术服务，取得的增值税专用发票上注明的劳务款为 30 000 元，增值税为 3 900 元，并已经税务机关认证。全部款项尚未收到。编制财务会计分录：

借：应收账款——乙公司	33 900	
贷：经营收入		30 000
应交增值税——应交税金（销项税额）		3 900

（2）25 日，收到乙公司劳务款及税款 33 900 元，存入银行，该款项不需要上缴财政。编制财务会计分录：

借：银行存款	33 900	
贷：应收账款——乙公司		33 900

同时，编制预算会计分录：

借：资金结存——货币资金	33 900	
贷：经营预算收入		33 900

（三）应收账款收回后需要上缴财政

1. 出租资产发生的应收租金

事业单位出租资产发生应收未收租金款项时，按照应收未收金额，借记“应收账款”科目，贷记“应缴财政款”科目。收回应收账款时，按照实际收到的金额，借记“银行存款”等科目，贷记“应收账款”科目。

【例 2-17】 2×19 年 7 月 1 日，某事业单位将一处闲置的房屋以经营租赁方式出租给某商户，双方约定每月租金为 18 000 元，并按月支付。截至 8 月 31 日，尚未收到商户应交纳的两个月租金。9 月 5 日，收到商户交纳的 7 月和 8 月租金，共计 36 000 元。该租金收回后应上缴财政。该单位编制上述业务的会计分录：

（1）7 月、8 月确认当月应收租金：

借：应收账款	18 000	
贷：应缴财政款		18 000

（2）9 月收回租金：

借：银行存款	36 000	
贷：应收账款		36 000

（3）9 月上缴租金：

借：应缴财政款	36 000	
贷：银行存款		36 000

2. 出售物资发生的应收款项

事业单位出售物资发生应收未收款项时，按照应收未收金额，借记“应收账款”科目，贷记“应缴财政款”科目，涉及增值税业务的，按照应交的增值税，贷记“应交增值税——应交税金（销项税额）”科目。收回应收账款时，按照实际收到的金额，借记“银行存款”等科目，贷记“应收账款”科目。

四、坏账及其会计处理

（一）坏账核算方法

事业单位的应收账款，有时因债务人拒付、破产、死亡等种种原因不能如数收回而使单位蒙受损失。在会计上，无法收回的应收账款被称为坏账，由此发生的损失称为坏账损失。

事业单位发生坏账损失可以在其发生的当期列作费用，也可以在应收账款形成后，按一定方法对坏账预先估计入账。因此，坏账的核算有直接转销法和备抵法。

采用直接转销法时，对日常核算中应收款项可能发生的坏账损失不予考虑，只有在实际发生坏账时，才作为坏账损失计入当期费用，同时直接冲销应收款项，即借记“其他费用”科目，贷记“应收账款”等科目。

备抵法，是指按期对预计可能产生的坏账损失计提坏账准备，将确认的坏账损失计入当期资产损失，当某一应收账款的全部或部分被确定为坏账时，应根据其金额冲减坏账准备，同时转销相应的应收账款金额的一种核算方法。

根据规定，事业单位采用备抵法核算坏账。

（二）坏账损失估计方法

事业单位应当于每年年末，对收回后不需要上缴财政的应收账款进行全面检查，如发生不能收回的迹象，应当计提坏账准备。能否正确估计坏账损失是恰当运用备抵法的关键，事业单位可以采用应收款项余额百分比法、账龄分析法、个别认定法等方法计提坏账准备。坏账准备计提方法一经确定，不得随意变更。如需变更，应当按照规定报经批准，并在财务报表附注中予以说明。

1. 应收款项余额百分比法

应收款项余额百分比法是指按应收款项余额的一定比例计算并提取坏账准备的一种方法。采用这种方法，当期坏账准备应根据应收款项期末余额乘以规定的坏账比例计算确定。提取坏账的比例，可以按照以往的数据资料确定，也可以按规定的百分率计算。年度终了，若事业单位应提取的坏账准备大于已提取的坏账准备，应按其差额提取；反之，则按其差额冲减坏账准备。

2. 账龄分析法

账龄分析法是指根据顾客欠款时间长短来估计坏账的一种方法。采用这种方法，具体估计坏账金额时，需要根据顾客欠款时间长短将其划分为若干组，分析每笔应收款项赊欠时间的长短，根据其不同的挂账期间分别估计坏账金额，然后加总各组估计金额，确认为应收款项期末的坏账金额。

3. 个别认定法

个别认定法是指根据每笔应收账款的具体情况确定其坏账金额的一种方法。

根据上述方法计算出坏账损失金额，当期应补提或冲减的坏账准备金额的计算公式如下：

当期应补提或冲减的坏账准备＝当期按应收款项计算应计提的坏账准备金额－"坏账准备"科目贷方余额（或＋）"坏账准备"科目借方余额

（三）坏账准备的账务处理

为了反映事业单位坏账准备计提、转销等情况，事业单位应设置"坏账准备"科目。该科目的贷方登记当期计提的坏账准备金额；借方登记实际发生的坏账损失金额和冲减的坏账准备金额；期末贷方余额，反映事业单位提取的坏账准备金额。

事业单位提取坏账准备时，借记"其他费用"科目，贷记"坏账准备"科目；冲减坏账准备时，借记"坏账准备"科目，贷记"其他费用"科目。

事业单位对于账龄超过规定年限并确认无法收回的应收账款、其他应收款，应当按照有关规定报经批准后，按照无法收回的金额，借记"坏账准备"科目，贷记"应收账款""其他应收款"科目。

事业单位已核销的应收账款、其他应收款在以后期间又收回的，按照实际收回金额，借记"应收账款""其他应收款"科目，贷记"坏账准备"科目；同时，借记"银行存款"等科目，贷记"应收账款""其他应收款"科目。

【例 2-18】 某事业单位收回的应收款项不需要上缴财政。2×19 年至 2×21 年，该单位根据发生的坏账业务，编制相关的会计分录。

（1）2×19 年末，该单位应收账款余额为 2 000 000 元，提取坏账准备的比例为 3‰，"坏账准备"科目余额为零。

2×19 年应提取的坏账准备＝2 000 000×3‰＝6 000（元）

编制财务会计分录：

借：其他费用	6 000	
贷：坏账准备		6 000

（2）2×20 年发生坏账损失 12 000 元，其中甲单位 2 000 元，乙单位 10 000 元，年末应收账款为 2 400 000 元。

"坏账准备"科目应保留的余额＝2 400 000×3‰＝7 200（元）

"坏账准备"科目已有余额＝6 000(贷方)－12 000(借方)＝－6 000（元）

应提取的坏账准备＝7 200＋6 000＝13 200（元）

编制财务会计分录：

借：其他费用	13 200	
贷：坏账准备		13 200

（3）2×21 年已冲销的上年乙单位应收账款 10 000 元又收回，年末应收账款为 2 600 000 元。

1）确认收回的应收账款。编制财务会计分录：

借：应收账款——乙单位	10 000	
贷：坏账准备		10 000
借：银行存款	10 000	
贷：应收账款——乙单位		10 000

同时，编制预算会计分录：

借：资金结存——货币资金	10 000	
贷：非财政拨款结余		10 000

2）年末，确认冲销多提的坏账准备。

“坏账准备”科目余额=2 600 000×3‰=7 800（元）

“坏账准备”科目已有贷方余额=7 200+10 000=17 200（元）

应提取的坏账准备=7 800−17 200=−9 400（元）

编制财务会计分录：

借：坏账准备　　9 400

　　贷：其他费用　　9 400

五、预付账款的核算

（一）预付账款的概念

预付账款是指事业单位按照购货、劳务合同规定预付给供应单位的款项。预付账款同应收账款一样，是结算中的资金占用，反映了事业单位的短期债权。但两者性质不同，应收账款是应向购货方收取的款项，而预付账款则是预先支付给供货方的款项。事业单位预付给供货方一定数额的款项，目的主要是掌握存货等物资、劳务供应的渠道，以避免未来价格变动及市场风险。

“预付账款”科目应当按照供应单位（或个人）及具体项目进行明细核算。对于基本建设项目发生的预付账款，还应当在本科目所属基建项目明细科目下设置“预付备料款”“预付工程款”“其他预付款”等明细科目，进行明细核算。

（二）预付账款的确认和结算

事业单位根据购货、服务合同或协议规定预付款项时，按照预付金额，借记“预付账款”科目，贷记“财政拨款收入”“零余额账户用款额度”“银行存款”等科目。

事业单位收到所购资产或服务时，按照购入资产或服务的成本，借记“库存物品”“固定资产”“无形资产”“业务活动费用”等相关科目，按照应交的增值税，借记“应交增值税——应交税金（进项税额）”科目，按照相关预付账款的账面余额，贷记“预付账款”科目，按照实际补付的金额，贷记“财政拨款收入”“零余额账户用款额度”“银行存款”等科目。

事业单位根据工程进度结算工程价款及备料款时，按照结算金额，借记“在建工程”科目，按照相关预付账款的账面余额，贷记“预付账款”科目，按照实际补付的金额，贷记“财政拨款收入”“零余额账户用款额度”“银行存款”等科目。

事业单位发生预付账款退回的，按照实际退回金额，借记“财政拨款收入”（本年直接支付）、“财政应返还额度”（以前年度直接支付）、“零余额账户用款额度”、“银行存款”等科目，贷记“预付账款”科目。

（三）预付账款的核销

事业单位应当于每年年末，对预付账款进行全面检查。如果有确凿证据表明预付账款不再符合预付款项性质，或者因供应单位破产、撤销等原因可能无法收到所购货物、服务的，应当先将其转入其他应收款，再按照规定进行处理。将预付账款账面余额转入其他应收款时，借记“其他应收款”科目，贷记“预付账款”科目。

【例 2-19】甲事业单位为增值税小规模纳税人。2×19 年至 2×20 年，该单位根据发生的预付账款业务，编制相关的会计分录。

(1) 2×19年5月，从乙公司订购材料100件，货款共计50 000元，按订货合同的规定，应先向供货单位预付货款20 000元，交货后再补足余款。

1) 5月8日，以零余额账户预付货款20 000元。编制财务会计分录：

借：预付账款——乙公司 20 000

贷：零余额账户用款额度 20 000

同时，编制预算会计分录：

借：事业支出 20 000

贷：资金结存——零余额账户用款额度 20 000

2) 5月20日，收到所订购的材料并验收入库，取得的增值税专用发票上注明的价款为50 000元，增值税为6 500元。编制财务会计分录：

借：库存物品 56 500

贷：预付账款——乙公司 56 500

3) 5月25日，以银行存款补付所购材料款的余款。编制财务会计分录：

借：预付账款——乙公司 36 500

贷：银行存款 36 500

同时，编制预算会计分录：

借：事业支出 36 500

贷：资金结存——货币资金 36 500

(2) 2×19年12月15日，该单位所属科技服务部预付丙科研所技术服务费50 000元，款项从零余额账户转出。26日，收到技术服务结算清单，共发生服务费28 000元。31日，收到丙科研所退回的预付账款15 000元，存入零余额账户。

1) 15日，预付服务费。编制财务会计分录：

借：预付账款——丙科研所 50 000

贷：零余额账户用款额度 50 000

同时，编制预算会计分录：

借：事业支出 50 000

贷：资金结存——零余额账户用款额度 50 000

2) 26日，结算技术服务费。编制财务会计分录：

借：业务活动费 28 000

贷：预付账款——丙科研所 28 000

3) 31日，收到丙科研所退回的预付款。编制财务会计分录：

借：零余额账户用款额度 15 000

贷：预付账款——丙科研所 15 000

同时，编制预算会计分录：

借：资金结存——零余额账户用款额度 15 000

贷：事业支出 15 000

(3) 2×20年2月10日，有确凿证据表明预付丙科研所技术服务费余款7 000元因其撤销而无法收回，予以转账。编制财务会计分录：

借：其他应收款——丙科研所 7 000

贷：预付账款——丙科研所　　7 000

六、待摊费用的核算

（一）待摊费用的概念

待摊费用是指事业单位已经支付，但应当由本期和以后各期分别负担的分摊期在 1 年以内（含 1 年）的各项费用，如预付航空保险费、预付租金等。摊销期限在 1 年以上的租入固定资产改良支出和其他费用，应当通过“长期待摊费用”科目核算，不作为待摊费用核算。

事业单位在持续运营过程中发生的费用有些是跨期的，即应由几个会计期间共同负担。如预付保险费、预付租金、取暖费用、书报费等，虽然在一个月中支付或发生，但这些费用的受益期是以后的几个月甚至全年，按受益期分别摊入以后各月支出，但摊销期限一般不应超过 12 个月。有些费用，受益期限虽然超过 1 个月，如果费用不大，例如，预付零星报刊订阅费，为了简化核算工作，也可以不作为待摊费用处理，而直接计入支付月份的费用。

（二）待摊费用的账务处理

为了反映待摊费用的增减变动情况，事业单位应设置“待摊费用”科目。该科目的借方登记待摊费用的增加额；贷方登记按规定转销或摊销的待摊费用；期末借方余额，反映单位各种已支付但尚未摊销的分摊期在 1 年以内（含 1 年）的费用。“待摊费用”科目的明细科目应按费用种类设置。

事业单位发生待摊费用时，按照实际预付的金额，借记“待摊费用”科目，贷记“财政拨款收入”“零余额账户用款额度”“银行存款”等科目。

待摊费用应在一定期限内进行摊销。待摊费用的摊销期限，有的可以明确确定，例如预付固定资产租金等，其摊销期限可以根据预付期限确定；有的则不能明确确定，例如领用低值易耗品的摊销期限不易确定，这就需要根据具体情况测定。

事业单位按照受益期限分期平均摊销时，按照摊销金额，借记“业务活动费用”“单位管理费用”“经营费用”等科目，贷记“待摊费用”科目。

需要说明的是，如果某项待摊费用已经不能使事业单位受益，应当将其摊余金额一次全部转入当期费用。按照摊销金额，借记“业务活动费用”“单位管理费用”“经营费用”等科目，贷记“待摊费用”科目。

【例 2-20】 2×19 年 12 月 15 日，某事业单位预付 2×20 年办公用房租金 240 000 元，款项以银行存款支付。假定不考虑增值税因素。

（1）预付办公用房租金。编制财务会计分录：

借：待摊费用　　240 000

　　贷：银行存款　　240 000

同时，编制预算会计分录：

借：事业支出　　240 000

　　贷：资金结存——货币资金　　240 000

（2）2×20 年每月摊销费用。编制财务会计分录：

借：业务活动费用　　20 000

　　贷：待摊费用　　20 000

七、应收股利和应收利息的核算

（一）应收股利

应收股利是指事业单位持有长期股权投资应当收取的现金股利或应当分得的利润。作为事业单位的一项短期债权，应收股利的形成主要包括两个方面：一是取得长期股权投资时，所支付的价款中所包含的已宣告但尚未发放的现金股利；二是持有股权投资期间，被投资单位宣告发放现金股利或利润的，投资单位按应享有的份额，确认的应收股利或利润。

为了反映应收股利增减变动情况，事业单位应设置“应收股利”科目。该科目的借方登记应收股利的增加额；贷方登记应收股利的减少额；期末借方余额，反映事业单位尚未收到的现金股利或利润。该科目的明细科目应按被投资单位设置并进行明细核算。

（二）应收利息

应收利息是指事业单位进行长期债券投资等应收取的利息。它的形成主要包括两个方面：一是取得债权投资时，所支付的价款中所包含的已到付息期但尚未支付的利息；二是在持有债权投资期间，资产负债表日按投资的面值、票面利率计算的利息所确认的应收债权投资的利息。

为了反映应收利息增减变动情况，事业单位应设置“应收利息”科目。该科目的借方登记应收利息的增加额；贷方登记应收利息的减少额；期末借方余额，反映事业单位应收未收的债券投资等应收利息。该科目的明细科目应按被投资单位设置并进行明细核算。

应收股利和应收利息的账务处理方法，可参见与投资相关的内容。

八、其他应收款的核算

（一）其他应收款的内容

其他应收款是指事业单位除财政应返还额度、应收票据、应收账款、预付账款、应收股利、应收利息以外的其他各项应收及暂付款项，如职工预借的差旅费、已经偿还银行但尚未报销的本单位公务卡欠款、拨付给内部有关部门的备用金、应向职工收取的各种垫付款项、支付的可以收回的订金或押金、应收的上级补助和附属单位上缴款项等。

其他应收款虽然与事业单位专业及辅助业务活动无直接联系，但它是事业单位流动资产的重要组成部分，具有内容复杂、发生频繁、数额较大的特点。

（二）其他应收款一般业务的核算

为了反映其他应收款增减变动情况，事业单位应设置“其他应收款”科目。该科目的借方登记其他应收款项的发生额；贷方登记收回的其他应收款项；期末借方余额，反映事业单位尚未收回的其他应收款。该科目的明细科目应当按照其他应收款的类别以及债务单位（或个人）设置并进行明细核算。

事业单位发生其他各种应收及暂付款项时，按照实际发生金额，借记“其他应收款”科目，贷记“零余额账户用款额度”“银行存款”“库存现金”“上级补助收入”“附属单位上缴收入”等科目。涉及增值税业务的，根据应交增值税，贷记“应交增值税”科目。收回其他各种应收及暂付款项时，按照收回的金额，借记“库存现金”“银行存款”等科目，贷记“其他应收款”科目。

事业单位偿还尚未报销的本单位公务卡欠款时，按照偿还的款项，借记“其他应收款”科目，贷记“零余额账户用款额度”“银行存款”等科目；持卡人报销时，按照报销金额，借记“业务活动费用”“单位管理费用”等科目，贷记“其他应收款”科目。

年末，事业单位对预付账款进行全面检查时，如果有确凿证据表明预付账款不再符合预付款项性质，则应当先将其转入其他应收款，借记“其他应收款”科目，贷记“预付账款”科目，再按照规定进行相关的处理。

【例 2-21】 2×19 年 10 月，某事业单位根据发生的其他应收款业务，编制相关的会计分录。

(1) 10 日，职工张林参加科技会议预借差旅费 5 000 元。财会部门对其借款单据审核无误后付讫现金 5 000 元。编制财务会计分录：

借：其他应收款——张林	5 000	
贷：库存现金		5 000

(2) 20 日，职工张林报销差旅费 5 300 元，经核准予以报销，并以现金补付差额 300 元。编制财务会计分录：

借：单位管理费用	5 300	
贷：其他应收款——张林		5 000
库存现金		300

同时，编制预算会计分录：

借：事业支出	5 300	
贷：资金结存——货币资金		5 300

备用金是指事业单位财会部门为了便于日常零星开支的需要而预付给单位某些部门或职工备用的款项。其特点是先领后用，用后报销。备用金一般要指定用途和使用范围。备用金的管理制度包括定额备用金制度和非定额备用金制度。其中：定额备用金制度是指根据使用部门工作的实际需要，先核定其备用金定额并依此拨付备用金，使用后再拨付现金补足其定额的制度；非定额备用金制度是指为了满足临时性需要而暂付给有关部门和个人现金，使用后实报实销的制度。领取备用金的单位和个人必须严格按照规定的用途使用，不得挪作他用。备用金使用后，应及时填写报销单据，连同有关原始凭证，经单位负责人审批后，向财会部门报账。

事业单位实行定额备用金制度的，有关部门使用备用金以后应当及时到财务部门报销并补足备用金。财务部门核定并发放备用金时，按照实际发放金额，借记“其他应收款”科目，贷记“库存现金”等科目。根据报销金额用现金补足备用金定额时，借记“业务活动费用”“单位管理费用”等科目，贷记“库存现金”等科目，报销数和拨补数都不再通过“其他应收款”科目核算。

【例 2-22】 某事业单位对后勤服务部门备用金实行定额管理制度。2×19 年，该单位根据发生的其他应收款业务，编制相关的会计分录。

(1) 1 月 10 日，财务部门开出现金支票拨付后勤服务部门备用金定额 5 000 元。编制财务会计分录：

借：其他应收款——后勤服务部门	5 000	
贷：银行存款		5 000

(2) 3 月 10 日，后勤服务部门报销购买办公用品支出 1 800 元，经财会部门审核后报

销，并以现金补足定额。编制财务会计分录：

借：单位管理费用　　1 800
　　贷：库存现金　　1 800

同时，编制预算会计分录：

借：事业支出　　1 800
　　贷：资金结存——货币资金　　1 800

（3）6 月 1 日，因后勤服务部门业务范围扩大，需要增加备用金定额 3 000 元，经审核予以拨付现金 3 000 元。会计处理方法同 1 月 10 日。

（4）12 月 31 日，该单位年终决算核销并收回备用金 8 000 元。编制财务会计分录：

借：库存现金　　8 000
　　贷：其他应收款——后勤服务部门　　8 000

（三）其他应收款的清查

事业单位应当于每年年末对其他应收款进行全面检查，如发生不能收回的迹象，应当计提坏账准备。对于账龄超过规定年限、确认无法收回的其他应收款，按照规定报经批准后予以核销。按照核销金额，借记“坏账准备”科目，贷记“其他应收款”科目。核销的其他应收款应当在备查簿中保留登记。已核销的其他应收款在以后期间又收回的，按照实际收回金额，借记“其他应收款”科目，贷记“坏账准备”科目；同时，借记“银行存款”等科目，贷记“其他应收款”科目。

【例 2－23】2×19 年 12 月 31 日，某事业单位对其他应收款进行全面检查时，发现年初代行政管理部门偿还的公务卡欠款 5 000 元一直未办理报销手续，存在不能收回的迹象，计提坏账准备 3 000 元。2×20 年 6 月 30 日，确认该笔款项无法收回，经批准后予以核销。

（1）2×19 年 12 月 31 日，计提坏账准备。编制财务会计分录：

借：其他费用　　3 000
　　贷：坏账准备　　3 000

（2）2×20 年 6 月 30 日，核销该笔其他应收款。编制财务会计分录：

借：其他费用　　2 000
　　坏账准备　　3 000
　　贷：其他应收款　　5 000

第五节　存货

一、存货概述

（一）存货的概念

《政府会计准则第 1 号——存货》指出：存货是指政府会计主体在开展业务活动及其他活动中为耗用或出售而储存的资产，如材料、产品、包装物和低值易耗品等，以及未达到固定资产标准的用具、装具、动植物等。

事业单位从事公益服务活动，如教学科研、医疗服务、科学研究、技术开发以及其他各种服务活动，除了持有货币资金外，还必须储备各类材料、产品、包装物和低值易耗品等存货。这些存货经常处于不断购买、耗用或者重置之中，它们既是事业单位流动资产的重要组成部分，也是事业单位从事专业及其辅助活动的物质基础。

（二）存货的特点

存货是事业单位业务活动较为活跃的因素，渗透于事业单位运行的各个环节。它们不停地被重置或被加工出来，然后又不停地被销售或耗用。存货具有以下特点：

（1）存货属于流动资产，具有较快的变现能力和明显的流动性，但其流动性不及现金和应收款项，而且其时效性强，发生潜在损失的可能性也比前者大。

（2）存货是有形资产，有别于专利权、商标权等无形资产。

（3）存货与固定资产同为有形资产，但其价值转移方式与固定资产不同。存货在正常的业务活动中，不断地处于销售和重置、耗用和重置之中，在1年内能够有规律地转换为货币资金或其他资产。而固定资产使用周期长，其价值分期转移。

（4）存货具有时效性和发生潜在损失的可能性。事业单位取得存货及时耗用，可以发挥其作用，但长期不能耗用的存货很可能成为积压物资，形成损失。

（5）事业单位持有存货的基本目的是耗用而非出售。

（三）存货的分类

事业单位存货可以按照不同的性质进行如下分类：

（1）材料，是指使用后就消耗掉或者逐渐消耗掉，不能保持原有形态的各种原材料，包括主要材料、辅助材料、外购半成品和修理用备件等。

（2）燃料，是指使用后就消失掉的各种固体、液体和气体燃料。

（3）包装物，是指为包装本单位有关产品而储备的各种包装容器。

（4）低值易耗品，是指单位价值较低、容易损耗、不够固定资产标准，不属于材料、燃料和包装物范围的各种用具、装具等。

（5）动植物，是指事业单位确认为存货的动物和植物。

二、存货取得的核算

（一）存货取得的计价

《政府会计准则第1号——存货》指出：存货在取得时应当按照成本进行初始计量。事业单位取得存货的方式不同，其成本构成内容也不尽相同。

事业单位购入的存货，其成本包括购买价款、相关税费、运输费、装卸费、保险费以及使存货达到目前场所和状态所发生的归属于存货成本的其他支出。

事业单位自行加工的存货，其成本包括耗用的直接材料费用、发生的直接人工费用和按照一定方法分配的与存货加工有关的间接费用。委托加工的存货，其成本包括委托加工前存货的成本、委托加工的成本（如委托加工费以及按规定应计入委托加工存货成本的相关税费等）以及使存货达到目前场所和状态所发生的归属于存货成本的其他支出。

事业单位通过置换取得的存货，其成本按照换出资产的评估价值，加上支付的补价或减去收到的补价，加上为换入存货发生的其他相关支出确定。

事业单位接受捐赠的存货，其成本按照有关凭据注明的金额加上相关税费、运输费等确定；没有相关凭据可供取得，但按规定经过资产评估的，其成本按照评估价值加上相关税费、运输费等确定；没有相关凭据可供取得、也未经过资产评估的，其成本比照同类或类似资产的市场价格加上相关税费、运输费等确定；没有相关凭据且未经过资产评估、同类或类似资产的市场价格也无法可靠取得的，按照名义金额入账，相关税费、运输费等计入当期费用。

事业单位无偿调入的存货，其成本按照调出方账面价值加上相关税费、运输费等确定。

事业单位盘盈的存货，按规定经过资产评估的，其成本按照评估价值确定；未经过资产评估的，其成本按照重置成本确定。

（二）在途物品

在途物品是指事业单位采购材料等物资时货款已付或已开出商业汇票但尚未验收入库的在途物品的采购成本。有时，事业单位购进材料等物资（尤其是异地购进），由于付款时间与材料等物资收到的时间不尽一致，会出现款项已付但材料等物资尚未收到的情况，事业单位应将此材料等物资作为在途物品核算。

为了反映在途物资增减变动情况，事业单位应设置“在途物品”科目。该科目的借方登记购入材料等物资的采购成本的金额；贷方登记所购材料等物资验收入库的金额；期末借方余额，反映单位在途物资的采购成本。该科目的明细科目按照供应单位和物资品种设置并进行明细核算。

事业单位购入材料等物资，按照确定的物资采购成本的金额，借记“在途物品”科目，按照实际支付的金额，贷记“财政拨款收入”“零余额账户用款额度”“银行存款”等科目。涉及增值税业务的，应借记“应交增值税”科目。所购材料等物资到达并验收入库，按照确定的库存物品成本金额，借记“库存物品”科目，按照物品采购成本金额，贷记“在途物品”科目，按照使入库物品达到目前场所和状态所发生的其他支出，贷记“银行存款”等科目。

【例 2-24】某事业单位属于增值税一般纳税人。2×19 年 6 月，该单位根据发生的库存物品采购业务，编制相关的会计分录。

(1) 5 日，采用财政直接支付方式采购材料一批，发票及账单已收到，增值税专用发票上注明的价款为 20 000 元，增值税税额为 2 600 元，已经税务机关认证。另以零余额账户存款支付保险费 1 000 元，增值税为 60 元，材料尚未到达。编制财务会计分录：

借：在途物品	21 000	
应交增值税——应交税金（进项税额）	2 660	
贷：财政拨款收入		22 600
零余额账户用款额度		1 060

同时，编制预算会计分录：

借：事业支出	23 660	
贷：财政拨款预算收入		22 600
资金结存——零余额账户用款额度		1 060

(2) 20 日，该单位购进的材料已收到，并验收入库。编制财务会计分录：

借：库存物品	21 000	
贷：在途物品		21 000

（三）库存物品

库存物品是指事业单位在开展业务活动及其他活动中为耗用或出售而储存的各种材料、产品、包装物、低值易耗品，以及达不到固定资产标准的用具、装具、动植物和已完成测绘、地质勘查、设计成果等的成本。

需要说明的是：事业单位随买随用的零星办公用品，可以在购进时直接列作费用；直接储存管理的各项应急或救灾储备物资等，作为储备物资核算；在建工程和基本建设中购买和使用的材料物资，作为工程物资核算。

1. 外购库存物品

事业单位外购的库存物品，其成本包括购买价款、相关税费、运输费、装卸费、保险费以及其他使得库存物品到达目前场所和状态所发生的支出。

事业单位外购的库存物品验收入库，按照确定的成本，借记“库存物品”科目，贷记“财政拨款收入”“零余额账户用款额度”“银行存款”“应付账款”“在途物品”等科目。涉及增值税业务的，还应进行增值税相关内容的处理。如被认定为增值税一般纳税人的事业单位，应按照支付的增值税，借记“应交增值税——应交税金（进项税额）”科目；被认定为增值税小规模人的事业单位，应将支付的增值税计入物资成本。

【例 2-25】甲事业单位为增值税一般纳税人。2×19 年 8 月，该单位根据发生的外购库存物品业务，编制相关的会计分录。

（1）10 日，从乙单位购进非增值税专业业务活动用材料并验收入库。增值税专用发票上注明的价款为 60 000 元，增值税税额为 7 800 元。款项采用财政直接支付方式结算。

编制财务会计分录：

借：库存物品	67 800	
贷：财政拨款收入		67 800

同时，编制预算会计分录：

借：事业支出	67 800	
贷：财政拨款预算收入		67 800

（2）15 日，从丙单位购进用于增值税应税项目的材料一批，增值税专用发票上注明的价款为 80 000 元，增值税税额为 10 400 元，已经税务机关认证，材料验收入库。款项以零余额账户付讫。

编制财务会计分录：

借：库存物品	80 000	
应交增值税——应交税金（进项税额）	10 400	
贷：零余额账户用款额度		90 400

同时，编制预算会计分录：

借：事业支出	90 400	
贷：资金结存——零余额账户用款额度		90 400

2. 接受捐赠的库存物品

事业单位接受捐赠库存物品是其无偿取得资产所有权的一种方式。捐赠的基本特征在于无偿性，这也是捐赠有别于其他财产转让方式的显著标志，它具有无偿性、自愿性、公益性之特征。

事业单位以接受捐赠方式取得库存物品，有时会取得相关凭证，而有时无法取得相关凭证，因此，接受捐赠的库存物品入账价值应根据不同情况区别处理。事业单位接受捐赠库存物品并取得相关凭证，库存物品成本按照有关凭据注明的金额加上相关税费、运输费等确定；没有相关凭据可供取得，但按规定经过资产评估的，其成本按照评估价值加上相关税费、运输费等确定；没有相关凭据可供取得也未经评估的，其成本比照同类或类似资产的市场价格加上相关税费、运输费等确定；没有相关凭据且未经评估、同类或类似资产的市场价格也无法可靠取得的，按照名义金额入账，相关税费、运输费等计入当期费用。

事业单位接受捐赠的库存物品验收入库，按照确定的成本，借记“库存物品”科目，按照发生的相关税费、运输费等，贷记“银行存款”等科目，按照借贷方差额，贷记“捐赠收入”科目。

事业单位接受捐赠的库存物品按照名义金额入账的，按照名义金额，借记“库存物品”科目，贷记“捐赠收入”科目；同时，按照发生的相关税费、运输费等，借记“其他费用”科目，贷记“银行存款”等科目。

【例 2-26】 2×19 年，甲事业单位根据发生的库存物品受赠业务，编制相关的会计分录。

(1) 6 月 10 日，接受境外乙公司捐赠零配件、消耗材料，有关凭据注明的金额为 100 000 元人民币，以银行存款支付接受捐赠发生的相关费用 8 000 元。

编制财务会计分录：

借：库存物品	108 000	
贷：捐赠收入		100 000
银行存款		8 000

同时，编制预算会计分录：

借：其他支出	8 000	
贷：资金结存——货币资金		8 000

(2) 8 月 16 日，接受国内丙公司捐赠一批材料 1 000 千克，该批材料既没有相关凭据，也未经评估，同类材料的市场价格为每千克 80 元。材料运达单位，以银行存款支付运输费 3 000 元，不考虑相关税金。编制财务会计分录：

借：库存物品	83 000	
贷：银行存款		3 000
捐赠收入		80 000

同时，编制预算会计分录：

借：其他支出	3 000	
贷：资金结存——货币资金		3 000

(3) 12 月 25 日，接受国内丁公司捐赠一批办公物品，该单位按照名义金额入账，另以零余额账户支付相关税费 5 000 元。编制财务会计分录：

借：库存物品	1	
贷：捐赠收入		1

借：其他费用　　5 000
　　贷：零余额账户用款额度　　5 000

同时，编制预算会计分录：

借：其他支出　　5 000
　　贷：资金结存——货币资金　　5 000

3. 无偿调入库存物品

经主管部门和财政部门批准，事业单位可以从上级或系统内无偿调入存货，以满足公益事业的发展，调整和优化资产配置。事业单位无偿调入的库存物品验收入库，按照确定的成本，借记“库存物品”科目，按照发生的相关税费、运输费等，贷记“银行存款”等科目，按照借贷方差额，贷记“无偿调拨净资产”科目。

【例2-27】2×19年12月20日，甲事业单位从系统内部乙单位无偿调入一批材料，该批材料在乙单位的账面价值为250 000元。以银行存款支付调入材料发生的相关费用8 000元。编制财务会计分录：

借：库存物品　　258 000
　　贷：银行存款　　8 000
　　　　无偿调拨净资产　　250 000

同时，编制预算会计分录：

借：其他支出　　8 000
　　贷：资金结存——货币资金　　8 000

4. 换入库存物品

置换，通常是指以非货币性交易的方式变更资产所有权或占用、使用权的一种资产处置方式。通过资产置换，可以降低资产成本、满足需要，同时调整资产结构，改善资产状况。换入库存物品是事业单位将持有的、用于日常运营活动的物品与不同类型的物品进行交换，这种交换不涉及或只涉及少量的货币资金。

一般来说，事业单位通过置换取得的库存物品，其成本应按照换出资产的评估价值，加上支付的补价或减去收到的补价，再加上为换入库存物品发生的其他相关支出确定。

（1）换入库存物品未涉及补价。置换换入的库存物品验收入库，按照确定的成本，借记“库存物品”科目，按照换出资产的账面余额，贷记相关资产类科目（换出资产为固定资产、无形资产的，还应当借记“固定资产累计折旧”“无形资产累计摊销”科目），按照置换过程中发生的其他相关支出，贷记“银行存款”等科目，按照借贷方差额，借记“资产处置费用”科目或贷记“其他收入”科目。

（2）换入库存物品涉及补价。涉及补价的，分别以下两种情况处理：

1）支付补价的，按照确定的成本，借记“库存物品”科目，按照换出资产的账面余额，贷记相关资产类科目（换出资产为固定资产、无形资产的，还应当借记“固定资产累计折旧”“无形资产累计摊销”科目），按照支付的补价和置换过程中发生的其他相关支出，贷记“银行存款”等科目，按照借贷方差额，借记“资产处置费用”科目或贷记“其他收入”科目。

2）收到补价的，按照确定的成本，借记“库存物品”科目，按照收到的补价，借记“银行存款”等科目，按照换出资产的账面余额，贷记相关资产类科目（换出资产为固定资产、无形资产的，还应当借记“固定资产累计折旧”“无形资产累计摊销”科目），按照置换过程中发生的其他相关支出，贷记“银行存款”等科目，按照补价扣减其他相关支出后的净收入，贷记“应缴财政款”科目，按照借贷方差额，借记“资产处置费用”科目或贷记“其他收入”科目。

【例 2－28】 2×19 年，甲单位根据库存物品置换业务，编制相关的会计分录。

（1）5 月，经批准以一台科研设备换入乙单位一批科研材料。科研设备账面余额为 350 000 元，累计折旧为 70 000 元。换出科研设备的评估价值为 300 000 元，以银行存款支付补价 20 000 元、其他费用 10 000 元。编制财务会计分录：

借：库存物品	330 000	
累计折旧	70 000	
贷：固定资产		350 000
银行存款		30 000
其他收入		20 000

同时，编制预算会计分录：

借：其他支出	30 000	
贷：资金结存——货币资金		30 000

（2）10 月，经批准以一批 M 材料换入乙单位一批 N 科研材料。该批 M 材料的账面价值为 70 000 元，评估价值为 75 000 元。收到乙单位支付的补价 10 000 元，存入零余额账户用款额度，另以银行存款支付运输费用等 4 000 元。编制财务会计分录：

借：库存物品——N 材料	69 000	
零余额账户用款额度	10 000	
贷：库存物品		70 000
银行存款		4 000
应缴财政款		5 000

三、存货发出的核算

（一）存货发出的计价

具有较快的变现能力和明显的流动性是存货的重要特点之一。在事业单位持续运营过程中，其存货始终处于流动状态，原有的存货不断流出，新的存货又不断流入。而在某一会计期间内，同一种存货可以分不同批次购入。受产地、市价、运费等变动因素影响，各次购入存货的单价或单位采购成本又有所不同。当事业单位发出存货时，就必须采用一定的方法确定其发出成本。库存物品在发出时，应当根据实际情况采用个别计价法、先进先出法或者加权平均法确定发出物资的实际成本。计价方法一经确定，不得随意变更。

《政府会计准则第 1 号——存货》指出：政府会计主体应当根据实际情况采用先进先出法、加权平均法或者个别计价法确定发出存货的实际成本。计价方法一经确定，不得随意变更。

1. 个别计价法

个别计价法是指对存货逐一辨认，分别按各自购入或取得时的成本计价，以确定发出和结存存货的实际成本。个别计价法的特征是注重所发出存货具体项目的实物流转与成本流转之间的联系，逐一辨认各批发出存货和期末存货所属的购进批别或生产批别，分别将其购入或生产时所确定的单位成本作为计算各批发出存货和期末存货的成本。

【例 2-29】 2×19 年 5 月，某事业单位甲库存物品收入、发出及购进单价资料如表 2-3 所示。

表 2-3　　甲库存物品收发资料　　金额单位：元

日期	收入			发出			库存		
	数量	单价	总额	数量	单价	总额	数量	单价	总额
5 月 1 日							200	10.00	2 000
8 日	600	9.50	5 700				800		
12 日				400			400		
16 日	300	10.50	3 150				700		
27 日				200			500		
31 日				240			260		
合计	900	—	8 850	840	—	—	260	—	—

该单位 12 日发出的 400 件，有 100 件是上期结转下来的，有 300 件为 8 日购入的，27 日发出的 200 件中为 8 日购进的；31 日发出的 240 件 16 日购进的。采用个别计价法，发出和结存甲库存物品成本计算方法如下：

发出甲库存物品成本＝100×10＋300×9.5＋200×9.5＋240×10.5＝8 270（元）

期末结存甲库存物品成本＝100×10＋100×9.5＋60×10.5＝2 580（元）

根据计算结果，编制领用甲库存物品的会计分录（假定全部用于经营活动）：

借：经营费用　　8 270

　　贷：库存物品——甲　　8 270

个别计价法是一种合理且准确的存货计价方法。但使用这种方法的前提是需要对发出存货和结存存货的批次进行具体认定，以辨别其所属的收入批次，所以计算工作量较大。个别计价法适用于一般不能替代使用的存货，以及为特定项目专门购入或制造的存货。

2. 先进先出法

先进先出法是指按库存中最早购进存货的价格进行发出存货计价的一种方法。这种方法是以先收到的存货先发出使用的实物流动假设为前提，并根据这种假设的成本流转顺序对发出存货和期末库存存货进行计价。即本期发出存货的成本是按存货中早期进货的价格计算，当发出存货的数量超过库存中最早进货的数量时，超过部分要依次按后一批购进的存货单价计算。期末结存的存货成本按库存中近期进货的价格计算。

采用这种方法时，要依次查明有关各批次存货的实际单位成本，核算手续比较烦琐，适用于收、发存货业务次数不多的单位。

【例 2-30】 承例 2-29，根据表 2-3 中的资料，按先进先出法计算甲库存物品发出和结存成本结果，如表 2-4 所示。

表 2-4 **甲库存物品明细账（简式）**

（按先进先出法计算） 金额单位：元

日期	收入			发出			库存		
	数量	单价	总额	数量	单价	总额	数量	单价	总额
5月1日							200	10.00	2 000
8日	600	9.50	5 700				200 600	10.00 9.50	7 700
12日				200 200	10.00 9.50	3 900	400	9.50	3 800
16日	300	10.50	3 150				400 300	9.50 10.50	6 950
27日				200	9.50	1 900	200 300	9.50 10.50	5 050
31日				200 40	9.50 10.50	2 320	260	10.50	2 730
合计	900	—	8 850	840	—	8 120	260	—	2 730

3. 加权平均法

加权平均法有月末一次加权平均法和移动加权平均法之分。在此仅介绍月末一次加权平均法。

月末一次加权平均法是指以月初存货数量加上当月全部进货数量作为权数，去除月初存货成本加上当月全部进货成本，计算出存货的加权平均单位成本，以此为基础计算当月发出存货的成本和期末存货的成本的一种方法。其计算公式如下：

$$存货加权平均单位成本=\frac{月初库存存货的实际成本+本月各批进货成本之和}{月初库存存货数量+本月各批进货数量之和}$$

本月发出存货成本＝本月发出存货的数量×存货加权平均单位成本 （公式 2-1）

或

本月发出存货成本＝(月初库存存货的实际成本＋本月各批进货成本之和)－本月月末库存存货成本 （公式 2-2）

月末库存存货成本＝月末库存存货的数量×存货加权平均单位成本

注：采用公式 2-1，称为正算（顺算）成本法；采用公式 2-2，称为倒算（倒挤）成本法。

【例 2-31】 承例 2-29，根据表 2-3 中的资料，采用月末一次加权平均法，计算结果如下：

甲库存物品单位成本＝(2 000＋5 700＋3 150)÷(200＋600＋300)＝9.86（元）

本月发出甲库存物品成本＝840×9.86＝8 282.40（元）

月末库存甲库存物品成本＝(2 000＋5 700＋3 150)－8 282.40＝2 567.60（元）

采用加权平均法，只在月末计算月份内发出存货和结存存货的成本，这样可以大大简化存货核算工作，但平时不能确定发出存货成本和结存存货金额，当市场存货价格上涨时，加权平均成本会小于现行成本。

（二）库存物品的发出

1. 单位开展业务活动领用库存物品

事业单位开展业务活动等领用库存物品，按照领用物品的实际成本，借记“业务活动费用”“单位管理费用”“经营费用”等科目，贷记“库存物品”科目。

事业单位领用低值易耗品、包装物，采用一次转销法摊销的，在首次领用时将其账面余额一次性摊销计入有关成本费用，借记有关科目，贷记“库存物品”科目。

采用五五摊销法摊销低值易耗品、包装物的，首次领用时，将其账面余额的50%摊销计入有关成本费用，借记有关科目，贷记“库存物品”科目；使用完，将剩余的账面余额转销计入有关成本费用，借记有关科目，贷记“库存物品”科目。

【例2-32】 2×19年3月10日，某公立医院住院部领用新购入的医疗器械10件，其中中型器械4件，单位成本500元，小型器械6件，单位成本300元。该医院资产管理制度规定，领用中型医疗器械采用五五摊销法摊销，小型医疗器械则采用一次转销法。编制财务会计分录：

（1）摊销中型医疗器械成本：

借：业务活动费用　　1 000（4×500×50%）

　　贷：库存物品　　1 000

（2）摊销小型医疗器械成本：

借：业务活动费用　　1 800

　　贷：库存物品　　1 800

2. 出售库存物品

库存物品出售分为可自主出售和不可自主出售两种方式。前者是指事业单位有权决定出售对象和价格；后者则是经批准后方可出售。事业单位按照规定自主出售发出库存物品，按照出售物品的实际成本，借记“经营费用”等科目，贷记“库存物品”科目。经批准对外出售的库存物品（不含可自主出售的库存物品）发出时，按照库存物品的账面余额，借记“资产处置费用”科目，贷记“库存物品”科目；同时，按照收到的价款，借记“银行存款”等科目，按照处置过程中发生的相关费用，贷记“银行存款”等科目，按照借贷方差额，贷记“应缴财政款”科目。

【例2-33】 2×19年10月20日，某事业单位（小规模纳税人）对外出售库存物品取得收入183 600元，存入银行，其中自主出售经营活动持有的库存物品收入为120 000元，增值税为3 600元，非自主出售库存物品收入为60 000元。该批库存物品的成本为150 000元，其中自主出售库存物品成本为100 000元，非自主出售库存物品成本为50 000元。

（1）确认收入，编制财务会计分录：

借：银行存款　　183 600

　　贷：经营收入　　120 000

　　　　应缴财政款　　60 000

　　　　应交增值税——应交税金（销项税额）　　3 600

同时，编制预算会计分录：

借：资金结存——货币资金　　120 000

　　贷：经营预算收入　　120 000

（2）结转出售成本，编制财务会计分录：

1）自主出售库存物品：

借：经营费用　　100 000

贷：库存物品 100 000

2）非自主出售库存物品：

借：资产处置费用 50 000

贷：库存物品 50 000

3. 对外捐赠库存物品

对外捐赠是资产的无偿转让行为，其结果表现为资产、净资产的减少。事业单位经批准对外捐赠的库存物品发出时，按照库存物品的账面余额和对外捐赠过程中发生的归属于捐出方的相关费用合计数，借记“资产处置费用”科目，按照库存物品账面余额，贷记“库存物品”科目，按照对外捐赠过程中发生的归属于捐出方的相关费用，贷记“银行存款”等科目。

【例2-34】2×19年8月10日，甲事业单位向西部乙单位捐赠一批材料，价值为50 000元。对外捐赠材料手续已办妥，材料已出库。另以银行存款支付由甲事业单位承担的材料运输费2 000元。编制财务会计分录：

借：资产处置费用 52 000

贷：库存物品 50 000

银行存款 2 000

同时，编制预算会计分录：

借：其他支出 2 000

贷：资金结存——货币资金 2 000

4. 无偿调出库存物品

无偿性、非交换性是对外捐赠和无偿调出的共同特征，但对外捐赠是事业单位自愿转让资产行为，而无偿调出不一定是事业单位的自愿行为。

事业单位经批准无偿调出的库存物品发出时，按照库存物品的账面余额，借记“无偿调拨净资产”科目，贷记“库存物品”科目；同时，按照无偿调出过程中发生的归属于调出方的相关费用，借记“资产处置费用”科目，贷记“银行存款”等科目。

【例2-35】2×19年10月，上级主管部门将甲事业单位一批科研材料无偿调剂给丙单位，该批材料的账面余额为200 000元。甲事业单位以银行存款支付承担的相关费用为4 500元。编制财务会计分录：

借：无偿调拨净资产 200 000

贷：库存物品 200 000

借：资产处置费用 4 500

贷：银行存款 4 500

同时，编制预算会计分录：

借：其他支出 4 500

贷：资金结存——货币资金 4 500

5. 置换换出库存物品

事业单位以持有的库存物品换入库存物品、长期股权投资、固定资产和无形资产等，其入账价值按照换出库存物品的评估价值加上支付的补价或减去收到的补价，再加上换入长期股权投资等发生的其他相关支出确定。

事业单位以持有的库存物品换入库存物品、长期股权投资、固定资产和无形资产收到补价，按照确定的换入资产成本，借记“库存物品”“长期股权投资”“固定资产”“无形资产”等科目，按照换出库存物品的账面余额，贷记“库存物品”科目，按照收到的补价，借记“银行存款”等科目，按照补价扣减其他相关支出后的净收入，贷记“应缴财政款”科目，按照借贷方差额，借记“资产处置费用”科目或贷记“其他收入”科目。

【例 2-36】 2×19 年 6 月 10 日，甲事业单位以其库存物品与乙单位办公设备进行置换，该库存物品账面余额为 150 000 元，评估价值为 160 000 元。甲事业单位收到乙单位支付的补价 13 000 元，存入银行，同时以银行存款支付与资产置换相关的费用 3 000 元。

（1）计算换入资产入账价值：

换入资产入账价值＝160 000＋3 000－13 000＝150 000（元）

编制财务会计分录：

借：固定资产	150 000	
银行存款	13 000	
贷：库存物品		150 000
银行存款		3 000
应缴财政款		10 000

同时，编制预算会计分录：

借：其他支出	3 000	
贷：资金结存——货币资金		3 000

（2）支付应缴财政款，编制财务会计分录：

借：应缴财政款	10 000	
贷：银行存款		1 000

四、存货结存的核算

（一）存货清查盘点

1. 存货盘盈

事业单位发生各类资产盘盈并将资产转入待处理资产时，按照确定的成本，借记“库存物品”科目，贷记“待处理财产损溢”科目。

事业单位按照规定报经批准后处理时，对于盘盈的流动资产，借记“待处理财产损溢”科目，贷记“单位管理费用”科目。对于盘盈的非流动资产，如属于本年度取得的，按照当年新取得相关资产进行账务处理；如属于以前年度取得的，按照前期差错处理，借记“待处理财产损溢”科目，贷记“以前年度盈余调整”科目。

【例 2-37】 2×19 年 6 月 30 日，某单位进行资产清查盘点，发现有一台使用中的设备未入账。该型号设备存在活跃市场，市场价格为 60 000 元。7 月 10 日，收到上级主管部门批复意见，将盘盈资产作为前期差错处理。编制财务会计分录：

（1）设备盘盈：

借：固定资产	60 000	
贷：待处理财产损溢——待处理财产价值		60 000

(2) 转销盘盈设备：

借：待处理财产损溢——待处理财产价值　60 000

　　贷：以前年度盈余调整　60 000

2. 存货盘亏或者毁损、报废

事业单位发生各类存货盘亏或者毁损、报废并将存货转入待处理资产时，借记“待处理财产损溢——待处理财产价值”科目，贷记“库存物品”科目。涉及应交增值税业务的，应贷记“应交增值税——应交税金”科目。报经批准处理时，借记“资产处置费用”科目，贷记“待处理财产损溢——待处理财产价值”科目。

事业单位按处理毁损、报废实物资产过程中取得的残值或残值变价收入、保险理赔和过失人赔偿等，借记“库存现金”“银行存款”“库存物品”“其他应收款”等科目，贷记“待处理财产损溢——处理净收入”科目；按处理毁损、报废实物资产过程中发生的相关费用，借记“待处理财产损溢——处理净收入”科目，贷记“库存现金”“银行存款”等科目。

事业单位结清处理收支，如果处理收入大于相关费用，按照处理收入减去相关费用后的净收入，借记“待处理财产损溢——处理净收入”科目，贷记“应缴财政款”等科目；如果处理收入小于相关费用，按照相关费用减去处理收入后的净支出，借记“资产处置费用”科目，贷记“待处理财产损溢——处理净收入”科目。

【例 2-38】 某事业单位为增值税一般纳税人。2×19 年 12 月，根据库存物品发生毁损业务，编制相关的会计分录。

(1) 20 日，财产清查时，发现材料毁损一批，其成本为 60 000 元，取得材料时支付的增值税进项税额为 7 800 元。将毁损的材料转入待处理资产；同时，将增值税一并转出（毁损材料为管理不善所致）。编制财务会计分录：

借：待处理财产损溢——待处理财产价值　67 800

　　贷：库存物品　60 000

　　　　应交增值税——应交税金（进项税额转出）　7 800

(2) 22 日，处置毁损材料取得残料变价收入 5 000 元存入银行，应收保险理赔款 20 000 元，向责任者索赔 10 000 元。编制财务会计分录：

借：银行存款　5 000

　　其他应收款——某保险公司　20 000

　　　　　　　——某责任者　10 000

　　贷：待处理财产损溢——待处理净收入　35 000

(3) 23 日，以银行存款支付清理毁损材料的相关费用 7 000 元。编制财务会计分录：

借：待处理财产损溢——待处理净收入　7 000

　　贷：银行存款　7 000

(4) 31 日，经批准转销待处理财产损溢，编制财务会计分录：

借：资产处置费用　67 800

　　贷：待处理财产损溢——待处理财产价值　67 800

(5) 31 日，经批准结转资产清理净收入，编制财务会计分录：

借：待处理财产损溢——待处理净收入　28 000

　　贷：应缴财政款　28 000

（二）期末存货价值的确定

会计期末，为了客观、真实、准确地反映单位期末存货的实际价值，事业单位在编制资产负债表时，要确定“存货”项目的金额，即确定期末存货价值的过程。

事业单位期末存货的价值通常采用历史成本计价。这里所讲的“历史成本”，是指根据存货发出计价方法（如先进先出法、个别计价法等）计算确定的期末存货价值。

五、加工物品的核算

（一）加工物品概述

加工物品是指事业单位自制或委托外单位加工的各种物资以及未完成的测绘、地质勘查、设计成果等。加工物品按其加工单位的不同，分为自制物品和委托加工物品。自制物品是指单位组织内部人力、物资和设备自行加工的物品；委托加工物品是指单位将库存物品作为原材料委托其他单位加工的物品。

为了反映加工物品增减变动情况，事业单位应设置“加工物品”科目。该科目的借方登记为加工物品领用的材料成本、发生的直接人工费用、分配的间接费用以及其他费用；贷方登记制造完成并验收入库物资的全部实际成本；期末借方余额，反映单位自制加工但尚未完工的各种物资的实际成本。

“加工物品”科目下应设置“自制物品”“委托加工物品”两个一级明细科目，并按照物品类别或品种设置明细科目进行明细核算。“自制物品”一级明细科目下应当设置“直接材料”“直接人工”“其他直接费用”等二级明细科目归集自制物品发生的直接材料、直接人工（专门从事物品制造人员的人工费）等直接费用；对于自制物品发生的间接费用，应当在“加工物品”科目下的“自制物品”一级明细科目下单独设置“间接费用”二级明细科目予以归集，期末，再按照一定的分配标准和方法，分配计入有关物品的成本。

（二）自制物品

在日常运营过程中，事业单位有时需要对库存物品进行必要的加工改制或自行生产，以满足各类活动的需要。通过必要的加工活动，可以弥补市场供应不足，有利于提高科研水平，促进各类事业的发展，取得良好的社会与经济效益。自行加工物品必然要发生一定的耗费，为加工存货而发生的耗费构成了物品加工成本。

1. 自制物品成本的构成及分类

按照费用的发生与加工物品的关系来区分，加工费用分为直接费用和间接费用。

（1）直接费用。直接费用是指加工物品时，能够直接计入物品成本的费用。加工物品中领用材料或物资、加工工人薪酬等都属于直接费用。直接费用可以根据原始凭证直接计入某种物品成本。

（2）间接费用。间接费用是指加工物品时，不能直接计入物品成本的费用。对于间接费用，需要选择适当的分配标准在不同物品之间进行合理分摊，再计入物品成本。间接费用一般可以按生产工人工资、生产工人工时、机器工时、耗用材料的数量或成本、直接费用（直接材料和直接人工）或产品产量等进行分配。事业单位可根据自己的具体情况自行选择分配方法，分配方法一经确定，不得随意变更。

2. 自制物品账务处理程序

事业单位为自制物品领用材料等，按照材料成本，借记“加工物品——自制物品（直接材料）”科目，贷记“库存物品”科目；专门从事物品制造的人员发生直接人工费用，按照实际发生的金额，借记“加工物品——自制物品（直接人工）”科目，贷记“应付职工薪酬”科目；为自制物品发生其他直接费用，按照实际发生的金额，借记“加工物品——自制物品（其他直接费用）”科目，贷记“零余额账户用款额度”“银行存款”等科目。

事业单位为自制物品发生的间接费用，按照实际发生的金额，借记“加工物品——自制物品（间接费用）”科目，贷记“零余额账户用款额度”“银行存款”“应付职工薪酬”“固定资产累计折旧”“无形资产累计摊销”等科目。

事业单位已经制造完成并验收入库的物品，按照所发生的实际成本（包括耗用的直接材料费用、直接人工费用、其他直接费用和分配的间接费用），借记“库存物品”科目，贷记“自制物品”科目。

自制物品账务处理程序如图 2－3 所示。

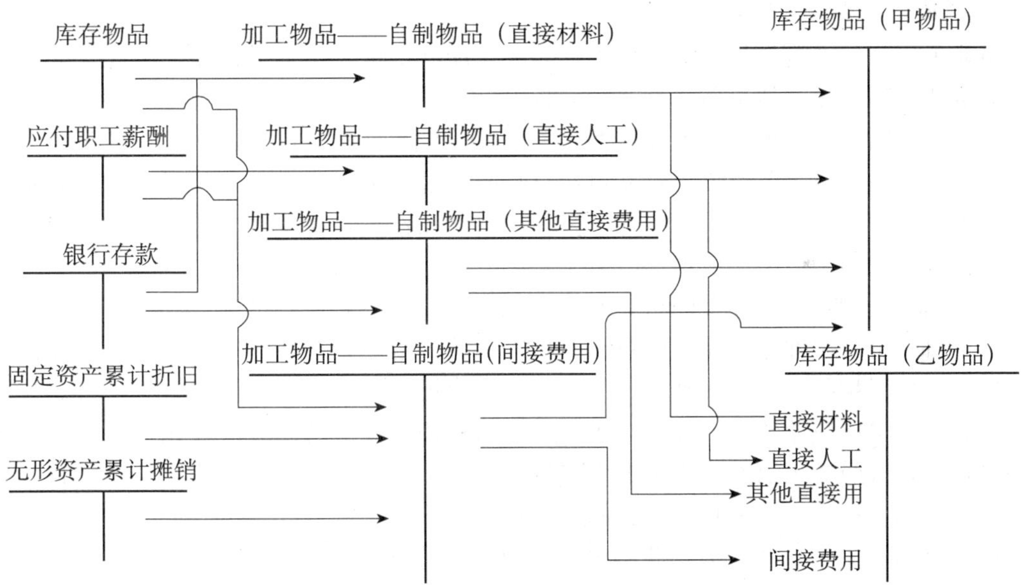

图 2－3　自制物品账务处理程序

【例 2－39】 某科研单位为增值税一般纳税人，2×19 年 5 月，对外承接一项科研设备研制任务，合同约定：设备总价款为 500 000 元，合同签订时支付 30%的价款，设备交付时支付 65%的价款，设备交付半年后再支付 5%的价款。该科研单位根据发生的自制物品业务，编制相关的会计分录。

（1）5 月 10 日，收到客户预付的第一笔货款 150 000 元，存入银行。编制财务会计分录：

借：银行存款　　150 000

　　贷：预收账款　　150 000

同时，编制预算会计分录：

借：资金结存——货币资金　　150 000

　　贷：事业预算收入　　150 000

（2）5月至8月，为研制该设备以零余额账户支付相关费用50 000元，确认职工薪酬100 000元，计提加工设备折旧费75 000元，领用库存物品30 000元。编制财务会计分录：

借：加工物品——研制设备　　255 000

　贷：银行存款　　50 000

　　应付职工薪酬　　100 000

　　固定资产累计折旧　　75 000

　　库存物品　　30 000

同时，编制预算会计分录：

借：事业支出　　50 000

　贷：资金结存——货币资金　　50 000

（3）9月5日，该单位按期完成制造设备，结转完工设备加工成本。编制财务会计分录：

借：库存物品　　255 000

　贷：加工物品——研制设备　　255 000

（三）委托加工物品

事业单位从外部购入物品的性能不一定完全能满足运营活动的需要，因此，有时需要将物品送往外部委托其他单位进行加工，制成另一种材料或物品（如纸张加工成商标纸，木材加工成木箱，钢材加工成专用工具等）。委托外部加工物品发出后，虽然其保管地点发生了转移，但仍属于单位加工物品范畴。物品经过加工，不仅其实物形态、性能发生变化，使用价值随之变化，而且在其加工过程中要消耗材料，还要发生各种费用支出等，从而使委托加工物品的价值相应增加。

事业单位发给外单位加工的材料时，按照其实际成本，借记"加工物品——委托加工物品"科目，贷记"库存物品"科目；支付加工费、运输费等费用时，按照实际支付的金额，借记"加工物品——委托加工物品"科目，贷记"零余额账户用款额度""银行存款"等科目。涉及增值税业务的，还应该进行与增值税相关业务的处理。委托加工完成的材料等验收入库，按照加工前发出材料的成本和加工、运输成本等，借记"库存物品"等科目，贷记"加工物品——委托加工物品"科目。

【例2-40】 2×19年3月，甲事业单位根据发生的委托加工业务（为增值税应税业务），编制相关的会计分录。

（1）5日，委托乙企业加工一批M材料，发出材料成本为50 000元。编制财务会计分录：

借：加工物品——委托加工物品——M材料　　50 000

　贷：库存物品　　50 000

（2）8日，开出转账支票，支付材料运输费用3 000元、增值税270元。编制财务会计分录：

借：加工物品——委托加工物品——M材料　　3 000

　应交增值税——应交税金（进项税额）　　270

　贷：银行存款　　3 270

同时，编制预算会计分录：

借：经营支出　　3 270

贷：资金结存——货币资金　3 270

（3）15 日，以零余额账户存款支付乙企业加工费用 40 000 元、增值税 5 200 元。编制财务会计分录：

借：加工物品——委托加工物品——M 材料　40 000
　　应交增值税——应交税金（进项税额）　5 200
　　贷：零余额账户用款额度　45 200

同时，编制预算会计分录：

借：经营支出　45 200
　　贷：资金结存——货币资金　45 200

（4）20 日，收回委托加工完毕物品并验收入库，结转其全部成本。编制财务会计分录：

借：库存物品——M 材料　93 000
　　贷：加工物品——委托加工物品——M 材料　93 000

制度测试

1. 资料：2×19 年 6 月 20 日，某事业单位发生以下货币资金业务：

（1）从财政零余额账户提取现金 6 000 元备用。

（2）业务部门职工张某因公出差预借现金 2 000 元。张某出差归来实际报销费用 2 800 元，其差额以现金补付。

（3）经批准，对外捐赠现金 30 000 元。

（4）以现金支付搬运公司个人劳务费 2 000 元。

（5）收到受托代理、代管现金 15 000 元。

（6）当日账款核对中，发现现金短缺 300 元，原因待查。

要求：根据上述经济业务，逐笔编制财务会计和预算会计的分录。

2. 资料：2×19 年 7 月 10 日，某事业单位从二级市场购入国债 408 000 元（含已到付息期但尚未支取的国债利息 8 000 元），另支付交易手续费及印花税等共计 6 000 元，全部款项以银行存款付讫。该债券面值 400 000 元，剩余期限为 2 年，票面年利率为 4%，每半年付息一次，该单位购入国债不准备长期持有。

要求：根据上述经济业务，编制相关的财务会计分录：

（1）购入国债时。

（2）收到购入时价格中包含的利息，存入银行。

（3）2×19 年 12 月 31 日，确认当年投资收益。

（4）2×20 年 1 月 10 日，转让国债取得价款 410 000 元（含未收取的半年利息），存入银行。

3. 资料：2×19 年至 2×20 年，甲事业单位发生以下应收和预付款项业务：

（1）单位发生国库集中支付业务：

1）2×18 年末，该单位财政直接支付预算指标数与财政直接支付实际支出数的差额为 260 000 元。

2）单位收到财政直接支付入账通知书，使用财政应返还额度支付当月房租 40 000 元。

3）收到财政授权支付额度到账通知书，下达零余额账户用款额度 320 000 元，其中上年末下达的零余额账户用款额度 30 000 元，当期下达的零余额账户用款额度 290 000元。

（2）2×19 年 1 月初，经批准，单位将持有的国有资产对外出租，与 M 公司签订出租合同，租期 1 年，约定每季度末一次收取三个月租金 45 000 元、增值税 2 250 元（收到租金时确认应交税金）。该租金收入按照规定纳入本单位预算管理。2×19 年 12 月初，将闲置办公用房出租给 N 公司，期限 8 个月，约定每月初支付租金 20 000 元（含税），截至 2×19 年 12 月末尚未收到租金。2×20 年 1 月 5 日，收到 N 公司欠付上年 12 月租金 20 000 元，款项已存入银行。按照规定，租金收入应上缴财政。

（3）2×19 年 6 月 5 日，收到乙公司当日签发的带息商业汇票一张，用以偿还前欠货款。该票据的面值为 100 000 元，期限为 90 天，年利率为 6%。7 月 15 日，因急需资金，甲事业单位将该商业汇票向银行贴现，年贴现率为 9%，贴现收入存入银行。

要求：（1）根据上述业务（1），编制相关的财务会计分录。

（2）根据上述业务（2），编制将资产出租给 M 公司每季度第 1 个月末确认收入、第 3 个月收取租金及税金的财务会计分录。

（3）根据上述业务（2），编制 2×19 年 12 月末确认租金收入和次年初收到租金的财务会计分录。

（4）根据上述业务（3），计算甲事业单位该项应收票据的贴现期、到期值、贴现利息和贴现收入；编制取得和贴现该项应收票据的会计分录。

4. 资料：某事业单位采用应收账款余额百分比法核算坏账损失，坏账准备计提比例为 5‰。2×19 年 1 月 1 日，“应收账款”科目的余额为 1 000 000 元。5 月 8 日，收回 2×18 年度核销的坏账 4 000 元，存入银行。11 月 9 日，因某客户破产，有应收账款 2 500 元不能收回，经批准确认为坏账。12 月 31 日，“应收账款”科目的余额为 800 000元。

要求：编制该事业单位 2×19 年与坏账业务相关的财务会计分录。

5. 资料：2×19 年 1 月，M 事业单位发生以下与存货有关的业务：

（1）退回 2×18 年购买的办公用品 6 000 元，物品已发出，款项存入银行。

（2）通过政府采购购买办公用品一批，其成本为 15 000 元，直接交付使用，款项以零余额账户支付。

（3）单位所属信息中心将多余的账面成本为 38 000 元的电脑耗材（评估价为 15 000 元）与某事业单位的办公用品进行置换，收到对方单位以银行转账支付的补价 5 000 元。

（4）无偿从 N 单位调入劳保用品一批，该批劳保用品账面价值为 50 000 元，已验收入库。以单位零余额账户支付相关费用 3 000 元。

（5）接受捐赠的一批库存物品验收入库，该库存物品评估价为 30 000 元，M 单位以银行存款支付相关运输费等 3 000 元。

（6）月末，盘盈办公耗材 2 000 元；经批准，报废劳保用品 5 000 元。

要求：编制 M 事业单位上述经济业务的财务会计分录。

6. 资料：某事业单位 2×19 年甲材料存货情况如下表所示。

甲材料

日期		摘要	数量（件）	单位成本（元）	总成本（元）
月	日				
1	1		100	8	800
6	1	采购	60	9	540
11	1	采购	80	10	800
12	31	可供领用	240		
12	31	本年领用	150		
12	31	结存	90		

本年领用的 150 件甲材料中，有 1 月 1 日结存的 50 件；6 月 1 日采购的 30 件；11 月 1 日采购的 70 件。

要求：分别采用个别计价法、先进先出法和加权平均法计算发出和结存材料成本。

第三章　资产（下）

在事业单位全部资产中，流动资产以外的资产被称为非流动资产。非流动资产包括长期投资、固定资产、在建工程、无形资产、公共基础设施、政府储备物资、保障性住房、长期待摊费用等。非流动资产不能在1年之内消耗、变现，可以长期为事业单位运营活动提供物质基础或创造条件，如房屋、设备、交通运输工具等，或为事业单位带来长期的经济利益，如长期股权投资或债权投资等。非流动资产具有占用资金多、周转速度慢、变现能力差等特点。

第一节　长期股权投资

一、长期股权投资概述

长期股权投资是指事业单位通过投资拥有被投资单位的股权并成为被投资单位的股东，按所持股份比例享有权益并承担责任。事业单位通过长期股权投资获得投资回报，促进公益事业的发展，确保实现特定的公益目标。长期股权投资一般有两种投资形式，一是直接投资，二是间接投资。直接投资是指将现金或资产投入被投资单位，由被投资单位向投资者出具出资证明书，确认其股权。间接投资是指投资者投资于被投资单位时，通过在证券市场上购买被投资单位的股票而形成的长期股权投资。关于事业单位对外投资相关的规定，见第二章“短期投资”一节。事业单位长期股权投资一般是指直接投资。长期股权投资具有投资额大、投资期限长、风险大以及收益性高的特点。

二、长期股权投资取得的核算

为了反映长期股权投资增减变动情况，事业单位应设置“长期股权投资”科目。该科目的借方登记长期投资的增加数；贷方登记长期投资的收回、冲减数；期末借方余额，反映事业单位持有的对外投资成本。

“长期股权投资”科目一般应当按照被投资单位进行明细核算。如果长期股权投资采用权益法核算，还应当分别“成本”“损益调整”“其他权益变动”进行明细核算。

取得长期股权投资时，应当将其实际成本作为初始投资成本。长期股权投资取得方式不同，其实际成本内容也有所不同。

（一）支付现金取得投资

事业单位以现金取得的长期股权投资，按照实际支付的价款（包括购买价款以及税金、手续费等相关税费），借记“长期股权投资”科目，按支付的价款中包含的已宣告但尚未发放的现金股利，借记“应收股利”科目；按实际支付的全部价款，贷记“银行存款”等科目。实际收到购买时包含的已宣告但尚未发放的现金股利时，借记“银行存款”等科目，贷记“应收股利”科目。

【例 3-1】 2×19 年 1 月初，某事业单位使用非财政拨款资金 480 000 元投资于北方公司，占该公司全部股权的比例为 20%，有权参与其经营决策，并按照股权比例享有净利润和其他所有者权益。该长期股权投资采用权益法核算，支付的价款中包括已宣告但尚未发放的现金股利 20 000 元，另支付交易费用 15 000 元，全部款项以银行存款付讫。5 月底收到北方公司宣告发放的全部现金股利。

（1）购入股票时，编制财务会计分录：

借：长期股权投资——成本	475 000	
应收股利	20 000	
贷：银行存款		495 000

同时，编制预算会计分录：

借：投资支出	495 000	
贷：资金结存——货币资金		495 000

（2）收到现金股利时，编制财务会计分录：

借：银行存款	20 000	
贷：应收股利		20 000

同时，编制预算会计分录：

借：资金结存——货币资金	20 000	
贷：投资支出		20 000

（二）以非现金资产置换取得投资

事业单位以现金以外的其他资产置换取得的长期股权投资，其成本按照换出资产的评估价值加上支付的补价或减去收到的补价，再加上换入长期股权投资发生的其他相关支出确定。

1. 未涉及补价取得长期股权投资

事业单位置换取得的长期股权投资，按照确定的成本，借记“长期股权投资”科目，按照换出资产的账面余额，贷记相关资产类科目（换出资产为固定资产、无形资产的，还应当借记“固定资产累计折旧”“无形资产累计摊销”科目），按照置换过程中发生的其他相关支出，贷记“银行存款”等科目，按照借贷方差额，借记“资产处置费用”科目或贷记“其他收入”科目。

2. 涉及补价取得长期股权投资

（1）支付补价取得长期股权投资。事业单位置换取得长期股权投资需要支付补价的，按照确定的成本，借记“长期股权投资”科目，按照换出资产的账面余额，贷记相关资产类科目（换出资产为固定资产、无形资产的，还应当借记“固定资产累计折旧”

“无形资产累计摊销”科目），按照支付的补价和置换过程中发生的其他相关支出，贷记“银行存款”等科目，按照借贷方差额，借记“资产处置费用”科目或贷记“其他收入”科目。

（2）收到补价取得长期股权投资。事业单位置换取得长期股权投资收到支付补价的，按照确定的成本，借记“长期股权投资”科目，按照收到的补价，借记“银行存款”等科目，按照换出资产的账面余额，贷记相关资产类科目（换出资产为固定资产、无形资产的，还应当借记“固定资产累计折旧”“无形资产累计摊销”科目），按照置换过程中发生的其他相关支出，贷记“银行存款”等科目，按照补价扣减其他相关支出后的净收入，贷记“应缴财政款”科目，按照借贷方差额，借记“资产处置费用”科目或贷记“其他收入”科目。

【例3-2】 2×19年8月，甲事业单位经批准将科研设备与乙事业单位持有的对丙公司的长期股权投资进行置换。在置换日，科研设备的账面原价为2 000 000元，已计提折旧1 200 000元，评估价为770 000元；乙事业单位持有的长期股权投资账面余额为850 000元。置换过程中，以银行存款支付补价50 000元、相关税费10 000元。编制财务会计分录：

借：长期股权投资——成本	830 000	
累计折旧	1 200 000	
资产处置费用	30 000	
贷：固定资产		2 000 000
银行存款		60 000

同时，编制预算会计分录：

借：其他支出	60 000	
贷：资金结存——货币资金		60 000

如果在资产置换过程中甲事业单位支付相关费用10 000元，收到乙事业单位支付的补价金额为40 000元，其他资料不变。编制财务会计分录：

借：长期股权投资——成本	800 000	
累计折旧	1 200 000	
银行存款	40 000	
贷：固定资产		2 000 000
应缴财政款		30 000
银行存款		10 000

（三）接受捐赠的长期股权投资

事业单位接受捐赠的长期股权投资，其成本按照有关凭据注明的金额加上相关税费确定；没有相关凭据可供取得，但按规定经过资产评估的，其成本按照评估价值加上相关税费确定；没有相关凭据可供取得也未经资产评估的，其成本比照同类或类似资产的市场价格加上相关税费确定。事业单位接受捐赠的长期股权投资，按照确定的投资成本，借记“长期股权投资”科目，贷记“捐赠收入”科目。

【例3-3】 2×19年8月，M事业单位接受N公司捐赠其持有的G公司股票100 000股，类似股票的市场价格为每股5元，另以银行存款支付相关费用12 000元。编制财务会计分录：

借：长期股权投资——成本　512 000
　贷：捐赠收入　500 000
　　银行存款　12 000

同时，编制预算会计分录：

借：其他支出　12 000
　贷：资金结存——货币资金　12 000

（四）无偿调入长期股权投资

事业单位无偿调入长期股权投资，其成本按照调出方账面价值加上相关税费确定。无偿调入长期股权投资，按照确定的投资成本，借记“长期股权投资”科目，贷记“无偿调拨净资产”科目。

【例3-4】2×19年10月，M事业单位的上级主管部门将N事业单位持有的长期股权投资调入M事业单位。该投资在N事业单位的账面价值为200 000元，调入时，M事业单位以银行存款支付相关费用5 000元。编制财务会计分录：

借：长期股权投资——成本　205 000
　贷：无偿调拨净资产　200 000
　　银行存款　5 000

同时，编制预算会计分录：

借：其他支出　5 000
　贷：资金结存——货币资金　5 000

（五）以未入账无形资产取得长期股权投资

事业单位以未入账的无形资产取得长期股权投资，按照评估价值加上相关税费作为投资成本，借记“长期股权投资”科目，按照发生的相关税费，贷记“银行存款”“其他应交税费”等科目，按照借贷方差额，贷记“其他收入”科目。

【例3-5】2×19年12月，甲事业单位以其未入账的专利技术投资于乙单位。经评估，该专利技术价值100 000元，以银行存款支付资产评估和与投资活动相关费用26 000元。编制财务会计分录：

借：长期股权投资——成本　126 000
　贷：其他收入　100 000
　　银行存款　26 000

同时，编制预算会计分录：

借：其他支出　26 000
　贷：资金结存——货币资金　26 000

三、长期股权投资持有期间的核算

按照财务会计理论，投资单位取得长期股权投资并按初始投资成本计价后，根据对被投资单位实施的影响或控制程度，应分别采用成本法或权益法进行核算。

（一）成本法

成本法是指投资按照投资成本计量的方法。采用成本法，除投资方追加投资、收回投资等外，长期股权投资的账面价值一般保持不变。被投资单位宣告分派利润或现金股利，投资方按应享有的份额确认为当期投资收益。

被投资单位宣告发放现金股利或利润时，事业单位按照应收的金额，借记“应收股利”科目，贷记“投资收益”科目。收到现金股利时，按照实际收到的金额，借记“银行存款”等科目，贷记“应收股利”科目。

【例 3-6】 2×19 年，甲事业单位根据长期股权投资业务，编制相关的会计分录。

(1) 经批准，1 月以货币资金 3 000 000 元投资于乙公司，取得乙公司有表决权的 50%的股份，采用成本法核算此项投资。编制财务会计分录：

借：长期股权投资——成本　　3 000 000
　　贷：银行存款　　3 000 000

同时，编制预算会计分录：

借：投资支出　　3 000 000
　　贷：资金结存——货币资金　　3 000 000

(2) 6 月 30 日，乙公司宣告从历年积累中分配利润 2 500 000 元。甲事业单位按照其持有比例确定可分回的金额为 125 000 元。编制财务会计分录：

借：应收股利　　125 000
　　贷：投资收益　　125 000

(3) 7 月 10 日，收到乙公司分派的全部利润并存入银行。编制财务会计分录：

借：银行存款　　125 000
　　贷：应收股利　　125 000

同时，编制预算会计分录：

借：资金结存——货币资金　　125 000
　　贷：投资预算收益　　125 000

(二) 权益法

权益法是指长期股权投资按照实际成本入账后，根据被投资单位经营损益状况，按其持有被投资单位股份的比例以及股利的分配做出相应调整的方法。被投资单位当期实现收益或其他所有者权益增加，投资方按比例相应调高“长期股权投资”科目；发生亏损或其他所有者权益减少，投资方则按比例调低“长期股权投资”科目；收到发放的股利，也要减记“长期股权投资”科目。在权益法下，“长期股权投资”科目的账面价值已不是长期股权投资的原始成本，而是投资单位在被投资单位净资产中应享有的份额。

具体来说，被投资单位实现净利润时，投资单位按照应享有的份额，借记“长期股权投资——损益调整”科目，贷记“投资收益”科目；按照应负担的被投资单位发生净亏损的份额，借记“投资收益”科目，贷记“长期股权投资——损益调整”科目，但以“长期股权投资”科目的账面余额减记至零为限。发生亏损的被投资单位以后年度又实现净利润的，按照收益分享额弥补未确认的亏损分担额等后的金额，借记“长期股权投资——损益调整”科目，贷记“投资收益”科目。

被投资单位宣告分派现金股利或利润时，投资单位按照应享有的现金股利或利润的份额，借记“应收股利”科目，贷记“长期股权投资——损益调整”科目。

被投资单位发生除净损益和利润分配以外的所有者权益变动时，投资单位按照应享有的份额，借记“权益法调整”科目，贷记“长期股权投资——其他权益变动”科目，或编制相反的会计分录。

【例 3-7】 2×19 年至 2×21 年，甲事业单位根据长期股权投资业务，编制相关的会计分录。

（1）2×19 年 1 月 5 日，以银行存款 920 000 元投资于乙公司，另支付相关交易费用 14 500 元，享有乙公司所有者权益份额的 35%，采用权益法核算长期股权投资。编制财务会计分录：

借：长期股权投资——成本　　934 500

　　贷：银行存款　　934 500

同时，编制预算会计分录：

借：投资支出　　934 500

　　贷：资金结存——货币资金　　934 500

（2）2×19 年，乙公司全年实现净利润 800 000 元。

　　应享有的投资收益＝800 000×35%＝280 000（元）

编制财务会计分录：

借：长期股权投资——损益调整　　280 000

　　贷：投资收益　　280 000

需要说明的是，如果 2×19 年乙公司不仅获得净利润，其他权益还增加 285 715 元，则：

　　应享有的其他权益＝285 715×35%＝100 000（元）

编制财务会计分录：

借：长期股权投资——其他权益变动　　100 000

　　贷：权益法调整　　100 000

2×19 年末，“长期股权投资”科目余额（不包括其他权益变动）＝934 500＋280 000＝1 214 500（元）。

（3）2×20 年 5 月，乙公司宣告分派现金股利 1 000 000 元。

　　现金股利＝1 000 000×35%＝350 000（元）

编制财务会计分录：

借：应收股利——乙公司　　350 000

　　贷：长期股权投资——损益调整　　350 000

2×20 年末，“长期股权投资”科目余额＝1 214 500－350 000＝864 500（元）。

（4）2×20 年，乙公司全年发生巨额亏损 2 800 000 元。

　　应承担投资损失＝2 800 000×35%＝980 000（元）

　　尚未弥补亏损额＝980 000－864 500＝115 500（元）

编制财务会计分录：

借：投资收益　　864 500

　　贷：长期股权投资——损益调整　　864 500

（5）2×21 年乙公司全年实现净利润 380 000 元。

　　应确认的投资收益＝380 000×35%－115 500＝17 500（元）

编制财务会计分录：

借：长期股权投资——损益调整　　17 500

　　贷：投资收益　　17 500

四、长期股权投资处置的核算

事业单位按照规定报经批准出售（转让）长期股权投资时，应当区分长期股权投资取得方式分别进行处理。

（一）处置以现金取得的长期股权投资

事业单位处置以现金取得的长期股权投资，按照实际取得的价款，借记“银行存款”等科目，按照被处置长期股权投资的账面余额，贷记“长期股权投资”科目，按照尚未领取的现金股利或利润，贷记“应收股利”科目，按照发生的相关税费等支出，贷记“银行存款”等科目，按照借贷方差额，借记或贷记“投资收益”科目。

【例 3-8】承例 3-7，假定 2×20 年 1 月初，甲事业单位将持有乙公司股权投资的 20%处置，取得股款 260 000 元存入银行。投资收益纳入单位预算管理。

处置前，“长期股权投资——成本”科目余额为 934 500 元，“长期股权投资——损益调整”科目借方余额为 280 000 元，无其他权益。

处置长期股权投资的金额=(934 500+280 000)×20%=242 900（元）

编制财务会计分录：

借：银行存款　　260 000

　　贷：长期股权投资——成本　　186 900

　　　　　　　　　　——损益调整　　56 000

　　　　投资收益　　17 100

同时，编制预算会计分录：

借：资金结存——货币资金　　260 000

　　贷：其他结余　　186 900（934 500×20%）

　　　　投资预算收益　　73 100

（二）处置以现金以外的其他资产取得的长期股权投资

事业单位处置以现金以外的其他资产取得的长期股权投资，按照被处置长期股权投资的账面余额，借记“资产处置费用”科目，贷记“长期股权投资”科目；同时，按照实际取得的价款，借记“银行存款”等科目，按照尚未领取的现金股利或利润，贷记“应收股利”科目，按照发生的相关税费等支出，贷记“银行存款”等科目，按照贷方差额，贷记“应缴财政款”科目。按照规定将处置时取得的投资收益纳入本单位预算管理的，应当按照所取得价款大于被处置长期股权投资账面余额、应收股利账面余额和相关税费支出合计的差额，贷记“投资收益”科目。

（三）核销长期股权投资

事业单位持有的长期股权投资因被投资单位破产清算等原因，有确凿证据表明长期股权投资发生损失，按照规定报经批准后予以核销时，按照予以核销的长期股权投资的账面余额，借记“资产处置费用”科目，贷记“长期股权投资”科目。

（四）置换转出长期股权投资

1. 置换资产不涉及补价

事业单位置换转出长期股权投资时，按照换入资产确定的成本，借记相关资产类科目，按照换出长期股权投资的账面余额，贷记“长期股权投资”科目，按照置换过程中发生的其他相关支出，贷记“银行存款”等科目，按照借贷方差额，借记“资产处置费用”科目或贷记“其他收入”科目。

2. 置换资产涉及补价

事业单位置换资产涉及补价的，根据以下情况分别进行会计处理：

（1）置换转出长期股权投资需要支付补价的，其会计处理方法与置换资产不涉及补价相同。

（2）置换转出长期股权投资收到补价的，按照换出长期股权投资的评估价值减去收到的补价，加上换入长期股权投资发生的其他相关支出确定换入资产的成本，借记相关资产类科目，按照收到的补价，借记“银行存款”等科目，按照换出长期股权投资的账面余额，贷记“长期股权投资”科目，按照置换过程中发生的其他相关支出，贷记“银行存款”等科目，按照补价扣减其他相关支出后的净收入，贷记“应缴财政款”科目，按照借贷方差额，借记“资产处置费用”科目或贷记“其他收入”科目。

需要说明的是，事业单位采用权益法核算长期股权投资的处置，除进行上述账务处理外，还应结转原直接计入净资产的相关金额，借记或贷记“权益法调整”科目，贷记或借记“投资收益”科目。

【例 3-9】 2×19 年 6 月 30 日，经批准，甲事业单位将持有对乙公司的长期股权投资与丙公司的房产置换。该长期股权投资评估价为 3 600 000 元，收到丙公司支付的补价 150 000 元，支付相关费用 25 000 元，全部款项通过银行存款结算。转让前，长期股权投资明细科目为：成本 3 000 000 元，损益调整 350 000 元，其他权益变动 100 000 元。

置换取得房产入账价值＝3 600 000－150 000＋25 000＝3 475 000（元）

编制财务会计分录：

借：固定资产	3 475 000	
银行存款	150 000	
贷：长期股权投资——成本		3 000 000
——损益调整		350 000
——其他权益变动		100 000
银行存款		25 000
应缴财政款		125 000
其他收入		25 000
借：权益法调整	100 000	
贷：投资收益		100 000

同时，编制预算会计分录：

借：其他支出	25 000	
贷：资金结存——货币资金		25 000

五、成本法与权益法之间的转换

事业单位对长期股权投资采用的核算方法不是一成不变的，当持有被投资单位股份的比例发生变化时，事业单位应该改变长期股权投资的核算方法，由成本法改为权益法，或者由权益法改为成本法。

（一）权益法改为成本法

事业单位因处置部分长期股权投资等原因而对处置后的剩余股权投资由权益法改按成本法核算的，应当将权益法下“长期股权投资”科目的账面余额作为成本法下“长期股权投资——成本”科目的账面余额。

其后，被投资单位宣告分派现金股利或利润时，属于单位已计入投资账面余额的部分，按照应分得的现金股利或利润份额，借记“应收股利”科目，贷记“长期股权投资”科目。

（二）成本法改为权益法

事业单位因追加投资等原因对长期股权投资的核算从成本法改为权益法的，应当按照成本法下“长期股权投资”科目的账面余额与追加投资成本的合计金额，借记“长期股权投资——成本”科目，按照成本法下“长期股权投资”科目的账面余额，贷记“长期股权投资”科目，按照追加投资的成本，贷记“银行存款”等科目。

【例 3-10】 2×19 年 1 月 3 日，甲事业单位经批准向乙公司投资，以银行存款支付投资款 495 000 元，取得乙公司所有者权益份额的 30%，该长期股权投资采用权益法核算。2×19 年，乙公司实现净利润 105 000 元。2×20 年 1 月 5 日，该单位将持有的乙公司 20%股权出售，收取价款 375 000 元并存入银行。

（1）确认长期股权投资的初始投资成本 495 000 元，会计分录略。

（2）2×19 年 12 月 31 日，采用权益法确认投资收益 31 500（105 000×30%）元。编制财务会计分录：

借：长期股权投资——损益调整　　31 500

　　贷：投资收益　　31 500

（3）2×20 年 1 月 5 日，处置长期股权投资。编制财务会计分录：

借：银行存款　　375 000

　　贷：长期股权投资——投资成本　　330 000（495 000÷30%×20%）

　　　　　　　　　　——损益调整　　21 000（105 000×20%）

　　　　投资收益　　24 000

同时，编制预算会计分录：

借：资金结存——货币资金　　375 000

　　贷：其他结余　　330 000

　　　　投资预算收益　　45 000

（4）确定剩余投资的账面价值。该事业单位处置投资后，剩余投资的账面价值计算过程如下：

初始投资成本＝495 000－330 000＝165 000（元）

损益调整＝31 500－21 000＝10 500（元）

编制财务会计分录：

借：长期股权投资——成本　　175 500

　　贷：长期股权投资——成本　　165 000

　　　　　　　　　——损益调整　　10 500

第二节　长期债券投资

长期债券投资是指事业单位购入的在1年内（不含1年）不能变现或不准备随时变现的国债等债权性质的投资。长期债券投资反映了国债等证券发行单位与投资者（企业、事业单位或个人）之间的债权债务关系。通过债券投资，事业单位能按约定的利率收取利息，到期收回本金，但无权参与债券发行单位的经营管理决策。长期债券可以转让，但在债权债务方约定的期限内一般不能要求债务单位提前偿还本金。

一、长期债券投资取得的核算

为了反映长期债券投资增减变动情况，事业单位应设置“长期债券投资”科目。该科目的借方登记长期债券投资的增加数；贷方登记长期债券投资的收回、冲减数；期末借方余额，反映事业单位持有的长期债券投资的价值。

长期债券投资在取得时，应当将实际成本作为初始投资成本。取得长期债券投资时，按照确定的投资成本，借记“长期债券投资——成本”科目，按照支付的价款中包含的已到付息期但尚未领取的利息，借记“应收利息”科目，按照实际支付的金额，贷记“银行存款”等科目。

实际收到取得债券时所支付的价款中包含已到付息期但尚未领取的利息时，借“银行存款”科目，贷记“应收利息”科目。

【例3－11】 2×19年7月1日，某事业单位购入5年期、年利率为4%、面值为600 000元的国库券，到期一次还本付息，另支付有关税费12 000元，全部款项以银行存款付讫。编制财务会计分录：

借：长期债券投资——成本　　612 000

　　贷：银行存款　　612 000

同时，编制预算会计分录：

借：投资支出　　612 000

　　贷：资金结存——货币资金　　612 000

二、长期债券投资持有期间的核算

事业单位持有长期债券投资期间，应按期以债券票面金额与票面利率计算确认利息收入，并计入投资收益。如为到期一次还本付息的债券投资，确认债券利息收入时，应借记“长期债券投资——应计利息”科目，贷记“投资收益”科目；如为分期付息、到期一次还本的债券投资，确认债券利息收入时，则应借记“应收利息”科目，贷记“投资收益”

科目。

事业单位收到分期支付的利息时，按照实际收到的金额，借记“银行存款”等科目，贷记“应收利息”科目。

【例3-12】 承例3-11，2×19年12月31日，该事业单位计算债券利息收入：

应确认债券利息收入=600 000×4%×6/12=12 000（元）

编制财务会计分录：

借：长期债券投资——应计利息　　12 000

　　贷：投资收益　　12 000

2×20年至2×23年每年12月31日确认债券利息收入：

应确认债券利息收入=600 000×4%×1=24 000（元）

编制财务会计分录：

借：长期债券投资——应计利息　　24 000

　　贷：投资收益　　24 000

2×24年6月30日确认债券利息收入的会计分录略。

三、长期债券投资出售的核算

事业单位对外出售长期债券投资，按照实际收到的金额，借记“银行存款”科目，按照长期债券投资的账面余额，贷记“长期债券投资”科目，按照已记入“应收利息”科目但尚未收取的金额，贷记“应收利息”科目，按照借贷方差额，贷记或借记“投资收益”科目。涉及增值税业务的，按照应交增值税，贷记“应交增值税——应交税金（销项税额)”科目。

【例3-13】 承例3-12，假设2×23年6月末，该事业单位将国债的60%转让，实际收到价款450 000元，存入银行。取得的投资收益纳入单位预算管理。

（1）确认当年1月至6月应计利息，编制财务会计分录：

借：长期股权投资——应计利息　　12 000

　　贷：投资收益　　12 000

（2）处置投资，编制财务会计分录：

借：银行存款　　450 000

　　贷：长期债券投资——成本　　367 200

　　　　　　　　　——应计利息　　57 600

　　　　投资收益　　25 200

同时，编制预算会计分录：

借：资金结存——货币资金　　450 000

　　贷：其他结余　　367 200

　　　　投资预算收益　　82 800

四、长期债券投资到期收回的核算

事业单位持有长期债券投资到期收回，按照实际收到的金额，借记“银行存款”科目，按照长期债券投资的账面余额，贷记“长期股权投资”科目，按照相关应收利息金额，贷记“应收利息”科目，按照借贷方差额，贷记“投资收益”科目。

【例3-14】 承例3-13，2×24年7月1日，该事业单位持有的剩余国库券到期，收回其本息，存入银行，取得的投资收益纳入单位预算管理。编制财务会计分录：

借：银行存款	292 800	
贷：长期债券投资——成本		244 800
——应计利息		48 000

同时，编制预算会计分录：

借：资金结存——货币资金	292 800	
贷：其他结余		244 800
投资预算收益		48 000

第三节 固定资产

一、固定资产概述

（一）固定资产的概念及特点

固定资产是指事业单位为满足自身开展业务活动或其他活动需要而控制的，使用年限超过1年（不含1年）、单位价值在规定标准以上，并在使用过程中基本保持原有实物形态的资产，一般包括房屋及构筑物、专用设备、通用设备等。单位价值虽未达到规定标准，但是使用年限超过1年（不含1年）的大批同类物资，如图书、家具、用具、装具等，应当确认为固定资产。

事业单位的固定资产具有以下特征：

(1) 固定资产是有形资产。与专利权、商标权等无形资产相比，固定资产是具有实物形态的资产，可以多次参加事业单位的运营活动，在若干会计期间内保持其原有的实物形态，其价值也会随着使用而逐渐、分期转移。

(2) 固定资产的使用期限超过1年或长于1年的一个经营周期。与存货等资产相比，固定资产不会在1年内或超过1年的一个营业周期内变现或者耗用，能在较长的时期内发挥作用。

(3) 持有固定资产的目的是运营而非销售。事业单位取得固定资产的目的是服务于科研、教育、医疗服务以及出租给他人或日常运营管理，而不是出售。

总之，资产单位价值在规定的标准之上，具有持久、耐用性，在使用过程中基本保持原有实物形态，以自用为原则是固定资产的主要特点。

（二）固定资产的分类

固定资产一般分为六类：房屋及构筑物；专用设备；通用设备；文物和陈列品；图书、档案；家具、用具、装具及动植物。

(1) 房屋及构筑物，是指事业单位拥有占有权和使用权的房屋、建筑物及其附属设施。其中，房屋包括办公用房、业务用房、库房、职工宿舍用房、职工食堂、锅炉房等；建筑物包括围墙、水塔等；附属设施包括房屋、建筑物内的电梯、通信线路、输电线路、水气管道等。

（2）专用设备，是指事业单位根据业务工作的实际需要购买的各种具有专门性能和专门用途的设备，如学校的教学仪器、科研单位的科研仪器、医院的医疗器械等。

（3）通用设备，是指事业单位用于业务工作的通用性设备，包括办公用的家具、交通工具等。

（4）文物和陈列品，是指博物馆、展览馆、纪念馆等文化事业单位的各种文物和陈列品，如古物、字画、纪念物品等。

（5）图书、档案，是指专业图书馆、文化馆贮藏的书籍，以及事业单位贮藏的统一管理使用的业务用书，如单位图书馆（室）、阅览室的图书等。

（6）家具、用具、装具及动植物，其中，属于非流动资产的动植物包括经济林、薪炭林、产畜和役畜等。持有该资产是为了产出农产品、提供劳务或出租等。

（三）固定资产账簿体系

1. “固定资产”与“累计折旧”总账科目

“固定资产”科目用来核算固定资产的原值，其借方登记增加的固定资产原值，贷方登记减少的固定资产原值；借方余额为实有固定资产的原值。为了反映固定资产增减变动及结存的详细情况，事业单位应当设置固定资产登记簿和固定资产卡片，按固定资产类别设置明细科目，进行明细核算。

“累计折旧”科目用来核算固定资产的累计折旧，是“固定资产”科目的调整科目。该科目的贷方登记固定资产累计折旧的增加额；借方登记固定资产因减少而注销的折旧额；期末贷方余额，反映了事业单位提取的固定资产折旧累计数。

2. “固定资产”明细账

事业单位应当设置固定资产登记簿和固定资产卡片，按照固定资产的类别、项目和使用部门进行明细核算。

（1）固定资产登记簿，是按固定资产类别开设账页，并按其来源、使用情况、保管部门设专栏进行登记的簿籍。该登记簿主要是以价值形式序时反映固定资产的增减变动情况，并每月结出余额。

（2）固定资产卡片，是反映各项固定资产详细情况的明细账，应按固定资产的项目设立，每项一张。在固定资产卡片中，应该记录该项固定资产的编号、名称、规格、技术特征、技术资料编号、附属物、使用单位、所在地点、购建年份、开始使用日期、中间停用日期、原值、预计使用年限、折旧率以及转移调拨、报废清理等情况。

二、固定资产取得的核算

事业单位取得固定资产时，应当按照成本进行初始计量。

（一）外购固定资产

事业单位外购的固定资产，其成本包括购买价款、相关税费以及固定资产交付使用前所发生的可归属于该项资产的运输费、装卸费、安装费和专业人员服务费等。涉及增值税业务的，还应进行相关的账务处理。如果事业单位以一笔款项购入多项没有单独标价的固定资产，应当按照各项固定资产同类或类似资产市场价格的比例对总成本进行分配，分别确定各项固定资产的入账成本。

事业单位购入不需要安装的固定资产，验收合格时，按照确定的固定资产成本，借记“固定资产”科目，贷记“财政拨款收入”“零余额账户用款额度”“应付账款”“银行存款”等科目。

事业单位购入固定资产扣留质量保证金的，应当在取得固定资产时，按取得固定资产的成本，借记“固定资产”科目（不需要安装）或“在建工程”科目（需要安装），按照实际支付的金额，贷记“财政拨款收入”“零余额账户用款额度”“应付账款”“银行存款”等科目，按照质量保证金额，贷记“其他应付款”科目［扣留期在1年以内（含1年）］或“长期应付款”科目（扣留期超过1年）。质保期满支付质量保证金时，借记“其他应付款”“长期应付款”科目，贷记“财政拨款收入”“零余额账户用款额度”“银行存款”等科目。

【例3-15】 2×19年，某事业单位根据外购专业业务活动用固定资产业务，编制相关的会计分录。

(1) 3月20日，采用财政直接支付方式购入一台不需要安装的设备，设备价款为60 000元，另以银行存款支付运输费、保险费等费用5 000元。编制财务会计分录：

借：固定资产　　65 000
　　贷：财政补助收入　　60 000
　　　　银行存款　　5 000

同时，编制预算会计分录：

借：事业支出　　65 000
　　贷：财政拨款预算收入　　60 000
　　　　资金结存——货币资金　　5 000

(2) 6月10日，采用财政授权支付方式购入甲、乙、丙三种型号的专用设备，共支付设备款130 000元，另以银行存款支付运输费5 000元、装卸费等费用3 000元，不考虑增值税因素。三种设备的市场价格分别为75 000元、45 000元和30 000元，购入设备的成本总额按各种设备市场价格比例分摊，其结果如表3-1所示。

表3-1　　甲、乙、丙三种设备购置成本分摊表　　金额单位：元

设备类别	市场价格	比例（%）	分摊购置成本	分摊相关费用	成本合计
甲设备	75 000	50	65 000	4 000	69 000
乙设备	45 000	30	39 000	2 400	41 400
丙设备	30 000	20	26 000	1 600	27 600
合计	150 000	100	130 000	8 000	138 000

根据表3-1中的资料，编制财务会计分录：

借：固定资产——专用设备——甲设备　　69 000
　　　　　　　　　　　——乙设备　　41 400
　　　　　　　　　　　——丙设备　　27 600
　　贷：零余额账户用款额度　　130 000
　　　　银行存款　　8 000

同时，编制预算会计分录：

借：事业支出　　138 000

贷：资金结存——零余额账户用款额度　130 000

——货币资金　8 000

（3）10 月 10 日，通过银行转账支付购买一套专用设备用于专业业务活动，全部价款为 300 000 元，签订合同后支付第一笔货款 50 000 元；该设备验收时支付剩余货款，设备无须安装即可投入使用；该单位收到设备并支付扣除质量保证金 15 000 元（质保期 1 年）后的剩余货款，达到保质期后再支付质量保证金。

1）支付第一笔款项 50 000 元，编制财务会计分录：

借：预付账款　50 000

贷：银行存款　50 000

同时，编制预算会计分录：

借：事业支出　50 000

贷：资金结存——货币资金　50 000

2）收到设备并支付扣除质量保证金后的剩余款项 235 000 元，编制财务会计分录：

借：固定资产　300 000

贷：银行存款　235 000

预付账款　50 000

其他应付款　15 000

同时，编制预算会计分录：

借：事业支出　235 000

贷：资金结存——货币资金　235 000

（二）自行建造固定资产

事业单位所需要的固定资产，除了外购等方式取得外，有时还根据运营活动的特殊需要利用自有的人力、物力条件自行建造。

事业单位自行建造的固定资产交付使用时，按照自行建造资产交付使用前所发生的全部必要支出确定固定资产成本，编制借记“固定资产”科目、贷记“在建工程”科目的会计分录。已交付使用但尚未办理竣工决算手续的固定资产，按照估计价值入账，待办理竣工决算后再按照实际成本调整原来的暂估价值。具体账务处理方法参见本章第四节“在建工程”的相关内容。

（三）融资租入固定资产

融资租赁，是指承租方从经营融资租赁业务公司租入固定资产。这种租赁方式与临时性租赁相比，具有租赁期限较长，租赁费用包括设备的价款、租赁费、借款利息等，在租赁期满后，设备产权一般要转给承租方等特点。具体来说，融资租赁的特点：一是出租人仍然保留租赁资产的所有权，但资产所有权在出租期满将转移给承租人，或者规定承租人有优先购买权；二是租赁合同通常是不能撤销的；三是租赁期限长，几乎包含了租赁资产全部的有效使用寿命；四是租金收入能保证出租人收回资本支出和获得一定的投资收益。所以，融资租入资产时，在租赁合同到期前，承租人始终承担着一种长期应付款的债务，直至合同到期承租人付清全部的租赁费，方可解除长期负债责任。

事业单位融资租赁取得的固定资产，其成本按照租赁协议或者合同确定的租赁价款、相关税费以及固定资产交付使用前所发生的可归属于该项资产的运输费、途中保险费、安装调试费等确定。

事业单位融资租入固定资产，按照确定的成本，借记“固定资产”科目（不需要安装）或“在建工程”科目（需要安装），按照租赁协议或者合同确定的租赁付款额，贷记“长期应付款”科目，按照支付的运输费、途中保险费、安装调试费等金额，贷记“财政拨款收入”“零余额账户用款额度”“银行存款”等科目。事业单位定期支付租金时，按照实际支付金额，借记“长期应付款”科目，贷记“财政拨款收入”“零余额账户用款额度”“银行存款”等科目。

【例 3-16】 2×19 年，某事业单位根据融资租入设备业务，编制相关的会计分录。

（1）以融资方式租入经营活动所需要的设备 1 台并投入使用。租赁合同议定：租赁价款为 154 000 元，租期为 4 年。以零余额账户支付运输费 3 000 元、安装调试费 2 000 元、途中保险费 1 000 元，共计 6 000 元。编制财务会计分录：

借：固定资产——融资租入固定资产	160 000	
贷：长期应付款		154 000
零余额账户用款额度		6 000

同时，编制预算会计分录：

借：事业支出	6 000	
贷：资金结存——零余额账户用款额度		6 000

（2）按租赁协议规定，租赁价款分 4 年于每年年初支付。以零余额账户支付第 1 年租赁费 38 500 元。编制财务会计分录：

借：长期应付款	38 500	
贷：零余额账户用款额度		38 500

同时，编制预算会计分录：

借：事业支出	38 500	
贷：资金结存——零余额账户用款额度		38 500

需要说明的是，事业单位按规定跨年度分期付款购入固定资产的账务处理，应参照融资租入固定资产的处理方法。

（四）接受捐赠固定资产

有时，事业单位增加的固定资产来自国内单位、个人或国际组织或境外个人的捐赠。事业单位接受捐赠的固定资产，其成本确定方法可参照接受捐赠库存物品的账务处理。如受赠的系旧的固定资产，在确定其初始入账成本时应当考虑该项资产的新旧程度。

事业单位接受捐赠固定资产，按照确定的固定资产成本，借记“固定资产”科目（不需要安装）或“在建工程”科目（需要安装），按照发生的相关税费、运输费等，贷记“零余额账户用款额度”“银行存款”等科目，按照借贷方差额，贷记“捐赠收入”科目。

事业单位接受捐赠的固定资产按照名义金额入账的，按照名义金额，借记“固定资产”科目，贷记“捐赠收入”科目；按照发生的相关税费、运输费等，借记“其他费用”科目，贷记“零余额账户用款额度”“银行存款”等科目。

【例 3-17】 2×19 年 10 月，某事业单位接受境外公益组织捐赠一台不需要安装的办公设备，未取得相关凭据，也无法可靠取得同类或类似固定资产的市场价格。接受捐赠资产发生相关税费、运输费等 12 000 元，以银行存款付讫。

（1）确认固定资产，编制财务会计分录：

借：固定资产 1

　　贷：捐赠收入 1

（2）支付相关税费，编制财务会计分录：

借：其他费用 12 000

　　贷：银行存款 12 000

同时，编制预算会计分录：

借：其他支出 12 000

　　贷：资金结存——货币资金 12 000

（五）无偿调入固定资产

无偿调入固定资产是事业单位之间转移国有资产的一种行为。调入的主体主要是主管部门和财政部门。固定资产通过在单位之间的调剂，一是可优化事业单位资产配置，提高国有资产利用率和财政资金使用效益；二是可对预算配置资产进行补充。

事业单位无偿调入固定资产，按照确定的固定资产成本（调出方账面价值加上相关税费、运输费等），借记"固定资产"科目（不需要安装）或"在建工程"科目（需要安装），按照发生的相关税费、运输费等，贷记"零余额账户用款额度""银行存款"等科目，按照借贷方差额，贷记"无偿调拨净资产"科目。

【例 3-18】 2×19 年 5 月 10 日，甲事业单位经批准从乙单位无偿调入汽车一辆，调出方账面价值为 150 000 元。因调入车辆发生相关费用 3 000 元，以零余额账户支付。编制财务会计分录：

借：固定资产——通用设备 153 000

　　贷：无偿调拨净资产 150 000

　　　　银行存款 3 000

同时，编制预算会计分录：

借：其他支出 3 000

　　贷：资金结存——零余额账户用款额度 3 000

（六）置换取得固定资产

一般来说，资产置换是指置换双方主要以存货、固定资产、无形资产和长期股权投资等非货币性资产进行的交换。通过资产置换，一方面可以满足双方运营的需要，发挥资产的潜能，另一方面可以在一定程度上减少货币资金的流出。

1. 置换资产不涉及补价

事业单位通过置换取得固定资产不涉及补价的，其成本按照换出资产的评估价值加上换入固定资产发生的其他相关支出确定。通过置换换入固定资产时，按照确定的成本，借记"固定资产"科目，按照换出资产的账面余额，贷记相关资产类科目（换出资产为固定资产、无形资产的，还应当借记"固定资产累计折旧""无形资产累计摊销"科目），按照支付的补价和置换过程中发生的其他相关支出，贷记"银行存款"等科目，按照借贷方差额，借记"资产处置费用"科目或贷记"其他收入"科目。

2. 置换资产涉及补价

补价是指对资产置换中不等价部分用货币资金所做的平衡。通过置换取得固定资产涉及补价时，换入固定资产成本是按照换出资产的评估价值加上支付的补价或减去收到的补价，再加上换入固定资产发生的其他相关支出确定。

换入固定资产支付补价的，应将支付的补价计入固定资产成本，其余账务处理与不涉及补价的处理相同；换入固定资产收到补价的，按照换出资产的评估价值减去收到的补价，加上换入固定资产发生的其他相关支出确定固定资产成本，借记“固定资产”科目，按照收到的补价，借记“银行存款”等科目，按照换出资产的账面余额，贷记相关资产类科目（换出资产为固定资产、无形资产的，还应当借记“固定资产累计折旧”“无形资产累计摊销”科目），按照置换过程中发生的其他相关支出，贷记“银行存款”等科目，按照补价扣减其他相关支出后的净收入，贷记“应缴财政款”科目，按照借贷方差额，借记“资产处置费用”科目或贷记“其他收入”科目。

【例 3-19】 2×19 年 5 月 10 日，甲事业单位根据发生的固定资产置换业务，编制相关的会计分录。

（1）经批准，以一批库存物品与乙单位车辆进行置换。换出库存物品账面价值为 250 000 元，评估价值为 280 000 元。甲事业单位以银行存款支付补价 20 000 元、相关税费 15 000 元。编制财务会计分录：

借：固定资产——通用设备——车辆	315 000	
贷：库存物品		250 000
银行存款		35 000
其他收入		30 000

同时，编制预算会计分录：

借：事业支出	35 000	
贷：资金结存——货币资金		35 000

（2）经批准，将闲置的设备与丙单位生产的一批办公家具进行置换，换入的办公家具作为固定资产管理。设备的账面原价为 100 000 元，在交换日的累计折旧为 35 000 元，评估价值为 87 000 元。办公家具的账面价值为 80 000 元，评估价值为 85 000 元。甲事业单位收到丙单位支付的补价 15 000 元，以零余额账户支付换入家具的运输费等 8 000 元。编制财务会计分录：

借：固定资产——通用设备	80 000	
累计折旧	35 000	
银行存款	15 000	
贷：固定资产		100 000
银行存款		8 000
应缴财政款		7 000
其他收入		15 000

三、固定资产折旧的核算

（一）固定资产折旧概述

折旧是指在固定资产使用寿命内，按照确定的方法对应计折旧额进行系统分摊。其中，应计折旧额是指应当计提折旧的固定资产的原价扣除其预计净残值后的金额。

我们知道，固定资产属于长期资产，其特点是可以连续多次参加各类公共服务活动，并基本上保持原来的实物形态；其价值会随着资产的使用和时间的流逝逐渐损耗，直至报废或以其他方式处置。为了如实反映固定资产在报告时点的实际价值，提供固定资产在报告期间的损耗信息，加强事业单位的资产管理与成本核算，按照会计制度的要求，事业单位需要对固定资产计提折旧，使固定资产价值符合其实际情况；否则，固定资产账面始终反映的是初始成本，资产负债表中固定资产的数额不能反映其扣除损耗后的账面净值。

（二）固定资产折旧的范围

计算折旧时要明确哪些固定资产应计提折旧，即确定折旧范围。根据《政府会计准则第3号——固定资产》的规定，事业单位应当对除下列各项资产以外的其他固定资产计提折旧：文物和陈列品；动植物；图书、档案；以名义金额计量的固定资产。

（三）影响固定资产折旧的因素

一般来说，计算固定资产折旧和对此进行会计处理的目的是采用合理且系统的分配方法，将应计折旧总额在固定资产预计使用年限内进行分摊。事业单位计算各期折旧额的依据或者说影响折旧的主要因素包括以下四个。

1. 原始成本

原始成本一般为固定资产的取得成本，它是某项固定资产取得时发生的一切必要的支出。必要时，也可以重置成本作为固定资产的原始成本。

2. 预计净残值

预计净残值是指预计固定资产报废时可以收回的残余价值扣除预计清理费用后的数额。《政府会计制度》规定，计提固定资产折旧不考虑预计净残值。

3. 预计使用寿命

预计使用寿命，实际上是估计固定资产潜在服务能力和提供经济利益的能力。事业单位应当根据固定资产的性质和使用情况，合理确定固定资产的使用寿命。事业单位固定资产的使用寿命一般为其预计使用年限。

4. 固定资产折旧起讫时间

《政府会计准则第3号——固定资产》应用指南规定，固定资产一般应当按月计提折旧，当月增加的固定资产，当月开始计提折旧，当月减少的固定资产，当月不再计提折旧。固定资产提足折旧后，无论能否继续使用，均不再计提折旧；提前报废的固定资产，也不再补提折旧。已提足折旧的固定资产，可以继续使用的，应当继续使用，规范管理。

需要说明两点：一是固定资产因改建、扩建或修缮等原因而延长其使用年限的，应当按照重新确定的固定资产的成本以及重新确定的折旧年限，重新计算折旧额；二是事业单位计提融资租入固定资产折旧时，应当采用与自有固定资产相一致的折旧政策。能够合理确定租赁期届满时将会取得租入固定资产所有权的，应当在租入固定资产尚可使用年限内计提折旧；无法合理确定租赁期届满时能够取得租入固定资产所有权的，应当在租赁期与租入固定资产尚可使用年限两者中较短的期间内计提折旧。

（四）固定资产折旧的计算方法

会计上计算折旧的方法有很多，如年限平均法、直线法、加速折旧法等。根据《政府会计准则第 3 号——固定资产》的规定，事业单位一般应当采用年限平均法或者工作量法计提固定资产折旧。

1. 年限平均法

年限平均法也称直线法，是指将固定资产的应计折旧金额按均等的数额在其预计使用期内分配于每一会计期间的一种方法。年限平均法建立在固定资产服务潜力随时间的延续而减退，与其使用程度无关的假设上。因此，固定资产的折旧费可以均衡地摊配于其使用年限内的各个期间。年限平均法是目前会计实务中应用最为广泛的折旧计算方法。采用年限平均法，固定资产年折旧额的计算公式为：

固定资产年折旧额＝应计折旧金额（成本）÷预计使用年限

固定资产月折旧额＝固定资产年折旧额÷12

在实际工作中，为了反映固定资产在一定时期内的损耗程度并简化核算，各期折旧额一般根据固定资产原值乘以该期折旧率计算确定。固定资产折旧率是指一定时期内固定资产折旧额与固定资产原始成本的比率。

【例 3－20】 某事业单位的一台行政管理用设备，其原值为 280 000 元，预计使用年限为 10 年，采用年限平均法计提折旧。该设备折旧计算结果如下：

设备年折旧额＝280 000÷10＝28 000（元）

设备月折旧率＝［(28 000÷280 000)÷12］×100％≈0.83％

设备月折旧额＝280 000×0.83％＝2 324（元）

年限平均法的优点是直观、计算简单，并且是以固定资产的使用时间为计算折旧的基础，所以能够较好地反映无形损耗对固定资产的影响。

2. 工作量法

工作量法是按照固定资产实际完成的工作总量计算折旧的一种方法。采用这种方法，每期计提的折旧随当期固定资产提供工作量的多少而变动，提供的工作量多，就多提折旧，反之，则少提折旧，而每一工作量所负担的折旧费是相同且不变的。这里所讲的工作量可以是车辆行驶的里程数，也可以是机器完成的工作时数或生产产品的产量。

采用工作量法计提折旧，应先以固定资产在使用年限内预计总工作量（如总工作时数或总产量）去除应计折旧总额，算出每一工作量应分摊的折旧，然后乘以当期的实际工作量，求出该期应计提的折旧额。其计算公式为：

$$单位折旧额=\frac{应计折旧总额}{预计总工作量（总里程、总工时、总产量等）}$$

当期折旧额＝当期工作量×单位折旧额

【例 3－21】 某事业单位一台仪器的原价为 60 000 元，预计可使用 40 000 小时，采用工作量法计提折旧。2×19 年 10 月，该仪器工作 3 600 小时，其月折旧额的计算如下：

该仪器单位小时折旧额＝60 000÷40 000＝1.5（元）

该仪器本月折旧额＝3 600×1.5＝5 400（元）

工作量法的优点是简单明了、容易计算，且计提的折旧额与固定资产的使用程度相联系，既充分考虑了固定资产有形损耗因素的影响，也符合配比原则。其缺点是：只重视有形损耗对固定资产的影响，而忽视了无形损耗对固定资产的作用。另外，要准确预计固定资产在其使用期间的总工作量也比较困难。

工作量法主要适用于车辆、船舶等运输工具，以及大型精密设备的折旧计算。

（五）固定资产折旧的账务处理

事业单位固定资产应当按月计提折旧，并根据用途计入当期费用或者相关资产成本。计提折旧时，按照实际计提的金额，借记“业务活动费用”“单位管理费用”等科目，贷记“固定资产累计折旧”科目。

【例 3-22】 2×19 年 1 月，某事业单位固定资产计提折旧情况如表 3-2 所示。

表 3-2 **固定资产折旧计算表**

2×19 年 1 月 单位：元

部门	资产类别	月初资产折旧额	本月增加资产折旧额	本月减少资产折旧额	本月资产折旧额
行政管理部门	房屋	130 000	5 000		135 000
	设备	120 000	—		120 000
教学部门	设备	60 000	12 000	2 000	70 000
科研部门	设备	38 000			38 000
后勤管理部门	运输车辆	52 000			52 000
合计		400 000	17 000	2 000	415 000

根据表 3-2 的计算结果，编制财务会计分录：

借：单位管理费用——固定资产折旧费 307 000

　　业务活动费用——固定资产折旧费 108 000

　　贷：固定资产累计折旧 415 000

四、固定资产后续支出的核算

固定资产投入使用后，事业单位为了适应新技术发展的需要，或者为维护或提高固定资产的使用效能，往往需要对现有固定资产进行维护、改建、扩建或者改良。通常将固定资产投入使用后再发生的支出，称为固定资产的后续支出。

（一）符合固定资产确认条件的后续支出

事业单位为增加固定资产使用效能或延长其使用年限而发生改建、扩建或修缮等业务活动并将固定资产转入改建、扩建工程时，按照固定资产的账面价值，借记“在建工程”科目，按照固定资产已计提折旧，借记“固定资产累计折旧”科目，按照固定资产的账面余额，贷记“固定资产”科目；按发生的改建、扩建等后续支出，借记“在建工程”科目，贷记“财政拨款收入”“零余额账户用款额度”“银行存款”等科目；固定资产改建、扩建等完成交付使用时，按照在建工程成本，借记“固定资产”科目，贷记“在建工程”科目。

【例 3-23】 2×19 年 1 月 10 日，某事业单位对一项业务用房进行改扩建，改扩建前该房屋原价为 2 000 000 元，已计提折旧 400 000 元，在改扩建过程中以财政直接支付方式支付工程款 300 000 元，发生变价收入 40 000 元，存入银行。所有收支不考虑增值税因素。

(1) 将固定资产账面价值转入在建工程，编制财务会计分录：

借：在建工程 1 600 000

固定资产累计折旧　400 000
　　贷：固定资产　2 000 000

（2）支付工程款，编制财务会计分录：

借：在建工程　300 000
　　贷：财政拨款收入　300 000

同时，编制预算会计分录：

借：事业支出　300 000
　　贷：财政拨款预算收入　300 000

（3）确认变价收入，编制财务会计分录：

借：银行存款　40 000
　　贷：在建工程　40 000

同时，编制预算会计分录：

借：资金结存——货币资金　40 000
　　贷：事业支出　40 000

（4）房屋改扩建工程完毕交付使用，编制财务会计分录：

借：固定资产　1 860 000
　　贷：在建工程　1 860 000

（二）不符合固定资产确认条件的后续支出

事业单位发生不符合固定资产确认条件的后续支出，如为维护固定资产的正常使用而发生的日常修理等支出，应当将支出计入当期损益或相关资产成本，借记“业务活动费用”“单位管理费用”“经营费用”等科目，贷记“财政拨款收入”“零余额账户用款额度”“银行存款”等科目。

【例 3-24】 2×19 年 5 月 10 日，某事业单位以银行存款支付行政办公用房的维修费 23 500 元。编制财务会计分录：

借：单位管理费用　23 500
　　贷：银行存款　23 500

同时，编制预算会计分录：

借：事业支出　23 500
　　贷：资金结存——货币资金　23 500

五、固定资产处置的核算

固定资产处置是指事业单位对其占有、使用的固定资产进行产权转让或者注销产权的行为。处置方式包括出售、出让、转让、对外捐赠、报废或毁损等。

需要说明的是，事业单位处置固定资产一般应当先记入“待处理资产损溢”科目，按规定经批准后及时进行账务处理，年度终了结账前一般应处理完毕。

（一）固定资产出售（或转让）

事业单位在运营过程中，对那些不适用或不需用而闲置的固定资产应予以出售或转让。出售（转让）的固定资产，其占有权、使用权甚至所有权都发生了变化，与之相应的资产账面余额、累计折旧及基金余额应一并转销。

事业单位报经批准出售、转让固定资产，按照出售、转让固定资产的账面价值，借记“资产处置费用”科目，按照固定资产已计提的折旧，借记“固定资产累计折旧”科目，按照固定资产的账面余额，贷记“固定资产”科目；同时，按照收到的价款，借记“银行存款”等科目，按照处置过程中发生的相关费用，贷记“银行存款”等科目，按照借贷方差额，贷记“应缴财政款”科目。

（二）固定资产对外捐赠

事业单位报经批准对外捐赠固定资产，按照固定资产已计提的折旧，借记“固定资产累计折旧”科目，按照被处置固定资产的账面余额，贷记“固定资产”科目，按照捐赠过程中发生的归属于捐出方的相关费用，贷记“银行存款”等科目，按照借贷方差额，借记“资产处置费用”科目。

（三）固定资产无偿调出

事业单位报经批准无偿调出固定资产，按照固定资产已计提的折旧，借记“固定资产累计折旧”科目，按照被处置固定资产的账面余额，贷记“固定资产”科目，按照借贷方差额，借记“无偿调拨净资产”科目；同时，按照无偿调出过程中发生的归属于调出方的相关费用，借记“资产处置费用”科目，贷记“银行存款”等科目。

（四）固定资产换出

事业单位报经批准置换出固定资产，按照确定的换入资产入账价值，借记相关资产类科目，按照换出固定资产的累计折旧，借记“固定资产累计折旧”科目，按照换出固定资产的账面余额，贷记“固定资产”科目，按照置换过程中发生的其他相关支出以及支付的补价，贷记“银行存款”等科目，按照借贷方差额，借记“资产处置费用”科目或贷记“其他收入”科目。

事业单位换出固定资产收到补价的，按照确定的换入资产成本，借记相关资产类科目，按照收到的补价，借记“银行存款”等科目，按照换出资产的累计折旧，借记“固定资产累计折旧”科目，按照换出固定资产的账面余额，贷记“固定资产”科目，按照置换过程中发生的其他相关支出，贷记“银行存款”等科目，按照补价扣减其他相关支出后的净收入，贷记“应缴财政款”科目，按照借贷方差额，借记“资产处置费用”科目或贷记“其他收入”科目。

【例 3-25】2×19 年，某事业单位（增值税小规模纳税人）根据发生的固定资产减少业务，编制相关的会计分录。

(1) 5 月 20 日，经有关部门批准，有偿转让不再使用的专用设备 一台，该设备原值为 600 000 元，已经计提折旧 200 000 元；按照评估价格出售，获得出售价款 450 000 元，存入银行；以银行存款支付有关拆卸费、运输费 2 500 元；按照出售收入计算应当缴纳有关税费 22 500 元；将出售该设备的净收入上缴国库。编制财务会计分录：

1) 注销设备账面余额：

借：资产处置费用	400 000	
固定资产累计折旧	200 000	
贷：固定资产		600 000

2）收到出售设备款 450 000 元：

借：银行存款　　450 000

　　贷：应缴财政款　　450 000

3）支付拆卸费用等 2 500 元：

借：应缴财政款　　2 500

　　贷：银行存款　　2 500

4）确认应交的增值税 72 000 元：

借：应缴财政款　　72 000

　　贷：应交增值税——应交税金（销项税额）　　72 000

5）将出售设备净收入上缴国库：

借：应缴财政款　　375 500

　　贷：银行存款　　375 500

（2）8 月 31 日，经批准对外捐赠一项医疗设备，该设备账面余额为 500 000 元，已计提折旧 150 000 元，捐赠过程中支付相关费用 6 000 元。编制财务会计分录：

借：固定资产累计折旧　　150 000

　　资产处置费用　　356 000

　　贷：固定资产　　500 000

　　　　银行存款　　6 000

同时，编制预算会计分录：

借：其他支出　　6 000

　　贷：资金结存——零余额账户用款额度　　6 000

（3）12 月 20 日，经批准无偿调出一辆班车，该班车账面余额为 450 000 元，已计提折旧 250 000 元，无偿调出过程中以零余额账户支付相关费用 15 000 元。

1）转销班车账面余额和累计折旧，编制财务会计分录：

借：无偿调拨净资产　　200 000

　　固定资产累计折旧　　250 000

　　贷：固定资产　　450 000

2）支付相关费用，编制财务会计分录：

借：资产处置费用　　15 000

　　贷：零余额账户用款额度　　15 000

同时，编制预算会计分录：

借：其他支出　　15 000

　　贷：资金结存——零余额账户用款额度　　15 000

（五）固定资产毁损或报废

固定资产毁损是指由于对折旧年限估计不准确或非正常原因造成的提前报废，如确定预计使用年限时未考虑无形损耗而在技术进步时必须淘汰的固定资产，以及由于管理不善或自然灾害造成的固定资产毁损等。固定资产报废是指固定资产已达到使用年限和未达到使用年限而出现老化、损坏、被市场淘汰等问题，经科学鉴定或按有关规定，已不能继续使用，必须对其进行产权注销的一种资产处置形式。

事业单位发生固定资产毁损或报废业务时，应先将固定资产予以转销，按照固定资产的账面价值，借记“待处理财产损溢——待处理财产价值”科目，按照已计提的折旧，借记“固定资产累计折旧”科目，按照固定资产账面余额，贷记“固定资产”科目，涉及增值税业务的，按照应交的增值税，贷记“应交增值税——应交税金（销项税额）”科目；报经批准处理时，借记“资产处置费用”科目，贷记“待处理财产损溢——待处理财产价值”科目。

事业单位按处理毁损、报废实物资产过程中取得的残值或残值变价收入、保险理赔和过失人赔偿等，借记“库存现金”“银行存款”“库存物品”“其他应收款”等科目，贷记“待处理财产损溢——处理净收入”科目；按处理毁损、报废实物资产过程中发生的相关费用，借记“待处理财产损溢——处理净收入”科目，贷记“库存现金”“银行存款”等科目；处理收支结清时，如果处理收入大于相关费用，按照处理收入减去相关费用后的净收入，借记“待处理财产损溢——处理净收入”科目，贷记“应缴财政款”等科目，如果处理收入小于相关费用，按照相关费用减去处理收入后的净支出，借记“资产处置费用”科目，贷记“待处理财产损溢——处理净收入”科目。

【例3-26】 2×19年，某事业单位根据发生的固定资产毁损业务，编制相关的会计分录。

（1）因遭受水灾而毁损研究设备一台，该设备原价为200 000元，已计提折旧160 000元。将毁损的设备转入待处理资产。编制财务会计分录：

借：待处理财产损溢——待处理财产价值	40 000	
固定资产累计折旧	160 000	
贷：固定资产		200 000

（2）清理设备取得残料变价收入5 000元，存入银行，经保险公司核定，应赔偿损失14 400元，尚未收到赔款。设备报废，以现金支付清理费用6 000元。编制财务会计分录：

1）确认残值变价收入：

借：银行存款	5 000	
其他应收款	14 400	
贷：待处理财产损溢——处理净收入		19 400

2）支付清理费用：

借：待处理资产损溢——处理净收入	6 000	
贷：库存现金		6 000

同时，编制预算会计分录：

借：其他支出	1 000	
贷：资金结存——货币资金		1 000

（3）按规定，清理设备净收入应缴入国库。编制财务会计分录：

借：待处理财产损溢——处理净收入	13 400	
贷：应缴财政款		13 400

（4）设备清理完毕，确认资产损失并转销待处理财产价值。编制财务会计分录：

借：资产处置费用	40 000	
贷：待处理财产损溢——待处理财产价值		40 000

（六）固定资产清查盘点

在固定资产的使用过程中，由于客观或人为的原因，会出现固定资产账实不符的情况。为了保护事业单位固定资产的安全完整，每年编制年度财务报表前，事业单位应当对固定资产进行全面的清查。平时，可根据需要进行局部清查或抽查。对于发生的固定资产盘盈、盘亏或者报废、毁损，应当及时查明原因，按规定报经批准后进行账务处理。

1. 固定资产盘盈

事业单位发生固定资产盘盈并将资产转入待处理资产时，按照确定的成本，借记“固定资产”科目，贷记“待处理财产损溢”科目。

事业单位按照规定报经批准后处理时，对于盘盈的固定资产，如属于本年度取得的，按照当年新取得相关资产进行账务处理；如属于以前年度取得的，按照前期差错处理，借记“待处理财产损溢”科目，贷记“以前年度盈余调整”科目。

【例3-27】 2×19年6月30日，某单位进行资产清查盘点，发现有一台使用中的设备未入账。该型号设备存在活跃市场，市场价格为60 000元。7月10日，收到上级主管部门批复意见，将盘盈资产作为前期差错处理。编制财务会计分录：

（1）设备盘盈：

借：固定资产	60 000	
贷：待处理财产损溢——待处理财产价值		60 000

（2）转销盘盈设备：

借：待处理财产损溢——待处理财产价值	60 000	
贷：以前年度盈余调整		60 000

2. 固定资产盘亏

事业单位发生固定资产盘亏并将资产转入待处理资产时，借记“待处理财产损溢——待处理财产价值”科目，借记“固定资产累计折旧”科目，贷记“固定资产”科目。报经批准处理时，借记“资产处置费用”科目，贷记“待处理财产损溢——待处理财产价值”科目。

【例3-28】 某事业单位盘亏专用设备一台，该设备账面原值为96 000元，已计提折旧58 000元。经批准，应向责任者索赔2 000元，该设备已向保险公司投保，保险公司同意理赔15 000元，资产处置净收入应缴入国库。编制财务会计分录：

（1）将盘亏设备转入待处置资产：

借：待处理财产损溢——待处理财产价值	38 000	
固定资产累计折旧	58 000	
贷：固定资产——专用设备		96 000

（2）报经批准予以处置：

借：资产处置费用	38 000	
贷：待处理财产损溢——待处理财产价值		38 000

（3）收到索赔款和保险款时：

借：库存现金	2 000	
银行存款	15 000	
贷：应缴财政款		17 000

第四节　在建工程

一、在建工程的核算内容

在建工程是指已经发生必要支出，但尚未达到交付使用状态的建设项目工程。事业单位无论是新建、改建、扩建还是进行技术改造、设备更新等，在建工程所发生的各种建筑和安装支出均属于资本性支出，所形成的资产为固定资产。在建工程核算内容包括以下几方面。

（一）建筑安装工程投资

建筑安装工程投资是指事业单位发生的构成建设项目实际支出的建筑工程和安装工程的实际成本，不包括被安装设备本身的价值以及按照合同规定支付给施工单位的预付备料款和预付工程款。

（二）设备投资

设备投资是指事业单位发生的构成建设项目实际支出的各种设备的实际成本。

（三）待摊投资

待摊投资是指事业单位发生的构成建设项目实际支出的、按照规定应当分摊计入有关工程成本和设备成本的各项间接费用及税费支出。

（四）其他投资

其他投资是指事业单位发生的构成建设项目实际支出的房屋购置支出，基本畜禽、林木等购置、饲养、培育支出，办公生活用家具、器具购置支出，软件研发和不能计入设备投资的软件购置等支出。此外，还包括事业单位为进行可行性研究而购置的固定资产，以及取得土地使用权支付的土地出让金。

（五）待核销基建支出

待核销基建支出是指建设项目发生的江河清障、航道清淤、飞播造林、补助群众造林、水土保持、城市绿化、取消项目的可行性研究费以及项目整体报废等不能形成资产部分的基建投资支出。

（六）基建转出投资

基建转出投资是指为建设项目配套而建成的、产权不归属本单位的专用设施的实际成本。

二、工程物资的核算

工程物资是指事业单位为在建工程准备的各种物资，包括工程用材料、设备等。工程物资在工程施工中起着举足轻重的作用，其核算与管理水平直接关系到工程施工能否顺利进行，是影响工程成本高低和工程质量的重要因素。

为了反映工程物资的增减变动情况，事业单位应设置“工程物资”科目。该科目的借方登记工程物资的增加额；贷方登记工程物资的减少额。期末借方余额反映事业单位为在建工程准备的各种物资的成本。

“工程物资”科目可按照“库存材料”“库存设备”等工程物资类别进行明细核算。

事业单位购入为工程准备的物资，按照确定的物资成本，借记“工程物资”科目，贷记“财政拨款收入”“零余额账户用款额度”“银行存款”“应付账款”等科目。购进工程物资涉及增值税的，按照增值税专用发票上注明的增值税税额，借记“应交增值税——应交税金（进项税额）”科目。事业单位领用工程物资，按照物资成本，借记“在建工程”科目，贷记“工程物资”科目。工程完工后将领出的剩余物资退库时，做相反的会计分录。工程完工后将剩余的工程物资转作本单位存货等的，按照物资成本，借记“库存物品”等科目，涉及增值税业务的，按照应确认的增值税，借记“应交增值税——应交税金（进项税额）”科目，贷记“工程物资”科目。

【例3-29】 某事业单位为增值税一般纳税人，2×19年3月初，“工程物资”科目余额为10 000元，3月根据发生的工程物资业务（属于增值税应税业务），编制相关的会计分录。

(1) 购进工程专用设备，增值税专用发票上注明的价款为200 000元，增值税税额为26 000元，设备已入库，款项尚未支付。增值税发票已经税务机关认证。编制财务会计分录：

借：工程物资——库存设备	200 000	
应交增值税——应交税金（进项税额）	26 000	
贷：应付账款		226 000

(2) 以财政零余额账户支付设备款226 000元。编制财务会计分录：

借：应付账款	226 000	
贷：零余额账户用款额度		226 000

同时，编制预算会计分录：

借：事业支出	226 000	
贷：资金结存——零余额账户用款额度		226 000

(3) 购进工程物资一批，增值税专用发票上注明的价款为300 000元，增值税税额为39 000元，发生运输费等费用20 000元，增值税专用发票上注明的增值税税额为1 800元，增值税发票已经税务机关认证，全部款项以银行存款支付。编制财务会计分录：

借：工程物资——库存材料	320 000	
应交增值税——应交税金（进项税额）	40 800	
贷：银行存款		360 800

同时，编制预算会计分录：

借：事业支出	360 800	
贷：资金结存——零余额账户用款额度		360 800

(4) 本月为工程项目领用设备和材料，其成本分别为200 000元、280 000元。编制财务会计分录：

借：在建工程	480 000	
贷：工程物资——库存设备		200 000
——库存材料		280 000

（5）工程完工，将剩余工程物资 50 000 元转作单位存货。编制财务会计分录：

借：库存物品　　50 000

　　贷：工程物资——库存材料　　50 000

三、建筑安装工程投资的核算

建筑安装工程投资是指事业单位发生的构成基本建设实际支出的建筑工程和安装工程的实际支出，不包括被安装设备本身的价值以及按合同规定支付给施工单位的预付备料款和预付工程款。

为了反映在建的建设项目工程实际成本增减变动情况，事业单位应设置“在建工程”科目。该科目的借方登记各项在建工程实际支出；贷方登记工程完工转出成本；期末借方余额，反映事业单位尚未完工的在建工程发生的实际成本。“在建工程”科目下应设置“建筑安装工程投资”“设备投资”“待摊投资”“其他投资”“预付工程款”“待核销基建支出”“基建转出投资”等明细科目。

事业单位将固定资产等资产转入改建、扩建等时，按照固定资产等资产的账面价值，借记“在建工程——建筑安装工程投资”科目，按照已计提的折旧或摊销，借记“固定资产累计折旧”等科目，按照固定资产等资产的原值，贷记“固定资产”等科目。

固定资产等资产改建、扩建过程中涉及替换（或拆除）原资产的某些组成部分的，按照被替换（或拆除）部分的账面价值，借记“待处理财产损溢”科目，贷记“在建工程——建筑安装工程投资”科目。

事业单位对于发包建筑安装工程，根据建筑安装工程价款结算账单与施工企业结算工程价款时，按照应承付的工程价款，借记“在建工程——建筑安装工程投资”科目，按照预付工程款余额，贷记“预付账款”科目，按照借贷方差额，贷记“财政拨款收入”“零余额账户用款额度”“银行存款”“应付账款”等科目。

事业单位自行施工的小型建筑安装工程，按照发生的各项支出金额，借记“在建工程——建筑安装工程投资”科目，贷记“工程物资”“零余额账户用款额度”“银行存款”“应付职工薪酬”等科目。

事业单位工程竣工，办妥竣工验收交接手续交付使用时，按照建筑安装工程成本（含应分摊的待摊投资），借记“固定资产”等科目，贷记“在建工程——建筑安装工程投资”科目。

【例 3-30】 2×19 年，某事业单位根据发生的在建工程业务，编制相关的会计分录。

（1）1 月 5 日，与甲公司签订发包建筑安装工程合同，对单位的科研大楼进行扩建。

1）4 月 10 日，科研大楼停止使用并将其转入扩建工程。该大楼的账面余额为 16 000 000 元，累计折旧为 4 000 000 元。编制财务会计分录：

借：在建工程——建筑安装工程投资　　12 000 000

　　固定资产累计折旧　　4 000 000

　　贷：固定资产　　16 000 000

2）4 月 20 日，扩建中拆除楼房部分设施的账面价值为 800 000 元。编制财务会计分录：

借：待处理财产损溢——待处理财产价值　　800 000

　　贷：在建工程——建筑安装工程投资　　800 000

3）6 月 30 日，按照合同预付工程款 1 300 000 元，款项以财政直接支付结算。编制财务会计分录：

借：预付账款 1 300 000

贷：财政拨款收入 1 300 000

同时，编制预算会计分录：

借：事业支出 1 300 000

贷：财政拨款预算收入 1 300 000

4）12月25日，根据建筑安装工程价款结算账单与施工企业结算工程款，共计1 500 000元，工程余款以财政零余额账户结算。编制财务会计分录：

借：在建工程——建筑安装工程投资 1 500 000

贷：预付账款 1 300 000

零余额账户用款额度 200 000

同时，编制预算会计分录：

借：事业支出 200 000

贷：资金结存——零余额账户用款额度 200 000

5）12月31日，结转科研大楼扩建完工成本。编制财务会计分录：

借：固定资产 12 700 000

贷：在建工程——建筑安装工程投资 12 700 000

（2）3月5日，开始自行施工小型建筑安装工程。该工程领用物资130 000元，以银行存款支付与工程相关的费用35 000元，确认应付工程人员薪酬20 000元。5月20日，工程竣工，已办妥竣工验收交接手续并交付使用。

1）领用物资，编制财务会计分录：

借：在建工程——建筑安装工程投资 130 000

贷：工程物资 130 000

2）支付相关费用，编制财务会计分录：

借：在建工程——建筑安装工程投资 35 000

贷：银行存款 35 000

同时，编制预算会计分录：

借：事业支出 35 000

贷：资金结存——零余额账户用款额度 35 000

3）确认应付职工薪酬，编制财务会计分录：

借：在建工程——建筑安装工程投资 20 000

贷：应付职工薪酬 20 000

4）工程竣工交付使用，结转建筑安装工程完工成本。编制财务会计分录：

借：固定资产 185 000

贷：在建工程——建筑安装工程投资 185 000

四、设备投资的核算

设备投资是指事业单位发生的构成基本建设实际支出的各种设备的实际成本，包括交付安装的需要安装的设备、不需要安装的设备和为生产准备的不够固定资产标准的工具、器具的实际成本。

事业单位的设备投资通过“在建工程——设备投资”明细科目核算，并在该明细科目下设置“在安装设备”“不需安装设备”“工具及器具”三个明细科目，并按单项工程和设备、工具、器具的类别、品名、规格等进行明细核算。

事业单位购入设备时，按照购入成本，借记“在建工程——设备投资”科目，贷记“财政拨款收入”“零余额账户用款额度”“银行存款”等科目。

事业单位设备安装完毕，办妥竣工验收交接手续交付使用时，按照设备投资成本（含设备安装工程成本和分摊的待摊投资），借记“固定资产”等科目，贷记“在建工程——设备投资”科目。

事业单位将不需要安装的设备和达不到固定资产标准的工具、器具交付使用时，按照相关设备、工具、器具的实际成本，借记“固定资产”“库存物品”科目，贷记“在建工程——设备投资”科目。

【例 3-31】 2×19 年，某公立医院根据医疗设备购进业务，编制相关的会计分录。

(1) 3 月 5 日，以 4 000 000 元从某医疗设备公司购入医疗设备及相关器具，如表 3-3 所示，另支付相关费用 50 000 元，不考虑增值税。全部款项以银行存款支付。

表 3-3　　医疗设备及器具费用分配表　　金额单位：元

种类	市场价格	分摊成本			
		比例（%）	买价	相关费用	合计
M 医疗设备（需要安装）	2 310 000	60	2 400 000	30 000	2 430 000
N 医疗设备（不需要安装）	1 155 000	30	1 200 000	15 000	1 215 000
G 医疗器具	385 000	10	400 000	5 000	405 000
合计	3 850 000		4 000 000	50 000	4 050 000

根据表 3-3，编制财务会计分录：

借：在建工程——设备投资——在安装设备　　2 430 000
　　　　　　　　　　　——不需安装设备　　1 215 000
　　　　　　　　　　　——工具及器具　　405 000
　贷：银行存款　　4 050 000

同时，编制预算会计分录：

借：事业支出　　4 050 000
　贷：资金结存——货币资金　　4 050 000

(2) 以银行存款支付 M 医疗设备安装费 30 000 元。编制财务会计分录：

借：在建工程——设备投资——在安装设备　　30 000
　贷：银行存款　　30 000

同时，编制预算会计分录：

借：事业支出　　30 000
　贷：资金结存——货币资金　　30 000

(3) M 医疗设备安装完毕，办妥竣工验收交接手续交付使用，结转完工成本。编制财务会计分录：

借：固定资产——M 医疗设备　　2 460 000

贷：在建工程——设备投资——在安装设备　　2 460 000

（4）结转不需要安装设备和达不到固定资产标准的工具、器具的成本。编制财务会计分录：

借：固定资产——N 医疗设备　　1 215 000
　　库存物品　　405 000
　　贷：在建工程——设备投资——不需安装设备　　1 215 000
　　　　　　　　　　　　　——工具及器具　　405 000

五、待摊投资的核算

（一）待摊投资的内容

待摊投资是指事业单位发生的构成基本建设实际支出的、按照规定应当分摊计入有关工程成本和在安装设备成本的各项间接费用和税费支出。包括以下内容：

（1）勘察费、设计费、研究试验费、可行性研究费及其他项目前期费用。

（2）土地征用及迁移补偿费、土地复垦及补偿费、森林植被恢复费及其他为取得土地使用权、租用权而发生的费用。

（3）土地使用税、耕地占用税、契税、车船税、印花税及按规定缴纳的其他税费。

（4）项目建设管理费、代建管理费、临时设施费、监理费、招投标费、社会中介审计（审查）费及其他管理性质的费用。项目建设管理费是指项目建设单位从项目筹建之日起至办理竣工财务决算之日止发生的管理性质的支出，包括不在原单位发工资的工作人员工资及相关费用、办公费和办公场地租用费、差旅交通费、劳动保护费、工具用具使用费、固定资产使用费、招募生产工人费、技术图书资料费（含软件）、业务招待费、施工现场津贴、竣工验收费等。

（5）项目建设期间发生的各类借款利息、债券利息、贷款评估费、国外借款手续费及承诺费、汇兑损益、债券发行费用及其他债务利息支出或融资费用。

（6）工程检测费、设备检验费、负荷联合试车费及其他检验检测类费用。

（7）固定资产损失、器材处理亏损、设备盘亏及毁损、报废工程净损失及其他损失。

（8）系统集成等信息工程的费用支出。

（9）其他待摊性质支出。

事业单位待摊投资通过“在建工程——待摊投资”明细科目核算，并在该明细科目下按上述内容进行明细核算，其中有些费用（如建设单位工程管理费等）还应按费用项目进行明细核算。

（二）待摊投资的归集

事业单位建设工程发生的构成建设项目实际支出的、按照规定应当分摊计入有关工程成本和设备成本的各项间接费用及税费支出，在“在建工程——待摊投资”明细科目中归集。

事业单位发生的构成待摊投资的各类费用，按照实际发生金额，借记“在建工程——待摊投资”科目，贷记“财政拨款收入”“零余额账户用款额度”“银行存款”“应付利息”“长期借款”“其他应交税费”“固定资产累计折旧”“无形资产累计摊销”等科目；对于建设过程中试生产、设备调试等产生的收入，按照取得的收入金额，借记“银行存款”等科目，按照依据有关规定应当冲减建设工程成本的部分，贷记“在建工程——待摊投资”科目，按照借贷方差额，贷记“应缴财政款”或“其他收入”科目。

由于自然灾害、管理不善等原因造成的单项工程或单位工程报废或毁损，扣除残料价值和过失人或保险公司等赔款后的净损失，报经批准后计入继续施工的工程成本的，按照工程成本扣除残料价值和过失人或保险公司等赔款后的净损失，借记“在建工程——待摊投资”科目，按照残料变价收入、过失人或保险公司赔款等，借记“银行存款”“其他应收款”等科目，按照报废或毁损的工程成本，贷记“在建工程——建筑安装工程投资”科目。

（三）待摊投资的分配

待摊投资是事业单位在项目建设过程中发生的共同费用，根据收益原则，应将待摊投资在交付使用资产和未完成工程之间合理分配。对于能够确定应由某项交付使用资产负担的待摊投资，应直接计入该项交付使用资产成本；对于不能确定负担对象的待摊投资，则应采用科学、合理的方法摊入相关工程成本、在安装设备成本等。待摊投资的分配可按照下列公式计算：

某项固定资产应分配的待摊投资＝该项固定资产的建筑工程成本或该项固定资产（设备）的采购成本和安装成本合计×分配率

分配时主要采用以下两种方法：

（1）按照实际分配率分配。

按照实际分配率分配是指按照上期结转和本期实际发生的建筑安装工程投资、需要安装设备和其他投资中应负担待摊的数额，以及应分摊的待摊投资实际数来计算出实际分配率进行分摊待摊投资的方法。这种方法一般适用于建设工期较短、整个项目的所有单项工程一次竣工的建设项目。其分配率的计算公式如下：

实际分配率＝[待摊投资明细科目余额÷（建筑工程明细科目余额＋安装工程明细科目余额＋设备投资明细科目余额）]×100%

（2）按照概算分配率分配。

按照概算分配率分配就是按照工程设计概算中所列的各项投资，如建筑安装投资、设备投资和其他投资中应负担的部分来确定分配率并进行分摊待摊投资的方法。这种方法适用于建设工期长、单项工程分期分批建成投入使用的建设项目。其分配率的计算公式如下：

概算分配率＝[（概算中各待摊投资项目的合计数－可直接分配部分）÷概算中建筑工程、安装工程和设备投资合计]×100%

事业单位按照合理的分配方法分配待摊投资时，借记“在建工程——建筑安装工程投资、设备投资”科目，贷记“在建工程——待摊投资”科目。

【例3-32】 2×19年1月，某事业单位经批准启动M项目建设工程，整个工程包括建筑工程和设备投资两个单项工程。2×19年至2×20年，该事业单位根据发生的待摊投资业务，编制相关的会计分录。

（1）2×19年，以银行存款支付勘察费、设计费、临时设施费、社会中介审计等费用共计150 000元。编制财务会计分录：

借：在建工程——待摊投资	150 000	
贷：银行存款		150 000

同时，编制预算会计分录：

借：事业支出　150 000

　　贷：资金结存——货币资金　150 000

（2）2×19年，确认应交土地使用税、耕地占用税等相关税费20 000元，分配筹建机构工作人员薪酬30 000元，确认项目建设期间分期付息的长期借款利息25 000元。编制财务会计分录：

借：在建工程——待摊投资　75 000

　　贷：其他应交税费　20 000

　　　　应付职工薪酬　30 000

　　　　应付利息　25 000

（3）2×20年，支付工程检测、竣工验收费等费用20 000元。编制财务会计分录：

借：在建工程——待摊投资　20 000

　　贷：银行存款　20 000

同时，编制预算会计分录：

借：事业支出　20 000

　　贷：资金结存——货币资金　20 000

（4）2×20年，建设过程中试生产、设备调试等工作取得收入50 000元，存入银行。依据有关规定，将全部收入冲减建设工程成本。编制财务会计分录：

借：银行存款　45 000

　　贷：在建工程——待摊投资　45 000

同时，编制预算会计分录：

借：资金结存——货币资金　45 000

　　贷：事业支出　45 000

（5）2×20年12月末，M项目建设工程全部完工。结转完工成本前，“在建工程——建筑工程投资”科目余额为8 000 000元，“在建工程——设备投资”科目余额为2 000 000元，“在建工程——待摊投资”科目余额为200 000元。

1）分配待摊投资：

分配率＝［200 000÷(8 000 000＋2 000 000)］×100％＝2％

建筑工程投资应分摊的待摊投资＝8 000 000×2％＝160 000（元）

设备投资应分摊的待摊投资＝2 000 000×2％＝40 000（元）

编制财务会计分录：

借：在建工程——建筑工程投资　160 000

　　　　　　——设备投资　40 000

　　贷：在建工程——待摊投资　200 000

2）结转完工固定资产成本。编制财务会计分录：

借：固定资产——房屋　8 160 000

　　　　　　——设备　2 040 000

　　贷：在建工程——建筑工程投资　8 160 000

　　　　　　　　——设备投资　2 040 000

六、其他投资的核算

其他投资是指事业单位发生的构成基本建设实际支出的房屋购置、基本畜禽、林木等购置、饲养、培育支出以及取得各种无形资产和递延资产发生的支出。此外，还包括役畜、新建单位办公生活用家具、器具购置以及为进行可行性研究而购置的固定资产，取得土地使用权支付的土地出让金。

事业单位发生的其他投资业务应通过“在建工程——其他投资”明细科目核算。在该明细科目下还应设置“房屋购置”“基本畜禽支出”“林木支出”“办公生活用家具、器具购置”“可行性研究固定资产购置”“无形资产”“递延资产”明细科目，并再按资产类别进行明细核算。

事业单位为建设工程发生房屋购置支出，基本畜禽、林木等的购置、饲养、培育支出，办公生活用家具、器具购置支出，软件研发和不能计入设备投资的软件购置等支出，按照实际发生金额，借记“在建工程——其他投资”科目，贷记“财政拨款收入”“零余额账户用款额度”“银行存款”等科目；工程完工，将形成的房屋、基本畜禽、林木等各种财产以及无形资产交付使用时，按照其实际成本，借记“固定资产”“无形资产”等科目，贷记“在建工程——其他投资”科目。

【例 3－33】2×19 年，某事业单位为建设办公大楼发生其他投资业务，编制相关的会计分录。

（1）以财政直接支付方式支付大楼周边林木等的购置、培育等费用 200 000 元。编制财务会计分录：

借：在建工程——其他投资——林木支出	200 000	
贷：财政拨款收入		200 000

同时，编制预算会计分录：

借：事业支出	200 000	
贷：财政拨款预算收入		200 000

（2）以银行存款支付器具购置费 150 000 元、不能计入设备投资的软件购置等支出 30 000 元。编制财务会计分录：

借：在建工程——其他投资——器具购置	150 000	
——无形资产	30 000	
贷：银行存款		180 000

同时，编制预算会计分录：

借：事业支出	150 000	
贷：资金结存——货币资金		180 000

（3）工程完成确认相关资产。编制财务会计分录：

借：固定资产	350 000	
无形资产	30 000	
贷：在建工程——其他投资——林木支出		200 000
——器具购置		150 000
——无形资产		30 000

七、待核销基建支出的核算

待核销基建支出是指基建项目发生的江河清障、航道清淤、飞播造林、补助群众造林、水土保持、城市绿化、取消项目的可行性研究费以及项目报废等不能形成资产部分的基建投资支出。这部分投资支出和固定资产的建造没有直接联系，所以不应计入交付使用资产成本，拨款单位应该在基建拨款中冲转，投资借款单位应该转给生产单位，由生产单位从规定的还款资金来源中归还银行借款。

事业单位发生的待核销基建支出通过“在建工程——待核销基建支出”明细科目核算。该明细科目还应按照待核销基建支出的类别设置明细科目，进行明细核算。

事业单位建设项目发生江河清障、航道清淤、飞播造林、补助群众造林、水土保持、城市绿化等不能形成资产的各类待核销基建支出，按照实际发生金额，借记“在建工程——待核销基建支出”科目，贷记“财政拨款收入”“零余额账户用款额度”“银行存款”等科目。

事业单位因故取消建设项目发生的可行性研究费，按照实际发生金额，借记“在建工程——待核销基建支出”科目，贷记“在建工程——待摊投资”科目。

由于自然灾害等原因发生的建设项目整体报废所形成的净损失，报经批准后转入待核销基建支出，按照项目整体报废所形成的净损失，借记“在建工程——待核销基建支出”科目，按照报废工程回收的残料变价收入、保险公司赔款等，借记“银行存款”“其他应收款”等科目，按照报废的工程成本，贷记“在建工程——建筑安装工程投资”等科目。

事业单位建设项目竣工验收交付使用时，对发生的待核销基建支出进行冲销，借记“资产处置费用”科目，贷记“在建工程——待核销基建支出”科目。

【例 3-34】 2×19 年 8 月，某事业单位根据发生的待核销基建支出业务，编制相关的会计分录。

(1) 10 日，该单位发生航道清淤费 500 000 元，用银行存款支付。编制财务会计分录：

借：在建工程——待核销基建支出	500 000	
贷：银行存款		500 000

同时，编制预算会计分录：

借：事业支出	500 000	
贷：资金结存——货币资金		500 000

(2) 20 日，经可行性研究，确定 M 项目不再建设，将已发生的可行性研究费 80 000 元转入待核销基建支出。编制财务会计分录：

借：在建工程——待核销基建支出	80 000	
贷：在建工程——待摊投资		80 000

(3) 28 日，N 建筑安装工程项目因水灾导致整体报废，该建筑安装工程项目共发生建筑安装工程支出 300 000 元，发生净损失 200 000 元，经上级部门批准予以核销。编制财务会计分录：

借：在建工程——待核销基建支出	200 000	
贷：在建工程——建筑安装工程投资		200 000

(4) 月末，结转待核销基建支出。编制财务会计分录：

借：资产处置费用　　780 000

　　贷：在建工程——待核销基建支出　　780 000

第五节　无形资产

一、无形资产概述

（一）无形资产的概念和特征

无形资产是指事业单位控制的没有实物形态的可辨认非货币性资产，如专利权、商标权、著作权、土地使用权、非专利技术等。资产满足下列条件之一的，符合无形资产定义中的可辨认性标准：一是能够从单位中分离或者划分出来，并能单独或者与相关合同、资产或负债一起，用于出售、转移、授予许可、租赁或者交换；二是源自合同性权利或其他法定权利，无论这些权利是否可以从单位或其他权利和义务中转移或者分离。

无形资产虽然不存在物质实体，但它体现了基于法律或合同关系所赋予的单位各项特殊的权利，或者反映了单位在运营上能够得到某种经济利益或形成服务潜力，即使没有物质实体，它们也可能具有很大的潜在价值。

与其他资产相比，无形资产一般具有以下特征：

(1) 不具有实物形态。不具有独立的物质实体，是无形资产区别于其他资产的显著标志。虽然无形资产没有实物形态，但具有价值。其价值往往是通过无形的知识形态、法律或合同所赋予的某种法定或特许的权利（如专利权、商标权）等方式来表现的，难以通过人们的感觉器官直接触摸或感受到。

(2) 属于非货币性长期资产。无形资产虽然不具有物质实体，但能在事业单位若干运行期内使用或发挥作用，预期能够产生服务潜力或带来未来的经济利益。因而，无形资产属于一项长期资产，并且是非货币性资产。

(3) 持有资产的目的是供运营活动使用。事业单位拥有无形资产的目的是提供公共服务和监管社会公共事务，其产生的服务潜力或带来的经济利益只能在运营中得以体现。

(4) 带来的服务潜力或经济利益具有不确定性。受事业单位外部因素、有形资产使用状况的影响，无形资产提供的服务潜力或带来的未来经济利益具有较大的不确定性，有些无形资产确认的账面价值与以后实际价值往往出现较大差距。多数情况下，无形资产的潜在价值可能分布在零至很大金额的范围内，具有高度不确定性。

（二）无形资产的内容

事业单位的无形资产包括专利权、商标权、著作权、土地使用权、非专利技术等。

1. 专利权

专利权是指国家专利注册机构授予专利申请人在法定期限内对其发明创造成果所享有的专有权利，包括独家制造、出售其专利产品或转让其专利等权利。该权利受国家法律保护，任何单位和个人，未经专利人许可，不得擅自使用专利人拥有的专利，否则构成侵权行为，须承担法律责任，赔偿经济损失。需要指出的是，虽然允许专利人独家使用或者控制专利权，但专利权并不能保证一定能够给专利人带来经济效益。有的专利可能没有经济价值或者只有很小的经济价值，有的专利可能会被其他更有经济价值的专利所淘汰等。专利权受法律保护的时间是有限的，例如，我国《专利法》规定，发明专利的法定有效时间为 20 年，实用新型和外观设计专利的法定有效时间为 15 年。但是，随着科学技术的迅猛发展，专利的实际经济寿命往往短于其法定期限。

2. 商标权

商标权是指专门在某类指定的商品或产品上使用特定的名称或图案的权利。经商标管理部门核准注册的商标为注册商标，商标注册人享有商标专用权，受法律保护。商标权包括独占使用权和禁止权。其中，独占使用权是指商标权享有人在商标注册的范围内独家使用其商标的权利，这种权利是商标权具有独占性的法律表现；禁止权是指商标权享有人排除和禁止他人对商标独占使用权进行侵犯的权利，这种权利是商标权具有排他性的法律表现。

3. 著作权

著作权又称版权，是指作者对其创作的文学、科学和艺术作品依法享有的某些特殊权利。根据我国《著作权法》的规定，中国公民、法人和非法人单位的作品，不论是否发表，其著作权人均享有著作权，受国家法律保护。著作权一般包括以下人身权和财产权：发表权、署名权、修改权、保护作品完整权、使用权和获得报酬权。著作权人依法拥有的著作权除法律另有规定者外，未经著作权人许可或者转让，他人不得占有和行使；出版者、表演者、录音录像制作者、广播电台、电视台等依法取得的他人著作权，不得侵犯作者的署名权、修改权、保护作品完整权和获得报酬权。侵害他人著作权的，应当根据情况承担相应的民事责任，同时著作权行政管理部门有权给予没收非法所得、罚款等行政处罚。

4. 土地使用权

土地使用权是指国家准许单位在规定期间内对国有土地享有开发、利用和经营的权利。根据我国《土地管理法》的规定，我国土地实行公有制，任何单位和个人不得侵占、买卖或者以其他形式非法转让。土地使用权具有以下几个特点：一是相对独立性。在土地使用权存续期间，其他任何单位和个人，包括土地的所有者，均不得任意收回土地或者非法干预土地使用权人的合法活动。二是使用内容的充分性。土地使用权人在法定范围内拥有对土地实际占有、使用、收益和处分的权利。三是土地使用权是一种物权，即有对物的请求权。如可能丧失占有时，有返还请求权；正常使用受到侵害时，有除去妨害请求权；在发生被妨害的危险时，有防止妨害请求权。

5. 非专利技术

非专利技术又称专有技术，是指不为外界所知、在生产经营活动中已采用了的、不享有法律保护的、可以带来经济效益的各种技术和诀窍。非专利技术一般是指事业单位在组织事业收入或经营收入过程中取得的有关生产、经营和管理等方面的知识、经验和技巧。需要说明的是，由于非专利技术的发明创造者不愿意或者来不及申请专利，或者虽然提出了专利申请而没有取得专利权，因此，非专利技术不受《专利法》的保护，主要依靠发明创造者自我保密的方式来维持其独占权。

上述无形资产按期限划分，可分为使用年限有限和使用年限不确定两类。前者的使用年限为法律所规定，例如专利权、著作权、商标权等；法律上未对后者的使用年限做出规定，即该类资产为单位提供服务潜力或者带来经济利益的期限不确定。

（三）无形资产的确认

如果对事业单位的一项资产在会计上加以确认，该资产除满足无形资产定义外，还必须同时满足下列条件：第一，与该无形资产相关的服务潜力很可能实现或者经济利益很可能流入单位；第二，该无形资产的成本或者价值能够可靠地计量。这两个条件的内涵前已述及，这里不再赘述。

二、无形资产取得的核算

为了反映无形资产增减变动情况，事业单位应设置“无形资产”科目。该科目的借方登记取得无形资产的成本；贷方登记处置无形资产的成本；期末借方余额，反映事业单位无形资产的原价。其明细账应当按照无形资产的类别等设置并进行明细分类核算。

无形资产在取得时，应当按照成本进行初始计量。由于无形资产取得方式不同，其成本初始计量方法也有所不同。

（一）外购无形资产

事业单位外购的无形资产，其成本包括购买价款、相关税费以及可归属于该项资产达到预定用途所发生的其他费用。外购无形资产时，按照确定的成本，借记“无形资产”科目，贷记“财政拨款收入”“零余额账户用款额度”“应付账款”“银行存款”等科目。

【例 3-35】 2×19 年 10 月，某事业单位购入一项专利权，其价值为 150 000 元，相关费用为 13 200 元，全部款项以银行存款支付。编制财务会计分录：

借：无形资产——专利权　　163 200

　　贷：银行存款　　163 200

同时，编制预算会计分录：

借：事业支出　　163 200

　　贷：资金结存——货币资金　　163 200

需要说明的是，事业单位购入的不构成相关硬件不可缺少组成部分的应用软件，应作为无形资产核算。非大批量购入、单价小于 1 000 元的无形资产，可以于购买的当期将其成本一次性全部转销。

（二）委托软件公司开发软件

事业单位委托软件公司开发软件，视同外购无形资产进行处理。合同中约定预付开发费用的，按照预付金额，借记“预付账款”科目，贷记“财政拨款收入”“零余额账户用款额度”“银行存款”等科目。软件开发完成交付使用并支付剩余或全部软件开发费用时，按照软件开发费用总额，借记“无形资产”科目，按照相关预付账款金额，贷记“预付账款”科目，按照支付的剩余金额，贷记“财政拨款收入”“零余额账户用款额度”“银行存款”等科目。

【例 3－36】 2×19 年，某事业单位根据委托软件公司开发软件业务，编制相关的会计分录。

（1）3 月初，开展非独立核算经营活动中，委托乙软件公司开发软件，预付开发费 300 000 元。该单位收到代理银行转来的支付乙软件公司软件开发费的“财政直接支付入账通知书”，通知书中注明的金额为 300 000 元。编制财务会计分录：

借：预付账款　　300 000

　　贷：财政拨款收入　　300 000

同时，编制预算会计分录：

借：经营支出　　300 000

　　贷：财政拨款预算收入　　300 000

（2）10 月末，软件开发完成交付使用，收到乙软件公司开具的软件开发结算凭证，共发生支出 350 000 元。编制财务会计分录：

借：无形资产　　350 000

　　贷：预付账款　　350 000

（3）11 月初，以零余额账户支付剩余的费用 50 000 元。编制财务会计分录：

借：预付账款　　50 000

　　贷：零余额账户用款额度　　50 000

同时，编制预算会计分录：

借：经营支出　　50 000

　　贷：资金结存——零余额账户用款额度　　50 000

（三）自行研究开发无形资产

事业单位为了提高公共事业服务质量，有时会在单位内部投入巨额的资金致力于研究开发活动，自行研究开发无形资产。

事业单位自行研究开发活动分为研究和开发两个阶段，其中：研究是指为获取并理解新的科学或技术知识而进行的独创性的有计划调查；开发是指在进行生产或使用前，将研究成果或其他知识应用于某项计划或设计，以生产出新的或具有实质性改进的材料、装置、产品等。与此相适应，自行研究开发支出分为研究阶段支出与开发阶段支出。

内部研究项目的开发，必须投入人力和物力，发生各种支出，比如，科研人员的薪酬、设备的折旧、外购相关技术发生的支出等。

为了反映研发支出的增减变动情况，事业单位应设置“研发支出”科目。该科目的借方登记研发支出的增加额；贷方登记期末转入当期费用或无形资产成本的研发支出；期末借方余额，反映事业单位正在进行的自行研究开发项目开发阶段发生的费用。其明细账可按自行研究开发项目，并分别“研究支出”“开发支出”设置明细科目进行明细核算。

1. 研究阶段支出

事业单位在研究阶段发生支出时，按照从事研究及其辅助活动人员计提的薪酬，研究活动领用的库存物品，发生的与研究活动相关的管理费用、间接费用和其他各项费用，借记“研发支出——研究支出”科目，贷记“应付职工薪酬”“库存物品”“财政拨款收入”“零余额账户用款额度”“固定资产累计折旧”“银行存款”等科目。

期（月）末，将“研发支出”科目归集的研究阶段的支出金额转入当期费用时，借记“业务活动费用”等科目，贷记“研发支出——研究支出”科目。

2. 开发阶段支出

与研究阶段相比，开发阶段在一定程度上具备了形成一项新产品或新技术的基本条件。

事业单位在开发阶段发生支出时，按照从事开发及其辅助活动人员计提的薪酬，开发活动领用的库存物品，发生的与开发活动相关的管理费、间接费和其他各项费用，借记“研发支出——开发支出”科目，贷记“应付职工薪酬”“库存物品”“财政拨款收入”“零余额账户用款额度”“固定资产累计折旧”“银行存款”等科目。自行研究开发项目完成，达到预定用途形成无形资产的，按照“研发支出——开发支出”科目归集的开发阶段的支出金额，借记“无形资产”科目，贷记“研发支出——开发支出”科目。

事业单位应于每年年度终了评估研究开发项目是否达到预定用途，如预计不能达到预定用途（如无法最终完成开发项目并形成无形资产的），应当将已发生的开发支出金额全部转入当期费用，借记“业务活动费用”等科目，贷记“研发支出——开发支出”科目。

事业单位自行研究开发项目涉及增值税进项税额的，按照增值税税额，借记“应交增值税——应交税金（进项税额）”科目，贷记“银行存款”等科目。

【例3－37】2×19年至2×20年，某事业单位根据自行研究开发非专利技术业务，编制相关的会计分录。

（1）2×19年1月至7月为研究阶段，共发生咨询费200 000元、材料费600 000元，全部以银行存款支付。确认研发人员薪酬500 000元。假定7月末集中进行账务处理。

1）支付相关费用，编制财务会计分录：

借：研发支出——研究支出	1 300 000	
贷：银行存款		800 000
应付职工薪酬		500 000

同时，编制预算会计分录：

借：事业支出	800 000	
贷：资金结存——货币资金		800 000

2）月末，将研发支出转入当期费用，编制财务会计分录：

借：业务活动费用	1 300 000	
贷：研发支出——研究支出		1 300 000

（2）2×19年8月进入开发阶段，截至年末共领用材料1 000 000元，确认开发人员薪酬800 000元，计提专用设备折旧费用600 000元，以零余额账户支付相关费用。编制财务会计分录：

借：研发支出——开发支出	2 400 000	
贷：库存物品		1 000 000
应付职工薪酬		800 000
固定资产累计折旧		600 000

（3）年末，自行研究开发项目完成，经确认，达到预定用途形成无形资产的开发支出为2 000 000元。编制财务会计分录：

借：无形资产——专利权	2 000 000	

业务活动费用　　400 000

　贷：研发支出——开发支出　　2 400 000

（四）置换取得无形资产

事业单位通过置换取得的无形资产，其成本按照换出资产的评估价值加上支付的补价或减去收到的补价，加上换入无形资产发生的其他相关支出确定。

事业单位换入无形资产，按照确定的成本，借记“无形资产”科目，按照换出资产的账面余额，贷记相关资产类科目（换出资产为固定资产、无形资产的，还应当借记“固定资产累计折旧”“无形资产累计摊销”科目），按照置换过程中发生的其他相关支出，贷记“银行存款”等科目，按照借贷方差额，借记“资产处置费用”科目或贷记“其他收入”科目。涉及补价的，其账务处理参照换入固定资产的规定。

【例 3－38】 2×19 年 6 月，甲事业单位为了提高产品质量，以其持有的对乙公司的长期股权投资交换丙单位拥有的一项专利权。在交换日，甲事业单位持有的长期股权投资账面余额为 3 000 000 元，评估价值为 3 500 000 元，以银行存款支付相关费用 6 000 元。丙单位专利技术的账面原价为 3 800 000 元，累计已摊销金额为 500 000 元。编制财务会计分录：

借：无形资产　　3 506 000

　贷：银行存款　　6 000

　　长期股权投资　　3 000 000

　　其他收入　　500 000

同时，编制预算会计分录：

借：其他支出　　6 000

　贷：资金结存——货币资金　　6 000

（五）接受捐赠无形资产

事业单位接受捐赠的无形资产，其成本确定方法可参照接受捐赠库存物品的账务处理。

事业单位接受捐赠无形资产，按照确定的无形资产成本，借记“无形资产”科目，按照发生的相关税费等，贷记“零余额账户用款额度”“银行存款”等科目，按照借贷方差额，贷记“捐赠收入”科目。

事业单位接受捐赠的无形资产按照名义金额入账的，按照名义金额，借记“无形资产”科目，贷记“捐赠收入”科目；同时，按照发生的相关税费等，借记“其他费用”科目，贷记“零余额账户用款额度”“银行存款”等科目。

【例 3－39】 2×19 年 5 月 10 日，甲事业单位与乙单位签订捐赠协议，协议规定，乙单位向甲事业单位捐赠一项著作权。该著作权没有相关凭据，同类或类似无形资产的市场价格也无法取得，该著作权按照名义金额入账。编制财务会计分录：

借：无形资产　　1

　贷：捐赠收入　　1

（六）无偿调入无形资产

事业单位无偿调入的无形资产，其成本按照调出方账面价值加上相关税费确定。无偿调入无形资产时，按照确定的无形资产成本，借记“无形资产”科目，按照发生的相关税费等，贷记“零余额账户用款额度”“银行存款”等科目，按照借贷方差额，贷记“无偿调拨净资产”科目。

【例 3-40】 2×19 年 2 月 15 日，甲事业单位根据财政部门批准，从乙事业单位无偿调入一项专利权，该专利权的账面余额为 200 000 元，累计摊销额为 50 000 元，用零余额账户支付有关费用 6 000 元。编制财务会计分录：

借：无形资产	156 000	
贷：零余额账户用款额度		6 000
无偿调拨净资产		150 000

同时，编制预算会计分录：

借：其他支出	6 000	
贷：资金结存——零余额账户用款额度		6 000

三、无形资产摊销的核算

（一）无形资产摊销概述

无形资产摊销是指在无形资产使用寿命内，按照确定的方法对应摊销金额进行系统分摊。无形资产属于非流动资产，长期为事业单位提供公共服务或经济利益，其价值会随着提供公共服务或带来经济利益而递减，无形资产成本也应在各个会计期间进行合理摊配，以便正确反映无形资产价值，提供相关的会计信息。

（二）无形资产摊销期和摊销方法

按照《政府会计准则第 4 号——无形资产》的规定，对于使用年限有限的无形资产，事业单位应当在持有期间对其取得成本予以摊销。

1. 无形资产摊销期

关于无形资产摊销年限，《政府会计准则第 4 号——无形资产》规定如下：

（1）法律规定了有效年限的，按照法律规定的有效年限确定摊销年限；

（2）法律没有规定有效年限的，按照相关合同或单位申请书中的受益年限确定摊销年限；

（3）法律没有规定有效年限、相关合同或单位申请书也没有规定受益年限的，应当根据无形资产为政府会计主体带来服务潜力或经济利益的实际情况，预计其使用年限；

（4）非大批量购入、单价小于 1 000 元的无形资产，可以于购买的当期将其成本一次性全部转销。

2. 无形资产摊销方法

理论上讲，无形资产摊销可能存在多种方法。《政府会计准则第 4 号——无形资产》规定事业单位应当采用年限平均法或者工作量法对无形资产进行摊销，应摊销金额为其成本，不考虑预计残值。

（1）年限平均法。年限平均法又称直线法，是指将无形资产的应计摊销额均衡地分摊到无形资产预计使用寿命内的一种方法。采用这种方法计算的每期摊销额均相等。计算公式如下：

每年摊销额＝无形资产应计摊销额÷预计摊销年限

每月摊销额＝无形资产年摊销额÷12

【例 3-41】 某事业单位自行开发并依法取得一项专利权，取得时发生注册费 30 000 元、聘请律师费 18 000 元。按有关法律的规定，该专利权有效年限不超过 5 年，采用年限平均法进行摊销。该专利权摊销额计算结果如下：

专利权年摊销额＝(30 000＋18 000)÷5＝9 600（元）

（2）工作量法。工作量法是指按照无形资产实际完成的工作总量计算摊销额的一种方法。采用这种方法，每期计提的摊销额随当期无形资产提供工作量的多少而变动，提供的工作量多，就多摊销，反之，则少摊销，每一工作量所负担的摊销额是相同的。

【例 3-42】 某事业单位持有一项专利权并采用工作量法摊销。该专利权取得成本为 100 000 元，可为单位提供服务的数量为 50 000 件。2×19 年 6 月，使用该专利提供服务的数量为 6 000 件。该专利权 6 月摊销额计算结果如下：

专利权单位摊销额＝100 000÷50 000＝2（元）

本月专利权摊销额＝6 000×2＝12 000（元）

3. 无形资产摊销的账务处理

为了反映无形资产摊销的增减变动情况，事业单位应设置“无形资产累计摊销”科目。该科目的贷方登记计提的无形资产摊销额；借方登记因无形资产减少而转销的摊销额；期末贷方余额，反映事业单位计提的无形资产摊销累计数。其明细账应当按照所对应的无形资产设置并进行明细分类核算。

事业单位按月对无形资产进行摊销时，按照应摊销金额，借记“业务活动费用”“单位管理费用”“加工物品”“在建工程”等科目，贷记“无形资产累计摊销”科目。

【例 3-43】 2×19 年 5 月，某事业单位无形资产摊销计算结果如表 3-4 所示。

表 3-4　　无形资产摊销计算表　　金额单位：元

项目	入账成本	摊销期限（月）	本月摊销额	借记科目
专利权甲	36 000	80	450	业务活动费用
专利权乙	108 000	180	600	加工物品
土地使用权	600 000	240	2 500	单位管理费用
合计	—	—	3 550	—

根据表 3-4，编制财务会计分录：

借：业务活动费用　　450
　　加工物品　　600
　　单位管理费用　　2 500
　　贷：无形资产累计摊销　　3 550

四、无形资产后续支出的核算

无形资产投入使用后，事业单位为了适应新技术发展的需要，或者为维护或提高无形资产的使用效能，往往需要对现有无形资产进行漏洞修补、技术维护、升级改造或扩展其功能等。将无形资产投入使用后发生的相关支出，称为无形资产的后续支出。按照后续支出是否计入无形资产成本，将无形资产后续支出分为资本化后续支出和费用化后续支出两类。

（一）无形资产资本化后续支出

无形资产投入使用后发生的、需要计入无形资产账面价值的支出，称为无形资产的资本化支出。如事业单位为增加无形资产的使用效能对其进行升级改造或扩展其功能等。发生的支出。发生无形资产资本化支出时，如需要暂停对无形资产进行摊销的，按照无形资产的账面价值，借记“在建工程”科目，按照无形资产已摊销金额，借记“无形资产累计摊销”科目，按照无形资产的账面余额，贷记“无形资产”科目。无形资产后续支出符合无形资产确认条件的，按照支出的金额，借记“在建工程”科目，贷记“财政拨款收入”“零余额账户用款额度”“银行存款”等科目。暂停摊销的无形资产升级改造或扩展功能等完成并交付使用时，按照在建工程成本，借记“无形资产”科目，贷记“在建工程”科目。

事业单位发生无须暂停推销的资本化支出，直接计入无形资产成本。

【例3-44】 2×19年1月5日，某事业单位取得一项软件系统，其价款为600 000元，摊销期限为5年。2×21年3月10日，对该软件系统进行升级改造（无须暂停摊销），用零余额账户用款额度支付软件公司劳务费150 000元。经升级改造，该软件系统使用期限延长2年。

（1）取得软件系统以及升级改造前摊销的会计分录略。

（2）支付升级改造费。编制财务会计分录：

借：无形资产	150 000	
贷：零余额账户用款额度		150 000

同时，编制预算会计分录：

借：事业支出	150 000	
贷：资金结存——零余额账户用款额度		150 000

（3）计提2×21年软件系统摊销额（按年摊销）：

$$软件系统账面价值=600\ 000-\frac{600\ 000}{5\times12}\times(2\times12+3)=330\ 000（元）$$

$$软件系统升级后成本=330\ 000+150\ 000=480\ 000（元）$$

$$软件系统摊销额=\frac{480\ 000}{4\times12+9}\times9=75\ 790（元）$$

编制财务会计分录：

借：业务活动费用——无形资产	75 790	
贷：无形资产累计摊销		75 790

（二）无形资产费用化后续支出

无形资产费用化后续支出是指无形资产投入使用后发生的、计入当期费用的支出。

为保证无形资产正常使用发生日常维护等支出时，借记“业务活动费用”“单位管理费用”等科目，贷记“财政拨款收入”“零余额账户用款额度”“银行存款”等科目。

【例3-45】 2×19年5月20日，某事业单位对其使用的软件系统进行技术维护，用零余额账户用款额度支付软件公司劳务费30 000元。编制财务会计分录：

借：业务活动费用	30 000	
贷：零余额账户用款额度		30 000

同时，编制预算会计分录：

借：事业支出 30 000

　　贷：资金结存——零余额账户用款额度 30 000

五、无形资产处置的核算

（一）无形资产出售、转让

按照无形资产管理理论，无形资产的转让方式有两种：一是转让所有权，即转让方将无形资产的所有权完全让渡给受让方，不再对该项无形资产拥有占有、使用、收益、处分等权利；二是转让使用权，即转让方仅将无形资产的使用权让渡给受让方，受让方根据合同的规定使用无形资产，转让方仍保留对无形资产的所有权，对其仍拥有占有、使用、收益、处分的权利。这里所讲的转让是指转让无形资产所有权。事业单位必须根据法律、法规的规定转让无形资产。转让所有权时应当合理计价，必要时还应当经过法定资产评估机构的评估，确保事业单位的权益不受侵害。

事业单位报经批准出售、转让无形资产，按照出售、转让无形资产的账面价值，借记“资产处置费用”科目，按照无形资产已计提的摊销，借记“无形资产累计摊销”科目，按照无形资产账面余额，贷记“无形资产”科目；同时，按照收到的价款，借记“银行存款”等科目，按照处置过程中发生的相关费用，贷记“银行存款”等科目，按照借贷方差额，贷记“应缴财政款”（按照规定应上缴无形资产转让净收入的）或“其他收入”（按照规定将无形资产转让收入纳入本单位预算管理的）科目。

【例3-46】 2×19年3月，M事业单位将某项专利权出售，该专利权成本为300 000元，已累计摊销金额为160 000元。出售专利权取得价款80 000元，应交增值税为4 800元，全部价税款存入银行，另以零余额账户支付其他费用1 500元。将处置净收入确认为本单位其他收入。编制财务会计分录：

借：资产处置费用 140 000

　　无形资产累计摊销 160 000

　　银行存款 80 000

　　贷：无形资产——专利权 300 000

　　　　应交增值税——应交税金（销项税额） 4 800

　　　　零余额账户用款额度 1 500

　　　　其他收入 73 700

同时，编制预算会计分录：

借：资金结存——货币资金 80 000

　　贷：其他预算收入 80 000

（二）无形资产无偿调出、对外捐赠

无论是无形资产无偿调出还是以无形资产对外捐赠，它们的共同之处都是以不取得货币收入为目的而减少事业单位资产的行为。无偿调出及对外捐赠无形资产的核算内容主要有：

（1）事业单位报经批准对外捐赠无形资产，按照无形资产已计提的摊销，借记“无形

资产累计摊销”科目，按照被处置无形资产账面余额，贷记“无形资产”科目，按照捐赠过程中发生的归属于捐出方的相关费用，贷记“银行存款”等科目，按照借贷方差额，借记“资产处置费用”科目。

（2）事业单位报经批准无偿调出无形资产，按照无形资产已计提的摊销，借记“无形资产累计摊销”科目，按照被处置无形资产账面余额，贷记“无形资产”科目，按照借贷方差额，借记“无偿调拨净资产”科目；同时，按照无偿调出过程中发生的归属于调出方的相关费用，借记“资产处置费用”科目，贷记“银行存款”等科目。

【例3-47】 2×19年12月，某事业单位根据发生的土地使用权调出业务，编制相关的会计分录。

（1）经批准无偿调出一项土地使用权，该资产账面余额为1 800 000元，已累计摊销1 200 000元。编制财务会计分录：

借：无形资产累计摊销　　1 200 000
　　无偿调拨净资产　　600 000
　　贷：无形资产　　1 800 000

（2）以银行存款支付与资产调出相关的费用35 000元。编制财务会计分录：

借：资产处置费用　　35 000
　　贷：银行存款　　35 000

同时，编制预算会计分录：

借：事业支出　　35 000
　　贷：资金结存——货币资金　　35 000

（三）置换换出无形资产

事业单位以无形资产换入库存物品、固定资产等资产时，按照确定的成本，借记“库存物品”“固定资产”等科目，按照换出无形资产的账面余额，贷记“无形资产”科目，按照换出无形资产的累计摊销，借记“无形资产累计摊销”科目，按照置换过程中支付的补价和置换过程中发生的其他相关支出，贷记“银行存款”等科目，按照借贷方差额，借记“资产处置费用”科目或贷记“其他收入”科目。

如果资产置换中收到补价，按照确定的换入资产成本，借记“库存物品”“固定资产”等科目，按照收到的补价，借记“银行存款”等科目，按照换出无形资产的账面余额，贷记“无形资产”科目，按照换出无形资产的累计摊销，借记“无形资产累计摊销”科目，按照置换过程中发生的其他相关支出，贷记“银行存款”等科目，按照补价扣减其他相关支出后的净收入，贷记“应缴财政款”科目，按照借贷方差额，借记“资产处置费用”科目或贷记“其他收入”科目。

【例3-48】 2×19年5月20日，甲公立医疗科研机构将拥有的一项专利权与乙医院的医疗设备进行置换。该专利权的账面余额为120 000元，累计摊销为40 000元，评估价值为90 000元。换入的医疗设备账面余额为160 000元，累计折旧为100 000元。在专利权置换过程中，甲公立医疗科研机构以银行存款支付相关费用5 000元，收到乙医院支付补价28 000元并存入银行。编制财务会计分录：

借：银行存款　　28 000
　　固定资产　　67 000

无形资产累计摊销　　40 000
资产处置费用　　13 000
贷：无形资产　　120 000
银行存款　　5 000
应缴财政款　　23 000

（四）无形资产核销

事业单位拥有的无形资产如果不具备提供服务潜力或不能带来未来经济利益，应按照规定予以核销。报经批准核销无形资产时，按照待核销无形资产的账面价值，借记“资产处置费用”科目，按照已计提摊销额，借记“无形资产累计摊销”科目，按照无形资产的账面余额，贷记“无形资产”科目。

【例 3－49】 M 事业单位拥有一项专利权，因不能提供未来服务予以报废处理。该专利权的账面余额为 120 000 元，采用直线法摊销，摊销期限为 10 年，已摊销 4 年。

报废时累计摊销额＝(120 000÷10)×4＝48 000（元）

编制财务会计分录：

借：资产处置费用　　72 000
无形资产累计摊销　　48 000
贷：无形资产——专利权　　120 000

第六节　公共基础设施

一、公共基础设施概述

（一）公共基础设施的内容

一般来说，公共基础设施是指政府部门占有并直接负责维护管理、供社会公众使用的工程性公共基础设施资产。包括城市交通设施、公共照明设施、环保设施、防灾设施、健身设施、广场及公共构筑物等其他公共设施。《政府会计准则第 5 号——公共基础设施》指出，公共基础设施是指政府会计主体为满足社会公共需求而控制的，同时具有以下特征的有形资产：(1) 一个有形资产系统或网络的组成部分；(2) 具有特定用途；(3) 一般不可移动。

具体来说，公共基础设施主要包括以下内容。

1. 市政基础设施

市政基础设施是指城市道路、桥梁、隧道、公交场站、路灯、广场、公园绿地、室外公共健身器材，以及环卫、排水、供水、供电、供气、供热、污水处理、垃圾处理系统等资产。

2. 交通基础设施

交通基础设施是指公路基础设施（如公路照明、公路通信、通风、景观、防护、防撞、标志标牌、绿化、标示）、航道基础设施（如航道构筑物设施、助航设施、安全设施以及监控设施）、港口基础设施（如码头主体、护岸结构、引桥及作业区域、后方堆场、仓储设施、导助航设施）等资产。

3. 水利基础设施

水利基础设施是指大坝、堤防、水闸、泵站、渠道等资产。

4. 其他公共基础设施

其他公共基础设施是指除市政基础设施、交通基础设施、水利基础设施以外的公共基础设施，如公共厕所、城市景观照明设施等。

需要说明的是：与公共基础设施配套使用的修理设备、工具器具、车辆等动产，作为管理公共基础设施单位的固定资产核算，不作为公共基础设施核算；与公共基础设施配套、供单位在公共基础设施管理中自行使用的房屋构筑物等，能够与公共基础设施分开核算的，作为单位的固定资产核算，不作为公共基础设施核算；属于文物文化资产的公共基础设施，不作为公共基础设施核算。

公共基础设施的取得、维持以及重置是事业单位履职和开展业务活动的重要内容，也是其会计核算的主要对象之一。通过对公共基础设施的核算，可以反映事业单位使用公共财政资金和管理公共资产的受托责任履行情况，为政府进行宏观决策、正确进行资源配置提供科学的依据。

（二）公共基础设施的特征

（1）公共基础设施是一个系统或网络的组成部分。如公路设施是由公路构筑物设施、安全设施、通信设施、监控设施、环境保护设施、收费设施、服务设施以及场站设施等构成的系统或网络，每一个子系统或网络尽管有其独立的作用，但组合在一起才能产生预期的服务潜力或者带来经济利益。

（2）公共基础设施具有专用性且没有其他用途，也具有不可移动性。公共基础设施的专用性表现在它们为社会生产和居民生活提供公共条件、公共服务而非为特定单位的经营管理所使用。如果不具有公共性和公益性，如政府的某些交通部门为进行交通管理而购建的设备、设施以及构建的房屋建筑物等则不属于公共基础设施的范畴。公共基础设施具有地点固定，一旦建造完成就不可移动的特点。

（3）公共基础设施具有投资多、施工期限和使用寿命长、投资回报社会化等特点。例如路基、路面、桥梁、隧道等公路构筑物设施，航道及驳岸、船闸、跨航道建筑物等航道构筑物设施，码头、泊位等船舶靠泊设施等都体现了这些特点。

（三）公共基础设施的确认

事业单位将一项资产视为公共基础设施时，应同时满足下列两个条件：（1）与该公共基础设施相关的服务潜力很可能实现或者经济利益很可能流入事业单位会计主体；（2）该公共基础设施的成本或者价值能够可靠地计量。事业单位在做此判断时，还应当根据具体情况对公共基础设施进行确认。如：对于自建或外购的公共基础设施，事业单位应当在该项公共基础设施验收合格并交付使用时确认；对于无偿调入、接受捐赠的公共基础设施，事业单位应当在开始承担该项公共基础设施管理维护职责时确认。

公共基础设施的各组成部分具有不同使用年限或者以不同方式提供公共产品或服务，适用不同折旧率或折旧方法且可以分别确定各自原价的，应当分别将各组成部分确认为该类公共基础设施的一个单项公共基础设施。

事业单位在购建公共基础设施时，能够分清购建成本中的构筑物部分与土地使用权部分的，应当将其中的构筑物部分和土地使用权部分分别确认为公共基础设施；不能分清购建成本中的构筑物部分与土地使用权部分的，应当整体确认为公共基础设施。

二、公共基础设施取得的核算

为了反映公共基础设施及其累计折旧增减变动情况，事业单位应设置“公共基础设施”科目。该科目的借方登记公共基础设施的增加额；贷方登记公共基础设施的减少额；期末借方余额，反映公共基础设施的原值。其明细账应当按照公共基础设施的类别和项目设置并进行明细核算。

事业单位取得公共基础设施的方式主要包括自行建造、接受其他单位无偿调入、接受捐赠、外购等。无论采用何种取得方式，都应当按照取得公共基础设施的成本入账。

（一）自行建造公共基础设施

事业单位自行建造公共基础设施，其成本包括完成批准的建设内容所发生的全部必要支出，包括建筑安装工程投资支出、设备投资支出、待摊投资支出和其他投资支出。公共基础设施完工交付使用时，按照在建工程的成本，借记“公共基础设施”科目，贷记“在建工程”科目；已交付使用但尚未办理竣工决算手续的公共基础设施，按照估计价值入账，待办理竣工决算后再按照实际成本调整原来的暂估价值。

（二）无偿调入公共基础设施

事业单位接受其他单位无偿调入的公共基础设施，其成本按照该项公共基础设施在调出方的账面价值加上归属于调入方的相关费用确定。接受其他单位无偿调入的公共基础设施，按照确定的成本，借记“公共基础设施”科目，按照发生的归属于调入方的相关费用，贷记“财政拨款收入”“零余额账户用款额度”“银行存款”等科目，按照借贷方差额，贷记“无偿调拨净资产”科目；无偿调入的公共基础设施成本无法可靠取得的，按照发生的相关税费、运输费等金额，借记“其他费用”科目，贷记“财政拨款收入”“零余额账户用款额度”“银行存款”等科目。

（三）接受捐赠公共基础设施

事业单位接受捐赠的公共基础设施，其成本按照有关凭据注明的金额加上相关费用确定；没有相关凭据可供取得，但按规定经过资产评估的，其成本按照评估价值加上相关费用确定；没有相关凭据可供取得也未经资产评估的，其成本比照同类或类似资产的市场价格加上相关费用确定。如受赠的系旧的公共基础设施，在确定其初始入账成本时应当考虑该项资产的新旧程度。事业单位接受捐赠的公共基础设施，应按照确定的成本，借记“公共基础设施”科目，按照发生的相关费用，贷记“财政拨款收入”“零余额账户用款额度”“银行存款”等科目，按照借贷方差额，贷记“捐赠收入”科目；接受捐赠的公共基础设施成本无法可靠取得的，按照发生的相关税费等金额，借记“其他费用”科目，贷记“财政拨款收入”“零余额账户用款额度”“银行存款”等科目。

（四）外购公共基础设施

事业单位外购的公共基础设施，其成本包括购买价款、相关税费以及公共基础设施交付使用前所发生的可归属于该项资产的运输费、装卸费、安装费和专业人员服务费等。事业单位外购的公共基础设施，按照确定的成本，借记“公共基础设施”科目，贷记“财政拨款收入”“零余额账户用款额度”“银行存款”等科目。

需要说明两点：一是对于包括不同组成部分的公共基础设施，只有总成本、没有单项组成部分成本的，事业单位可以按照各单项组成部分同类或类似资产的成本或市场价格比例对总成本进行分配，分别确定公共基础设施中各单项组成部分的成本；二是对于成本无法可靠取得的公共基础设施，事业单位应当设置备查簿进行登记，待成本能够可靠确定后按照规定及时入账。

【例 3－50】 2×19 年，某省公路管理事业单位根据发生的公共基础设施业务，编制相关会计分录。

(1) 1 月 5 日，该省 M 连接线工程竣工并确认公共交通基础设施，其工程成本共计 125 000 000 元，其中建筑安装工程投资支出 100 000 000 元，待摊投资支出 20 000 000 元，其他投资支出 5 000 000 元。编制财务会计分录：

借：公共基础设施	125 000 000	
贷：在建工程		125 000 000

(2) 3 月 8 日，从省外某公路管理单位无偿调入通信设备并确认为公共基础设施，调出单位的账面价值为 1 500 000 元，调入单位以银行存款支付运输费、安装费 30 000 元。编制财务会计分录：

借：公共基础设施	1 530 000	
贷：银行存款		30 000
无偿调拨净资产		1 500 000

同时，编制预算会计分录：

借：其他支出	30 000	
贷：资金结存——货币资金		30 000

(3) 6 月 10 日，接受 N 公司捐赠公路沿线配套的公共健身器材一批，该批器材相关凭据注明的金额为 180 000 元。公路管理局以零余额账户存款支付相关费用 20 000 元。编制财务会计分录：

借：公共基础设施	200 000	
贷：零余额账户用款额度		20 000
捐赠收入		180 000

同时，编制预算会计分录：

借：其他支出	20 000	
贷：资金结存——货币资金		20 000

(4) 8 月 20 日，购入一批公路安全设施并交付使用，共支出 256 000 元，其中以财政直接支付设施款项 200 000 元，以零余额账户支付设施的安装费和专业人员服务费 56 000 元。编制财务会计分录：

借：公共基础设施	256 000	
贷：财政拨款收入		200 000
零余额账户用款额度		56 000

同时，编制预算会计分录：

借：事业支出　　256 000
　　贷：财政拨款收入　　200 000
　　　　资金结存——零余额账户用款额度　　56 000

三、公共基础设施折旧的核算

（一）公共基础设施折旧的概念

公共基础设施折旧是指在公共基础设施预计使用寿命内，按照确定的方法对应计折旧金额进行系统分摊。

一般来说，公共基础设施具有价值高、使用寿命长、能够提供未来服务潜力或经济利益的特征。为了准确核算政府运行费用，监督和考核政府绩效，事业单位应当在初始确认公共基础设施时分析判断其使用年限，对使用年限有限的公共基础设施应当计提折旧，对于使用年限不确定的公共基础设施不计提折旧。

（二）计提公共基础设施折旧应考虑的因素

1. 计提公共基础设施折旧的基础

公共基础设施应计提的折旧总额为其成本，计提公共基础设施折旧时不考虑预计净残值。

事业单位应当对暂估入账的公共基础设施计提折旧，实际成本确定后无须调整原已计提的折旧额。

2. 公共基础设施折旧的年限

事业单位应当根据公共基础设施的性质和使用情况，合理确定公共基础设施的折旧年限。确定公共基础设施折旧年限时，应当考虑下列因素：(1) 设计使用年限或设计基准期；(2) 预计实现服务潜力或提供经济利益的期限；(3) 预计有形损耗和无形损耗；(4) 法律或者类似规定对资产使用的限制。

对于政府会计主体接受无偿调入、捐赠的公共基础设施，应当考虑该项资产的新旧程度，按照其尚可使用的年限计提折旧。

（三）公共基础设施折旧的要求

公共基础设施应当按月计提折旧，并计入当期费用。当月增加的公共基础设施，当月开始计提折旧；当月减少的公共基础设施，当月不再计提折旧。

处于改建、扩建等建造活动期间的公共基础设施，应当暂停计提折旧。因改建、扩建等原因而延长公共基础设施使用年限的，应当按照重新确定的公共基础设施的成本和重新确定的折旧年限计算折旧额，无须调整原已计提的折旧额。

公共基础设施提足折旧后，无论能否继续使用，均不再计提折旧；已提足折旧的公共基础设施，可以继续使用的，应当继续使用，并规范实物管理；提前报废的公共基础设施，不再补提折旧。

对于确认为公共基础设施的单独计价入账的土地使用权，应确认为无形资产并按照相关规定进行摊销。

事业单位应当对公共基础设施计提折旧，但持续进行良好的维护使得其性能得到永久维持的公共基础设施和确认为公共基础设施的单独计价入账的土地使用权除外。

（四）公共基础设施折旧方法和账务处理

一般应当采用年限平均法或者工作量法计提公共基础设施折旧。年限平均法和工作量法在“固定资产”一节中已有说明，此处不再赘述。

为了反映公共基础设施累计折旧的增减变动情况，事业单位应设置“公共基础设施累计折旧”科目。该科目的贷方登记公共基础设施累计折旧的增加额；借方登记公共基础设施累计折旧的减少额；期末贷方余额，反映事业单位提取的公共基础设施折旧累计数。其明细账应当按照所对应公共基础设施的类别及项目设置并进行明细核算。

事业单位按月计提公共基础设施折旧时，按照应计提的折旧额，借记“业务活动费用”科目，贷记“公共基础设施累计折旧”科目；按月对确认为公共基础设施的单独计价入账的土地使用权进行摊销时，按照应计提的摊销额，借记“业务活动费用”科目，贷记“公共基础设施累计摊销”科目。

【例 3－51】 2×19 年 6 月 30 日，某事业单位计提公共基础设施折旧 350 000 元。编制财务会计分录：

借：业务活动费用　　350 000

　　贷：累计折旧　　350 000

四、公共基础设施后续支出的核算

公共基础设施建成后，由于雨水侵蚀、交通事故等无法预计和避免的因素，使其不能正常发挥作用或其功能受到影响，事业单位为了维持公共基础设施的使用性，定期或不定期地对其进行维护，并发生相关的支出。

（一）资本化后续支出

公共基础设施后续支出是指在公共基础设施使用期间为了增加公共基础设施使用效能或延长其使用年限，发生的改建、扩建、大型修缮或者维修养护等支出。

事业单位在原有公共基础设施基础上进行改建、扩建等建造活动后的公共基础设施，其成本按照原公共基础设施账面价值加上改建、扩建等建造活动发生的支出，再扣除公共基础设施被替换部分的账面价值后的金额确定。

事业单位将公共基础设施转入改建、扩建时，按照公共基础设施的账面价值，借记“在建工程”科目，按照公共基础设施已计提的折旧或摊销，借记“公共基础设施累计折旧（摊销）”科目，按照公共基础设施的账面余额，贷记“公共基础设施”科目。

为增加公共基础设施使用效能或延长其使用年限而发生改建、扩建等后续支出时，借记“在建工程”科目，贷记“财政拨款收入”“零余额账户用款额度”“银行存款”等科目。

为建造公共基础设施借入的专门借款的利息，属于建设期间发生的，计入该公共基础设施在建工程成本；不属于建设期间发生的，计入当期费用。

公共基础设施改建、扩建完成，竣工验收交付使用时，按照在建工程成本，借记“公共基础设施”科目，贷记“在建工程”科目。

【例 3－52】 2×19 年 3 月至 9 月，某事业单位根据对城市交通设施进行改扩建业务，编制相关的会计分录。

(1) 2×19 年 3 月 31 日，将公共基础设施转入改建、扩建工程，该设施账面原价为

50 000 000元，已计提折旧30 000 000元。编制财务会计分录：

借：在建工程　　20 000 000
　　公共基础设施累计折旧　　30 000 000
　　贷：公共基础设施　　50 000 000

（2）2×19年5月，购入工程物资6 000 000元，款项以财政直接支付结算；以零余额账户支付工程人员薪酬2 000 000元。编制财务会计分录：

借：在建工程　　8 000 000
　　贷：财政拨款收入　　6 000 000
　　　　零余额账户用款额度　　2 000 000

同时，编制预算会计分录：

借：事业支出　　8 000 000
　　贷：财政拨款收入　　6 000 000
　　　　资金结存——零余额账户用款额度　　2 000 000

（3）2×19年9月20日，公共基础设施改建、扩建完成，结转在建工程完工成本。编制财务会计分录：

借：公共基础设施　　28 000 000
　　贷：在建工程　　28 000 000

（二）日常维修支出

公共基础设施建成后，由于雨水侵蚀、交通事故等无法预计和避免的因素的影响，政府部门为了维持公共基础设施的使用性，要定期或不定期地对其进行维护。

为保证公共基础设施正常使用发生日常维修等支出时，借记“业务活动费用”“单位管理费用”等科目，贷记“财政拨款收入”“零余额账户用款额度”“银行存款”等科目。

五、公共基础设施处置的核算

事业单位按照规定报经批准处置公共基础设施，分别以下情况处理：

（1）报经批准对外捐赠公共基础设施，按照公共基础设施已计提的折旧或摊销，借记“公共基础设施累计折旧（摊销）”科目，按照被处置公共基础设施的账面余额，贷记“公共基础设施”科目，按照捐赠过程中发生的归属于捐出方的相关费用，贷记“银行存款”等科目，按照借贷方差额，借记“资产处置费用”科目。

（2）报经批准无偿调出公共基础设施，按照公共基础设施已计提的折旧或摊销，借记“公共基础设施累计折旧（摊销）”科目，按照被处置公共基础设施的账面余额，贷记“公共基础设施”科目，按照借贷方差额，借记“无偿调拨净资产”科目；同时，按照无偿调出过程中发生的归属于调出方的相关费用，借记“资产处置费用”科目，贷记“银行存款”等科目。

【例3-53】2×19年10月，M城市市政管理部门经批准将一批供电设施捐赠给N市，该设施账面余额为3 500 000元，累计折旧为500 000元。捐赠过程中，捐出部门以银行存款支付相关费用20 000元。

（1）转销无偿调出公共基础设施已计提的折旧和账面余额，编制财务会计分录：

借：公共基础设施累计折旧　　500 000

无偿调拨净资产 3 000 000

贷：公共基础设施 3 500 000

(2) 支付与捐赠资产相关的支出，编制财务会计分录：

借：资产处置费用 20 000

贷：银行存款 20 000

同时，编制预算会计分录：

借：其他支出 20 000

贷：资金结存——货币资金 20 000

第七节 政府储备物资

一、政府储备物资概述

《政府会计准则第 6 号——政府储备物资》指出：政府储备物资，是指政府会计主体为满足实施国家安全与发展战略、进行抗灾救灾、应对公共突发事件等特定公共需求而控制的，同时具有下列特征的有形资产：(1) 在应对可能发生的特定事件或情形时动用；(2) 其购入、存储保管、更新（轮换）、动用等由政府及相关部门发布的专门管理制度规范。

需要说明的是，负责采购并拥有储备物资调拨权力的事业单位（以下简称采购单位）将政府储备物资交由其他单位或企业（以下简称代储单位）代为储存的，由采购单位通过“政府储备物资”科目核算政府储备物资，代储单位将受托代储的政府储备物资作为受托代理资产核算。

政府储备物资是政府资产的重要组成部分，其范围十分广泛，主要包括战略及能源物资、抢险抗灾救灾物资、农产品、医药物资和其他重要商品物资。它们对于保障国家安全、实施宏观调控、服务国计民生具有重要的意义。

二、政府储备物资的特征

与存货相比，政府储备物资具有以下特点：

(1) 事业单位取得政府储备物资是为了满足特定公共需求，如维护社会经济稳定、确保国家安全、应对各类突发事件等而储备的物资，而持有存货的目的则是自身耗用或出售。

(2) 事业单位对政府储备物资主要采取委托存储的管理模式。

(3) 政府储备物资的收储资金来源复杂，除来源于部门预算资金外，还来源于银行专项贷款等，而存货采购资金来源于部门预算资金。

三、政府储备物资取得的核算

为了反映政府储备物资的增减变动情况，事业单位应设置“政府储备物资”科目。该科目的借方登记事业单位储备物资的增加额；贷方登记事业单位储备物资的减少额；期末借方余额，反映事业单位管理的政府储备物资的实际成本。其明细账应当按照政府储备物资的种类、品种、存放地点等设置并进行明细核算。

事业单位取得政府储备物资时，应当按照其成本入账。

事业单位购入政府储备物资验收入库时，按照确定的成本，借记“政府储备物资”科目，贷记“财政拨款收入”“零余额账户用款额度”“银行存款”等科目。

事业单位采用委托加工方式取得政府储备物资的，其会计处理方法参照委托加工物品。

事业单位接受捐赠的政府储备物资，其成本按照有关凭据注明的金额加上事业单位承担的相关税费、运输费等确定；没有相关凭据可供取得，但按规定经过资产评估的，其成本按照评估价值加上事业单位承担的相关税费、运输费等确定；没有相关凭据可供取得也未经资产评估的，其成本比照同类或类似资产的市场价格加上事业单位承担的相关税费、运输费等确定。事业单位接受捐赠的政府储备物资验收入库，按照确定的成本，借记“政府储备物资”科目，按照事业单位承担的相关税费、运输费等，贷记“零余额账户用款额度”“银行存款”等科目，按照借贷方差额，贷记“捐赠收入”科目。

事业单位接受无偿调入的政府储备物资验收入库时，按照确定的成本，借记“政府储备物资”科目，按照事业单位承担的相关税费、运输费等，贷记“零余额账户用款额度”“银行存款”等科目，按照借贷方差额，贷记“无偿调拨净资产”科目。

【例3-54】 2×19年，某事业单位根据发生的政府储备物资业务，编制相关的会计分录。

(1) 3月10日，根据规定购入政府储备物资一批并验收入库，其成本总额为5 000 000元，以财政直接支付方式结算款项，另以银行存款支付运费等相关费用60 000元。编制财务会计分录：

借：政府储备物资	5 060 000	
贷：财政拨款收入		5 000 000
银行存款		60 000

同时，编制预算会计分录：

借：事业支出	5 060 000	
贷：财政拨款预算收入		5 000 000
资金结存——货币资金		60 000

(2) 5月25日，收到乙单位捐赠的政府储备物资一批并验收入库，取得的捐赠凭据上注明的金额为250 000元。以零余额账户支付运输费等20 000元。编制财务会计分录：

借：政府储备物资	270 000	
贷：零余额账户用款额度		20 000
捐赠收入		250 000

同时，编制预算会计分录：

借：其他支出	20 000	
贷：资金结存——零余额账户用款额度		20 000

(3) 10月18日，经批准从丙单位无偿调入政府储备物资并验收入库，该批物资调出时的账面价值为120 000元，以银行存款支付运输费等6 000元。编制财务会计分录：

借：政府储备物资	126 000	

贷：无偿调拨净资产　　120 000

　　银行存款　　6 000

同时，编制预算会计分录：

借：其他支出　　6 000

　　贷：资金结存——货币资金　　6 000

四、政府储备物资发出的核算

事业单位应当严格执行国家有关法律法规、规章、规范性文件、标准规范，严格执行政府储备物资出库指令，接受有关部门和单位监督，保证国家储备物资数量准确、质量合格、储存安全。

（1）事业单位经批准因动用而发出无须收回的政府储备物资的，按照发出物资的账面余额，借记“业务活动费用”科目，贷记“政府储备物资”科目；因动用而发出需要收回或者预期可能收回的政府储备物资的，在发出物资时，按照发出物资的账面余额，借记“政府储备物资——发出”科目，贷记“政府储备物资——在库”科目；按照规定的质量验收标准收回物资时，按照收回物资原账面余额，借记“政府储备物资——在库”科目，按照未收回物资的原账面余额，借记“业务活动费用”科目，按照物资发出时登记在“政府储备物资——发出”科目所属明细科目中的余额，贷记“政府储备物资——发出”科目。

（2）事业单位因行政管理主体变动等原因而将政府储备物资调拨给其他主体的，按照无偿调出政府储备物资的账面余额，借记“无偿调拨净资产”科目，贷记“政府储备物资”科目。

（3）事业单位对外销售政府储备物资并将销售收入纳入单位预算统一管理的，发出物资时，按照发出物资的账面余额，借记“业务活动费用”科目，贷记“政府储备物资”科目；实现销售收入时，按照确认的收入金额，借记“银行存款”“应收账款”等科目，贷记“事业收入”等科目；对外销售政府储备物资并按照规定将销售净收入上缴财政的，发出物资时，按照发出物资的账面余额，借记“资产处置费用”科目，贷记“政府储备物资”科目；取得销售价款时，按照实际收到的款项金额，借记“银行存款”等科目，按照发生的相关税费，贷记“银行存款”等科目，按照销售价款大于所承担的相关税费后的差额，贷记“应缴财政款”科目。

【例 3-55】 2×19 年，某事业单位根据发生的政府储备物资发出业务，编制相关的会计分录。

（1）8 月 5 日，经批准发出需要收回的政府储备物资一批，该批物资账面余额为 600 000 元；11 月 20 日，收回已发出的该批物资，经质量验收，符合标准的物资账面余额为 450 000 元。编制财务会计分录：

借：政府储备物资——发出　　600 000

　　贷：政府储备物资——在库　　600 000

借：政府储备物资——在库　　450 000

　　业务活动费用　　150 000

　　贷：政府储备物资——发出　　600 000

（2）10 月 20 日，经批准对外销售甲类和乙类两种政府储备物资，其中销售甲类物资取得收入 1 500 000 元，存入银行，该物资的账面余额为 1 200 000 元，规定销售收入纳入单位预算统一管理；销售乙类物资取得收入 800 000 元，存入银行，账面余额为 650 000 元，按规定应将销售净收入上缴财政。

1）销售甲类物资。

发出物资，编制财务会计分录：

借：业务活动费用　　1 200 000

　　贷：政府储备物资　　1 200 000

确认实现销售收入，编制财务会计分录：

借：银行存款　　1 500 000

　　贷：事业收入　　1 500 000

同时，编制预算会计分录：

借：资金结存——货币资金　　1 500 000

　　贷：事业预算收入　　1 500 000

2）销售乙类物资。

发出物资，编制财务会计分录：

借：资产处置费用　　650 000

　　贷：政府储备物资　　650 000

确认实现销售收入，编制财务会计分录：

借：银行存款　　800 000

　　贷：应缴财政款　　800 000

第八节　文物文化资产

一、文物文化资产概述

（一）文物文化资产的内涵

文物文化资产是指用于展览、教育或研究等目的的历史文物、艺术品以及其他具有文化或者历史价值并作长期或者永久保存的典藏等。其中：文物资产是指用于纪念和展出等目的，具有一定价值和历史意义的并作长期或者永久保存的古董和历史文物等；文化资产是指用于纪念和展出等目的，具有一定价值和文化内涵的并作长期或者永久保存的艺术品和文化用品等。

（二）文物文化资产的特征

与其他资产相比，文物文化资产一般具有以下显著特征[①]：

第一，它们在文化、环境、教育和历史方面的价值不可能在纯粹以市场价格为依据的财务价值中得到完全反映；

第二，法律和（或）法定义务可能禁止或严厉限制它们通过销售进行处置；

第三，它们通常具有不可替代性，即使它们的实体状态恶化，其价值也可能日益增长；

---

① 《国际公共部门会计准则第 17 号——不动产、厂场和设备》。

第四，它们的使用寿命可能难以估计，有些可能会长达几百年。

二、文物文化资产取得的核算

为了反映文物文化资产增减变动情况，事业单位应设置“文物文化资产”科目。该科目的借方登记文物文化资产的增加额；贷方登记文物文化资产的减少额；期末借方余额，反映事业单位期末文物文化资产的价值。

事业单位应当设置文物文化资产登记簿和文物文化资产卡片，按文物文化资产类别等设置明细账，进行明细核算。

事业单位取得文物文化资产，应当按照取得时的实际成本入账。取得时的实际成本包括买价、包装费、运输费、交纳的有关税金等相关费用，以及为使文物文化资产达到预定可使用状态前所发生的必要支出。

（一）外购文物文化资产

事业单位外购文物文化资产，按照取得时实际支付的购买价款、相关税费以及可归属于该项资产达到预定用途前所发生的其他支出（如运输费、安装费、装卸费等），借记“文物文化资产”科目，贷记“财政拨款收入”“零余额账户用款额度”“银行存款”等科目。

（二）从其他单位无偿调入文物文化资产

事业单位接受其他单位无偿调入的文物文化资产，其成本按照该项资产在调出方的账面价值加上归属于调入方的相关费用确定。调入文物文化资产时，事业单位按照确定的成本，借记“文物文化资产”科目，按照发生的归属于调入方的相关费用，贷记“零余额账户用款额度”“银行存款”等科目，按照借贷方差额，贷记“无偿调拨净资产”科目。事业单位无偿调入的文物文化资产成本无法可靠取得的，按照发生的归属于调入方的相关费用，借记“其他费用”科目，贷记“零余额账户用款额度”“银行存款”等科目。

（三）接受捐赠文物文化资产

事业单位接受捐赠的文物文化资产，其成本按照有关凭据注明的金额加上相关费用确定；没有相关凭据可供取得，但按照规定经过资产评估的，其成本按照评估价值加上相关费用确定；没有相关凭据可供取得也未经评估的，其成本比照同类或类似资产的市场价格加上相关费用确定。事业单位接受捐赠文物文化资产时，按照确定的成本，借记“文物文化资产”科目，按照发生的相关税费、运输费等金额，贷记“零余额账户用款额度”“银行存款”等科目，按照借贷方差额，贷记“捐赠收入”科目。事业单位接受捐赠的文物文化资产成本无法可靠取得的，按照发生的相关税费、运输费等金额，借记“其他费用”科目，贷记“零余额账户用款额度”“银行存款”等科目。

对于成本无法可靠取得的文物文化资产，事业单位应当设置备查簿进行登记，待成本能够可靠确定后，按照规定及时入账。

【例 3－56】 2×19 年，某事业单位根据发生的文物文化资产业务，编制相关的会计分录。

（1）1 月 10 日，因开展业务活动的需要，以零余额账户存款购买一件艺术品，其价款为 100 000 元。另以现金支付运输费和装卸费共计 2 000 元，不考虑增值税。编制财务会计分录：

借：文物文化资产 102 000
　　贷：零余额账户用款额度 100 000
　　　　库存现金 2 000

同时，编制预算会计分录：

借：事业支出 102 000
　　贷：资金结存——零余额账户用款额度 100 000
　　　　　　　　——货币资金 2 000

（2）5月20日，经批准，接受其他单位无偿调入三件文物文化资产，这些资产在调出单位的账面价值为150 000元，调入过程中发生由本单位负担的运输费4 000元，以银行存款付讫。编制财务会计分录：

借：文物文化资产 154 000
　　贷：银行存款 4 000
　　　　无偿调拨净资产 150 000

同时，编制预算会计分录：

借：其他支出 4 000
　　贷：资金结存——货币资金 4 000

（3）10月5日，接受某画家捐赠的一幅画作，该画家的画作在市场上交易活跃，其所捐赠的画作估计市价为50 000元。以银行存款支付举办捐赠仪式相关费用3 000元。编制财务会计分录：

借：文物文化资产 53 000
　　贷：捐赠收入 50 000
　　　　银行存款 3 000

同时，编制预算会计分录：

借：其他支出 3 000
　　贷：资金结存——货币资金 3 000

三、文物文化资产处置的核算

事业单位文物文化资产的处置主要包括对外捐赠、无偿调出两种方式。

事业单位报经批准对外捐赠文物文化资产，按照被处置文物文化资产的账面余额和捐赠过程中发生的归属于捐出方的相关费用合计数，借记“资产处置费用”科目，按照被处置文物文化资产的账面余额，贷记“文物文化资产”科目，按照捐赠过程中发生的归属于捐出方的相关费用，贷记“银行存款”等科目。报经批准无偿调出文物文化资产，按照被处置文物文化资产的账面余额，借记“无偿调拨净资产”科目，贷记“文物文化资产”科目；同时，按照无偿调出过程中发生的归属于调出方的相关费用，借记“资产处置费用”科目，贷记“银行存款”等科目。

【例3-57】 2×19年10月，某事业单位根据发生的文物文化资产处置业务，编制相关的会计分录。

（1）经批准，对外捐赠文物文化资产，被处置文物文化资产的账面余额为200 000元，以银行存款支付由该单位负担的相关费用6 000元。编制财务会计分录：

借：资产处置费用　　206 000
　　贷：文物文化资产　　200 000
　　　　银行存款　　6 000

同时，编制预算会计分录：

借：其他支出　　6 000
　　贷：资金结存——货币资金　　6 000

（2）报经批准，无偿调出文物文化资产，该资产的账面余额为 150 000 元，调出过程中发生由本单位负担的相关费用 2 000 元。编制财务会计分录：

借：无偿调拨净资产　　150 000
　　贷：文物文化资产　　150 000
借：资产处置费用　　2 000
　　贷：银行存款　　2 000

同时，编制预算会计分录：

借：其他支出　　2 000
　　贷：资金结存——货币资金　　2 000

第九节　保障性住房

一、保障性住房概述

（一）保障性住房的内容

保障性住房是指政府为中低收入住房困难家庭所提供的限定标准、限定价格或租金的住房。保障性住房一般由经济适用住房、公共租赁住房和棚改房构成。

1. 经济适用住房

经济适用住房是指政府提供政策优惠，限定户型、面积和销售价格，按照合理标准建设，面向城市低收入住房困难家庭供应，具有保障性质的政策性住房。

2. 公共租赁住房

公共租赁住房是指限定建设标准和租金水平，面向符合规定条件的城镇中等偏下收入住房困难家庭、新就业无房职工和在城镇稳定就业的外来务工人员出租的保障性住房。

3. 棚改房

棚改房是“棚户区改造房”的简称，包括两层含义：一是指棚户区内将要被改造拆迁的住房；二是指棚户区改造后建设的住房。

（二）保障性住房的特征

保障性住房是商品，但不是一般商品。与一般的商品房相比，保障性住房的特征主要表现在以下方面：

（1）具有特定的供应对象。保障性住房的供应对象是被严格限定的，只有符合条件的中低收入和最低收入人群才具有申请资格，一般采用人均住房面积、家庭户收入等标准。

（2）限定户型和面积。对于不同的申请对象，严格界定其适宜申请的户型和面积，以实现公平分配。

（3）享有政策支持或优惠。保障性住房建设中，政府会提供一系列的政策支持，从而降低保障性住房的建设成本和减少被保障对象的住房支出。①

保障性住房是政府住房体系不可或缺的组成部分，其支出属于政府预算支出的范畴，所形成的住房属于政府资产。因此，保障性住房的增减变动情况构成了事业单位会计列报的内容。

二、保障性住房取得的核算

为了反映保障性住房增减变动情况，事业单位应设置“保障性住房”科目。该科目的借方登记增加的保障性住房原值；贷方登记减少的保障性住房原值；期末借方余额，反映保障性住房的原值。“保障性住房”科目应按照保障性住房的类别、项目等设置明细账并进行明细核算。

事业单位取得保障性住房的方式主要有外购、自行建造、接受其他单位无偿调入、接受捐赠、融资租赁等，无论采用何种方式取得保障性住房，应当在取得时按其成本入账。

（一）外购保障性住房

事业单位外购的保障性住房，其成本包括购买价款、相关税费以及可归属于该项资产达到预定用途前所发生的其他支出。外购的保障性住房，按照确定的成本，借记“保障性住房”科目，贷记“财政拨款收入”“零余额账户用款额度”“银行存款”等科目。

（二）自行建造保障性住房

事业单位自行建造的保障性住房交付使用时，按照在建工程成本，借记“保障性住房”科目，贷记“在建工程”科目。已交付使用但尚未办理竣工决算手续的保障性住房，按照估计价值入账，待办理竣工决算后，再按照实际成本调整原来的暂估价值。

（三）无偿调入保障性住房

事业单位接受其他单位无偿调入的保障性住房，其成本按照该项资产在调出方的账面价值加上归属于调入方的相关费用确定。无偿调入保障性住房时，按照确定的成本，借记“保障性住房”科目，按照发生的归属于调入方的相关费用，贷记“零余额账户用款额度”“银行存款”等科目，按照借贷方差额，贷记“无偿调拨净资产”科目。

此外，事业单位接受捐赠、融资租赁取得的保障性住房，参照“固定资产”科目的相关规定进行处理。

【例 3-58】 2×19 年至 2×21 年，某事业单位根据发生的保障性住房业务，编制相关的会计分录。

（1）2×19 年 1 月 10 日，外购两栋保障性住房，其成本共计 120 000 000 元，款项以财政直接支付方式结算，以银行存款支付相关税费 3 600 000 元。编制财务会计分录：

---

① 宋春兰．保障性住房建设资金问题研究．经济研究导刊，2012（35）．

借：保障性住房　　123 600 000
　　贷：财政拨款收入　　120 000 000
　　　　银行存款　　3 600 000

同时，编制预算会计分录：

借：事业支出　　123 600 000
　　贷：财政拨款预算收入　　120 000 000
　　　　资金结存——货币资金　　3 600 000

（2）2×20 年 5 月 20 日，自行建造的保障性住房交付使用，其在建工程成本为 120 000 000 元。编制财务会计分录：

借：保障性住房　　120 000 000
　　贷：在建工程　　120 000 000

（3）2×21 年 10 日 10 日，经批准无偿调入一批保障性住房，确定的住房成本为 60 000 000 元，以银行存款支付由本单位负担的相关费用 1 000 000 元。编制财务会计分录：

借：保障性住房　　61 000 000
　　贷：银行存款　　1 000 000
　　　　无偿调拨净资产　　60 000 000

同时，编制预算会计分录：

借：其他支出　　1 000 000
　　贷：资金结存——货币资金　　1 000 000

三、保障性住房折旧的核算

事业单位持有的保障性住房会随着时间的推移被消耗，预期产生的服务潜力或者带来经济利益的能力会逐渐降低、丧失。根据规定，事业单位应当参照《政府会计准则第 3 号——固定资产》及其应用指南的相关规定，按月对其控制的保障性住房计提折旧。

为了反映保障性住房累计折旧增减变动情况，事业单位应设置“保障性住房累计折旧”科目，其性质和结构与“固定资产累计折旧”相同。

事业单位按月计提保障性住房折旧时，按照应计提的折旧额，借记“业务活动费用”科目，贷记“保障性住房累计折旧”科目。

【例 3-59】 2×19 年 6 月 30 日，某事业单位计提保障性住房折旧。该单位持有保障性住房的原值为 72 000 000 元，预计使用年限为 50 年，按年限平均法计提折旧。

保障性住房月折旧额＝72 000 000÷50÷12＝120 000（元）

根据计算结果，编制财务会计分录：

借：业务活动费用　　120 000
　　贷：保障性住房累计折旧　　120 000

四、保障性住房出租的核算

按照规定出租保障性住房并将出租收入上缴同级财政，按照收取的租金金额，借记“银行存款”等科目，贷记“应缴财政款”科目。

五、保障性住房处置的核算

事业单位按照规定报经批准处置保障性住房，应当分别以下情况处理。

（一）无偿调出保障性住房

事业单位报经批准无偿调出保障性住房，按照保障性住房已计提的折旧，借记“保障性住房累计折旧”科目，按照被处置保障性住房的账面余额，贷记“保障性住房”科目，按照借贷方差额，借记“无偿调拨净资产”科目；同时，按照无偿调出过程中发生的归属于调出方的相关费用，借记“资产处置费用”科目，贷记“银行存款”等科目。

（二）出售保障性住房

事业单位报经批准出售保障性住房，按照被出售保障性住房的账面价值，借记“资产处置费用”科目，按照保障性住房已计提的折旧，借记“保障性住房累计折旧”科目，按照保障性住房的账面余额，贷记“保障性住房”科目；同时，按照收到的价款，借记“银行存款”等科目，按照出售过程中发生的相关费用，贷记“银行存款”等科目，按照借贷方差额，贷记“应缴财政款”科目。

【例 3-60】 2×19 年 10 月，某事业单位经批准出售保障性住房取得价款 56 000 000 元，存入银行，以银行存款支付相关税费 3 00 000 元。该保障性住房的账面余额为 80 000 000 元，已计提的折旧为 34 000 000 元。

（1）转销保障性住房账面余额、累计折旧，编制财务会计分录：

借：资产处置费用	46 000 000	
保障性住房累计折旧	34 000 000	
贷：保障性住房		80 000 000

（2）取得出售价款存入银行，编制财务会计分录：

借：银行存款	56 000 000	
贷：银行存款		3 000 000
应缴财政款		53 000 000

事业单位应当定期对保障性住房进行清查盘点。对于发生的保障性住房盘盈、盘亏、毁损或报废等，其会计处理方法可参照固定资产盘盈、盘亏、毁损或报废的账务处理。

第十节　其他长期资产

一、长期待摊费用的核算

长期待摊费用是指事业单位已经发生但应由本期和以后各期负担的分摊期限在 1 年以上（不含 1 年）的各项费用，如以经营租赁方式租入的固定资产发生的改良支出等。长期待摊费用本质上是一种费用，但由于这些费用所产生的服务潜力或者带来的经济利益要期待于将来，并且这些费用支出数额较大，如果将其全部计入支出年度，就不能正确反映当期的财务状况和运行情况，因此，需要对这些费用进行分期摊销处理。

事业单位应设置“长期待摊费用”科目核算长期待摊费用的增减变动情况。该科目的借方登记事业单位发生的待摊费用；贷方登记各期摊销的费用；期末借方余额，反映事业单位尚未摊销完毕的长期待摊费用。其明细科目应按长期待摊费用的种类设置并进行明细核算。

事业单位发生长期待摊费用时，按照支出金额，借记“长期待摊费用”科目，贷记“财政拨款收入”“零余额账户用款额度”“银行存款”等科目；按照受益期间摊销长期待摊费用时，按照摊销金额，借记“业务活动费用”“单位管理费用”“经营费用”等科目，贷记“长期待摊费用”科目。

需要说明的是，如果某项长期待摊费用已经不能使事业单位受益，应当将其摊余金额一次全部转入当期费用。按照摊销金额，借记“业务活动费用”“单位管理费用”“经营费用”等科目，贷记“长期待摊费用”科目。

【例3-61】 2×19年，某事业单位（小规模纳税人）对以经营租赁方式租入的研发大楼进行改造，根据发生的相关业务，编制会计分录。

(1) 以财政直接支付方式支付购进大楼改造工程所需物资成本120 000元、增值税15 600元。编制财务会计分录：

借：工程物资	135 600	
贷：财政拨款收入		135 600

同时，编制预算会计分录：

借：事业支出	135 600	
贷：财政拨款预算收入		135 600

(2) 研发大楼改造工程耗用工程物资110 000元，应确认的职工薪酬为58 400元，用银行存款支付其他费用23 600元。编制财务会计分录：

借：在建工程——租入固定资产改良支出	192 000	
贷：工程物资		110 000
应付职工薪酬		58 400
银行存款		23 600

同时，编制预算会计分录：

借：事业支出	23 600	
贷：资金结存——货币资金		23 600

(3) 研发大楼改造工程完工，将全部工程支出转入长期待摊费用。编制财务会计分录：

借：长期待摊费用——租入固定资产改良支出	192 000	
贷：在建工程——租入固定资产改良支出		192 000

(4) 研发大楼投入使用，按租期4年、分月摊销研发大楼改造工程支出。

每月摊销额＝192 000÷4÷12＝4 000（元）

每月摊销时编制财务会计分录：

借：业务活动费用	4 000	
贷：长期待摊费用——租入固定资产改良支出		4 000

二、受托代理资产的核算

（一）受托代理资产的概念

受托代理资产是指事业单位接受委托方委托管理的各项资产，包括受托指定转赠的物资、受托储存管理的物资等。

在受托代理交易过程中，事业单位通常只是从委托方收到受托资产，并按照委托方的意愿将资产转赠给指定的其他组织或者个人，或者按照有关规定将资产转交给指定的其他组织或者个人，事业单位本身并不拥有受托资产的所有权和使用权，它只是在交易过程中起中介作用。

（二）受托转赠物资

为了反映受托转赠物资增减变动情况，事业单位应设置“受托代理资产”科目。该科目的借方登记受托代理资产的增加；贷方登记受托代理资产的减少；期末为借方余额，反映事业单位受托代理资产中实物资产的价值。其明细账应当按照资产的种类和委托方设置并进行明细核算；属于转赠资产的，还应当按照受赠人设置，并进行明细核算。

需要说明的是，事业单位管理的罚没物资也应当通过“受托代理资产”科目核算；事业单位收到受托代理资产为现金和银行存款的，不通过“受托代理资产”科目核算，应当通过“库存现金”“银行存款”科目核算。

事业单位接受委托人委托需要转赠给受赠人的物资，其成本按照有关凭据注明的金额确定。接受委托转赠的物资验收入库，按照确定的成本，借记“受托代理资产——受托转赠物资”科目，贷记“受托代理负债”科目；受托协议约定由受托方承担相关税费、运输费等的，还应当按照实际支付的相关税费、运输费等金额，借记“其他费用”科目，贷记“银行存款”等科目。

事业单位将受托转赠物资交付受赠人时，按照转赠物资的成本，借记“受托代理负债”科目，贷记“受托代理资产——受托转赠物资”科目。

有时，转赠物资的委托人取消了对捐赠物资的转赠要求，且不再收回捐赠物资的，应当将转赠物资转为单位的存货、固定资产等。按照转赠物资的成本，借记“受托代理负债”科目，贷记“受托代理资产——受托转赠物资”科目；同时，借记“库存物品”“固定资产”等科目，贷记“其他收入”科目。

【例 3-62】 2×19 年，某事业单位根据发生的受托转赠物资业务，编制相关的会计分录。

（1）8 月 10 日，接受委托转赠的抗旱物资一批并验收入库，该批物资凭据上注明的金额为 350 000 元。编制财务会计分录：

借：受托代理资产——受托转赠物资　　350 000
　　贷：受托代理负债　　350 000

（2）8 月 15 日，支付由本单位承担的保管费 1 800 元。编制财务会计分录：

借：其他费用　　1 800
　　贷：银行存款　　1 800

同时，编制预算会计分录：

借：其他支出　　18 000
　　贷：资金结存——货币资金　　18 000

(3) 8 月 31 日，委托人取消了对捐赠物资的转赠要求且不再收回捐赠物资，该单位将转赠物资 50 000 元转为存货，其余部分确认为固定资产。编制财务会计分录：

借：受托代理负债　　350 000
　　贷：受托代理资产——受托转赠物资　　350 000

同时，编制预算会计分录：

借：库存物品　　50 000
　　固定资产　　300 000
　　贷：其他收入　　350 000

（三）受托储存管理物资

事业单位接受委托人委托储存保管的物资，其成本按照有关凭据上注明的金额确定。接受委托储存的物资验收入库，按照确定的成本，借记“受托代理资产——受托储存管理物资”科目，贷记“受托代理负债”科目；发生由受托单位承担的与受托储存保管的物资相关的运输费、保管费等费用时，按照实际发生的费用金额，借记“其他费用”等科目，贷记“银行存款”等科目；根据委托人要求交付或发出受托储存保管的物资时，按照发出物资的成本，借记“受托代理负债”科目，贷记“受托代理资产——受托储存管理物资”科目。

【例 3-63】 2×19 年 4 月，甲事业单位根据发生的受托储存管理物资业务，编制相关的会计分录。

(1) 5 日，接受乙单位委托储存物资一批并验收入库，与委托储存管理物资有关的凭据上注明的物资成本为 1 500 000 元。编制财务会计分录：

借：受托代理资产——受托储存管理物资　　1 500 000
　　贷：受托代理负债　　1 500 000

(2) 8 日，以银行存款支付由本单位承担的运输费 2 000 元、保管费等费用 26 000 元，并计入相关费用。编制财务会计分录：

借：其他费用　　28 000
　　贷：银行存款　　28 000

同时，编制预算会计分录：

借：其他支出　　28 000
　　贷：资金结存——货币资金　　28 000

(3) 根据乙单位的要求，将受托储存物资交付乙单位。编制财务会计分录：

借：受托代理负债　　1 500 000
　　贷：受托代理资产——受托储存管理物资　　1 500 000

（四）罚没物资

事业单位取得罚没物资时，其成本按照有关凭据上注明的金额确定。罚没物资验收（入库），按照确定的成本，借记“受托代理资产”科目，贷记“受托代理负债”科目。罚没物资成本无法可靠确定的，事业单位应当设置备查簿进行登记；按照规定处置或移交罚没物资时，按照罚没物资的成本，借记“受托代理负债”科目，贷记“受托代理资产”科目。处置时取得款项的，按照实际取得的款项金额，借记“银行存款”等科目，贷记“应缴财政款”等科目。

制度测试

1. 资料：2×19 年 7 月 1 日，某事业单位从证券二级市场买入 2×19 年 1 月 1 日发行、3 年期、到期一次还本付息的债券 100 份，每份面值为 1 000 元，每份买入价为 1 100 元（包含应计利息 30 元），另支付相关税费 500 元，债券年利率为 6%，该单位准备将债券持有至到期。全部款项均以银行存款支付。债券到期收回债券本息 128 000 元，存入银行。

要求：(1) 编制买入国债的财务会计分录。

(2) 编制 2×19 年 12 月 31 日确认债券利息收入的财务会计分录。

(3) 编制国债持有至到期收回本息的财务会计分录。

2. 资料：2×19 年，某事业单位发生与固定资产相关的经济业务如下：

(1) 4 月 5 日，采用财政直接支付方式购入一台不需要安装的设备，设备价款为 120 000 元，另以银行存款支付运输费、保险费等费用 10 000 元。

(2) 8 月 10 日，采用财政授权支付方式购入甲、乙、丙三种型号的专用设备，共支付设备款 260 000 元，另以银行存款支付运输费 10 000 元、安装费 6 000 元。三种设备的市场价格分别为 150 000 元、90 000 元和 60 000 元。按照各项设备市场价格比例确定其取得成本。

(3) 10 月 13 日，接受境外公益组织捐赠的一台不需要安装的办公设备，未取得相关凭据，也无法可靠取得同类或类似固定资产的市场价格，按照名义金额入账。接受捐赠资产发生相关税费、运输费等 15 000 元，以银行存款付讫。

(4) 12 月 10 日，经批准从乙单位无偿调入汽车一辆，调出方的账面价值为 300 000 元。因调入车辆发生的相关费用为 8 000 元，以零余额账户支付。

(5) 12 月 20 日，经有关部门批准有偿转让不再使用的专用设备一台，该设备原值为 300 000 元，已经计提折旧 180 000 元；按照评估价格出售，获得出售价款 150 000 元，存入银行；以银行存款支付有关拆卸费、运输费 3 500 元；将出售该设备的净收入上缴国库。

(6) 12 月 31 日，经批准对外捐赠一项设备，该设备账面余额为 300 000 元，已计提折旧 100 000 元，捐赠过程中以银行存款支付相关费用 9 000 元。

要求：编制上述经济业务的财务会计分录。

3. 资料：2×19 年 8 月，某事业单位因遭受水灾而毁损研究设备一台，该设备原价为 100 000 元，已计提折旧 80 000 元。将毁损的设备转入待处理资产。清理设备取得残料变价收入 6 000 元，存入银行，经保险公司核定应赔偿损失 15 000 元，尚未收到赔款。设备报废，以现金支付清理费用 8 000 元。

要求：编制上述经济业务的财务会计分录。

4. 资料：某事业单位（小规模纳税人）经批准将建造 5 000 平方米的研究中心，相关资料如下：

(1) 2×21 年 1 月 5 日，购入工程用物资支付 234 000 元，直接交付工程使用。款项用银行存款付讫。

(2) 2×21 年 1 月至 3 月，根据工程价款结算账单与施工企业结算工程价款时，按照实际支付的工程价款应付工程人员工资 20 000 元，用零余额账户付讫。

(3) 确认建筑工程建设期间应付借款利息 15 000 元，利息按年支付。

(4) 2×21 年 3 月 31 日，该研究中心达到预定可使用状态，估计可使用 20 年，采用直线法计提折旧。

(5) 2×25 年 12 月 31 日，该研究中心突遭火灾焚毁，将残料变现收入 50 000 元存入银行，用银行存款支付清理费用 20 000 元。经保险公司核定，应赔偿损失 70 000 元，尚未收到赔款。

要求：(1) 计算研究中心建造完工的入账价值，并编制结转其完工成本的财务会计分录。

(2) 计算 2×21 年度研究中心应计提的折旧额。

(3) 编制 2×21 年度与上述业务相关的财务会计分录。

(4) 编制 2×25 年 12 月 31 日清理该研究中心的财务会计分录。

5. 资料：某科学事业单位自行研究开发一项专利技术，与该项专利技术有关的资料如下：

(1) 2×19 年 1 月至 6 月，该项研发活动进入开发阶段，以银行存款支付开发费用 280 000 元，其中满足资本化条件的为 150 000 元。2×19 年 7 月 1 日，开发活动结束，并按法律程序申请取得专利权，供行政管理部门使用。

(2) 法律规定该项专利权的有效期为 5 年，采用直线法摊销。

(3) 2×19 年 12 月 1 日，单位将该项专利权转让，实际取得价款 160 000 元，应交税费 9 600 元，款项已存入银行。按照规定，专利权转让收入纳入单位预算管理。

要求：(1) 编制该单位发生开发支出、转销费用化开发支出以及形成专利权的财务会计分录。

(2) 计算该单位 2×19 年 7 月专利权摊销金额并编制财务会计分录。

(3) 编制该单位转让专利权的财务会计分录。

6. 资料：2×19 年 10 月 20 日，某事业单位接受其他单位无偿调入的公共基础设施，该基础设施在调出方的账面价值为 450 000 元，由调入单位负担的相关费用为 15 000 元，以零余额账户支付。11 月 5 日，该单位接受某公司捐赠健身设施一批，其成本无法可靠取得。取得健身设施支付相关税费 5 000 元，以银行存款支付。

要求：根据上述资料，编制财务会计分录。

7. 资料：2×19 年 10 月，A 城市市政环保事业单位经批准将其管理的一批环保设施捐赠给 B 市，该设施账面余额为 1 500 000 元，累计折旧为 800 000 元。捐赠过程中，捐出部门以银行存款支付相关费用 10 000 元。

要求：根据上述资料，编制财务会计分录。

8. 资料：2×19 年 4 月 10 日，某事业单位根据规定购入政府储备物资一批并验收入库，其成本总额为 500 000 元，以财政授权支付方式结算款项，另以银行存款支付运费等相关费用 20 000 元。7 月 20 日，收到乙单位捐赠的政府储备物资一批并验收入库，取得的捐赠凭据上注明的金额为 200 000 元，以银行存款支付运输费等 15 000 元。10 月 20 日，经批准对外销售甲类政府储备物资，取得收入 1 200 000 元，存入银行，该物资的账面余额为 1 000 000 元，规定要将销售收入上缴财政。

要求：根据上述资料，编制财务会计分录。

9. 资料：2×19 年 3 月 15 日，某事业单位因开展业务活动的需要，以零余额账户存款购买一件艺术品，其价款为 50 000 元。8 月 20 日，接受某画家捐赠的一幅画作，该画作估计市价为 80 000 元。以银行存款支付举办捐赠仪式的相关费用 6 000 元。10 月 10 日，报经批准，无偿调出文物文化资产一批，其账面余额为 180 000 元，调出过程中发生由本单位负担的相关费用 4 000 元。

要求：根据上述资料，编制财务会计分录。

10. 资料：2×19 年 3 月 10 日，某事业单位经批准出售保障性住房取得价款 56 000 000 元，存入银行，该单位以银行存款支付相关税费 300 000 元。该保障性住房的账面余额为 80 000 000 元，已计提折旧 34 000 000 元。

要求：根据上述资料，编制财务会计分录。

11. 资料：2×19 年 8 月 10 日，某事业单位接受委托转赠的抗旱物资一批并验收入库，该批物资的凭据上注明的金额为 300 000 元。8 月 15 日，支付由本单位承担的保管费 2 000 元。12 月 31 日，委托人取消了对捐赠物资的转赠要求且不再收回捐赠物资，将转赠物资 100 000 元转为存货，其余部分确认为固定资产。

要求：根据上述资料，编制财务会计分录。

第四章　负　债

负债作为一种经济现象，一直存在于事业单位各项财务活动之中。负债也被称作“负资产”，这说明负债与资产具有完全相同的特性，只是在方向上正好相反。因此，如果将资产视为一种权利，那么负债就是一种义务。为了便于分析事业单位的财务状况和偿债能力，《政府会计准则第 8 号——负债》将负债按其流动性分为流动负债和非流动负债。

第一节　负债概述

一、负债的概念

负债是指事业单位过去的经济业务或者事项形成的，预期会导致经济资源流出单位的现时义务。包括短期借款、应交税费、应缴财政款、应付职工薪酬、应付票据、应付账款、应付政府补贴款、应付利息、预收账款、预提费用、长期借款、长期应付款、预计负债、受托代理负债等。负债是事业单位提供公共服务、管理社会事务客观存在的一种经济现象，反映了事业单位资产总额中属于债权人的那部分权益或利益，代表了事业单位对债权人所承担的全部经济责任，包括用货币偿还以及以资产或提供劳务形式予以清偿的债务责任。

二、负债的特征

事业单位的负债一般具有以下基本特征：

(1) 负债是过去或目前已经发生的经济业务引起的现时义务。

这种经济义务通常是事业单位发生取得资产或接受劳务服务等经济业务的结果。如因借款所承担的还本付息义务，因赊购资产负有付清款项的义务，因依法取得应缴财政专户资金承担的应缴国库款义务等。事业单位未来业务活动可能产生的经济义务不能确认为负债。

总括而言，事业单位的经济义务可分为两类：一类是法定义务或称法定责任，如应交税费、应缴财政款等；另一类是合约义务或称合约责任，如应付款项、短期借款等，它们是债权、债务双方通过合约明确的经济责任。

(2) 负债的实质是事业单位未来经济利益或服务潜力的减少。

负债作为一项现时义务，无论是法定义务还是合约义务，履行义务偿还负债，需要在未来期间通过交付现金、转让资产或提供服务来清偿，因此，现时负债代表着事业单位未来经济利益或服务潜能的流出。

（3）负债能用货币确切计量或合理估计。

负债一般产生于合同，其金额和支付时间均已由合同所规定。但在某些特殊情况下，负债状况可能要取决于未来的运营活动，但其金额必须能够被合理判断和估计。否则，就无法综合反映债权人的权益和债务人的义务。

三、负债的分类

事业单位的负债一般按照流动性分为流动负债和非流动负债。负债的流动性一般是指负债的偿还速度或偿还时间的长短。

（一）流动负债

流动负债是指预计在1年内（含1年）偿还的负债，包括应付及预收款项、应付职工薪酬、应缴款项等。可见，流动负债通常是因运营活动而引起的，如赊购库存物品产生的应付账款、应付票据等，接受职工提供服务形成的应付职工薪酬，履职或提供公共服务取得的应缴财政款项等。

（二）非流动负债

非流动负债是指流动负债以外的负债，如长期借款、长期应付款、预计负债等。举借非流动负债主要是为了满足购置大型仪器或设备、增建和扩建用房的资金需要。因此，非流动负债的偿还期限较长，且金额一般也较大，利息费用也是事业单位长期的固定性支出。

区分流动负债与非流动负债具有重要的意义：一是可以提供事业单位负债的偿还或支付期限信息，以评估其财务状况；二是用流动资产与流动负债相比较，可以反映事业单位的短期偿债能力。

第二节 流动负债

一、流动负债概述

（一）流动负债的内容

流动负债一般是依据债权人提出要求时即偿付，或预期在资产负债表日后1年内需要清偿的债务。根据《政府会计制度》的规定，事业单位流动负债包括短期借款、应交增值税、其他应交税费、应缴财政款、应付职工薪酬、应付票据、应付账款、应付政府补贴款、应付利息、预收账款、其他应付款等。

（二）流动负债的性质

流动负债是指预计在1年内（含1年）偿还的负债，它除具备负债的一般特征外，还具有以下特点：

（1）偿还期限短，流动负债是在债权人提出要求时，债务人即期偿付，或在1年内或在一个营业周期内履行偿债的义务。

（2）履行偿债义务时，需要使用事业单位的流动资产或流动负债，也可以通过向债权人提供劳务方式清偿。

（三）流动负债的分类

1. 按流动负债产生的原因分类

按流动负债产生的原因，流动负债可分为：借贷形成的流动负债，如从银行等金融机构借入的短期借款等；结算过程中形成的流动负债，如赊购商品形成的待结算应付款项、因取得应税收入形成的应交税费；运营过程中形成的负债，如预提费用、应付职工薪酬等。

2. 按流动负债应付金额是否确定分类

按流动负债应付金额是否确定，流动负债可分为：应付金额确定的流动负债，如应付账款、应付票据等，这类流动负债具有确定的金额、偿还日期和债权人（卖方），也可以较为精确地计量；应付金额视业务活动情况而定的流动负债，这类流动负债通常是在期末才能确定金额，运营期间，负债金额不能确定，如应交所得税等；应付金额需要估计的流动负债，如预提费用等，这类流动负债在发生时金额不能精确地计量，只能进行合理地估计。

3. 按流动负债偿付的方式不同分类

按负债偿付的方式不同，流动负债可分为货币性负债和非货币性负债。货币性负债是指债务到期以货币偿付的债务，如短期借款、应付账款等；非货币性负债是指债务到期以实物或劳务偿付的债务，如预收账款等。

二、短期借款的核算

（一）短期借款的概念和特点

短期借款是指事业单位经批准从银行或其他金融机构等借入的期限在 1 年内（含 1 年）的各种借款。有时，事业单位为维持其正常业务活动所需要的资金或者是为了抵偿某项债务而向银行或其他金融机构借入一定的款项。事业单位借入短期借款，无论用于哪个方面，只要取得了此项资金，就构成了单位的一项流动负债，期末尚未归还的短期借款本金，应反映在资产负债表“短期借款”项目内，归还短期借款时，除了归还本金外，按照货币时间价值理论，还应支付利息。

与其他流动负债相比，短期借款的特点如下：一是短期借款的债权人不仅包括银行，还包括其他非银行金融机构；二是借款期限较短，一般为 1 年以下（含 1 年）；三是借款到期时不仅要偿还本金，还应支付借款利息。

为了反映短期借款增减变动情况，事业单位应设置“短期借款”科目。该科目的贷方登记短期借款增加额；借方登记短期借款减少额；期末余额在贷方，表示尚未归还的借款本金。该科目的明细科目按债权人设置。

短期借款的核算涉及借入资金、结算利息和借款到期归还本息三方面内容。

（二）借入资金

短期借款一般期限不长，通常是在事业单位办妥各种借款手续，按照实际借入的金额，借记“银行存款”科目，贷记“短期借款”科目。如果事业单位持有的银行承兑汇票到期，但无力支付票款，应根据票据承兑银行将承兑的票据款转作向单位提供的信贷资金时，按照应付票据的账面余额，借记“应付票据”科目，贷记“短期借款”科目。

（三）结算利息

短期借款利息是事业单位为筹集资金发生的耗费，在借款期限内应列入其他费用。由于短期借款利息支付方式不同，归还短期借款利息可采用以下方式处理。

1. 预提借款利息

事业单位对于按期支付（如按季）或借款到期连同本金一并偿还且数额较大的短期借款利息，可采用预提办法核算。按期预提借款利息时，按预提的数额，借记“其他费用”科目，贷记“应付利息”科目；实际支付利息时，借记“应付利息”科目，贷记“银行存款”等科目。

2. 短期借款利息直接列支

事业单位借入短期借款的利息是按月支付，或利息数额不大且在借款到期时与本金一起偿还的，可以简化核算手续，不采用预提办法，而在实际支付或收到银行计息通知时，借记“其他费用”科目，贷记“银行存款”等科目。

（四）借款到期归还本息

由于短期借款利息已于平时支付或虽未支付但在借款到期时与本金一起偿还，因此在归还借款时，按尚未偿还的借款本金，借记“短期借款”科目，按尚未偿还的利息，借记“其他费用”科目；按借款本金或本息之和，贷记“银行存款”科目。

【例 4-1】 2×19 年，某事业单位根据发生的短期借款业务，编制相关的会计分录。

（1）1 月 3 日，从工商银行借入金额为 240 000 元、期限为 9 个月、年利率为 6%的短期借款，用于运营活动，每季度支付一次利息。编制财务会计分录：

借：银行存款	240 000	
贷：短期借款		240 000

同时，编制预算会计分录：

借：资金结存	240 000	
贷：债务预算收入		240 000

（2）1 月 31 日，计提短期借款利息。

应付利息＝240 000×6%÷12＝1 200（元）

编制财务会计分录：

借：其他费用	1 200	
贷：应付利息		1 200

（3）2 月、3 月末，计提短期借款利息的会计分录同 1 月 31 日，此处略。

（4）3 月 31 日，支付第一季度的借款利息。编制财务会计分录：

借：应付利息	3 600	
贷：银行存款		3 600

同时，编制预算会计分录：

借：其他支出	3 600	

贷：资金结存——货币资金　　3 600

（5）第二季度借款利息的会计处理方法同第一季度，此处略。

（6）2×19 年 9 月 30 日，借款到期归还本金和第三季度的利息。编制财务会计分录：

借：短期借款　　240 000
　　应付利息　　3 600
　　贷：银行存款　　243 600

同时，编制预算会计分录：

借：债务还本支出　　240 000
　　其他支出　　3 600
　　贷：资金结存——货币资金　　243 600

三、应交增值税的核算

增值税是以商品或劳务在流转过程中产生的增值额作为征收对象而征收的一种流转税。按照我国《增值税暂行条例》的规定，在我国境内销售货物或者加工、修理修配劳务，销售服务、无形资产、不动产以及进口货物的单位和个人，为增值税的纳税人，增值税是以销售货物、劳务、服务、无形资产、不动产和货物进口金额为计税依据而课征的一种流转税。

为了简化增值税的计算和征收，减少税收征管的漏洞，我国《增值税暂行条例》根据经营规模大小和会计核算水平的健全程度，将增值税纳税人分为一般纳税人和小规模纳税人。

（一）一般纳税人

1. 一般纳税人应交增值税概述

增值税一般纳税人采用一般计税方法计算交纳增值税。增值税的一般计税方法，是先按当期销售额和适用的税率计算出销项税额，然后以该销项税额对当期购进项目支付的税款（即进项税额）进行抵扣，从而间接算出当期的应纳税额。当期应纳税额的计算公式为：

当期应纳税额＝当期销项税额－当期进项税额

公式中的“当期销项税额”是指纳税人当期销售货物、劳务、服务、无形资产、不动产时按照销售额和增值税税率计算并收取的增值税税额。销项税额的计算公式为：

销项税额＝销售额×增值税税率

公式中的“当期进项税额”是指纳税人当期购进货物、劳务、服务、无形资产、不动产所支付或承担的增值税税额。通常包括：

（1）从销售方取得的增值税专用发票上注明的增值税税额；

（2）从海关取得的完税凭证上注明的增值税税额；

（3）购进农产品，按照农产品收购发票或者销售发票上注明的农产品买价和 10%的扣除率计算的进项税额；

（4）接受境外单位或者个人提供的应税服务，从税务机关或者境内代理人取得的解缴税款的“中华人民共和国税收缴款凭证”（以下简称税收缴款凭证）上注明的增值税额。

当期销项税额小于当期进项税额不足抵扣时，其不足部分可以结转下期继续抵扣。

一般纳税人采用的税率分为基本税率、低税率和零税率三种。

一般纳税人销售货物、劳务、有形动产租赁服务或者进口货物，除另有规定外，适用税率为 13%，即基本税率。

纳税人销售交通运输、邮政、基础电信、建筑、不动产租赁服务，销售不动产，转让土地使用权，销售或者进口下列货物，适用税率为 9%：

(1) 粮食等农产品、食用植物油、食用盐；

(2) 自来水、暖气、冷气、热水、煤气、石油液化气、天然气、二甲醚、沼气、居民用煤炭制品；

(3) 图书、报纸、杂志、音像制品、电子出版物；

(4) 饲料、化肥、农药、农机、农膜；

(5) 国务院规定的其他货物。

纳税人销售服务、无形资产，除另有规定外，适用税率为 6%。

纳税人出口货物，税率为零；但是，国务院另有规定的除外。境内单位和个人跨境销售国务院规定范围内的服务、无形资产，税率为零。

2. “应交增值税”科目及其明细科目的设置

为了核算应交增值税的发生、抵扣、交纳、退税及转出等情况，事业单位应当设置“应交增值税”科目。该科目的贷方登记应交的增值税，借方登记已交的增值税；期末贷方余额，反映应交未交的增值税，期末如为借方余额，反映尚未抵扣或多交的增值税。

属于一般纳税人的事业单位，还应当在“应交增值税”科目下设置“应交税金”“未交税金”“预交税金”“待抵扣进项税额”“待认证进项税额”“待转销项税额”“简易计税”“转让金融商品应交增值税”“代扣代交增值税”等明细科目。

(1)“应交税金”明细科目。“应交税金”明细科目下应设置以下专栏：

1)“进项税额”专栏，记录事业单位购进货物、加工修理修配劳务、服务、无形资产或不动产而支付或负担的，准予从当期销项税额中抵扣的增值税额；

2)“已交税金”专栏，记录事业单位当月已交纳的应交增值税额；

3)“转出未交增值税”和“转出多交增值税”专栏，分别记录一般纳税人月度终了转出当月应交未交或多交的增值税额；

4)“减免税款”专栏，记录事业单位按照现行增值税制度规定准予减免的增值税额；

5)“销项税额”专栏，记录事业单位销售货物、加工修理修配劳务、服务、无形资产或不动产应收取的增值税额；

6)“进项税额转出”专栏，记录事业单位购进货物、加工修理修配劳务、服务、无形资产或不动产等发生非正常损失以及其他原因而不应从销项税额中抵扣、按照规定转出的进项税额。

(2)“未交税金”明细科目。“未交税金”明细科目核算事业单位月度终了从“应交税金”或“预交税金”明细科目转入当月应交未交、多交或预交的增值税额，以及当月交纳以前期间未交的增值税额。

(3)“预交税金”明细科目。“预交税金”明细科目核算事业单位转让不动产、提供不动产经营租赁服务等，以及其他按照现行增值税制度规定应预交的增值税额。

(4)“待抵扣进项税额”明细科目。“待抵扣进项税额”明细科目核算事业单位已取得增值税扣税凭证并经税务机关认证，按照现行增值税制度规定准予以后期间从销项税额中抵扣的进项税额。

（5）“待认证进项税额”明细科目。“待认证进项税额”明细科目核算事业单位由于未经税务机关认证而不得从当期销项税额中抵扣的进项税额。

（6）“待转销项税额”明细科目。“待转销项税额”明细科目核算事业单位销售货物、加工修理修配劳务、服务、无形资产或不动产，已确认相关收入（或利得）但尚未发生增值税纳税义务而需要在以后期间确认为销项税额的增值税额。

（7）“简易计税”明细科目。“简易计税”明细科目用以核算事业单位采用简易计税方法发生的增值税计提、扣减、预缴、缴纳等业务。

（8）“转让金融商品应交增值税”明细科目。“转让金融商品应交增值税”明细科目核算事业单位转让金融商品发生的增值税额。

（9）“代扣代交增值税”明细科目。“代扣代交增值税”明细科目核算事业单位购进在境内未设经营机构的境外单位或个人在境内的应税行为代扣代缴的增值税。

属于小规模纳税人的事业单位，只需在“应交增值税”科目下设置“转让金融商品应交增值税”“代扣代交增值税”明细科目。

3. 增值税进项税额

（1）采购等业务进项税额允许抵扣。事业单位购买用于增值税应税项目的资产或服务等时，按照应计入相关成本费用或资产的金额，借记“业务活动费用”“在途物品”“库存物品”“工程物资”“在建工程”“固定资产”“无形资产”等科目，按照当月已认证的可抵扣增值税额，借记“应交增值税——应交税金（进项税额）”科目，按照当月未认证的可抵扣增值税额，借记“应交增值税——待认证进项税额”科目，按照应付或实际支付的金额，贷记“应付账款”“应付票据”“银行存款”“零余额账户用款额度”等科目。发生退货的，如原增值税专用发票已经认证，应根据税务机关开具的红字增值税专用发票做相反的会计分录；如原增值税专用发票未经认证，应将发票退回并做相反的会计分录。

（2）采购等业务进项税额不得抵扣。事业单位购进资产或服务等，用于简易计税方法计税项目、免征增值税项目、集体福利或个人消费等，其进项税额按照现行增值税制度规定不得从销项税额中抵扣的，取得增值税专用发票时，应按照增值税发票上注明的金额，借记相关成本费用类或资产类科目，按照待认证的增值税进项税额，借记“应交增值税——待认证进项税额”科目，按照实际支付或应付的金额，贷记“银行存款”“应付账款”“零余额账户用款额度”等科目。经税务机关认证为不可抵扣进项税额时，借记“应交增值税——应交税金（进项税额）”科目，贷记“应交增值税——待认证进项税额”科目，同时，将进项税额转出，借记相关成本费用类科目，贷记“应交增值税——应交税金（进项税额转出）”科目。

（3）购进不动产或不动产在建工程。事业单位购进不动产或不动产在建工程，应当按照取得成本，借记“固定资产”“在建工程”等科目，按照当期可抵扣的增值税额，借记“应交增值税——应交税金（进项税额）”科目，按照以后期间可抵扣的增值税额，借记“应交增值税——待抵扣进项税额”科目，按照应付或实际支付的金额，贷记“应付账款”“应付票据”“银行存款”“零余额账户用款额度”等科目。尚未抵扣的进项税额待以后期间允许抵扣时，按照允许抵扣的金额，借记“应交增值税——应交税金（进项税额）”科目，贷记“应交增值税——待抵扣进项税额”科目。

（4）进项税额抵扣情况发生改变。事业单位因发生非正常损失或改变用途等，原已计入进项税额、待抵扣进项税额或待认证进项税额，但按照现行增值税制度规定不得从销项税额中抵扣的，借记“待处理财产损溢”“固定资产”“无形资产”等科目，贷记“应交增值税——应交税金（进项税额转出）”科目、“应交增值税——待抵扣进项税额”科目或“应交增值税——待认证进项税额”科目；原不得抵扣且未抵扣进项税额的固定资产、无形资产等，因改变用途等用于允许抵扣进项税额的应税项目的，应按照允许抵扣的进项税额，借记“应交增值税——应交税金（进项税额）”科目，贷记“固定资产”“无形资产”等科目。固定资产、无形资产等经上述调整后，应按照调整后的账面价值在剩余尚可使用年限内计提折旧或摊销。

事业单位购进时已全额计入进项税额的货物或服务等转用于不动产在建工程的，对于结转以后期间的进项税额，应借记“应交增值税——待抵扣进项税额”科目，贷记“应交增值税——应交税金（进项税额转出）”科目。

（5）购买方作为扣缴义务人的进项税额核算。按照现行增值税制度的规定，境外单位或个人在境内发生应税行为，在境内未设有经营机构的，以购买方为增值税扣缴义务人。境内一般纳税人购进服务或资产时，按照应计入相关成本费用或资产的金额，借记“业务活动费用”“在途物品”“库存物品”“工程物资”“在建工程”“固定资产”“无形资产”等科目，按照可抵扣的增值税额，借记“应交增值税——应交税金（进项税额）”科目，按照应付或实际支付的金额，贷记“银行存款”“应付账款”等科目，按照应代扣代缴的增值税额，贷记“应交增值税——代扣代交增值税”科目。实际缴纳代扣代交增值税时，按照代扣代交的增值税额，借记“应交增值税——代扣代交增值税”科目，贷记“银行存款”“零余额账户用款额度”等科目。

【例 4-2】 某事业单位为一般纳税人。2×19 年 12 月，该单位根据发生的增值税业务（取得的增值税专用发票已经税务机关认证），编制相关的会计分录。

（1）3 日，购入 M 材料一批，增值税专用发票上注明的价款为 120 000 元，增值税额为 15 600 元，材料尚未到达，全部款项已用银行存款支付。编制财务会计分录：

借：在途物品　120 000
　　应交税费——应交增值税（进项税额）　15 600
　　贷：银行存款　135 600

同时，编制预算会计分录：

借：事业支出　135 600
　　贷：资金结存——货币资金　135 600

（2）5 日，委托外单位修理仪器和设备，取得对方开具的增值税专用发票上注明的修理费用为 20 000 元，增值税额为 2 600 元，款项已用银行存款支付。编制财务会计分录：

借：业务活动费用　20 000
　　应交增值费——应交税金（进项税额）　2 600
　　贷：银行存款　22 600

同时，编制预算会计分录：

借：事业支出　22 600
　　贷：资金结存——货币资金　22 600

（3）15日，购进一幢简易办公楼作为固定资产核算，并于当月投入使用。取得增值税专用发票并通过认证，增值税专用发票上注明的价款为3 000 000元，增值税额为270 000元，款项已用银行存款支付。不考虑其他相关因素。

编制财务会计分录：

借：固定资产　3 000 000
　　应交税费——应交增值税（进项税额）　270 000
　　贷：银行存款　3 270 000

同时，编制预算会计分录：

借：事业支出　3 270 000
　　贷：资金结存——货币资金　3 270 000

（4）10日，库存物品因管理不善发生火灾损失，其实际成本为30 000元，相关增值税专用发票上注明的增值税额为3 900元。该单位将毁损库存材料作为待处理财产损溢入账。编制财务会计分录：

借：待处理财产损溢——待处理财产价值　33 900
　　贷：库存物品　30 000
　　　　应交增值税——应交税金（进项税额转出）　3 900

4. 销售货物或提供服务业务

事业单位销售货物或提供服务，应当按照应收或已收的金额，借记“应收账款”“应收票据”“银行存款”等科目，按照确认的收入金额，贷记“经营收入”“事业收入”等科目，根据按照现行增值税制度规定计算的销项税额（或采用简易计税方法计算的应纳增值税额），贷记“应交增值税——应交税金（销项税额）”科目或“应交增值税——简易计税”科目。发生销售退回的，应根据按照规定开具的红字增值税专用发票做相反的会计分录。

按照《政府会计制度》及相关政府会计准则确认收入的时点早于按照增值税制度确认增值税纳税义务发生时点的，应将相关销项税额记入“应交增值税——待转销项税额”科目，待实际发生纳税义务时再转入“应交增值税——应交税金（销项税额）”科目或“应交增值税——简易计税”科目。

按照增值税制度确认增值税纳税义务发生时点早于按照《政府会计制度》及相关政府会计准则确认收入的时点的，应按照应纳增值税额，借记“应收账款”科目，贷记“应交增值税——应交税金（销项税额）”科目或“应交增值税——简易计税”科目。

【例4-3】承例4-2，该单位根据2×19年12月发生的增值税业务，编制相关的会计分录。

（1）10日，所属非独立核算的经营单位向乙单位销售应税产品一批，开出的增值税专用发票上注明的价款为350 000元，增值税额为45 500元，收到对方出具的商业汇票一张，期限为3个月，面值为395 500元。编制财务会计分录：

借：应收票据　395 500
　　贷：经营收入　350 000

应交增值税——应交税金（销项税额） 45 500

（2）20日，收到乙公司因质量问题而退回的产品，退货要求符合销售合同约定。单位同意退货，并按规定向乙公司开具了增值税专用发票（红字），发票上注明的价款为70 000元，增值税额为9 100元，款项尚未退回。编制财务会计分录：

借：经营收入 70 000

应交增值税——应交税金（销项税额） 9 100

贷：应付账款 79 100

5. 转让金融商品销售额的确定

金融商品转让时，按照规定以盈亏相抵后的余额作为销售额。金融商品实际转让的月末，事业单位如产生转让收益，则按照应纳税额，借记“投资收益”科目，贷记“应交增值税——转让金融商品应交增值税”科目；如产生转让损失，则按照可结转下月的抵扣税额，借记“应交增值税——转让金融商品应交增值税”科目，贷记“投资收益”科目。

事业单位交纳增值税时，应借记“应交增值税——转让金融商品应交增值税”科目，贷记“银行存款”等科目。年末，“应交增值税——转让金融商品应交增值税”科目如有借方余额，则借记“投资收益”科目，贷记“应交增值税——转让金融商品应交增值税”科目。

【例4-4】 2×19年7月1日，某事业单位“应交增值税——转让金融商品应交增值税”科目借方余额为50 000元。7月3日，购入公司债券支付价款200 000元，不准备长期持有；12月31日，出售了所持有的全部公司债券，取得价款230 000元。该单位的账务处理如下：

转让金融商品应交增值税＝(230 000－200 000)÷(1＋6%)×6%＝1 698（元）

编制财务会计分录：

借：投资收益 1 698

贷：应交增值税——转让金融商品应交增值税 1 698

年末，“应交增值税——转让金融商品应交增值税”科目余额＝50 000＋1 698＝51 698（元）。

借：投资收益 51 698

贷：应交增值税——转让金融商品应交增值税 51 698

6. 月末转出多交增值税或未交增值税以及交纳增值税

月度终了，事业单位应当将当月应交未交或多交的增值税自“应交税金”明细科目转入“未交税金”明细科目。按照当月应交未交的增值税，借记“应交增值税——应交税金（转出未交增值税）”科目，贷记“应交增值税——未交税金”科目；按照当月多交的增值税，借记“应交增值税——未交税金”科目，贷记“应交增值税——应交税金（转出多交增值税）”科目。

【例4-5】 承例4-2、例4-3，月末计算当月应交未交增值税。

应交未交增值税＝(45 500－9 100)－(15 600＋2 600＋270 000)－3 900

＝－255 700（元）

根据计算结果，该单位当期销项税额小于当期进项税额。根据税法的规定，当期进项税额不足抵扣的部分可以结转下期继续抵扣，会计上不需要编制专门的会计分录。

事业单位交纳增值税包括交纳当月应交增值税、交纳以前期间未交增值税、预交增值税和减免增值税四种情况。

事业单位交纳当月应交的增值税，借记“应交增值税——应交税金（已交税金）”科目，贷记“银行存款”等科目；事业单位交纳以前期间未交的增值税，借记“应交增值税——未交税金”科目，贷记“银行存款”等科目；预交增值税时，借记“应交增值税——预交税金”科目，贷记“银行存款”等科目，月末，事业单位应将“预交税金”明细科目余额转入“未交税金”明细科目，借记“应交增值税——未交税金”科目，贷记“应交增值税——预交税金”科目；事业单位对于当期直接减免的增值税，借记“应交增值税——应交税金（减免税款）”科目，贷记“业务活动费用”“经营费用”等科目。

【例 4-6】 某事业单位为一般纳税人，2×19 年 12 月初，“应交增值税——未交税金”科目贷方余额为 15 000 元。12 月根据发生的应交增值税业务，编制相关的会计分录。

（1）8 日，以银行存款交纳 11 月未交的增值税 15 000 元，编制财务会计分录：

借：应交增值税——未交税金　　15 000

　　贷：银行存款　　15 000

同时，编制预算会计分录：

借：事业支出　　15 000

　　贷：资金结存——货币资金　　15 000

（2）15 日，以银行存款预交增值税 26 000 元；31 日，结转当月预交的全部增值税。

1）15 日预交增值税，编制财务会计分录：

借：应交增值税——预交税金　　26 000

　　贷：银行存款　　26 000

同时，编制预算会计分录：

借：事业支出　　26 000

　　贷：资金结存——货币资金　　26 000

2）31 日结转当月预交的增值税，编制财务会计分录：

借：应交增值税——未交税金　　26 000

　　贷：应交增值税——预交税金　　26 000

（3）31 日，计算并结转当月应交未交增值税 38 000 元，编制财务会计分录：

借：应交增值税——未交税金　　38 000

　　贷：应交增值税——应交税金（转出未交增值税）　　38 000

按照现行增值税制度的规定，事业单位初次购买增值税税控系统专用设备支付的费用以及交纳的技术维护费允许在增值税应纳税额中全额抵减的，根据按照规定抵减的增值税应纳税额，借记“应交增值税——应交税金（减免税款）”科目，贷记“业务活动费用”“经营费用”等科目。

（二）小规模纳税人

小规模纳税人核算增值税采用简化的方法，即购进货物、服务、无形资产或不动产，取得增值税专用发票上注明的增值税，一律不予抵扣，直接计入相关成本费用或资产成本。

小规模纳税人销售货物、服务、无形资产或不动产时，按照不含税的销售额和规定的增值税征收率计算应交纳的增值税（即应纳税额），但不得开具增值税专用发票。

一般来说，小规模纳税人采用销售额和应纳税额合并定价的方法并向客户结算款项，销售货物或提供应税劳务后，应进行价税分离，确定不含税销售额。不含税销售额的计算公式为：

不含税销售额＝含税销售额÷(1＋征收率)

应纳税额＝不含税销售额×征收率

小规模纳税人通过“应交增值税”科目核算应交增值税的增减变动情况，并在该科目下设置“转让金融商品应交增值税”和“代扣代交增值税”两个明细科目。

事业单位购买用于增值税应税项目的资产或服务等时，按照应计入相关成本费用或资产的金额（含增值税），借记“业务活动费用”“在途物品”“库存物品”“工程物资”“在建工程”“固定资产”“无形资产”等科目，贷记“应付账款”“应付票据”“银行存款”“零余额账户用款额度”等科目。

事业单位销售货物或提供服务，应当按照应收或已收的金额，借记“应收账款”“应收票据”“银行存款”等科目，按照确认的收入金额，贷记“经营收入”“事业收入”等科目，按照现行增值税制度规定计算的应交增值税，贷记“应交增值税”科目。

【例 4－7】某事业单位为增值税小规模纳税人，适用的增值税税率为 3%。2×19 年 5 月，该单位根据发生的非独立核算经营业务，编制相关的会计分录。

(1) 10 日，购入材料一批，取得增值税专用发票上注明的价款为 30 000 元，增值税额为 3 900 元，款项以银行存款支付，材料验收入库。编制财务会计分录：

借：库存物品	33 900	
贷：银行存款		33 900

同时，编制预算会计分录：

借：经营支出	33 900	
贷：资金结存——货币资金		33 900

(2) 20 日，销售产品一批，开具的普通发票中注明的货款（含税）为 51 500 元，款项已存入银行。

不含税销售额＝含税销售额÷(1＋征收率)＝51 500÷(1＋3%)＝50 000（元）

应纳增值税＝不含税销售额×征收率＝50 000×3%＝1 500（元）

编制财务会计分录：

借：银行存款	51 500	
贷：经营收入		50 000
应交增值税		1 500

同时，编制预算会计分录：

借：资金结存——货币资金	51 500	
贷：经营预算收入		51 500

(3) 用银行存款交纳增值税 1 500 元，编制财务会计分录：

借：应交增值税	1 500	
贷：银行存款		1 500

同时，编制预算会计分录：

借：经营支出　　1 500

　　贷：资金结存——货币资金　　1 500

四、其他应交税费的核算

其他应交税费是指事业单位按照税法等规定计算应交纳的除增值税以外的各种税费，包括城市维护建设税、教育费附加、地方教育费附加、车船税、房产税、城镇土地使用税和企业所得税等。

为了反映其他应交税费增减变动情况，事业单位应设置“其他应交税费”科目。该科目的贷方登记应交纳的各种税费等，借方登记实际交纳的税费；期末借方余额，反映事业单位多交纳的税费，期末贷方余额，反映事业单位应交未交的税费。

“其他应交税费”科目应当按照应交纳的税费种类进行明细核算。

需要说明的是：事业单位代扣代交的个人所得税，也作为其他应交税费核算；事业单位应交纳的印花税不需要预提，直接通过“业务活动费用”“单位管理费用”等科目核算，不作为其他应交税费核算。

（一）应交城市维护建设税、教育费附加

城市维护建设税（以下简称城建税）是一种附加税。按照现行税法的规定，它是以纳税人实际缴纳的增值税、消费税之和的一定比例计算交纳。城建税应纳税额的计算公式如下：

应纳城建税＝实际缴纳的增值税和消费税之和×适用税率

城市维护建设税适用税率按纳税人所在地区不同，分为以下三档差别比例税率：纳税人所在地为市区的，税率为7%；纳税人所在地为县城、镇的，税率为5%；纳税人所在地不在市区、县城或者镇的，税率为1%。

教育费附加是对交纳增值税、消费税的单位和个人征收的一种附加费。它以交纳的增值税、消费税为计征依据，并按照3%的比例计算交纳。教育费附加的计算公式如下：

应纳教育费附加＝实际缴纳的增值税和消费税之和×征收比率

事业单位发生城市维护建设税、教育费附加纳税义务的，根据按税法规定计算的应交税费金额，借记“业务活动费用”“单位管理费用”“经营费用”等科目，贷记“其他应交税费——应交城市维护建设税、应交教育费附加”科目。实际交纳城市维护建设税、教育费附加时，借记“其他应交税费——应交城市维护建设税、应交教育费附加”科目，贷记“银行存款”等科目。

【例4-8】某事业单位位于市区，2×19年6月从事非独立核算经营活动实际交纳增值税60 000元。该单位当月应交纳城市维护建设税、教育费附加计算如下：

（1）6月末计提应交税费：

应交城市维护建设税＝60 000×7%＝4 200（元）

应交教育费附加＝60 000×3%＝1 800（元）

编制财务会计分录：

借：经营费用　　6 000

　　贷：其他应交税费——应交城市维护建设税　　4 200

——应交教育费附加 1 800

(2) 7月初交纳城市维护建设税、教育费附加，编制财务会计分录：

借：其他应交税费——应交城市维护建设税 4 200

——应交教育费附加 1 800

贷：银行存款 6 000

同时，编制预算会计分录：

借：经营支出 6 000

贷：资金结存——货币资金 6 000

（二）应交房产税、城镇土地使用税、车船税

1. 房产税、城镇土地使用税和车船税的内容

(1) 房产税。房产税是指对转让国有土地使用权、地上的建筑物及其附着物（以下简称转让房地产）并取得收入的单位和个人征收的一种税。

房产税由产权所有人交纳。产权属于全民所有的，由经营管理的单位交纳。产权出典的，由承典人交纳。产权所有人、承典人不在房产所在地的，或者产权未确定及租典纠纷未解决的，由房产代管人或者使用人交纳。

房产税征税范围为城市、县城、建制镇和工矿区。房产税的计税依据分为按计税余值计税的从价计征和按租金收入计税的从租计征两种。其中：

从价计征，是指对纳税人经营自用的房屋，以房产的计税余值作为计税依据。所谓计税余值，是指依照房产原值一次减除10%～30%的损耗价值以后的余额。其中：房产原值是指纳税人按照会计制度的规定，在账簿“固定资产”科目中记载的房屋原价，房产原值应包括与房屋不可分割的各种附属设备或一般不单独计算价值的配套设施的价值。从价计征的税率为1.2%，计算公式如下：

年应纳税额=房产原值×(1-扣除比例)×1.2%

从租计征，是指对于出租的房屋，以租金收入为计税依据。房产的租金收入，是房屋产权所有人出租房产使用权所得的报酬，包括货币收入和实物收入。对以劳务或其他形式作为报酬抵付房租收入的，应根据当地同类房产的租金水平确定一个标准租金额，依率计征。从租计征的税率为12%，计算公式如下：

年应纳税额=年租金收入额×12%

(2) 城镇土地使用税。城镇土地使用税简称“土地使用税”，是以城镇土地为征税对象，对拥有土地使用权的单位和个人征收的一种税。

城镇土地使用税的纳税人，是指承担交纳城镇土地使用税义务的所有单位和个人。包括：拥有土地使用权的单位和个人；拥有土地使用权的单位和个人不在土地所在地的，其土地的实际使用人和代管人为纳税人；土地使用权未确定或权属纠纷未解决的，其实际使用人为纳税人；土地使用权共有的，共有各方都是纳税人，由共有各方分别纳税。

城镇土地使用税以纳税人实际占用的土地面积为计税依据，土地面积计量标准是“平方米”。

城镇土地使用税采用地区幅度定额税率，即采用有幅度的差别税额，按大、中、小城市和县城、建制镇、工矿区分别规定每平方米土地使用税年应纳税额。

（3）车船税。车船税是以车船为征税对象，向拥有车船的单位和个人征收的一种税。在中华人民共和国境内，车辆、船舶（以下简称车船）的所有人或者管理人为车船税的纳税人，应当依照《中华人民共和国车船税法》的规定交纳车船税。其中，管理人，是指对车船具有管理使用权，不具有所有权的单位。

对拥有但不使用的车船不征收车船税。车船税根据不同类型的车船及其适用的计税标准分别计算应纳税额。其中机动车（载货汽车除外）和非机动车应纳税额的计算公式如下：

应纳税额＝应税车辆数量×单位税额

2. 房产税、城镇土地使用税、车船税的账务处理

事业单位发生房产税、城镇土地使用税、车船税纳税义务的，按照税法规定计算的应交税费金额，借记“业务活动费用”“单位管理费用”“经营费用”等科目，贷记“其他应交税费——应交房产税、应交城镇土地使用税、应交车船税”科目；事业单位实际交纳上述各种税费时，借记“其他应交税费——应交房产税、应交城镇土地使用税、应交车船税”科目，贷记“财政拨款收入”“零余额账户用款额度”“银行存款”等科目。

【例 4－9】 2×19 年 12 月末，某事业单位全年应交税金为：房产税 53 000 元、城镇土地使用税 12 000 元、车船税 13 800 元。编制相关的会计分录如下：

（1）确认应交税金义务，编制财务会计分录：

借：单位管理费用	78 800	
贷：其他应交税费——应交房产税		53 000
——应交城镇土地使用税		12 000
——应交车船税		13 800

（2）2×20 年 1 月初实际交纳相关税金，编制财务会计分录：

借：其他应交税费——应交房产税	53 000	
——应交城镇土地使用税	12 000	
——应交车船税	13 800	
贷：银行存款		78 800

同时，编制预算会计分录：

借：事业支出	78 800	
贷：资金结存——货币资金		78 800

（三）代扣个人所得税

个人所得税是以自然人取得的各类应税所得为征税对象而征收的一种所得税，是政府利用税收对个人收入进行调节的一种手段。各项应税所得包括工资、薪金所得；个体工商户的生产、经营所得；对企事业单位的承包经营、承租经营所得；劳务报酬所得；稿酬所得；特许权使用费所得；利息、股息、红利所得；财产租赁所得；财产转让所得；偶然所得。

根据我国《个人所得税法》的规定，个人所得税以所得人为纳税义务人、以支付所得的单位或者个人为扣缴义务人。为此，事业单位承担对个人所得税代扣代缴的义务。代扣代缴是指按照税法的规定，负有扣缴税款义务的单位或者个人在向个人支付应纳税所得

时，应计算应纳税额，从其所得中扣除并缴入国库，同时向税务机关报送扣缴个人所得税报告表。这种方法有利于控制税源、防止漏税和逃税。

事业单位根据税法规定计算应代扣代缴的个人所得税金额时，借记“应付职工薪酬”科目，贷记“其他应交税费”科目。

事业单位实际交纳代扣代缴的个人所得税时，借记“其他应交税费”科目，贷记“财政拨款收入”“零余额账户用款额度”“银行存款”等科目。

【例 4－10】2×19 年 6 月末，某事业单位为职工代扣代缴 6 月个人所得税 286 400 元，并且于次月初通过银行转账实际交纳代扣税款。

(1) 代扣个人所得税，编制财务会计分录：

借：应付职工薪酬	286 400	
贷：其他应交税费——应交个人所得税		286 400

(2) 交纳代扣的个人所得税，编制财务会计分录：

借：其他应交税费——应交个人所得税	286 400	
贷：银行存款		286 400

(四) 应交企业所得税

企业所得税是对企业经营所得及其他所得征收的一种税。我国《企业所得税法》规定，企业和其他取得收入的组织统称为企业，可见，“组织”一词包括事业单位。事业单位虽然是公益性或非营利性组织，但其通过经营或接受捐赠等活动取得的收入也要依法缴纳企业所得税。

应交所得税一般是在年度结束时，根据应纳税所得额和适用的所得税税率计算确定。其中，应纳税所得额，是指纳税年度的应纳税收入总额，减去与取得应税收入有关的支出项目后的余额。计算公式如下：

应纳税所得额＝应纳税收入总额－准予扣除的支出项目金额

事业单位发生企业所得税纳税义务，根据按税法规定计算的应交税金数额，借记“所得税费用”科目，贷记“其他应交税费——应交所得税”科目。实际交纳企业所得税时，借记“其他应交税费——单位应交所得税”科目，贷记“财政拨款收入”“零余额账户用款额度”“银行存款”等科目。

【例 4－11】2×19 年，某事业单位全年经营结余为 6 000 000 元，均为应纳税所得。经计算，应交企业所得税 1 500 000 元。

(1) 确认所得税费用，编制财务会计分录：

借：所得税费用	1 500 000	
贷：其他应交税费——单位应交所得税		1 500 000

(2) 以银行存款实际交纳企业所得税，编制财务会计分录：

借：其他应交税费——单位应交所得税	1 500 000	
贷：银行存款		1 500 000

同时，编制预算会计分录：

借：非财政拨款结余——累计结余	1 500 000	
贷：资金结存——货币资金		1 500 000

五、应缴财政款的核算

（一）应缴财政款的内容

应缴财政款是指事业单位取得或应收的按照规定应当上缴财政的款项，包括应缴国库款项和应缴财政专户款项。

1. 应缴国库款项

应缴国库款项是指事业单位取得的按规定应当缴入国库的款项。应缴国库款项主要包括事业单位代收的纳入预算管理的基金、行政性收费收入、罚没收入、无主财物变价收入和其他按预算管理规定应上缴预算的款项。我国预算资金实行收缴分离的管理办法，即预算资金实行国库统一收付。预算资金直接缴入国库，财政专户管理的资金直接缴入财政专户。但有时，事业单位（如实行集中缴库的单位）预算资金收入和上缴之间存在时间差，因此产生应缴国库款负债义务或责任。

2. 应缴财政专户款项

应缴财政专户款项是指事业单位按规定应缴入财政专户的款项。如：（1）高中以上阶段的学费、住宿费；（2）高校委托培养费；（3）党校收费；（4）教育考试考务费；（5）函大、电大、夜大及短训班培训费等。

需要说明的是，事业单位应缴国库款项和应缴财政专户款项的关系十分密切，均属于财政性资金，均需要上缴财政部门。但两者存在以下区别：

（1）资金的性质不同，应缴国库款项是纳入预算管理的财政性资金，应缴财政专户款项是纳入财政专户管理的财政性资金；

（2）缴纳账户不同，应缴国库款项需要上缴财政国库账户，应缴财政专户款项需要上缴财政专户；

（3）从返还角度来看，应缴国库款项上缴国库后不予返还，应缴财政专户款项上缴财政专户后通过核拨返还给事业单位。

事业单位应加强应缴国库款项、应缴财政专户款项的管理。各种应缴预算收入款项应及时足额上缴单位财会部门，不得自行支用或转为部门的“小金库”，不得分成、提留、坐支。

（二）应缴财政款的账务处理

为了反映应缴财政款增减变动情况，事业单位应设置“应缴财政款”科目。该科目的贷方登记取得的应缴财政款项；借方登记上缴的财政款项；期末贷方余额，反映事业单位应当上缴财政但尚未缴纳的款项。年终清缴后，“应缴财政款”科目一般应无余额。

“应缴财政款”科目应当按照应缴财政款项的类别进行明细核算。

目前，事业单位执收的罚没款项等有两种上缴方式：一是直接缴库，由缴款人直接将款项缴入财政部门（单位不需要进行账务处理）；二是集中汇缴，即事业单位收取缴款人缴纳的款项后，按照规定的时间上缴国库，采用这种方式，事业单位收到款项后就要确认应交国库义务。

事业单位取得或应收按照规定应缴财政的款项时，借记“银行存款”“应收账款”等科目，贷记“应缴财政款”科目；事业单位处理毁损、报废实物资产时，如果处理收入大于相关费用的，按照处理收入减去相关费用后的净收入，借记“待处理财产损溢——处理净收入”科目，贷记“应缴财政款”科目。

事业单位上缴应缴财政的款项时，按照实际上缴的金额，借记“应缴财政款”科目，贷记“银行存款”科目。

【例 4-12】 2×19 年 10 月，某事业单位根据发生的应缴财政款业务，编制财务会计分录。

(1) 经计算，全月取得罚没收入 3 500 元、无主财物变价收入 8 000 元，全部款项已存入银行。

借：银行存款　　11 500

　　贷：应缴财政款　　11 500

(2) 以银行存款上缴全部的应缴国库款。

借：应缴财政款　　11 500

　　贷：银行存款　　11 500

(3) 将腾空的办公楼一层出租，收到承租方支付的年租金 120 000 元，租金已存入银行。

借：银行存款　　120 000

　　贷：应缴财政款　　120 000

【例 4-13】 2×19 年，某教育事业单位根据发生的应缴财政款业务，编制财务会计分录。

(1) 经计算，全年收取委托培养费 120 000 元、教育考试考务费 580 000 元，全部款项存入银行。

借：银行存款　　700 000

　　贷：应缴财政款　　700 000

(2) 将应缴财政专户的全部收入上缴财政。

借：应缴财政款　　700 000

　　贷：银行存款　　700 000

六、应付及预收账款的核算

应付及预收款项，主要是事业单位因所赊物资或服务等而应付供货单位货款或因以后提供物资或劳务而预先收取的款项。这些业务活动构成了事业单位应向其他单位或个人偿付款项的债务责任。

（一）应付票据

1. 应付票据的概念

应付票据是指事业单位因购买材料、物资等而开出、承兑的商业汇票，包括银行承兑汇票和商业承兑汇票。当事业单位采用商业承兑汇票结算货款并开出承兑商业汇票后即构成一项债务，所签发的汇票为应付票据。可见，与一般的应付款项相比，应付票据对事业单位具有更强的按时偿还债务的法律约束力。

为了反映应付票据增减变动情况，事业单位应设置“应付票据”科目。该科目的贷方登记开出并承兑汇票的面值；借方登记支付票据的款项；期末贷方余额，反映事业单位开出、承兑的尚未到期的应付票据金额。

事业单位应当设置应付票据备查簿，详细登记应付票据的相关内容。应付票据到期结清票款后，应当在备查簿内逐笔注销。

2. 商业汇票的开出、承兑

事业单位开出、承兑商业汇票时，借记“库存物品”“固定资产”等科目，贷记“应付票据”科目。涉及增值税业务的，应按照增值税专用发票上注明的税额，借记“应交增值税”科目；事业单位以商业汇票抵付应付账款时，借记“应付账款”科目，贷记“应付票据”科目。

事业单位开出的票据为银行承兑汇票的，于支付银行承兑汇票的手续费时，借记“业务活动费用”“经营费用”等科目，贷记“银行存款”“零余额账户用款额度”等科目。

3. 商业汇票到期

事业单位持有的商业汇票到期时，应当分别以下情况处理：收到银行支付到期票据的付款通知时，借记“应付票据”科目，贷记“银行存款”科目；银行承兑汇票到期，事业单位无力支付票款的，按照应付票据的账面余额，借记“应付票据”科目，贷记“短期借款”科目；商业承兑汇票到期，事业单位无力支付票款的，按照应付票据的账面余额，借记“应付票据”科目，贷记“应付账款”科目。

【例 4－14】 2×19 年，某事业单位（小规模纳税人）根据发生的应付票据业务，编制相关的会计分录。

（1）3 月 1 日，开出并承兑一张面值为 45 200 元、期限为 3 个月的银行承兑汇票，用于购买专项研究材料。增值税专用发票上注明的材料价款为 40 000 元、增值税额为 5 200 元。材料验收入库。编制财务会计分录：

借：库存物品	45 200	
贷：应付票据		45 200

（2）支付银行承兑汇票手续费 23.4 元（不考虑增值税），编制财务会计分录：

借：其他费用	23.4	
贷：银行存款		23.4

同时，编制预算会计分录：

借：其他支出	23.4	
贷：资金结存——货币资金		23.4

（3）6 月 1 日，应付票据到期，该单位通知其开户银行支付票款，共计 45 200 元，编制财务会计分录：

借：应付票据	45 200	
贷：银行存款		45 200

同时，编制预算会计分录：

借：事业支出	45 200	
贷：资金结存——货币资金		45 200

（4）假定 6 月 1 日应付票据到期，该单位无款支付。收到承兑银行代为支付票款的通知，编制财务会计分录：

借：应付票据	45 200	
贷：短期借款		45 200

同时，编制预算会计分录：

借：事业支出 45 200

贷：债务预算收入 45 200

如果该单位开具并承兑的票据为商业承兑汇票，票据到期且该单位无力支付票款，编制财务会计分录：

借：应付票据 45 200

贷：应付账款 45 200

（二）应付账款

1. 应付账款的概念

应付账款是指事业单位因购买物资、接受服务、开展工程建设等而应付的偿还期限在1年以内（含1年）的款项。应付账款是基于买卖双方在购销活动中，因取得物资或劳务与支付货款在时间上背离而产生的债务责任。应付账款与应付票据虽然都是基于交易而产生的流动负债，但应付账款是尚未结清的债务，而应付票据是一种期票，是延期付款的证明。

2. 应付账款的形成

为了反映应付账款增减变动情况，事业单位应设置"应付账款"科目。该科目的贷方登记应付账款的增加额；借方登记应付账款的减少额；期末贷方余额，反映事业单位尚未支付的应付账款。"应付账款"科目应当按照债权单位（或个人）设置明细科目并进行明细核算。

基于重要性原则，应付账款的入账价值一般按照业务发生时的金额即未来应付的金额确定，不再单独计算延期付款期间的利息（利息已经隐含在业务发生时的金额之内）。

事业单位收到所购物资或服务、完成工程但尚未付款时，按照应付未付金额，借记"库存物品""固定资产"等科目，贷记"应付账款"科目。涉及增值税业务的，按照取得增值税专用发票注明的税额，借记"应交增值税——应交税金（进项税额）"科目。

3. 应付账款的清偿

事业单位偿付应付账款时，按照实际支付的金额，借记"应付账款"科目，贷记"财政拨款收入""零余额账户用款额度""银行存款"等科目；事业单位开出、承兑商业汇票抵付应付账款时，借记"应付账款"科目，贷记"应付票据"科目。

事业单位无法偿付或债权人豁免偿还的应付账款，应当按照规定报经批准后进行账务处理。经批准核销时，借记"应付账款"科目，贷记"其他收入"科目。核销的应付账款应在备查簿中登记保留。

【例4－15】2×19年5月，某事业单位（小规模纳税人）根据发生的应付账款业务，编制相关的会计分录。

（1）3日，从M公司购入一批科研材料，货款为200 000元，增值税为26 000元，对方代垫运杂费2 000元。材料已运到并验收入库，款项尚未支付。编制财务会计分录：

借：库存物品 228 000

贷：应付账款——M公司 228 000

（2）10日，根据供电部门的结算单据，用银行存款支付上月及本月初电费42 000元，

全部为事业活动用电。31 日，经计算，本月单位应付电费 36 000 元。其中专业业务部门为 30 000 元，经营部门为 6 000 元。

1）10 日，以银行存款支付电费，编制财务会计分录：

借：应付账款——××电力公司　　42 000

　　贷：银行存款　　42 000

同时，编制预算会计分录：

借：事业支出　　42 000

　　贷：资金结存——货币资金　　42 000

2）31 日，应付电费入账，编制财务会计分录：

借：业务活动费用　　30 000

　　经营费用　　6 000

　　贷：应付账款——××电力公司　　36 000

(3) 25 日，开出并承兑不带息商业汇票一张，面值为 50 000 元，用以抵付当年 5 月 25 日所欠乙公司货款，编制财务会计分录：

借：应付账款——乙公司　　50 000

　　贷：应付票据——乙公司　　50 000

(4) 30 日，已确认的应付丙公司账款 6 000 元因其撤销而无法支付，编制财务会计分录：

借：应付账款——丙公司　　6 000

　　贷：其他收入　　6 000

（三）预收账款

预收账款是指事业单位按照合同规定预收的款项。有时，事业单位根据合同预收客户部分货款，并承诺于收款后的一定日期向客户交付材料、物资或提供劳务。与应付账款不同，预收账款不是以货币清偿，而是以货物偿付。同时，预收账款与分期收款销售不同，预收账款时，收款在先，提供货物或劳务在后；而分期收款销售则是提供货物或劳务在先，收款在后。

为了反映预收账款增减变动情况，事业单位应设置“预收账款”科目。该科目的贷方登记从付款方预收款项的增加额；借方登记确认有关收入并转销的预收款项；期末贷方余额，反映事业单位按规定预收但尚未实际结算的款项。“预收账款”科目应当按照债权单位（或个人）进行明细核算。

事业单位从付款方预收款项时，按照实际预收的金额，借记“银行存款”等科目，贷记“预收账款”科目；确认有关收入时，按照预收账款的账面余额，借记“预收账款”科目，按照应确认的收入金额，贷记“事业收入”“经营收入”等科目，按照付款方补付或退回付款方的金额，借记或贷记“银行存款”等科目。涉及增值税业务的，按照开具的增值税专用发票上注明的税额，贷记“应交增值税——应交税金（销项税额）”科目；对于无法偿付或债权人豁免偿还的预收账款，应当按照规定报经批准后进行账务处理。经批准核销时，借记“预收账款”科目，贷记“其他收入”科目。核销的预收账款应在备查簿中登记保留。

【例 4－16】甲事业单位为林业系统小规模纳税人。2×19 年，该单位根据发生的预收账款业务，编制相关的会计分录。

（1）8月3日，与乙公司签订供货合同，向其出售一批林业产品，价税款共计30 900元。根据购货合同的规定，乙公司在购货合同签订后一周内，应当向甲事业单位预付全部款项的60%，剩余货款在交货后付清。2×19年8月9日，收到乙公司预付货款18 540元并存入银行。编制财务会计分录：

借：银行存款　　18 540
　　贷：预收账款——乙公司　　18 540

同时，编制预算会计分录：

借：资金结存——货币资金　　18 540
　　贷：经营预算收入　　18 540

（2）9月20日，甲事业单位将货物发到乙公司，并收到乙公司补付的全部剩余款项。编制财务会计分录：

借：预收账款——乙公司　　18 540
　　银行存款　　12 360
　　贷：经营收入　　30 000
　　　　应交增值税　　900

同时，编制预算会计分录：

借：资金结存——货币资金　　12 360
　　贷：经营预算收入　　12 360

假定2×19年9月15日，甲事业单位收到乙公司通知，撤销林产品采购合同，已预付的资金豁免偿还。编制财务会计分录：

借：预收账款——乙公司　　18 540
　　贷：其他收入　　18 540

七、应付职工薪酬的核算

（一）应付职工薪酬的内容

应付职工薪酬是指事业单位按照有关规定应付给职工（含长期聘用人员）及为职工支付的各种薪酬，包括基本工资、国家统一规定的津贴补贴、绩效工资、改革性补贴、社会保险费（如职工基本养老保险费、职业年金、基本医疗保险费等）、住房公积金等。

1. 基本工资

基本工资，是指事业单位为了保证职工的基本生活需要，职工在组织中可以定期拿到、数额固定的劳动报酬。它由用人事业单位按照规定的工资标准支付，与工资额的其他组成部分相比具有相对稳定性，一般不考虑员工之间的个体差异。

2. 国家统一规定的津贴补贴

津贴补贴是指为了补偿职工特殊或额外的劳动消耗和因其他特殊原因支付给职工的津贴，以及为了保证职工工资水平不受物价影响支付的物价补贴，包括补偿职工特殊或额外劳动消耗的津贴（如高空津贴、井下津贴等）、保健津贴、技术性津贴、工龄津贴及其他津贴（如直接支付的伙食津贴、合同制职工工资性补贴及书报费等）。

需要注意的是，根据国家法律、法规和政策的规定，因病、工伤、产假、计划生育、婚丧假、探亲假、事假、定期休假、停工学习、执行国家和社会义务等原因应支付的工资也包括在津贴补贴内。

3. 绩效工资

绩效工资是指以对员工绩效的有效考核为基础，实现将工资与考核结果相挂钩的工资制度。它的理论基础就是“以绩取酬”，基本特征是将员工的薪酬收入与个人业绩挂钩。业绩是一个综合的概念，比产品的数量和质量内涵更为宽泛，它不仅包括产品的数量和质量，还包括员工对事业单位的其他贡献。绩效工资一般包括年终一次性奖金、节假日补贴、现行的生活补贴、津贴补贴、在职人员新增绩效工资、离退休人员新增生活补贴。

4. 社会保险费和住房公积金

社会保险费是指事业单位按照国家规定的基准和比例计算，为职工缴纳的基本养老、基本医疗、失业、工伤、生育社会保险费（即通常所说的“五险”），以及残疾人就业保障金等。住房公积金是指事业单位按照国家规定的基准和比例计算，向住房公积金管理机构缴存的住房公积金（即通常所说的“一金”）。

从形式上看，职工薪酬仅是事业单位根据国家规定，对员工的贡献（包括员工的态度、行为及绩效等）所给予的各种回报。它既是政府关注的重大问题，也是事业单位关注并倾力解决好的核心问题，还是关系民生的重要内容之一。

（二）应付职工薪酬的确认

为了总括反映职工薪酬的结算与分配情况，事业单位应设置“应付职工薪酬”科目。该科目的贷方登记本月应发的各种职工薪酬；借方登记本月发放的各种职工薪酬；期末贷方余额，反映事业单位应付未付的职工薪酬。

“应付职工薪酬”科目应当根据国家有关规定按照“基本工资”（含离退休费）、“国家统一规定的津贴补贴”、“规范津贴补贴（绩效工资）”、“改革性补贴”、“社会保险费”、“住房公积金”、“其他个人收入”等进行明细核算。其中，“社会保险费”和“住房公积金”明细科目核算内容包括事业单位从职工工资中代扣代交的社会保险费、住房公积金，以及事业单位为职工计算交纳的社会保险费、住房公积金。

事业单位计提从事专业及其辅助活动人员的职工薪酬（含事业单位为职工计算缴纳的社会保险费、住房公积金，下同）时，借记“业务活动费用”“单位管理费用”科目，贷记“应付职工薪酬”科目；计提应由在建工程、加工物品、自行研发无形资产负担的职工薪酬时，借记“在建工程”“加工物品”“研发支出”等科目，贷记“应付职工薪酬”科目；计提从事专业及其辅助活动之外的经营活动人员的职工薪酬时，借记“经营费用”科目，贷记“应付职工薪酬”科目；因解除与职工的劳动关系而给予补偿时，借记“单位管理费用”等科目，贷记“应付职工薪酬”科目。

（三）应付职工薪酬的支付

事业单位向职工支付工资、津贴补贴等薪酬时，按照实际支付的金额，借记“应付职工薪酬”科目，贷记“财政拨款收入”“零余额账户用款额度”“银行存款”等科目；按照国家有关规定缴纳职工社会保险费和住房公积金时，按照实际支付的金额，借记“应付职工薪酬——社会保险费、住房公积金”科目，贷记“财政拨款收入”“零余额账户用款额度”“银行存款”等科目；从应付职工薪酬中支付其他款项时，借记“应付职工薪酬”科目，贷记“零余额账户用款额度”“银行存款”等科目。

（四）代扣款项的支付

事业单位按照税法的规定代扣职工个人所得税时，借记“应付职工薪酬——基本工资”科目，贷记“其他应交税费——应交个人所得税”科目；从应付职工薪酬中代扣为职工垫付的水电费、房租等费用时，按照实际扣除的金额，借记“应付职工薪酬——基本工资”科目，贷记“其他应收款”等科目；从应付职工薪酬中代扣社会保险费和住房公积金时，按照代扣的金额，借记“应付职工薪酬——基本工资”科目，贷记“应付职工薪酬——社会保险费、住房公积金”科目。

【例 4-17】 2×19 年 10 月，M 事业单位职工薪酬结算汇总表如表 4-1 所示。

表 4-1　　职工薪酬结算汇总表

单位名称：M 事业单位　　2×19 年 10 月　　单位：元

部门及人员	应付职工薪酬					代扣款项					实发工资
	基本工资	国家津贴补贴	其他津贴补贴	绩效工资	合计	社会保险费	住房公积金	个人所得税	水电费、物业费	合计	
科研机构	300 000	180 000	75 000	150 000	705 000	49 500	60 000	10 500	600	120 600	584 400
科研辅助机构	270 000	162 000	67 500	135 000	634 500	44 550	54 000	9 450	—	108 000	526 500
行政管理部门	150 000	138 000	57 500	115 000	460 500	37 950	46 000	8 050	800	92 800	367 700
基建部门	80 000	30 000	20 000	10 000	140 000	15 000	13 000	2 500	200	30 700	109 300
经营部门人员	200 000	120 000	50 000	100 000	470 000	33 000	40 000	7 000	300	80 300	389 700
合计	1 000 000	630 000	270 000	510 000	2 410 000	180 000	213 000	37 500	1 900	432 400	1 977 600

该单位财务部门根据工资结算汇总表，编制财务会计分录：

（1）计算确认应付职工薪酬：

借：业务活动费用　　1 339 500
　　单位管理费用　　460 500
　　在建工程　　140 000
　　经营费用　　470 000
　　贷：应付职工薪酬——基本工资　　1 000 000
　　　　　　　　　　——国家津贴补贴　　630 000
　　　　　　　　　　——其他津贴补贴　　270 000
　　　　　　　　　　——绩效工资　　510 000

（2）按规定代扣职工个人所得税、社会保险费、住房公积金：

借：应付职工薪酬——基本工资　　430 500
　　贷：其他应交税费——应交个人所得税　　37 500
　　　　应付职工薪酬——社会保险费　　180 000
　　　　　　　　　　——住房公积金　　213 000

（3）代扣为职工垫付的水电费、物业费等：

借：应付职工薪酬——基本工资　　1 900
　　贷：其他应收款　　1 900

（4）采用财政直接支付方式将工资划入个人工资账户：

借：应付职工薪酬——基本工资　　1 977 600

　　贷：财政拨款收入　　1 977 600

同时，编制预算会计分录：

借：事业支出　　1 587 900

　　经营支出　　389 700

　　贷：财政拨款预算收入　　1 977 600

【例 4-18】 2×19 年 10 月，M 事业单位按照上一年度月平均工资为缴费基数计算本月应缴社会保险费、住房公积金和工会经费，如表 4-2 所示。

表 4-2　　社会保险费、住房公积金和工会经费计算表

2×19 年 10 月　　单位：元

部门	计提基数	社会保险费（30%）	住房公积金（12%）	合计
科研机构	700 000	210 000	84 000	294 000
科研辅助机构	630 000	189 000	75 600	264 600
行政管理部门	460 000	138 000	55 200	193 200
基建部门	140 000	42 000	16 800	58 800
经营部门人员	400 000	120 000	48 000	168 000
合计	2 330 000	699 000	279 600	978 600

（1）根据表 4-2，计提 2×19 年 10 月应付社会保险费、住房公积金，编制财务会计分录：

借：业务活动费用　　558 600

　　单位管理费用　　193 200

　　在建工程　　58 800

　　经营费用　　168 000

　　贷：应付职工薪酬——社会保险费　　699 000

　　　　　　　　　——住房公积金　　279 600

（2）采用财政直接支付方式支付社会保险费、住房公积金，编制财务会计分录：

借：应付职工薪酬——社会保险费　　699 000

　　　　　　　——住房公积金　　279 600

　　贷：财政拨款收入　　978 600

同时，编制预算会计分录：

借：事业支出　　810 600

　　经营支出　　168 000

　　贷：财政拨款预算收入　　978 600

八、预提费用及其他应付款项的核算

（一）预提费用

预提费用是指事业单位预先提取的已经发生但尚未支付的费用，如事业单位日常活动发生的租金费用不一定于租入资产时即刻支付，但按照权责发生制要求，属于当期的费用，无论当期是否支付，应当在发生的当期予以确认。为此，事业单位应按期预提计入相关费用的租金，并确认为一项流动负债（称为“预提费用”）。待支付租金时，再转销此项流动负债。

为了反映预提费用增减变动情况，事业单位应设置“预提费用”科目。该科目的贷方登记预提的费用数额；借方登记支付的预提费用数额；期末贷方余额，反映事业单位已预提但尚未支付的各项费用。

需要说明的是，事业单位按规定从科研项目收入中提取的项目间接费用或管理费，也通过“预提费用”科目核算。

事业单位应当按照预提费用的种类进行明细核算。对于提取的项目间接费用或管理费，应当在“预提费用”科目下设置“项目间接费用或管理费”明细科目，并按项目进行明细核算。

事业单位按规定从科研项目收入中提取项目间接费用或管理费时，按照提取的金额，借记“单位管理费用”科目，贷记“预提费用——项目间接费用或管理费”科目；实际使用计提的项目间接费用或管理费时，按照实际支付的金额，借“预提费用——项目间接费用或管理费”科目，贷记“银行存款”“库存现金”等科目。

事业单位按期预提租金等费用时，按照预提的金额，借记“业务活动费用”“单位管理费用”“经营费用”等科目，贷记“预提费用”科目；实际支付相关款项时，按照支付的金额，借记“预提费用”科目，贷记“零余额账户用款额度”“银行存款”等科目。

【例 4-19】 2×19 年，甲事业单位根据发生的经济业务，编制相关的会计分录。

(1) 1 月 1 日，与乙单位签订房屋租赁合同。从乙单位租入一幢办公大楼用于业务活动。租期 3 年，年租金为 600 000 元，平均分 4 次于每季度末支付。该单位每月预提房屋租金费用。预提第 1 个月房屋租金时，编制财务会计分录：

借：业务活动费用　50 000
　　贷：预提费用　50 000

(2) 预提第 2 个月房屋租金的会计分录同 (1)，此处略。

(3) 支付第 1 季度租金，并确认第 3 个月租金费用，编制财务会计分录：

借：预提费用　100 000
　　业务活动费用　50 000
　　贷：银行存款　150 000

同时，编制预算会计分录：

借：事业支出　150 000
　　贷：资金结存——货币资金　150 000

【例 4-20】 2×19 年，某高等学校根据发生的项目经费业务，编制相关的会计分录。

(1) 全年项目经费到账情况如表 4-3 所示。

表 4-3　项目经费到账明细表

金额单位：元

项目承接单位	项目名称（略）	项目性质	项目金额	到账方式	计提基数	计提比例	计提金额
基础研究学院		纵向课题	3 00 0 000	一次到账	2 800 000	5%	140 000
工商管理学院		横向课题	150 000	分次到账	150 000	3%	4 500
国际交流学院		横向课题	2 000 000	分次到账	1 800 000	4%	72 000
合计		—	5 150 000	—	4 750 000	—	216 500

根据表4-3中的资料，编制计提项目间接费用或管理费的财务会计分录如下：

借：单位管理费用　216 500

　　贷：预提费用——项目间接费用或管理费　216 500

同时，编制预算会计分录：

借：非财政拨款结转——项目间接费用或管理费　216 500

　　贷：非财政拨款结余——项目间接费用或管理费　216 500

（2）当年支付与项目相关的国际合作与交流费60 000元、课题研究报告印刷费等35 000元，全部款项以零余额账户支付。编制财务会计分录：

借：预提费用　95 000

　　贷：零余额账户用款额度　95 000

同时，编制预算会计分录：

借：事业支出　95 000

　　贷：资金结存——零余额账户用款额度　95 000

（二）应付利息

应付利息是指事业单位按照合同约定应支付的借款利息，包括短期借款、分期付息到期还本的长期借款等应支付的利息。它是事业单位使用债务资金所付出的代价。事业单位举借资金到期除按照借款合同清偿本金外，还必须按照借款本金、利率以及借款时间支付一定的利息，在实际支付利息前形成事业单位的一笔负债，即应付利息。

为了反映应付利息增减变动情况，事业单位应设置“应付利息”科目。该科目的贷方登记应付利息的增加额；借方登记应付利息的减少额；期末贷方余额，反映事业单位应付未付的利息。“应付利息”科目应当按照债权人等进行明细核算。

事业单位为建造固定资产、公共基础设施等借入的专门借款的利息，属于建设期间发生的，按期计提利息费用时，按照计算确定的金额，借记“在建工程”科目，贷记“应付利息”科目；不属于建设期间发生的，按期计提利息费用时，按照计算确定的金额，借记“其他费用”科目，贷记“应付利息”科目。

事业单位对于其他借款，按期计提利息费用时，按照计算确定的金额，借记“其他费用”科目，贷记“应付利息”科目。

事业单位实际支付应付利息时，按照支付的金额，借记“应付利息”科目，贷记“银行存款”等科目。

【例4-21】 2×19年12月1日，某事业单位从银行借入资金3 000 000元用于科研大楼扩建工程，借款期限为3年，借款年利率为6.9%，每年付息一次，不计复利，所借款项存入银行。该扩建工程期限为18个月。

（1）2×19年12月31日，计提长期借款利息，计算如下：

　　借款利息＝3 000 000×6.9%÷12＝17 250（元）

编制财务会计分录：

借：在建工程　17 250

　　贷：应付利息　17 250

（2）2×20年11月30日，偿还借款利息，编制财务会计分录：

借：应付利息　189 750

在建工程　　17 250
　　贷：银行存款　　207 000

同时，编制预算会计分录：

借：其他支出　　207 000
　　贷：资金结存——货币资金　　207 000

（三）其他应付款

1. 其他应付款的概念及特点

其他应付款是指事业单位除应交增值税、其他应交税费、应缴财政款、应付职工薪酬、应付票据、应付账款、应付政府补贴款、应付利息、预收账款以外，其他各项偿还期限在1年内（含1年）的应付及暂收款项，如收取的押金、存入保证金、已经报销但尚未偿还银行的本单位公务卡欠款等。

其他应付款具有以下特点：一是其他应付款是事业单位经常性服务活动之外所发生的应付款项，事业单位因经常性服务活动所发生的应付款项，分别作为应付账款、应付票据等核算；二是其他应付款只反映事业单位因非经常性活动而应付给其他单位或个人的零星款项。而事业单位经常发生的应上交款项，分别作为应交增值税、其他应交税费和应缴财政款核算。

2. 其他应付款的账务处理

为了反映其他应付款增减变动情况，事业单位应设置“其他应付款”科目。该科目的贷方登记发生的其他应付款；借方登记偿付的其他应付款；期末贷方余额，反映事业单位尚未支付的其他应付款。“其他应付款”科目应当按照其他应付款的类别以及债权事业单位（或个人）进行明细核算。

需要说明的是，同级政府财政部门预拨的下期预算款和没有纳入预算的暂付款项，以及采用实拨资金方式通过本单位转拨给下属单位的财政拨款，也通过“其他应付款”科目核算。

事业单位发生其他应付及暂收款项时，借记“银行存款”等科目，贷记“其他应付款”科目。支付（或退回）其他应付及暂收款项时，借记“其他应付款”科目，贷记“银行存款”等科目。将暂收款项转为收入时，借记“其他应付款”科目，贷记“事业收入”等科目。

事业单位收到同级政府财政部门预拨的下期预算款和没有纳入预算的暂付款项，按照实际收到的金额，借记“银行存款”等科目，贷记“其他应付款”科目；待到下一预算期或批准纳入预算时，借记“其他应付款”科目，贷记“财政拨款收入”科目。

事业单位采用实拨资金方式通过本单位转拨给下属单位的财政拨款，按照实际收到的金额，借记“银行存款”科目，贷记“其他应付款”科目；向下属单位转拨财政拨款时，按照转拨的金额，借记“其他应付款”科目，贷记“银行存款”科目。

事业单位公务卡持卡人报销时，按照审核报销的金额，借记“业务活动费用”“单位管理费用”等科目，贷记“其他应付款”科目；偿还公务卡欠款时，借记“其他应付款”科目，贷记“零余额账户用款额度”等科目。

事业单位无法偿付或债权人豁免偿还的其他应付款项，应当按照规定报经批准后进行账务处理。经批准核销时，借记“其他应付款”科目，贷记“其他收入”科目。核销的其他应付款应在备查簿中登记保留。

【例 4-22】 2×19 年 12 月，某事业单位根据发生的其他应付款业务，编制相关的会计分录。

（1）因销售研发产品，出借给乙单位一批包装物，收到乙单位支付的押金 6 000 元，存入银行。包装物租期届满，乙单位归还包装物并退还其押金。编制财务会计分录：

1）收到押金时：

借：银行存款	6 000	
贷：其他应付款——存入保证金（乙单位）		6 000

2）退还押金时：

借：其他应付款——存入保证金（乙单位）	6 000	
贷：银行存款		6 000

（2）研究室张某持公务卡购买专业图书支付 3 500 元，开发中心刘某参加专业研讨会使用公务卡支付资料费 200 元。

1）按照审核报销的金额，编制财务会计分录：

借：固定资产	3 500	
业务活动费用	200	
贷：其他应付款		3 700

2）以零余额账户偿还公务卡欠款时，编制财务会计分录：

借：其他应付款	3 700	
贷：零余额账户用款额度		3 700

同时，编制预算会计分录：

借：事业支出	3 700	
贷：资金结存——零余额账户用款额度		3 700

（3）年末清理往来账项时，发现 6 月某单位暂存的款项 5 000 元无法偿付。经批准核销时，编制财务会计分录：

借：其他应付款	5 000	
贷：其他收入		5 000

第三节　非流动负债

一、非流动负债概述

（一）非流动负债的概念

在全部负债中，流动负债以外的负债为非流动负债，包括长期借款、长期应付款、预计负债等。非流动负债是事业单位因长期性的理财活动而向债权人筹措的资金。

事业单位在其运营过程中，长期占用的资金主要来自两个方面：一是净资产；二是举借长期债务。随着事业单位业务活动的不断扩大，补充运营资金尤其是为满足添置设备、改建或扩建房屋和建筑物等所必需的投资，通常需要长时间占用大笔资金，仅靠财政拨款或净资产中结余资金远远不够。因此，举借的长期债务资金是事业单位开展正常运营活动重要的资金来源。

（二）非流动负债的内容

1. 长期借款

长期借款，是指事业单位经批准向银行或其他金融机构借入的期限超过 1 年（不含 1 年）的各种借款。

2. 长期应付款

长期应付款，是指事业单位发生的偿还期限超过 1 年（不含 1 年）的应付款项，如以融资租赁方式取得的固定资产的租赁费等。

3. 预计负债

预计负债，是指事业单位对因或有事项而产生的现时义务确认的负债，如对未决诉讼等确认的负债。

（三）非流动负债的特点

非流动负债除具有负债的共同特点外，与流动负债相比还具有以下特点：

(1) 举借非流动债务的目的是购置大型设备、增建和扩建事业用房等，因此，非流动负债的偿还期限较长，一般超过 1 年或者超过 1 个营业周期以上，并且非流动负债的金额一般都比较大，其利息费用成为事业单位长期的固定性支出，加大了事业单位的财务风险。而举借流动负债的目的是满足日常运营活动周转的需要，其时间短于 1 年或者超过 1 年但在其营业周期内，流动负债数额一般也不大，财务风险尚不凸显。

(2) 因非流动负债的期限长、金额大，所以在会计处理上必须考虑利息因素，并且利息的会计处理较为复杂。相比之下，流动负债利息的会计处理方法较为简单。

(3) 对非流动负债的取得、付息、归还等方面都要做比较周密的安排；而流动负债的管理则相对较简单，在负债发生时，一般无须对如何归还债务预先做出安排。

二、长期借款的核算

（一）长期借款概述

长期借款是指事业单位从银行或其他金融机构借入的偿还期限在 1 年以上（不含 1 年）的各项借款，如通过各专业银行、商业银行取得的贷款。除此之外，还包括向财务公司、投资公司等金融企业借入的款项。举借长期借款的目的是以事业单位的各种公共服务活动为依托，满足其长期资产投资和永久性流动资产的需要。

需要说明的是，事业单位毕竟不同于企业，它不是生产物质产品的纯经营单位。因此，事业单位利用借款来组织事业收入和经营收入活动应格外慎重，其规模应严格控制。如果事业单位借款超过了一定的限度，经营效益又不佳，其借款归还实际上就无法得到保证，这样既影响债权人的利益，又可能影响单位正常的业务活动。为此，事业单位借入长期借款，应按规定办理借入手续，支付长期借款利息，并按规定的期限归还借款。

与短期借款类似，长期借款核算的内容包括资金借入、结算利息和归还本息三个方面。

（二）借入款项

为了核算事业单位举借长期借款的增减变动情况，事业单位应设置“长期借款”科目。该科目的贷方登记借入贷款的本金；借方登记偿还的贷款本金；期末贷方余额，反映事业单位尚未偿还的长期借款。

“长期借款”科目下设置“本金”和“应计利息”明细科目，并应当按照贷款单位和贷款种类进行明细核算。对于基建项目借款，还应按具体项目进行明细核算。

事业单位借入各项长期借款时，按照实际借入的金额，借记“银行存款”科目，贷记“长期借款——本金”科目。

（三）资产负债表日借款利息的结算

资产负债表日，为购建固定资产应支付的专门借款利息，分别以下情况处理：

（1）属于工程项目建设期间发生的利息，计入工程成本，按照应支付的利息，借记“在建工程”“基建工程”科目，贷记“应付利息”（分期付息、到期还本）或“长期借款——应计利息”科目（到期一次还本付息）。

（2）属于工程项目完工交付使用后发生的利息，计入当期费用，按照应支付的利息，借记“其他费用”“经营费用”等科目，贷记“应付利息”（分期付息、到期还本）或“长期借款——应计利息”科目（到期一次还本付息）。实际支付利息时，借记“应付利息”或“长期借款——应计利息”科目，贷记“银行存款”科目。

资产负债表日，其他长期借款发生的利息，按照应支付的金额，借记“其他费用”“经营费用”等科目，贷记“应付利息”或“长期借款——应计利息”科目。实际支付利息时，借记“应付利息”或“长期借款——应计利息”科目，贷记“银行存款”科目。

（四）归还借款本金和利息

事业单位到期归还长期借款本金、利息时，借记“长期借款——本金、应计利息”科目，贷记“银行存款”科目。

【例 4－23】2×19 年 1 月 3 日，某事业单位从银行借入长期借款 3 500 000 元用于某工程建设，已存入银行。借款期限为 3 年，年利率为 6%，每年计息一次，单利计算，借款期满，一次归还本息。2×19 年 1 月 5 日，该单位以银行存款支付工程款 2 800 000 元。2×20 年 6 月 30 日，该工程达到可使用状态并交付使用。

（1）取得借款，编制财务会计分录：

借：银行存款	3 500 000	
贷：长期借款——本金		3 500 000

同时，编制预算会计分录：

借：资金结存——货币资金	3 500 000	
贷：债务预算收入		3 500 000

（2）支付工程款，编制财务会计分录：

借：在建工程——某工程	2 800 000	
贷：银行存款		2 800 000

同时，编制预算会计分录：

借：事业支出	2 800 000	

贷：资金结存——货币资金 2 800 000

(3) 2×19 年 12 月 31 日，结算借款利息：

借款利息=3 500 000×6%=210 000（元）

编制财务会计分录：

借：在建工程——某工程 210 000

贷：长期借款——应计利息 210 000

(4) 2×20 年 6 月 30 日，结算借款利息 105 000 元，会计分录同（3），此处略。

(5) 2×20 年 6 月 30 日，结转固定资产价值，编制财务会计分录：

借：固定资产——房屋建筑 3 115 000

贷：在建工程——某工程 3 115 000

(6) 2×20 年 12 月 31 日，结算借款利息 105 000 元，编制财务会计分录：

借：其他费用（经营费用） 105 000

贷：长期借款——应计利息 105 000

(7) 借款到期归还本金和利息，编制财务会计分录：

借：长期借款——本金 3 500 000

——应计利息 630 000

贷：银行存款 4 130 000

同时，编制预算会计分录：

借：债务还本支出 3 500 000

其他支出 630 000

贷：资金结存——货币资金 4 130 000

三、长期应付款的核算

（一）长期应付款的特点

长期应付款是指事业单位发生的偿还期限在 1 年以上（不含 1 年）的应付款项。如以融资租赁方式取得固定资产应付的租赁费、以分期付款方式购入固定资产的应付款等。当事业单位采用上述方式取得固定资产时，一般情况下是资产使用在前，款项支付在后，在尚未偿还价款或尚未支付相关款项前，此类业务便形成事业单位的长期应付款。

长期应付款除具有非流动负债的一般特点外，还具有以下特点：一是具有分期付款的性质，如融资租入固定资产的租赁费是在整个租赁期内逐期偿还的；二是通过长期应付款取得固定资产，可以减少长期投资所承担的风险，而且不必在取得资产的同时支付款项，可推迟现金支付的时间，减少取得资产当期的现金压力。

（二）长期应付款的账务处理

为了反映长期应付款的增减变动情况，事业单位应设置“长期应付款”科目。该科目的贷方登记确认的长期应付款；借方登记偿还的长期应付款；期末贷方余额，反映尚未支付的各种长期应付款。其明细科目应按长期应付款的种类设置并进行明细分类核算。

事业单位发生长期应付款时，借记“固定资产”“在建工程”等科目，贷记“长期应付款”科目；支付长期应付款时，按照实际支付的金额，借记“长期应付款”科目，贷记

“财政拨款收入”“零余额账户用款额度”“银行存款”科目。涉及增值税业务的，还应进行相关的账务处理。

事业单位无法偿付或债权人豁免偿还的长期应付款，应当按照规定报经批准后进行账务处理。经批准核销时，借记“长期应付款”科目，贷记“其他收入”等科目。核销的长期应付款应在备查簿中登记保留。

【例 4－24】 2×19 年 1 月 5 日，甲事业单位从乙融资租赁公司租入一台科研设备，按租赁协议或者合同确定的租赁价款为 650 000 元，另以财政授权方式支付运输费、途中保险费、安装调试费共计 50 000 元；按租赁协议的规定，租赁费分 5 年于每年年初偿还，以财政直接支付方式结算。

（1）租入固定资产，编制财务会计分录：

借：在建工程　650 000

　　贷：长期应付款——融资租入固定资产应付款　650 000

（2）支付工程款，编制财务会计分录：

借：在建工程　50 000

　　贷：零余额账户用款额度　50 000

同时，编制预算会计分录：

借：事业支出　50 000

　　贷：资金结存——零余额账户用款额度　50 000

（3）工程竣工，办妥竣工验收手续，资产交付使用，编制财务会计分录：

借：固定资产——融资租入固定资产　700 000

　　贷：在建工程　700 000

（4）第 1 年至 4 年每年年初按期支付融资租赁费，编制财务会计分录：

借：长期应付款——融资租入固定资产应付款　130 000

　　贷：财政拨款收入　130 000

同时，编制预算会计分录：

借：事业支出　130 000

　　贷：财政拨款预算收入　130 000

（5）租赁期满，固定资产所有权转归事业单位，编制财务会计分录：

借：固定资产——专用设备　700 000

　　贷：固定资产——融资租入固定资产　700 000

（6）第 5 年年初，乙融资租赁公司因其改组而豁免该单位最后一期设备租赁费 130 000 元，编制财务会计分录：

借：长期应付款——融资租入固定资产应付款　130 000

　　贷：其他收入　130 000

四、预计负债的核算

（一）或有事项与预计负债

事业单位在会计核算中会经常面临某些不确定情形，有些情形的最终结果需要以未来事件的发生或不发生来加以证实。比如，某事业单位的研发活动对周围环境造成污染而被起诉，如无特殊情况，该单位很可能败诉。一旦败诉，单位需要支付一笔赔款。但在诉讼成立时，该单位因败诉将支出多少金额，或支出发生在何时，是难以确定的。而按照权责发生制原则，不能等到法院判决支付赔款时，才确认因环境污染而产生的义务，应当在资产负债表日对赔款的可能性以及赔款数额的大小做出判断，以决定是否在当期确认赔款义务。这种不确定情形即或有事项。或有事项是指过去的交易或事项形成的一种状况，其结果需要通过未来不确定事项的发生或不发生予以证实。

常见的或有事项有商业票据背书转让或贴现、未决诉讼、未决仲裁、产品质量保证（含产品安全保证）等。

或有事项作为一种状况，可能是事业单位的一种潜在的权利，也可能是其一种现实或潜在的义务。因此，或有事项可能形成两种结果：一种是导致经济利益流入单位；另一种是导致经济利益流出单位。会计实务中，需要会计人员根据经验加以判断。

如果或有事项的结果很可能导致经济利益流入事业单位，便形成其或有资产。对或有资产，单位不应加以确认。如果或有事项的结果很可能导致经济利益流出事业单位，同时满足负债确认条件，单位需要将其确认为负债，会计实务中作为预计负债核算。如果不满足确认条件，作为潜在义务的或有事项应按或有负债处理，需要在会计报表附注中披露。如图 4－1 所示。

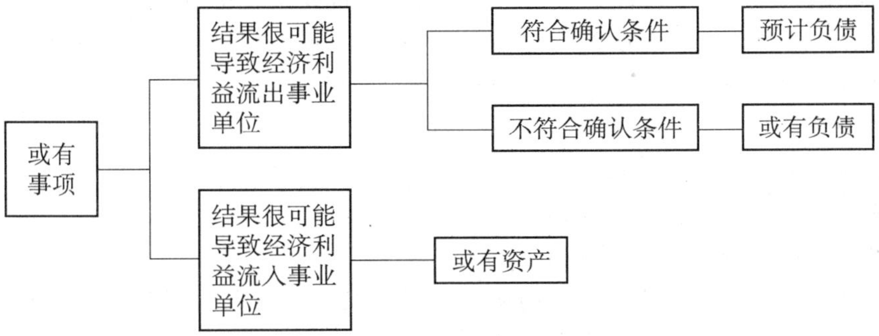

图 4－1　或有事项与预计负债的确认

图 4－1 中相关概念的内涵如下：

预计负债，是指事业单位对因或有事项所产生的现时义务而确认的负债，如对未决诉讼等确认的负债。关于对预计负债的认识，可从以下方面来理解：

第一，预计负债属于或有事项范畴。或有事项的结果可能会产生预计负债、或有负债或者或有资产等。其中，预计负债属于负债的范畴，一般符合负债的确认条件而应予以确认。随着某些未来事项的发生或者不发生，或有负债可能转化为事业单位的预计负债或者消失；或有资产也有可能形成单位的资产或者消失。

第二，预计负债不同于或有负债。或有负债，是指过去的交易或者事项形成的潜在义务，其存在需要通过未来不确定事项的发生或不发生予以证实；或过去的交易或者事项形成的现时义务，履行该义务不是很可能导致经济利益流出事业单位或该义务的金额不能可靠计量。

或有资产，是指过去的交易或者事项形成的潜在资产，其存在需要通过未来不确定事项的发生或不发生予以证实。或有资产作为一种潜在资产，其结果具有较大的不确定性，只有随着经济情况的变化，通过某些未来不确定事项的发生或不发生才能证实其是否会形成事业单位真正的资产。

（二）预计负债的账务处理

为了反映预计负债增减变动情况，事业单位应设置“预计负债”科目。该科目的贷方登记因或有事项所产生的现时义务而确认的负债；借方登记实际偿付的预计负债；期末贷方余额，反映事业单位已确认但尚未支付的预计负债金额。

“预计负债”科目的明细科目应按照预计负债的项目设置并进行明细核算。

事业单位确认预计负债时，按照预计的金额，借记“业务活动费用”“经营费用”“其他费用”等科目，贷记“预计负债”科目；实际偿付预计负债时，按照偿付的金额，借记“预计负债”科目，贷记“银行存款”“零余额账户用款额度”等科目。

事业单位根据确凿证据需要对已确认的预计负债账面余额进行调整的，按照调整增加的金额，借记有关科目，贷记“预计负债”科目；按照调整减少的金额，借记“预计负债”科目，贷记“业务活动费用”“经营费用”等科目。

【例 4-25】 2×19 年至 2×20 年，某事业单位根据发生的预计负债业务，编制相关的会计分录。

（1）2×19 年 10 月，该事业单位因其研发产品质量问题对李某造成人身伤害，被李某提起诉讼，要求赔偿 500 000 元。至 12 月 31 日，法院尚未做出判决。事业单位预计该项诉讼很可能败诉，赔偿金额估计为 250 000～375 000 元，并且还需要支付诉讼费用 10 000 元。

业务活动费用＝(250 000＋375 000)÷2＝312 500（元）

编制财务会计分录：

借：业务活动费用——诉讼赔偿	312 500	
单位管理费用——诉讼费用	10 000	
贷：预计负债——未决诉讼		322 500

（2）该事业单位已就该产品质量向保险公司投保，单位基本确定可从保险公司获得赔偿 125 000 元，但尚未获得相关赔偿证明。编制财务会计分录：

借：其他应收款——××保险公司	125 000	
贷：其他收入——诉讼赔偿		125 000

（3）2×20 年 2 月 15 日，法院判决该事业单位向李某赔偿 290 000 元，并负担诉讼费用 10 000 元，双方均不再上诉。编制财务会计分录：

借：预计负债——未决诉讼	322 500	
贷：其他应付款——李某		290 000
——法院		10 000
以前年度盈余调整		22 500

（4）2×20 年 2 月 21 日，该事业单位从保险公司获得产品质量赔偿款 125 000 元，并于当日用银行存款支付了对李某的赔偿款和诉讼费用。编制财务会计分录：

借：银行存款	125 000	
贷：其他应收款——××保险公司		125 000
借：其他应付款——李某	290 000	
——法院	10 000	

贷：银行存款　　300 000

同时，编制预算会计分录：

借：其他支出　　300 000

贷：资金结存——货币资金　　300 000

五、受托代理负债的核算

受托代理负债是指事业单位接受委托取得受托代理资产时形成的负债。

为了反映受托代理负债增减变动情况，事业单位应设置“受托代理负债”科目。该科目的贷方登记受托代理负债的增加；借方登记受托代理负债的减少；期末贷方余额，反映事业单位尚未交付或发出受托代理资产形成的受托代理负债金额。

受托代理负债的账务处理参见第三章第十节中的“受托代理资产”相关内容。

制度测试

1. 资料：某事业单位为满足运营活动的临时性需要，于2×19年10月1日从工商银行借入金额为480 000元、期限为5个月、年利率为6%的短期借款。按月预提利息费用，到期一次还本付息。

要求：编制以下业务的财务会计分录：

（1）2×19年10月1日借入资金。

（2）2×19年12月31日确认利息费用。

（3）2×20年3月1日偿还借款本息。

2. 资料：2×19年5月，某事业单位发生应付职工薪酬215 200元。其中，工资172 000元，津贴补贴19 600元，社会保险费13 200元，住房公积金10 400元。该单位从应付职工薪酬中代扣代交社会保险费和住房公积金合计19 200元，代扣代交个人所得税10 000元，通过财政直接支付方式向职工支付工资等薪酬162 400元。该单位通过财政直接支付方式缴纳单位为职工承担的社会保险费13 200元和住房公积金10 400元。

要求：根据上述业务编制以下业务的会计分录：

（1）月末确认应付职工薪酬。

（2）从应付职工薪酬中代扣代交社会保险费、住房公积金和个人所得税。

（3）向职工支付工资、津贴补贴等薪酬。

（4）缴纳单位为职工承担的社会保险费和住房公积金。

3. 资料：某科研单位为一般纳税人，2×19年5月发生以下与增值税相关的业务：

（1）购进非独立核算产品生产经营用原料一批，取得的增值税专用发票上注明的价款为15 000元，增值税额为1 950元，已经税务机关认证。全部款项以零余额账户支付。

（2）出售科研产品一批，开具的增值税专用发票上注明的价款为30 000元，增值税额为3 900元，全部款项已存入单位开户银行。

（3）采购原料一批，材料已验收，款项已支付，取得的对方开具的增值税专用发票上注明的价款为100 000元，增值税额为13 000元，记账时，增值税专用发票尚未认证。数日后，该单位将此发票认证并于当月申报抵扣。

（4）将业务（1）购进用于生产经营产品的原料5 000元改为科研使用。

（5）月末盘点原料，发现因管理不善造成原料损失6 000元，该原料购进时支付的增值税为780元。

要求：根据上述经济业务，逐笔编制财务会计分录。

4. 资料：某市园林绿化局所属非独立核算经营中心为小规模纳税人，适用的征收率为3%。2×19年发生相关经济业务如下：

（1）从甲企业购买一批用于培育花木的肥料，取得的增值税专用发票上注明的价款为5 000元，增值税额为650元，款项尚未支付。

（2）向乙公司开出商业承兑汇票购置维护苗圃所需的物品一批，取得的增值税专用发票上注明的价款为20 000元，增值税额为2 600元，物品已验收入库。

（3）预收丙公司购买花木款40 000元，存入银行。数日后销售花木一批，开具的普通发票上注明的货款（含税）为45 200元，已收妥丙公司补交的差额款并存入银行。

要求：根据上述经济业务，逐笔编制财务会计分录。

5. 资料：2×19年1月1日，某事业单位从开发银行借入资金3 500 000元，借款利率为6%，借款期限为3年，每年年底归还借款利息，3年期满后一次还清本金。该单位使用借款扩建科研大楼，2×19年12月31日前共发生料工费2 800 000元，款项通过银行已划拨给施工企业。2×20年3月31日前又发生费用50 000元，已与施工企业结清。科研大楼于2×19年3月底完工并达到可使用状态。

要求：（1）编制2×19年以下业务的会计分录：1）借入资金；2）确认2×19年科研大楼各种支出；3）确认借款利息；4）偿还2×19年借款利息。

（2）编制2×20年以下业务的会计分录：1）3月底确认利息费用并结转科研大楼施工成本；2）4月起，按月预提借款利息；3）2×20年底支付工程费用。

（3）2×21年底，借款到期偿还借款本金。

6. 资料：甲事业单位（以下简称甲单位）为小规模纳税人，2×19年1月1日与乙公司签订一项购货合同，甲单位从乙公司购入一台需要安装的大型机器设备。合同约定，甲单位采用分期付款方式支付价款。该设备价款共计90 000元，首期款项15 000元及全部增值税11 700元于2×19年1月1日以零余额账户支付，其余款项在2×20年至2×24年以零余额账户平均支付，每年的付款日期为当年12月31日。

2×19年1月1日，设备如期运抵甲单位并开始安装，发生运杂费10 000元、包装费6 000元，增值税共计1 260元，全部费用已用银行存款付讫。2×19年4月30日，设备达到预定可使用状态，发生安装费4 000元、增值税360元，已用银行存款付讫。

要求：根据上述经济业务，逐笔编制以下业务的财务会计分录：

（1）购入设备，支付运杂费、包装费和安装费。

（2）设备达到预定可使用状态，结转设备安装完工成本。

（3）2×20年至2×24年每年支付设备款。

第五章 收 入

收入是事业单位财务管理的重要内容之一，也是收入费用表列报的首要内容。事业单位收入渠道多、形式多样，既有政府拨款、非同级财政拨款、上级补助资金，又有专业业务活动及其辅助活动收入、经营性收入，还有来自社会的捐赠收入、让渡资产使用权收入（如利息收入、投资收益、租金收入等）。

第一节 收入概述

一、收入的概念及特征

《政府会计制度》将事业单位收入按照适用的会计基础不同，分为财务会计收入和预算会计收入。本节所讲的收入是指财务会计收入。

根据《政府会计准则——基本准则》的规定，收入是指报告期内导致政府会计主体净资产增加的、含有服务潜力或者经济利益的经济资源的流入。事业单位收入包括财政拨款收入、事业收入、上级补助收入、附属单位上缴收入、经营收入、非同级财政拨款收入、投资收益、捐赠收入、利息收入、租金收入等。上述收入来源广泛，既有来自政府拨款的财政补助收入、提供专业服务（如教育、文化、医疗、科技等）收入、专业业务活动及其辅助活动之外开展非独立核算经营活动取得的经营性收入，还有来自与事业单位运营活动无直接关系的收入，如接受捐赠收入、现金盘盈收入、租金收入等。

事业单位收入具有以下特征：

（1）收入将引起事业单位资产增加或者负债减少（或者两者兼而有之），并最终导致事业单位经济利益或服务潜力的增加。这里所指的“经济利益”是指现金或者最终能转化为现金的非现金资产；“服务潜力”是指从事宗旨或章程所规定的活动，向公众、会员或其他受益人、委托人提供所需产品或服务的能力。

（2）收入将导致事业单位本期净资产的增加。事业单位取得收入一定会增加本期净资产。需要说明的是，这里所指的仅是收入本身对净资产的影响。收入扣除相关成本费用后的净额可能会引起净资产的增加，也可能会引起净资产的减少。

（3）事业单位收入是依法获得的。主要表现在两个方面：一是事业单位获得的收入，必须符合国家有关法律、法规和规章制度的规定。财政拨款收入必须按照我国《预算法》

和规定的预算科目、内容和程序进行申报、审批和领拨。获得的其他收入，也必须符合国家有关法律法规和规章制度的规定。二是事业单位依法取得的收入受国家法律的保护，是正当、合理的。

（4）收入是非偿还性资金。事业单位收入主要是通过政府拨款、服务收费、社会公众捐赠等形式取得的，因此属于非偿还性资金。事业单位取得的需要偿还的资金（如借入的款项）或应上缴的款项（如应上缴财政的罚没收入等），不应确认为收入，应当作为负债处理。

（5）收入取得的形式和渠道是多种多样的。事业单位收入来源的形式和渠道是多种多样的，既有财政拨款收入，也有上级补助收入，还有事业收入、经营收入、附属单位上缴收入、投资收益、利息收入、捐赠收入等。

二、收入的分类

属于财务会计范围的收入包括：

（1）财政拨款收入，是指事业单位从同级财政部门取得的各类财政拨款。

（2）事业收入，是指事业单位本期开展专业业务活动及其辅助活动取得的收入。

（3）上级补助收入，是指事业单位本期从主管部门和上级单位取得的非财政拨款收入。

（4）附属单位上缴收入，是指事业单位附属单位本期按照有关规定上缴的收入。

（5）经营收入，是指事业单位本期在专业业务活动及其辅助活动之外开展非独立核算经营活动取得的收入。

（6）非同级财政拨款收入，是指从非同级政府财政部门取得的经费拨款。

（7）投资收益，是指事业单位股权投资和债券投资所实现的收益或发生的损失。

（8）捐赠收入，是指事业单位接受其他单位或者个人捐赠取得的收入。

（9）利息收入，是指事业单位取得的银行存款利息收入。

（10）租金收入，是指事业单位经批准利用国有资产出租取得并按照规定纳入本单位预算管理的租金收入。

（11）其他收入，是指事业单位取得的除财政拨款收入、事业收入、上级补助收入、附属单位上缴收入、经营收入、非同级财政拨款收入、投资收益、捐赠收入、利息收入、租金收入以外的各项收入。

三、收入的确认

根据《政府会计准则——基本准则》的规定，事业单位财务会计收入确认以权责发生制为基础。也就是说，事业单位以取得收取款项的权利为标志来确定本期收入。凡是当期已经实现的收入，不论款项是否收取，都应当作为当期的收入；凡是不属于当期的收入，即使款项已在当期收到，也不应当作为当期的收入。事业单位收入的内容不同，其确认方法也不尽相同。

（一）财政拨款收入

财政资金补助方式主要有两种：一是划拨资金方式；二是国库集中支付方式（包括财政直接支付和财政授权支付两种方式）。

（1）在财政直接支付方式下，根据收到的“财政直接支付入账通知书”及相关原始凭证，按照通知书中的直接支付入账金额确认收入。

(2) 在财政授权支付方式下，根据收到的“财政授权支付额度到账通知书”，按照通知书中的授权支付额度确认收入。

(3) 在其他方式下，收到财政拨款收入时，按照实际收到的金额确认收入。

(二) 事业收入

(1) 采用财政专户返还方式管理的事业收入，按照实际收到的返还金额确认收入。

(2) 采用预收款方式或应收款方式管理的事业收入，一般根据合同完成进度确认收入。

(3) 采用其他方式确认的事业收入，按照实际收到的金额确认收入。

(三) 上级补助收入、附属单位上缴收入和非同级财政拨款收入

上级补助收入、附属单位上缴收入和非同级财政拨款收入，按照应收或实际收到的金额确认收入。

(四) 经营收入

经营收入应当在提供服务或发出存货，同时收讫价款或者取得索取价款的凭据时，按照实际收到或应收的金额予以确认。

(五) 投资收益

根据投资的不同对象分别确认投资收益。短期投资持有期间收到的利息，按照实际收到的金额确认投资收益；持有长期债券投资的投资收益，按照计算确定的应收未收利息确认；采用成本法核算的长期股权投资持有期间的投资收益，按照宣告分派的现金股利或利润中属于事业单位应享有的份额确认；采用权益法核算的长期股权投资持有期间的投资收益，按照应享有或应分担的被投资单位实现的净损益确认。

(六) 捐赠收入、利息收入

捐赠收入按照实际收到的金额确认；取得银行存款利息时，按照实际收到的金额确认收入。

(七) 租金收入

国有资产出租收入，应当在租赁期内各个期间按照直线法予以确认。如果采用预收租金方式，按照各期租金金额分期确认租金收入；采用后付租金方式的，按照每期确认的租金确认租金收入；采用分期收取租金方式的，按照每期收取的租金确认租金收入。

第二节　财政拨款收入和非同级财政拨款收入

一、财政拨款收入的核算

(一) 财政拨款收入概述

1. 财政拨款收入的概念和特点

财政拨款收入是指事业单位从同级财政部门取得的各类财政拨款，包括基本支出拨款和项目支出拨款。财政拨款收入的定义包括两层含义：第一，“从同级财政部门取得”是指事业单位直接或者按照部门预算隶属关系从同一级次财政部门取得的财政拨款。对于一

级预算单位，一般是从同级财政部门直接取得；对于二级及二级以下预算单位，一般是按照部门预算隶属关系，通过一级预算单位从同级财政部门取得。第二，“财政拨款”包括事业单位从同级财政部门取得的所有财政拨款。

财政拨款收入是事业单位从事公益活动的资金来源和物质基础。与事业单位其他收入相比，财政拨款资金的特点为：一是资金管理相对比较严格，资金的申请、审批、划拨、管理、使用、开支范围和开支标准等都有非常详细的管理办法和要求；二是资金拨付方式多样，财政部门按照事业单位预算和分月用款计划，采取拨款、财政直接支付或授权支付等方式。

需要指出的是，财政拨款收入不包括国家对事业单位的基本建设投资。

2. 财政拨款收入的分类

按部门预算管理的要求划分，财政拨款收入分为基本支出拨款和项目支出拨款。

（1）基本支出拨款。基本支出拨款是指事业单位用于维持正常运行和完成日常工作任务所需要的补助经费。事业单位的基本支出拨款又可进一步划分为人员经费和日常公用经费，人员经费是指用于事业单位人员方面开支的经费，日常公用经费是指用于事业单位日常公务活动的经费。

（2）项目支出拨款。项目支出拨款是指事业单位在基本经费以外完成特定任务所需要的补助经费。

3. 财政拨款的方式

财政拨款的方式有两种：一是划拨资金方式；二是国库集中支付方式。

（1）划拨资金，是指财政部门根据核定的部门预算和事业单位用款计划，填制预算拨款凭证，通过本级国库将资金划拨到主管预算单位在银行设立的预算经费存款户，由主管预算单位按照规定用途办理支用，或转拨到所属单位的拨款方式。

（2）国库集中支付方式，包括财政直接支付和财政授权支付两种方式。其具体支付程序参见第二章第二节。

为了分别反映财政拨款收入增减变动情况，事业单位应设置“财政拨款收入”科目，核算单位从同级政府财政部门取得的各类财政拨款。该科目的贷方登记收到的拨款数；借方登记缴回拨款数；期末贷方余额反映财政拨款收入累计数。期末，将“财政拨款收入”科目余额转入本期盈余，结账后，“财政拨款收入”科目应无余额。

“财政拨款收入”科目可按照一般公共预算财政拨款、政府性基金预算财政拨款等拨款种类进行明细核算。“财政拨款收入”科目所属明细科目设置方法如表 5-1 所示。

表 5-1　“财政拨款收入”科目所属明细科目的设置方法

总账科目	二级明细科目	三级明细科目	四级明细科目	五级明细科目
财政拨款收入	一般公共预算财政拨款	《政府收支分类科目》中的“支出功能分类”科目	基本支出拨款	人员经费
				日常公用经费
			项目支出拨款	××项目
				××项目
	政府性基金预算财政拨款	同上	同上	同上

资料来源：王彦，王建英．政府与事业单位会计：第五版．北京：中国人民大学出版社，2017：188.

【例 5-1】2×19 年 10 月 10 日，某科研事业单位采购一批办公用电脑，其设备款 150 000 元、相关费用 6 000 元（不考虑增值税）均通过财政直接支付结算，电脑已经验收。编制财务会计分录：

借：固定资产　156 000

　贷：财政拨款收入——一般公共预算财政拨款——行政运行

　　　　——基本支出拨款——日常公用经费　156 000

需要说明的是，便于读者清晰并简明理解事业单位财务会计的主要账务处理，本节相关的会计处理未严格按照表 5-1 要求设置明细科目并编制会计分录，而是根据讲解的内容，针对每部分会计处理所涉及的主要会计科目的明细科目及其设置方法进行说明。

（二）财政直接支付方式下的财政拨款收入

在财政直接支付方式下，事业单位根据财政国库支付执行机构委托代理银行转来的“财政直接支付入账通知书”及相关原始凭证，按照通知书中的直接支付入账金额，借记“库存物品”“固定资产”“业务活动费用”“单位管理费用”“应付职工薪酬”等科目，贷记“财政拨款收入”科目。涉及增值税业务的，按照应交的增值税，借记“应交增值税”科目。

年末，根据本年度财政直接支付预算指标数与当年财政直接支付实际数的差额，借记“财政应返还额度——财政直接支付”科目，贷记“财政拨款收入”科目。

【例 5-2】甲事业单位为财政全额拨款的教育事业单位，实行国库集中支付和政府采购制度。2×19 年 12 月，该单位根据发生的国库集中支付和政府采购业务，编制相关的会计分录。

(1) 4 日，收到财政国库支付执行机构委托代理银行转来的“财政直接支付入账通知书”和“工资发放明细表”，通知书和明细表中注明的工资支出金额为 900 000 元，代理银行已将 900 000 元划入单位职工个人账户。编制财务会计分录：

借：应付职工薪酬　900 000

　贷：财政拨款收入　900 000

同时，编制预算会计分录：

借：事业支出　900 000

　贷：财政拨款预算收入　900 000

(2) 16 日，按规定的政府采购程序与乙供货商签订了一份购买设备合同，合同金额为 600 000 元。单位根据发票验货后，向财政国库支付执行机构提交了“财政直接支付申请书”，向财政申请支付乙供货商货款，并收到代理银行转来的用于支付乙供货商货款的“财政直接支付入账通知书”，通知书中注明的金额为 600 000 元。编制财务会计分录：

借：固定资产　600 000

　贷：财政拨款收入　600 000

同时，编制预算会计分录：

借：事业支出　600 000

　贷：财政拨款预算收入　600 000

(3) 10 日，收到代理银行转来的“财政直接支付入账通知书”，由财政直接支付科研楼维修工程款 250 000 元。编制财务会计分录：

借：在建工程　250 000

贷：财政拨款收入 250 000

同时，编制预算会计分录：

借：事业支出 250 000

贷：财政拨款预算收入 250 000

（4）该单位2×19年财政直接支付预算指标为65 300 000元，当年财政直接支付实际数为64 800 000元。编制财务会计分录：

借：财政应返还额度——财政直接支付 500 000

贷：财政拨款收入 500 000

同时，编制预算会计分录：

借：资金结存——财政应返还额度 500 000

贷：财政拨款预算收入 500 000

（三）财政授权支付方式下的财政拨款收入

在财政授权支付方式下，根据收到的“财政授权支付额度到账通知书”，按照通知书中的授权支付额度，借记“零余额账户用款额度”科目，贷记“财政拨款收入”科目。

年末，本年度财政授权支付预算指标数大于零余额账户用款额度下达数的，根据未下达的用款额度，借记“财政应返还额度——财政授权支付”科目，贷记“财政拨款收入”科目。

【例5-3】 2×19年，某事业单位根据发生的国库集中支付和政府采购业务，编制相关的会计分录。

（1）2日，收到代理银行转来的“财政授权支付额度到账通知书”，通知书中注明的本月授权额度为450 000元，用于单位日常基本支出。编制财务会计分录：

借：零余额账户用款额度 450 000

贷：财政拨款收入 450 000

同时，编制预算会计分录：

借：资金结存——零余额账户用款额度 450 000

贷：财政拨款预算收入 450 000

（2）10日，收到代理银行转来的“财政授权支付额度到账通知书”，本月获得财政授权额度100 000元，用于单位办公楼维修。编制财务会计分录：

借：零余额账户用款额度 100 000

贷：财政拨款收入 100 000

同时，编制预算会计分录：

借：资金结存——零余额账户用款额度 100 000

贷：财政拨款预算收入 100 000

（3）年末，经计算，该单位2×19年度财政授权支付预算指标数为45 600 000元，当年零余额账户用款额度下达数为45 200 000元。编制财务会计分录：

借：财政应返还额度——财政授权支付 400 000

贷：财政拨款收入 400 000

同时，编制预算会计分录：

借：资金结存——财政应返还额度 400 000

贷：财政拨款预算收入 400 000

（四）其他方式下的财政拨款收入

事业单位采用其他方式收到财政拨款收入时，按照实际收到的金额，借记“银行存款”等科目，贷记“财政拨款收入”科目。

【例5-4】 某市文化局所属歌剧院为事业单位，2×19年2月10日收到开户银行转来的收款通知，收到财政部门拨入一笔项目支出预算专项经费300 000元，用于繁荣当地文化事业。编制财务会计分录：

借：银行存款　300 000

　贷：财政拨款收入　300 000

同时，编制预算会计分录：

借：资金结存——货币资金　300 000

　贷：财政拨款预算收入　300 000

（五）国库直接支付款项的退回

事业单位因差错更正或购货退回等发生国库直接支付款项退回的，属于以前年度支付的款项，按照退回金额，借记“财政应返还额度——财政直接支付”科目，贷记“以前年度盈余调整”“库存物品”等科目；属于本年度支付的款项，按照退回金额，借记“财政拨款收入”科目，贷记“业务活动费用”“库存物品”等科目。

【例5-5】 2×19年2月20日，甲事业单位收到通知，本年1月25日从乙单位购进库存物品因质量问题退货。该批物品价款为50 000元，采用财政直接支付方式结算并已列支5 000元，其余物品已入库但尚未被领用。编制财务会计分录：

借：财政拨款收入　50 000

　贷：库存物品　45 000

　　业务活动费用　5 000

（六）期末结转财政拨款收入

期末，将“财政拨款收入”科目本期发生额转入本期盈余，借记“财政拨款收入”科目，贷记“本期盈余”科目。

【例5-6】 2×19年，某事业单位财政拨款收入情况为：财政拨款收入（直接支付）356 000 000元，财政拨款收入（授权支付）244 000 000元。年末，将财政拨款收入转入本期盈余。编制财务会计分录：

借：财政拨款收入　600 000 000

　贷：本期盈余　600 000 000

二、非同级财政拨款收入的核算

非同级财政拨款收入是指事业单位从非同级财政部门取得的经费拨款，包括从同级政府其他部门取得的横向转拨财政款、从上级或下级政府财政部门取得的经费拨款等。

本级、非本（同）级是针对单位预算编制关系而言。隶属于中央管理的单位，即中央单位；隶属于各级地方管理的单位，即地方单位。“本级”是指与本单位预算编报关系一致，且不是本单位上级主管部门的单位；“非本（同）级”是指与本单位预算编报关系不一致的单位。

为了反映非同级财政拨款收入增减变动情况，事业单位应设置“非同级财政拨款收入”科目。该科目的贷方登记非同级财政拨款收入的增加额；借方登记非同级财政拨款收入的减少额；年末结账后，“非同级财政拨款收入”科目应无余额。“非同级财政拨款收入”科目应当按照本级横向财政拨款和非本级财政拨款设置明细科目并进行明细核算。

事业单位确认非同级财政拨款收入时，按照应收或实际收到的金额，借记“其他应收款”“银行存款”等科目，贷记“非同级财政拨款收入”科目；期末，事业单位将本科目本期发生额转入本期盈余，借记“非同级财政拨款收入”科目，贷记“本期盈余”科目。

需要说明的是，事业单位因开展科研及其辅助活动从非同级政府财政部门取得的经费拨款，应当通过“事业收入——非同级财政拨款”科目核算，不通过“非同级财政拨款收入”科目核算。

【例 5－7】 2×19 年，某省所属高校根据发生的非同级财政拨款业务，编制相关的会计分录。

（1）1 月 20 日，收到省属 N 市农林局划拨横向课题财政拨款 3 500 000 元，已存入银行。编制财务会计分录：

借：银行存款	3 500 000	
贷：非同级财政拨款收入		3 500 000

同时，编制预算会计分录：

借：资金结存——货币资金	3 500 000	
贷：非同级财政拨款预算收入		3 500 000

（2）9 月 5 日，收到教育部科研经费拨款 6 000 000 元，已存入银行。编制财务会计分录：

借：银行存款	6 000 000	
贷：非同级财政拨款收入		6 000 000

同时，编制预算会计分录：

借：资金结存——货币资金	6 000 000	
贷：非同级财政拨款预算收入		6 000 000

（3）年末，将“非同级财政拨款收入”科目本年发生额结转至“本年盈余”科目。编制财务会计分录：

借：非同级财政拨款收入	9 500 000	
贷：本年盈余——盈余		9 500 000

第三节　事业收入

一、事业收入的内涵

“事业”是与企业相对而言的一个概念，一般是指“没有生产收入”“所需经费有国库开支”的社会工作[①]，如学校的教育工作、医院的医疗活动、演艺团体的艺术活动、科研

---

① 黄恒学．中国事业管理体制改革研究．北京：清华大学出版社，1998：2.

机构的科研工作等。这些工作或活动，由政府财政开支，不实行经济核算，提供的是非物质生产和劳务服务。这些工作或活动形成的收入为事业收入。从理财角度看，事业收入是指事业单位开展专业业务活动及其辅助活动所取得的收入。其中，专业业务活动又称主营业务，是事业单位根据本单位专业特点所从事或开展的主要业务活动，如文化事业单位的演出活动、教育事业单位的教学活动、科学事业单位的科研活动、卫生事业单位的医疗保健活动等；辅助活动是指与专业业务活动相关，直接为专业业务活动服务的单位行政管理活动、后勤服务活动及其他有关活动。按照事业单位行业划分，事业收入的分类如表 5-2 所示。

表 5-2　　事业收入的分类

行业	事业收入的内容
中小学校	(1) 义务教育阶段学生交纳的杂费。(2) 非义务教育阶段学生交纳的学费。(3) 借读学生交纳的借读费。(4) 住宿学生交纳的住宿费。(5) 按照有关规定向学生收取的其他费用等。
高等学校	(1) 教育事业收入，即通过学历和非学历教育向学生个人或者单位收取的学费、住宿费、委托培养费、考试考务费、培训费和其他教育事业收入。(2) 科研事业收入，即通过承接科研项目、开展科研协作、转化科技成果、进行科技咨询等取得的收入。
科学事业单位	(1) 科研收入，即承担科研课题（项目）和接受委托研制样品、样机取得的收入。(2) 技术收入，即对外提供技术转让、技术咨询、技术业务、技术培训和技术承包取得的收入。(3) 学术活动收入，即开展学术交流、学术期刊出版等活动取得的收入。(4) 科普活动收入，即开展科学知识宣传、讲座和科技展览等活动取得的收入。(5) 试制产品收入，即从事中间试验产品的试制取得的收入。(6) 教学活动收入。
医院	(1) 医疗收入，包括：门诊收入，即挂号收入、诊察收入、检查收入、化验收入、治疗收入、手术收入、卫生材料收入、药品收入、药事服务费收入、其他门诊收入等；住院收入，即床位收入、诊察收入、检查收入、化验收入、治疗收入、手术收入、护理收入、卫生材料收入、药品收入、药事服务费收入、其他住院收入等。(2) 科教项目收入，即科研、教学项目收入。
基层医疗卫生机构	(1) 门诊收入，包括挂号收入、诊察收入、检查收入、化验收入、治疗收入、手术收入、卫生材料收入、药品收入、一般诊疗费收入和其他门诊收入等。(2) 住院收入，包括床位收入、诊察收入、检查收入、化验收入、治疗收入、手术收入、护理收入、卫生材料收入、药品收入、一般诊疗费收入和其他住院收入等。
测绘事业单位	(1) 测绘工程收入，即对外承接测绘工程价款收入、提供测绘劳务收入等。(2) 测绘成果收入，即以纸质、磁带等为载体的测绘数据、图片，提供用户使用所取得的价款收入。(3) 测绘科技收入，即对外承担的科技开发、技术转让、技术咨询、技术服务，以及测绘产品质量检验和测绘仪器检定等活动取得的收入。
地质事业单位	(1) 业务收入，即在开展基础性、战略性、社会公益性地质工作所取得的收入。(2) 地质技术服务收入，即对外开展地质技术活动所取得的收入，包括地质成果转让收入、地质学术活动收入等。(3) 辅助收入，即后勤服务活动及其他有关活动收入。
文物事业单位	(1) 门票收入，即开展业务活动出售门票取得的收入。(2) 展览收入，即自行举办或与外单位合办、协办展览而取得的收入。(3) 讲解导览收入，即为观众提供讲解、语音导览服务取得的收入。(4) 考古调查、勘探、发掘收入，即进行考古调查、勘探和依法考古发掘取得的收入。(5) 文物保护工程收入，即对外提供文物保护工程勘察设计、施工、监理等取得的收入。(6) 文物修复设计、施工收入，即对外提供文物修复等服务取得的收入。(7) 文物鉴定、审核收入，即对外提供文物拍卖标底审核、文物进出境审核等取得的收入。(8) 文物调拨、交换、出借补偿收入，即因文物调拨、交换、出借取得的补偿收入。(9) 其他事业收入。

续前表

行业	事业收入的内容
文化事业单位	（1）演出收入，即艺术表演团体进行各类文艺演出取得的收入。（2）文化场馆服务收入，即艺术表演场所、文化展示及纪念机构开展文艺演出、举办展览展映等活动所取得的收入。（3）技术服务收入，即提供各种技术指导、技术咨询、技术服务取得的收入。（4）培训收入，即举办各种文化艺术培训班取得的收入。（5）复印复制收入，即图书馆、文化馆、群艺馆、展览馆、美术馆、纪念馆等对外提供馆藏资料的复印复制等服务取得的收入。（6）门票收入，即文化展示及纪念机构销售门票取得的收入。（7）外借人员劳务收入，即对外提供演职人员、技术人员等取得的劳务收入。（8）其他事业收入。
广播电视事业单位	（1）广告收入，因播出、刊登广告收取的收入。（2）收视费收入，即收取的电视节目收视费收入。（3）节目销售收入，即销售节目取得的收入。（4）合作合拍收入，即与国内外单位和机构合作广播电视节目或合拍影视节目取得的收入。（5）节目制作和播放收入，即为其他单位制作和播放广播电视节目取得的收入。（6）节目传输收入，即为用户传送广播电视节目取得的收入。（7）技术服务收入，即对外提供技术服务、技术咨询、翻译服务、信息服务、计量检测、设备技术安装和维修等取得的收入。（8）其他事业收入，主要包括培训收入、门票收入等。
计划生育事业单位	（1）技术服务收入，即开展计划生育优生优育咨询指导、避孕节育手术、孕前优生健康检查、孕情环情监测、计划生育手术并发症诊治、生殖健康检查治疗等技术服务活动取得的收入。（2）病残儿鉴定收入，即人口和计划生育事业单位对病残儿进行鉴定所取得的收入。（3）培训收入，即开展业务培训取得的收入。（4）宣传品制作收入，即制作人口计生图书、音像等各类宣传品取得的收入。（5）其他事业收入。
体育事业单位	（1）竞技体育比赛收入，即组织或参加各类竞技体育比赛和表演取得的各项收入。（2）门票收入，即体育场馆举办各类文体表演取得的门票收入。（3）出售广播电视转播权收入，即出售竞技体育比赛和表演的广播电视转播权取得的收入。（4）广告赞助收入，即利用体育场地、体育比赛服装和器材等为社会提供广告服务取得的收入。（5）体育技术服务收入，即对外提供技术指导、技术咨询、技术培训、信息服务和推广体育科研成果等取得的收入。（6）体育相关业务收入，即组织与体育相关的各种体育交流、体育展览、体育旅游等活动取得的收入。（7）无形资产转让收入，即按照国家有关规定，经过中介机构评估后转让无形资产取得的收入。（8）其他体育事业收入。
国家物资储备事业单位	开展专业业务活动及其辅助活动取得的物资出库费收入、装卸收入、仓储费收入、设计收入、教学收入、港口收入等。
彩票机构	财政部门核拨给彩票机构用于开展彩票发行销售业务活动及其辅助活动的业务费收入。

事业单位的一部分收入是利用政府的权力、信誉、资源取得的，或借助这些资源提供特定公共服务、准公共服务而取得的，如广播电视事业单位的广告收入，公立学校设备、场地或房屋出租出借收入，事业单位内部非独立核算招待所的住宿费收入等。这类收入一般与其专业业务活动及其辅助活动没有直接关系，通常作为租金收入、其他收入或经营收入处理。

二、事业收入的日常核算

根据管理的需要，事业单位的事业收入分为财政专户返还方式管理的事业收入和直接确认的事业收入两类。前者是将取得的款项先上缴财政，待收到财政专户返还款项时再确认收入。

为了分别反映事业收入增减变动情况，事业单位应设置“事业收入”科目核算其开展专业业务活动及其辅助活动取得的收入。该科目的贷方登记收到的款项或取得的收入；借方登记期末收入转销的数额。期末，将“事业收入”科目余额转入事业结转结余，借记“事业收入”科目，贷记“事业结转结余”科目。期末结账后，“事业收入”科目应无余额。

“事业收入”科目应当按照事业收入类别、项目、《政府收支分类科目》中“支出功能分类科目”等进行明细核算。事业收入中如有专项资金收入，还应按具体项目进行明细核算。

（一）采用财政专户返还方式管理的事业收入

为了加强对由事业单位收取并使用资金的监管，根据财政部门的资金管理要求，有些事业收入取得时并不能直接作为事业单位的收入，而是要纳入上缴财政专户管理。只有当财政返还部分款项时，事业单位才能将这部分收入确认为事业收入。因此，根据管理的不同，事业单位的事业收入分成两部分：一部分是无须上缴财政专户的，单位可直接确认为事业收入；另一部分是需要上缴财政专户的，在收到财政专户拨款通知时，才可确认为本单位的事业收入。①

事业单位实现应上缴财政专户的事业收入时，按照实际收到或应收的金额，借记“银行存款”“应收账款”等科目，贷记“应缴财政款”科目；向财政专户上缴款项时，按照实际上缴的款项金额，借记“应缴财政款”科目，贷记“银行存款”等科目；收到从财政专户返还的事业收入时，按照实际收到的返还金额，借记“银行存款”等科目，贷记“事业收入”科目。

【例 5-8】 2×19 年 12 月，某事业单位代行政府职能累计收取费用 5 000 000 元并已上缴财政。按照相关政策，应从财政专户返还款项 2 000 000 元，该单位已收到返还的款项并存入银行。

（1）收到款项，编制财务会计分录：

借：银行存款	5 000 000	
贷：应缴财政款		5 000 000

（2）上缴全部代收款项，编制财务会计分录：

借：应缴财政专户款	5 000 000	
贷：银行存款		5 000 000

（3）收到财政专户返还款，编制财务会计分录：

借：银行存款	2 000 000	
贷：事业收入		2 000 000

同时，编制预算会计分录：

借：资金结存——货币资金	2 000 000	
贷：事业预算收入		2 000 000

（二）采用预收款方式确认的事业收入

事业单位实际收到预收款项时，按照收到的款项金额，借记“银行存款”等科目，贷记“预收账款”科目；以合同完成进度确认事业收入时，按照基于合同完成进度计算的金

---

① 王彦，王建英．政府会计．北京：中国人民大学出版社，2012：226.

额，借记“预收账款”科目，贷记“事业收入”科目，如果取得的收入涉及应交增值税，按照确认的应交增值税，贷记“应交增值税——应交税金（销项税额）”科目。

【例 5-9】 2×19 年，某公立学校根据发生的预收款项业务，编制相关的会计分录。

（1）9 月 1 日，该学校根据与乙公司签订的培训协议收取乙公司 18 个月职工培训费 360 000 元，存入银行。该培训收入未采用财政专户返还方式进行管理。编制财务会计分录：

借：银行存款	360 000	
贷：预收账款——预收培训款		360 000

同时，编制预算会计分录：

借：资金结存——货币资金	360 000	
贷：事业预算收入		360 000

（2）9 月至 12 月，每月末确认收入 20 000 元。编制财务会计分录：

借：预收账款——预收培训款	20 000	
贷：事业收入		20 000

（三）采用应收款方式确认的事业收入

事业单位根据合同完成进度计算本期应收的款项，借记“应收账款”科目，贷记“事业收入”科目，如果取得收入涉及应交增值税，按照确认的应交增值税，贷记“应交增值税——应交税金（销项税额）”科目；实际收到款项时，借记“银行存款”等科目，贷记“应收账款”科目。

【例 5-10】 M 事业单位为一般纳税人。2×19 年 5 月，该单位根据发生的应收款业务，编制相关的会计分录。

（1）5 日，向 N 单位转让一批新开发科研产品，开具的增值税专用发票上注明的价款为 60 000 元，增值税为 7 800 元，以银行存款代垫运费 1 400 元（不考虑增值税），全部款项尚未收到。编制财务会计分录：

借：应收账款——N 单位	69 200	
贷：事业收入		60 000
应交增值税——应交税金（销项税额）		7 800
银行存款		1 400

同时，编制预算会计分录：

借：事业支出	1 400	
贷：资金结存——货币资金		1 400

（2）20 日，接到 N 单位退货通知，因部分产品质量有瑕疵，对该批产品的 40%要求退货，余款在办妥退货手续时开具转账支票予以结清，并承担代垫的运杂费 560 元。M 事业单位同意退货要求，并开具红字增值税专用发票。编制财务会计分录：

借：银行存款	41 520	
事业收入	24 000	
应交增值税——应交税金（销项税额）	3 120	
事业支出	560	
贷：应收账款——N 单位		69 200

同时，编制预算会计分录：

借：资金结存——货币资金　　41 520

　　贷：事业预算收入　　41 520

（四）采用其他方式确认的事业收入

事业单位采用其他方式确认事业收入，按照实际收到的金额，借记“银行存款”“库存现金”等科目，贷记“事业收入”科目，如果取得收入涉及应交增值税，按照确认的应交增值税，贷记“应交增值税”科目。

【例5-11】 2×19年5月10日，某公立医院财会部门收到门诊挂号处报来当日“挂号诊察收入汇总日报表”，表中列明挂号收入15 000元、诊察收入65 000元，全部款项已存入银行。编制财务会计分录：

借：银行存款　　80 000

　　贷：事业收入——医疗收入　　80 000

同时，编制预算会计分录：

借：资金结存——货币资金　　80 000

　　贷：事业预算收入　　80 000

三、事业收入的期末转销

期末，将“事业收入”科目本期发生额转入本期盈余，借记“事业收入”科目，贷记“本期盈余”科目。

【例5-12】 承例5-8，2×19年12月末，该事业单位将事业收入2 000 000元转入本期盈余。编制财务会计分录：

借：事业收入　　2 000 000

　　贷：本期盈余　　2 000 000

第四节　上级补助收入和附属单位上缴收入

一、上级补助收入的核算

上级补助收入是指事业单位从主管部门和上级单位取得的非财政拨款收入。为了促进各类事业的发展或弥补事业单位业务收入抵补其业务支出的不足，各类事业单位的主管部门可以利用自身组织的收入和集中下级单位的收入以一定方式对所属事业单位予以拨款补助。这部分拨入资金形成了事业单位的上级补助收入。财政部门通过主管部门和上级单位转拨的事业经费，只能记入财政拨款收入，不能作为上级补助收入处理。

为了反映上级补助收入增减变动情况，事业单位应设置“上级补助收入”科目。该科目的贷方登记收到的上级补助收入；借方登记缴回或转拨的补助款；期末，将“上级补助收入”科目余额转入本期盈余，结账后，该科目无余额。

事业单位确认上级补助收入时，按照应收或实际收到的金额，借记“其他应收款”“银行存款”等科目，贷记“上级补助收入”科目；实际收到应收的上级补助款时，按照实际收到的金额，借记“银行存款”等科目，贷记“其他应收款”科目。

期末，事业单位将“上级补助收入”科目本期发生额转入本期盈余，借记“上级补助收入”科目，贷记“本期盈余”科目。

【例 5-13】 2×19 年 7 月 5 日，甲事业单位收到上级主管部门非财政拨款收入 5 000 000 元，款项存入银行。

(1) 确认收入，编制财务会计分录：

借：银行存款	5 000 000	
贷：上级补助收入		5 000 000

同时，编制预算会计分录：

借：资金结存——货币资金	5 000 000	
贷：上级补助预算收入		5 000 000

(2) 期末，转销上级补助收入，编制财务会计分录：

借：上级补助收入	5 000 000	
贷：本期盈余		5 000 000

二、附属单位上缴收入的核算

（一）附属单位及其收入

附属单位一般是指具有独立法人资格的单位，包括所属的事业单位和企业。如某科研机构兴办的具有独立法人资格的学校、医院、全资兴办的企业等，均属于事业单位的附属单位。

附属单位上缴收入是指事业单位附属独立核算单位按照有关规定上缴的收入，包括附属事业单位上缴的收入和附属企业上缴的利润等。

主管单位与附属机构在行政上是领导与被领导关系，而在财务上则是分级核算关系，即附属单位是主管单位的内部独立核算单位。为了将双方作为独立法人来反映各自经济利益，主管单位对于所属机构缴款应单独设置账户予以反映。由于此项缴款是事业单位附属机构按规定标准或比例向事业单位缴纳的资金，其数额多少直接涉及双方的经济利益。对此，事业单位应对附属单位缴款加强管理与核算。

（二）附属单位上缴收入的取得与转销

为了反映附属单位上缴收入增减变动情况，事业单位应设置“附属单位上缴收入”科目。该科目的贷方登记事业单位实际收到的款项；借方登记期末转销的款项；期末，将“附属单位上缴收入”科目余额转入事业结转结余，结账后，“附属单位上缴收入”科目应无余额。“附属单位上缴收入”科目应当按照附属单位、缴款项目、《政府收支分类科目》中“支出功能分类”相关科目等进行明细核算。附属单位上缴收入中如有专项资金收入，还应按具体项目进行明细核算。

事业单位确认附属单位上缴收入时，按照应收或收到的金额，借记“其他应收款”“银行存款”等科目，贷记“附属单位上缴收入”科目；实际收到应收附属单位上缴款项时，按照实际收到的金额，借记“银行存款”等科目，贷记“其他应收款”科目。期末，事业单位将“附属单位上缴收入”科目本期发生额转入本期盈余，借记“附属单位上缴收入”科目，贷记“本期盈余”科目。

【例 5 - 14】2×19 年 12 月 20 日，甲事业单位收到下属独立核算的乙单位缴款 4 000 000 元；确认应收所属丙企业上缴利润 1 500 000。全部款项存入银行。

(1) 确认收入，编制财务会计分录：

借：银行存款	4 000 000	
其他应收款	1 500 000	
贷：附属单位上缴收入		5 500 000

同时，编制预算会计分录：

借：资金结存——货币资金	4 000 000	
贷：附属单位上缴预算收入		4 000 000

(2) 期末，转销附属单位上缴收入，编制财务会计分录：

借：附属单位上缴收入	5 500 000	
贷：本期盈余		5 500 000

第五节　经营收入

一、经营收入的特点与内容

(一) 经营活动与经营收入

为了拓宽资金来源渠道，弥补事业经费的不足，促进公益事业可持续发展，许多事业单位利用自身优势开展经营活动或兴办经济实体，通过创收提高经费自给率，缓解事业经费的困难。经营收入是指事业单位在专业业务活动及其辅助活动之外开展非独立核算经营活动取得的收入。主要有：事业单位非独立核算部门销售商品取得的销售收入和提供服务取得的服务收入，未纳入“收支两条线”管理的出租房屋、场地和设备取得的租赁收入以及其他经营收入。

事业单位经营收入具有以下特征。

1. 经营收入来源于经营活动

事业单位收入有的是来自专业业务活动，如公立学校的学费收入以及相关财政拨款收入，而有的是来自辅助活动取得的收入，如单位的行政管理活动、后勤服务活动等。经营收入是来自专业业务活动及其辅助活动以外的经营活动，比如，高校非独立核算经营部门对社会开展服务活动，开办书店、超市等取得的收入，属于经营活动取得的收入，但高校向社会提供的科技咨询、成果转让、实验室开放等教学、科研活动及其辅助活动取得的收入，只能作为事业收入，不能确认为经营收入，再如，作为事业单位的剧院取得的演出收入是事业收入，剧院附设的商品部取得的销售收入则是经营收入。

2. 经营收入来源于非独立核算的收入

非独立核算是与独立核算相对应的一种核算形式，其特点是事业单位从上级单位领取一定数额的物资、款项从事业务活动，一切收入全部上缴，所有支出向上级报销，不独立计算盈亏，逐日或定期将发生的经济业务资料报送上级，并由其集中进行会计核算。比如，科研机构所属的非独立核算的车队、食堂等后勤单位，它们服务于社会取得的收入及其支出，由科研机构集中核算，并作为经营收入和经营支出处理。需要说明的是，事业单位收到所属独立核算的经营企业上缴的纯收入，应当作为附属单位上缴收入，不能作为经营收入处理。

经营收入与事业收入均是因事业单位向社会提供了商品或服务而应获取的收入。不同之处是，经营活动体现了保本获利原则，只能是从商品或服务接受方取得收入。事业收入体现了事业活动的公益性原则，可能从商品或服务的接受方取得了补偿性收入，也可能从财政取得了补偿性资金。

（二）经营收入的内容

事业单位的经营收入按照形成原因可分为以下类别：

（1）商品销售收入，是指事业单位职工食堂、单位内部商店等非独立核算部门销售商品取得的收入。

（2）提供劳务收入，是指事业单位内部招待所、博物馆等非独立核算部门对外提供劳务取得的收入。

（3）让渡资产使用权收入，是指事业单位对外出租房屋、车辆、场地、设备等让渡资产使用权取得的收入。

二、经营收入的确认

为了反映经营收入增减变动情况，事业单位应设置“经营收入”科目。该科目的贷方登记实现的经营收入；借方登记期末转销数；期末结账后，“经营收入”科目应无余额。“经营收入”科目的明细科目应当按照经营活动类别、项目、《政府收支分类科目》中“支出功能分类”相关科目设置并进行明细分类核算。

经营收入应当在提供服务或发出存货，同时收讫价款或者取得索取价款的凭据时，按照实际收到或应收的金额确认收入。具体确认方法根据事业单位是否为增值税纳税人而有所区别。

事业单位开展经营活动实现经营收入时，按照确定的收入金额，借记“银行存款”“应收账款”“应收票据”等科目，贷记“经营收入”科目。涉及增值税业务的，按照应交增值税，贷记“应交增值税——应交税金（销项税额）”科目。

期末，将“经营收入”科目本期发生额转入本期盈余，借记“经营收入”科目，贷记“本期盈余”科目。

【例 5-15】 2×19 年 10 月，某高等学校（小规模纳税人）取得经营收入情况如下：学校所属非独立核算校办厂出售商品取得收入 38 000 元，学校所属非独立核算招待所取得客房、餐饮收入 26 000 元，确认应交增值税 1 920 元，全部款项存入银行。编制财务会计分录：

借：银行存款	65 920	
贷：经营收入		64 000
应交增值税		1 920

同时，编制预算会计分录：

借：资金结存——货币资金	65 920	

贷：经营预算收入 65 920

【例 5-16】 2×19 年 10 月，甲研究院（一般纳税人）所属非独立核算的服务部门，根据发生的经济业务，编制相关的会计分录。

（1）该部门所属车队向乙单位提供运输服务应收取款项 35 000 元、增值税额 4 550，已结算款项 20 000 元，存入银行，余款暂欠。编制财务会计分录：

借：银行存款 20 000
　　应收账款——乙单位 19 550
　　贷：经营收入 35 000
　　　　应交增值税——应交税金（销项税额） 4 550

同时，编制预算会计分录：

借：资金结存——货币资金 20 000
　　贷：经营预算收入 20 000

（2）该部门所属加工车间销售自制商品 500 件，开具的增值税专用发票上注明的价款为 150 000 元，增值税额为 19 500 元，该批商品加工成本为 125 000 元。款项全部存入银行。

1）确认收入，编制财务会计分录：

借：银行存款 169 500
　　贷：经营收入 150 000
　　　　应交增值税——应交税金（销项税额） 19 500

同时，编制预算会计分录：

借：资金结存——货币资金 169 500
　　贷：经营预算收入 169 500

2）结转成本，编制财务会计分录：

借：经营费用 125 000
　　贷：库存物品 125 000

（3）月末，该研究院将“经营收入”科目余额转入“本期盈余”科目。

2×19 年经营收入＝35 000＋150 000＝185 000（元）

编制财务会计分录：

借：经营收入 185 000
　　贷：本期盈余 185 000

第六节　其他类收入

一、其他类收入概述

其他类收入是指除财政拨款收入、事业收入、上级补助收入、附属单位上缴收入和经营收入之外的其他类收入，包括投资收益、捐赠收入、利息收入、租金收入和其他收入。它是事业单位在运营过程中发生的一些零星的收入，也是事业单位业务成果的组成部分。

其中：

（1）投资收益，是指事业单位本期因依法取得的股权和债券投资所取得的收益或损失。主要包括：债权投资的利息收益，如国库券利息等；股权投资的股利收入，如与外单位共同投资兴办事业单位，被投资事业单位根据投资协议分配给事业单位的税后利润。

（2）捐赠收入，是指事业单位本期接受捐赠取得的收入。

（3）利息收入，是指事业单位本期取得的银行存款利息和债券投资利息收入。

（4）租金收入，是指事业单位本期经批准利用国有资产出租、出借取得的收入。包括流动资产和非流动资产的出租收入。

（5）其他收入，是指除上述收入以外的收入，如现金盘盈收入、按照规定纳入单位预算管理的科技成果转化收入、事业单位收回已核销的其他应收款、无法偿付的应付及预收款项、置换换出资产评估增值等。

上述收入的特点主要表现在以下两个方面：一是数额大小不等，涉及面广且零星分散，但让渡资产使用权收入所占比重较大；二是有些收入是偶发性事项形成的，如接受捐赠、资产盘盈等，与日常活动没有必然联系。

二、投资收益的核算

投资收益是指事业单位股权投资和债券投资所取得的收益或损失。投资收益大于投资损失的差额为投资净收益；反之，则为投资净损失。事业单位对外投资收益主要包括两个方面：一是持有对外投资期间取得利息或利润；二是出售或到期收回对外投资获得投资收益。

为了反映对外投资增减变动情况，事业单位应设置“投资收益”科目。该科目的贷方登记确认的投资收益以及期末转入本期盈余的投资损失；借方登记确认的投资损失以及期末转入本期盈余的投资收益。期末结转后，“投资收益”科目应无余额。“投资收益”科目应当按照投资的种类和被投资单位等设置明细科目并进行明细核算。

（一）短期投资收益

事业单位收到短期投资持有期间的利息，按照实际收到的金额，借记“银行存款”科目，贷记“投资收益”科目；出售或到期收回短期债券本息，按照实际收到的金额，借记“银行存款”科目，按照出售或收回短期投资的成本，贷记“短期投资”科目，按照借贷方差额，贷记或借记“投资收益”科目。取得投资收益涉及增值税业务的，按照应交的增值税，贷记“应交增值税”科目。

（二）长期投资收益

1. 长期债券投资收益

事业单位持有的分期付息、一次还本的长期债券投资，按期确认利息收入时，按照计算确定的应收未收利息，借记“应收利息”科目，贷记“投资收益”科目；持有的到期一次还本付息的债券投资，按期确认利息收入时，按照计算确定的应收未收利息，借记“长期债券投资——应计利息”科目，贷记“投资收益”科目。

事业单位出售长期债券投资或到期收回长期债券投资本息，按照实际收到的金额，借记“银行存款”等科目，按照债券初始投资成本和已计未收利息金额，贷记“长期债券投资——成本、应计利息”科目（到期一次还本付息债券）或“长期债券投资”、“应收利息”科目（分期付息债券），按照借贷方差额，贷记或借记“投资收益”科目。取得投资收益涉及增值税业务的，按照应交的增值税，贷记“应交增值税”科目。

2. 长期股权投资收益

采用成本法核算的长期股权投资持有期间，被投资单位宣告分派现金股利或利润时，按照宣告分派的现金股利或利润中属于事业单位应享有的份额，借记“应收股利”科目，贷记“投资收益”科目。

采用权益法核算的长期股权投资持有期间，按照应享有或应分担的被投资单位实现的净损益的份额，借记或贷记“长期股权投资——损益调整”科目，贷记或借记“投资收益”科目；被投资单位发生净亏损，但以后年度又实现净利润的，事业单位在用收益分享额弥补未确认的亏损分担额等后，恢复确认投资收益，借记“长期股权投资——损益调整”科目，贷记“投资收益”科目。

期末，将“投资收益”科目本期发生额转入本期盈余，借记或贷记“投资收益”科目，贷记或借记“本期盈余”科目。

【例 5-17】 2×19 年，某事业单位根据发生的投资收益业务，编制相关的会计分录。

(1) 持有的短期国债投资到期，收回本金 100 000 元，确认利息收入 2 000 元，全部款项存入银行。编制财务会计分录：

借：银行存款　　102 000
　　贷：短期投资　　100 000
　　　　投资收益　　2 000

同时，编制预算会计分录：

借：资金结存——货币资金　　102 000
　　贷：投资支出　　100 000
　　　　投资预算收益　　2 000

(2) 出售持有未到期的长期债券投资取得款项 175 000 元并存入银行，该债券初始投资成本为 150 000 元（以前年度取得的投资），已确认的应计利息为 10 000 元。出售债券确认的应交增值税为 1 415 元。编制财务会计分录：

借：银行存款　　175 000
　　贷：长期债券投资——成本　　150 000
　　　　　　　　　　——应计利息　　10 000
　　　　投资收益　　15 000
借：投资收益　　1 415
　　贷：应交增值税——应交税金（销项税额）　　1 415

同时，编制预算会计分录：

借：资金结存——货币资金　　175 000
　　贷：其他结余　　150 000
　　　　投资预算收益　　25 000

(3) 期末，确认采用权益法核算的长期股权投资持有期间应分担的被投资单位发生的净损失 30 000 元。编制财务会计分录：

借：投资收益　　30 000

贷：长期股权投资——损益调整　　30 000

（4）期末，将“投资收益”科目本期发生额合计转入本期盈余。

应结转的投资收益＝2 000＋15 000－1 415－30 000＝－14 415（元）

编制财务会计分录：

借：本期盈余　　14 415

贷：投资收益　　14 415

三、捐赠收入的核算

捐赠收入是指事业单位接受其他单位或者个人捐赠取得的收入。捐赠是无偿给予资产行为，其基本特征在于无偿性，也就是出于某种原因，不支付金钱或付出其他相应代价而取得某项财产。可见，捐赠收入既不同于财政拨款收入，也不同于事业收入。为此，事业单位应单独对捐赠收入进行会计核算。

为了反映捐赠收入的增减变动情况，事业单位应设置“捐赠收入”科目。该科目的贷方登记捐赠收入的增加额；借方登记捐赠收入的减少额；年末结账后，“捐赠收入”科目应无余额。“捐赠收入”科目应当按照捐赠资金的用途和捐赠单位等设置明细科目并进行明细核算。

事业单位应根据接受捐赠资产的不同内容分别进行核算。单位接受捐赠货币资金，按照实际收到的金额，借记“银行存款”“库存现金”等科目，贷记“捐赠收入”科目；接受捐赠存货、固定资产等非现金资产，按照确定的成本，借记“库存物品”“固定资产”等科目，按照发生的相关税费、运输费等，贷记“银行存款”等科目，按照借贷方差额，贷记“捐赠收入”科目；接受捐赠的资产按照名义金额入账的，按照名义金额，借记“库存物品”“固定资产”等科目，贷记“捐赠收入”科目，同时，按照发生的相关税费、运输费等，借记“其他费用”科目，贷记“银行存款”等科目。

期末，将“捐赠收入”科目本期发生额转入本期盈余，借记“捐赠收入”科目，贷记“本期盈余”科目。

【例 5－18】 2×19 年 10 月，某事业单位根据接受资产捐赠业务，编制相关的会计分录。

（1）10 日，接受捐赠现金资产 100 000 元，存入银行。编制财务会计分录：

借：银行存款　　100 000

贷：捐赠收入　　100 000

同时，编制预算会计分录：

借：资金结存——货币资金　　100 000

贷：其他预算收入——捐赠收入　　100 000

（2）20 日，接受捐赠专业材料一批，按照同类材料的市场价格计价为 300 000 元，已验收入库，并以银行存款支付运杂费、包装费等费用 6 500 元。编制财务会计分录：

借：库存物品　　306 500

贷：捐赠收入　　300 000

银行存款　　6 500

同时，编制预算会计分录：

借：其他支出　　6 500

贷：资金结存——货币资金 6 500

(3) 接受捐赠一台设备，按其名义金额入账。取得设备发生相关税费、运输费等 3 500 元，以银行存款支付。编制财务会计分录：

借：固定资产 1

贷：捐赠收入 1

借：其他费用 3 500

贷：银行存款 3 500

同时，编制预算会计分录：

借：其他支出 3 500

贷：资金结存——货币资金 3 500

四、利息收入的核算

利息收入是指事业单位取得的银行存款利息收入。有时，事业单位会将暂时闲置的资金存入银行等金融机构并取得一定的利息收入。

为了反映利息收入增减变动情况，事业单位应设置“利息收入”科目。该科目的贷方登记利息收入的增加额；借方登记利息收入的减少额；年末结账后，“利息收入”科目应无余额。

事业单位取得银行存款利息时，按照实际收到的金额，借记“银行存款”科目，贷记“利息收入”科目；期末，将“利息收入”科目本期发生额转入本期盈余，借记“利息收入”科目，贷记“本期盈余”科目。

【例 5-19】 2×19 年 12 月初，某事业单位“利息收入”科目发生额合计为 120 000 元，12 月根据发生的银行存款利息收入业务，编制相关的会计分录。

(1) 12 月末，接到银行通知，该单位本月银行存款利息 30 000 元已转入银行存款账户。编制财务会计分录：

借：银行存款 30 000

贷：利息收入 30 000

同时，编制预算会计分录：

借：资金结存——货币资金 30 000

贷：其他预算收入——利息收入 30 000

(2) 12 月 31 日，将“利息收入”科目余额 150 000 元转入“本期盈余”科目。编制财务会计分录：

借：利息收入 150 000

贷：本年盈余——盈余 150 000

五、租金收入的核算

租金收入是指事业单位经批准利用国有资产出租、出借取得的收入。为了弥补事业发展经费不足，保证完成事业任务，事业单位利用国有资产进行房屋、车辆、设备等出租、出借经营活动已成为其运营活动的一部分。这里所说的“租金收入”是指出租资产取得的收入，包括出租流动资产和非流动资产取得的收入。

为了反映租金收入增减变动情况，事业单位应设置“租金收入”科目。该科目的贷方登记租金收入的增加额；借方登记租金收入的减少额；年末结账后，“租金收入”科目应无余额。“租金收入”科目应当按照出租、出借的国有资产类别设置明细科目并进行明细核算。

由于事业单位出租资产收取租金方式不同，租金收入核算方法也有所不同。无论采用何种核算方法，事业单位应在国有资产出租、出借期间，在租赁期内各个期间按直线法确认收入。

（一）采用预付租金方式租金收入的核算

采用预付租金方式的，事业单位收到预付的租金时，按照收到的金额，借记“银行存款”等科目，贷记“预收账款”科目；分期确认租金收入时，借记“预收账款”科目，贷记“租金收入”科目。

（二）采用后付租金方式租金收入的核算

采用后付租金方式的，事业单位每期确认租金收入时，借记“其他应收款”科目，贷记“租金收入”科目。收到租金时，按照实际收到的金额，借记“银行存款”等科目，贷记“其他应收款”科目。

（三）采用分期收取租金方式租金收入的核算

采用分期收取租金方式的，事业单位每期收取租金时，借记“银行存款”等科目，贷记“租金收入”科目。涉及增值税业务的，相关账务处理参照“应交增值税”科目。

期末，事业单位将“租金收入”科目本年发生额结转至“本年盈余”科目，借记“租金收入”科目，贷记“本期盈余”科目。

【例 5 - 20】 2×19 年，甲事业单位根据发生的租金业务，编制相关的财务会计分录。

(1) 1 月 5 日，与乙公司签订房屋出租协议，将闲置的房屋出租给乙公司，并收到第 1 年租金及相关款项 392 400 元（含税），存入银行。合同约定，于收款日发生增值税纳税义务。

1）1 月 5 日，收到租金，编制财务会计分录：

借：银行存款	392 400	
贷：预收账款		392 400

同时，编制预算会计分录：

借：资金结存——货币资金	392 400	
贷：其他预算收入——租金收入		392 400

2）1 月至 12 月，每月确认租金收入和应交增值税，编制财务会计分录：

借：预收账款	32 700	
贷：租金收入		30 000
应交增值税——应交税金（销项税额）		2 700

(2) 6 月 30 日，与丙公司签订车辆租赁协议，将闲置班车出资给丙公司，期限为 6 个月，每月租金为 16 950 元（含税），租金于年末一次收取。

1）每月确认租金收入，编制财务会计分录：

借：其他应收款	16 950	
贷：租金收入		15 000
应交增值税——应交税金（销项税额）		1 950

2）年末收取租金，编制财务会计分录：

借：银行存款 104 400

　　贷：其他应收款 104 400

同时，编制预算会计分录：

借：资金结存——货币资金 104 400

　　贷：其他预算收入——租金收入 104 400

（3）12月31日，与丁公司签订办公大楼租赁合同，租期3年，每月租金120 000元，于每月末收取。同日，收到第1个月租金及增值税130 800元。编制财务会计分录：

借：银行存款 130 800

　　贷：租金收入 120 000

　　　　应交增值税——应交税金（销项税额） 10 800

同时，编制预算会计分录：

借：资金结存——货币资金 130 800

　　贷：其他预算收入——租金收入 130 800

（4）12月末，将“租金收入”科目本期发生额转入“本期盈余”科目。

转入“本期盈余”科目的租金收入＝30 000＋15 000＋120 000＝165 000（元）

编制财务会计分录：

借：租金收入 165 000

　　贷：本期盈余 165 000

六、其他收入的核算

其他收入是指事业单位取得的除财政拨款收入、事业收入、上级补助收入、附属单位上缴收入、经营收入、非同级财政拨款收入、投资收益、捐赠收入、利息收入、租金收入以外的各项收入，包括现金盘盈收入、按照规定纳入单位预算管理的科技成果转化收入、无法偿付的应付及预收款项、置换换出资产评估增值等。

为了反映其他收入增减变动情况，事业单位应设置“其他收入”科目。该科目的贷方登记其他收入的增加额；借方登记其他收入的减少额；年末结账后，“其他收入”科目应无余额。“其他收入”科目应当按照其他收入的类别、来源等进行明细核算。

每日现金账款核对中发现的现金溢余，按无法查明原因的部分，报经批准后，借记“待处理财产损溢”科目，贷记“其他收入”科目；事业单位科技成果转化所取得的收入，按照规定留归本单位的收入扣除相关费用之后的净收益，借记“银行存款”等科目，贷记“其他收入”科目；按事业单位无法偿付或债权人豁免偿还的应付账款、预收账款、其他应付款及长期应付款，借记“应付账款”“预收账款”“其他应付款”“长期应付款”等科目，贷记“其他收入”科目；在资产置换过程中，换出资产评估增值的，按照评估价值高于资产账面价值或账面余额的金额，借记有关科目，贷记“其他收入”科目；事业单位以未入账的无形资产取得的长期股权投资，按照评估价值加相关税费作为投资成本，借记“长期股权投资”科目，按照发生的相关税费，贷记“银行存款”“其他应交税费”等科目，按借贷方差额，贷记“其他收入”科目。

事业单位发生除上述以外的其他收入时，按照应收或实际收到的金额，借记“其他应收款”“银行存款”“库存现金”等科目，贷记“其他收入”科目。涉及增值税业务的，按照应交的增值税，贷记“应交增值税”科目。

期末，将“其他收入”科目本期发生额转入本期盈余，借记“其他收入”科目，贷记“本期盈余”科目。

【例5-21】 2×19年12月，某事业单位（小规模纳税人）根据发生的其他收入业务，编制相关的会计分录。

（1）20日，将纳入单位预算管理的科技成果予以转让，取得含税收入150 000元，存入银行，其中应交增值税4 369元。编制财务会计分录：

借：银行存款 150 000
　　贷：其他收入 145 631
　　　　应交增值税 4 369

同时，编制预算会计分录：

借：资金结存——货币资金 150 000
　　贷：其他预算收入 150 000

（2）25日，经批准将无法查明原因的现金溢余100元计入其他收入。编制财务会计分录：

借：待处理财产损溢 100
　　贷：其他收入 100

（3）31日，该事业单位在年终资产清查中，发现部分负债项目无法清偿，如表5-3所示。

表5-3　应收及预付款项情况

科目	金额（元）	原因
应付账款——乙公司	6 000	公司解散，款项无法支付
预收账款——丙单位	25 000	债权人豁免款项
长期应付款——丁公司	30 000	债权人豁免款项
合计	61 000	—

该事业单位根据表5-3，编制财务会计分录：

借：应付账款——乙公司 6 000
　　预收账款——丙单位 25 000
　　长期应付款——丁公司 30 000
　　贷：其他收入 61 000

（4）31日，将12月“其他收入”科目发生额合计数转入“本期盈余”科目。

“其他收入”科目发生额合计＝145 631＋100＋61 000＝206 731（元）

编制财务会计分录：

借：其他收入 206 731
　　贷：本期盈余 206 731

制度测试

1. 资料：某实行国库集中支付和政府采购制度的事业单位（小规模纳税人），2×19年发生的经济业务如下：

(1) 6 月 8 日，该单位根据经过批准的部门预算和用款计划，向同级财政申请支付第三季度业务活动用水费 30 000 元。6 月 23 日，该单位收到了“财政直接支付入账通知书”，支付水费 30 000 元。

(2) 该单位的部分事业收入采用财政专户返还的方式管理。6 月 5 日，该单位收到应上缴财政专户的事业收入 3 000 000 元。6 月 15 日，该单位将上述款项上缴财政专户。10 月 15 日，该单位收到从财政专户返还的事业收入 1 000 000 元。

(3) 月初，收到代理银行送来的财政授权额度到账通知书，本月获得财政授权额度 300 000 元，用于单位行政办公楼维修。

(4) 6 月 5 日，将上月通过财政直接支付购进的库存物品全部退回，其采购成本为 200 000 元。已接到代理银行转来的财政直接支付退款通知书。

(5) 月末，结转各种收入。

要求：根据上述业务，逐笔编制相关的会计分录。

2. 资料：2×19 年，某文化事业单位发生相关业务如下：

(1) 收到上级主管部门非财政补助收入 2 000 000 元，其中专项资金 500 000 元，已存入银行。

(2) 收到下属独立核算的乙单位缴款 400 000 元，其中专项资金 280 000 元；丙单位缴款 135 000 元为非专项资金。全部款项存入银行。

(3) 期末，结转上述拨缴款收入。

要求：根据上述业务，逐笔编制相关的会计分录。

3. 资料：某农科院所属非独立核算种子中心（为小规模纳税人，适用税率为 3%），2×19年发生的经济业务如下：

(1) 销售一批优质种子取得收入 30 900 元（含税），同时，收到客户开具同等金额的商业汇票一张。该批种子的账面余额为 28 000 元。

(2) 向某蔬菜基地提供培植技术服务取得收入 20 000 元，确认应交增值税为 600 元，全部款项存入银行。

(3) 将闲置试验田出租，本期结算应收某单位场地租赁费 18 000 元，增值税 540 元，款项尚未收到。

(4) 期末，将经营收入结转计入本期盈余。

要求：根据上述业务，逐笔编制相关的会计分录。

4. 资料：2×19 年，某事业单位发生相关经济业务如下：

(1) 出售单位用自有资金购买并短期持有的国债 50 000 元，取得国债出售净额 51 600 元，款项存入银行。

(2) 被投资单位乙公司宣告分配上年利润，该事业单位按照出资比例应分享利润 500 000 元。该单位收到乙公司上年利润 500 000 元，存入开户银行。乙公司采用成本法核算此项投资。

(3) 接到开户银行的到账通知书，本期银行存款利息 12 000 元已结转计入该单位存款账户。

(4) 期末，清理往来账项时发现一笔其他应收账款 30 000 元无法收回，确认为坏账损失；接到债权人通知，将去年未付的一笔应付原料款 5 000 元予以豁免偿还。

要求：根据上述业务编制财务会计分录，期末将上述收入结转计入本期盈余。

第六章　费　用

费用是与收入相对立的概念。对于事业单位来说，收入是事业单位开展各种专业业务活动及其辅助活动或经营活动等形成的经济资源的流入，而费用则是开展各种活动发生的经济资源的流出。

第一节　费用概述

一、费用的性质和特征

（一）费用的概念和性质

《政府会计准则——基本准则》指出，费用是指报告期内导致政府会计主体净资产减少的、含有服务潜力或者经济利益的经济资源的流出。事业单位在履行社会管理、公共服务职责或开展业务活动过程中，必然发生各种各样的耗费或支出，如支付职工薪酬、计提房屋或设备的折旧费、耗用库存物品等。这些资金耗费是事业单位从事各类公共服务活动付出的代价，其结果导致事业单位服务潜力减少或者经济资源流出。

在日常用语中，支出与费用这两个词几乎是同义词。但在事业单位会计中，支出与费用有联系但又是不完全相同的概念，其应用前提也不相同。费用是指会计期内资源的使用或耗费，而支出是指同期内购买的商品和服务支付的价值①。两个概念所表达的含义存在着明显的差异。同时，作为事业单位会计要素，支出适用于收付实现制基础的预算会计；而费用则适用于权责发生制基础的财务会计。

（二）费用的特征

一般来说，费用具有以下基本特征：

（1）费用的发生可能导致事业单位资产减少，也可能导致事业单位负债增加，或者两者兼而有之。

事业单位发生费用会引起其资产的减少（如以货币资金购买商品或材料、清偿债务），但资产减少，有些是资产数量的减少，如业务活动中材料的领用、各种款项的支付等；有些是资产价值的减少，如房屋、机器或设备计提的折旧，专利权等无形资产价值的摊

① 萨尔瓦托雷·斯基亚沃-坎波，等．公共支出管理．张通，译．北京：中国财政经济出版社，2001：217.

销等。

（2）费用将导致事业单位本期净资产的减少。这里所指的“本期”是指费用发生的当期。也就是说，只有在导致某一会计期间净资产减少时，才能确认一项费用。费用最终将减少事业单位的资产，根据“资产＝负债＋净资产”的会计等式，引起资产总额减少的情况有：负债的减少或者净资产的减少。值得注意的是，只有引起资产和净资产同时减少的经济利益或者服务潜力流出才是费用。例如，偿还借款时资产减少但净资产未减少，因此，此项资产流出不构成费用。

（3）费用通常不具有可补偿性。与企业费用的概念相比，事业单位费用的特点之一是其具有不可补偿性。企业发生的各项费用，一般通过产品或劳务的销售，从销售收入中获得补偿，这是企业维持其生存的首要条件。而事业单位的宗旨为公共性，其运行费用主要表现为消耗性的支出，除经营支出以外，多数费用一般不能以成本方式从收入中补偿，或不能足额补偿。也就是费用与收入不存在直接因果关系，或数量上的配比关系。但费用的多少与工作质量存在一定的联系，可在一定程度上说明费用绩效的高低。

二、费用的分类

为了便于研究分析各项费用的范围和特点，弄清它们之间的区别和联系，有针对性地加强费用管理和监督，不断提高资金使用效益，必须对事业单位的费用进行科学的分类。

（一）按照费用的功能分类

1. 业务活动费用

业务活动费用是指事业单位依法履职或开展专业业务活动及其辅助活动中所发生的各项费用。包括在职职工和临时聘用人员的各类薪酬或外部人员劳务费，耗用的库存物品，固定资产、无形资产以及为所控制的公共基础设施、保障性住房计提的折旧、摊销，交纳的城市维护建设税、教育费附加、地方教育费附加、车船税、房产税、城镇土地使用税等，计提且计入费用的专用基金等。

2. 单位管理费用

单位管理费用是指事业单位本级行政管理部门开展管理活动发生的各项费用。包括单位行政及后勤管理部门发生的人员经费、公用经费、资产折旧（摊销）等费用，以及由事业单位统一负担的离退休人员经费、工会经费、诉讼费、中介费等。

3. 经营费用

经营费用是指事业单位本期在专业业务活动及其辅助活动之外开展非独立核算经营活动发生的费用。主要包括经费人员薪酬、设备或仪器的折旧费、耗用库存材料成本等。

4. 资产处置费用

资产处置费用是指事业单位经批准处置资产时发生的费用，包括转销的被处置资产价值，以及在处置过程中发生的相关费用或者处置收入小于相关费用形成的净支出。

5. 上缴上级费用

上缴上级费用是指事业单位按照财政部门和主管部门的规定上缴上级单位款项发生的费用。

6. 对附属单位补助费用

对附属单位补助费用是指事业单位用财政拨款收入之外的收入对附属单位补助发生的费用。

7. 所得税费用

所得税费用是指有企业所得税缴纳义务的事业单位本期应缴纳的企业所得税金额。

8. 其他费用

其他费用是指事业单位本期发生的无法归属到业务活动费用、单位管理费用、经营费用、所得税费用等费用以外的各项费用。

（二）按照费用的性质分类

1. 工资福利费用

工资福利费用是指事业单位为履职或开展业务活动发生的在职职工和临时聘用人员的各类劳动报酬，以及为上述人员缴纳的各项社会保险费等各项费用，包括基本工资、津贴补贴、奖金、社会保障缴费、伙食补助费和其他工资福利支出等。

2. 商品和服务费用

商品和服务费用是指事业单位为履职或开展业务活动购买商品和服务发生的各项费用，包括办公费、印刷费、咨询费、手续费、水费、电费、邮电费、取暖费、物业管理费、交通费、差旅费、出国费、维修（护）费、租赁费、会议费、培训费、招待费、专用材料费、被装购置费、劳务费、委托业务费、工会经费、福利费、其他商品和服务支出等。

3. 对个人和家庭的补助费用

对个人和家庭的补助费用是指事业单位对个人和家庭补助发生的各项费用，包括离休费、退休费、退职（役）费、抚恤金、生活补助、救济费、医疗费、住房公积金、提租补贴、购房补贴、其他对个人和家庭的补助支出等。

4. 对企业补助费用

对企业补助费用是指事业单位按照规定对企业的各类补贴。

5. 资产的折旧费或摊销费

资产的折旧费或摊销费是指固定资产折旧费、无形资产摊销费、公共基础设施折旧（摊销）费、公共基础设施折旧（摊销）费和保障性住房折旧费。

6. 计提专用基金

计提专用基金是指事业单位按照规定计提的各种专用基金。

此外，事业单位为了加强内部管理，还可以将费用的功能分类与费用的性质分类结合起来。如业务活动费用按照费用性质分为工资福利费用、商品和服务费用、对个人和家庭的补助费用、对企业补助费用、固定资产折旧费、无形资产摊销费、公共基础设施折旧（摊销）费、保障性住房折旧费、计提专用基金等内容。

三、费用的确认与计量

（一）费用的确认

在会计中，将净资产减少或经济资源的流出确认为费用，除符合费用定义外，还需要具备一定的标准。费用的确认应当同时满足以下条件：

（1）与费用相关的含有服务潜力或者经济利益的经济资源很可能流出事业单位。

（2）含有服务潜力或者经济利益的经济资源流出会导致事业单位资产减少或者负债增加。

（3）流出金额能够可靠地计量。

（二）费用的计量

事业单位各项费用应当在实际发生时按照实际发生额计入当期费用。

符合确认标准的费用，在报告期内可采用的列支方式有直接列支、预提应付、已付待摊和转账摊销四种方式。

（1）直接列支，即在支付时直接将款项作为费用列入报告期，多数费用采取这种方式。

（2）预提应付，是指将属于报告期的费用按规定预先列支但尚未支付。其特点是受益在前、支付在后，如计提银行借款利息费用就是采用这种方式。

（3）已付待摊，是指在报告期内支付由本期和以后各期分别负担的各项费用。其特点是支付在前，受益、摊销在后，如预付财产保险费、预付经营租赁固定资产租金、预付报刊订阅费等。

（4）转账摊销，是指报告期承担的费用不需要通过货币结算，而是采用转账方式列支。如计提固定资产折旧费，摊销领用的库存物品成本等。

第二节　业务活动费用

一、业务活动费用的性质和内容

业务活动费用是指事业单位开展专业业务活动及其辅助活动中所发生的各项费用。如开展专业业务及其辅助业务活动发生的职工薪酬和外部劳务费用、耗用库存物品、资产折旧或摊销、相关税费、计提的专用基金和其他费用等。它是事业单位为了保障其正常运转、完成日常工作任务而发生的必要耗费。

为了反映事业单位为实现其职能目标，依法履职或开展专业业务活动及其辅助活动所发生的各项费用，事业单位应设置“业务活动费用”科目。该科目的借方登记业务活动费用的增加，贷方登记业务活动费用的减少。期末结账后，“业务活动费用”科目应无余额。

“业务活动费用”科目应当按照项目、服务或者业务类别、支付对象等进行明细核算。为了满足成本核算需要，“业务活动费用”科目下还可按照“工资福利费用”“商品和服务费用”“对个人和家庭的补助费用”“对企业补助费用”“固定资产折旧费”“无形资产摊销费”“公共基础设施折旧（摊销）费”“保障性住房折旧费”“计提专用基金”等成本项目设置明细科目，归集能够直接计入业务活动或采用一定方法计算后计入业务活动的费用。

“业务活动费用”科目所属明细科目的设置方法如表 6－1 所示。

表 6-1　　“业务活动费用”科目所属明细科目设置方法

总账科目	一级明细科目	二级明细科目	三级明细科目
业务活动费用	教学活动	工资福利费用	工资
			津贴补贴
			社会保险费
		商品和服务费用	会议费
			邮电费
			差旅费
		对个人和家庭的补助费用	离休费、退休费
			抚恤金、生活补助
			医疗费
	科研活动	同上	同上

下面通过举例说明“业务活动费用”科目所属明细科目的设置方法。

【例 6-1】 2×19 年 3 月，某高校经计算得出本月从事教学、科研活动及其辅助活动人员的薪酬共计 6 060 000 元，其中基本工资 3 500 000 元，津贴 1 500 000 元，社会保险费 700 000 元，住房公积金 360 000 元。编制财务会计分录：

借：业务活动费用——教学活动（科研活动、教辅活动）
　　——工资福利费用——基本工资　　3 500 000
　　　　——国家统一规定的津贴补贴　　1 500 000
　　　　——社会保险费　　700 000
　　　　——住房公积金　　360 000
　贷：应付职工薪酬　　6 060 000

为了便于读者掌握会计处理的主要方法，后续的会计分录一般不列出明细科目。

二、职工薪酬和劳务费用的核算

（一）职工薪酬

职工薪酬是指事业单位为获得职工提供的服务而给予各种形式的报酬以及其他相关支出。也就是说，从性质上看，凡是事业单位为获得职工提供的服务给予或付出的各种形式的对价，都构成职工薪酬。主要由劳动报酬、社会保险、福利、教育、劳动保护、住房和其他人工费用等组成。

职工薪酬的核算包括职工薪酬的结算与分配两方面内容。一是职工薪酬结算时，事业单位确认各项代垫款项时，借记“应付职工薪酬”科目，贷记“其他应付款”等科目；发放职工薪酬时，借记“应付职工薪酬”科目，贷记“财政拨款收入”“零余额账户用款额度”“银行存款”等科目。二是月末分配职工薪酬时，事业单位计提从事专业业务活动及其辅助活动人员的薪酬等，借记“业务活动费用”科目，贷记“应付职工薪酬”等科目。

（二）劳务费用

事业单位为履职或开展业务活动发生的外部人员劳务费，按照计算确定的金额，借记“业务活动费用”科目，按照代扣代交个人所得税的金额，贷记“其他应交税费——应交个人所得税”科目，按照扣税后应付或实际支付的金额，贷记“其他应付款”“财政拨款收入”“零余额账户用款额度”“银行存款”等科目。

【例 6-2】2×19 年 9 月 5 日，某事业单位支付外籍专家技术指导费 10 000 元，以现金付讫。代扣代交个人所得税 1 600 元。编制财务会计分录：

借：业务活动费用　　11 600
　　贷：库存现金　　10 000
　　　　其他应交税费——应交个人所得税　　1 600

同时，编制预算会计分录：

借：事业支出　　10 000
　　贷：资金结存——货币资金　　10 000

三、库存物品领用的核算

事业单位为履职或开展业务活动领用库存物品，以及动用或发出相关政府储备物资，按照领用库存物品或发出相关政府储备物资的账面余额，借记“业务活动费用”科目，贷记“库存物品”“政府储备物资”科目。

事业单位开展专业业务活动及其辅助活动领用存货时，根据实际情况采用先进先出法、加权平均法或者个别计价法确定发出存货的实际成本，借记“业务活动费用”科目，贷记“库存物品”科目。

【例 6-3】某事业单位 2×19 年 3 月发出库存物品 260 件，按先进先出法计算的发出库存物品成本为 24 310 元。2×19 年 6 月 30 日，专业部门交回多领材料价值 800 元入库。

（1）发出库存物品，编制财务会计分录：

借：业务活动费用　　24 310
　　贷：库存物品　　24 310

（2）交回多领材料，编制财务会计分录：

借：库存物品　　800
　　贷：业务活动费用　　800

四、固定资产折旧和无形资产摊销的核算

事业单位为开展业务活动计提所使用的固定资产或所控制的公共基础设施、保障性住房的折旧，以及摊销所使用的无形资产成本时，按照计提或摊销的金额，借记“业务活动费用”科目，贷记“固定资产累计折旧”“无形资产累计摊销”“公共基础设施累计折旧（摊销）”“保障性住房累计折旧”科目。

【例 6-4】2×19 年 10 月，某事业单位相关资产折旧情况如表 6-2 所示。

表 6-2　　资产折旧计算表　　单位：元

资产类别	月初资产折旧额	本月增加资产折旧额	本月减少资产折旧额	本月资产折旧额
行政用房屋	12 000	—	—	12 000
设备	5 200	400	200	5 600
公共基础设施	30 000	—	—	30 000
保障性住房	18 000	—	—	18 000
合计	65 200	400	200	65 600

根据表6－2编制财务会计分录：

借：业务活动费用　　65 600
　　贷：固定资产累计折旧　　17 600
　　　　公共基础设施累计折旧　　30 000
　　　　保障性住房累计折旧　　18 000

五、相关税费的核算

一些事业单位尤其是文化体育、广播电视、卫生医疗、教育科技及社会团体等事业单位，为了拓展资金来源、优化其资源配置，利用房产、土地、人才、职能优势，以众多方式（如联营、租赁、办实体等）介入非营利性的经营活动，取得各项经营性收入。如房屋、场地的租金收入；广播、电视、报纸的广告收入；有线电视的初装费收入；学校的对外办班收入；科研产品的出售收入；医疗器械的销售收入；各类实体上交的承包费、管理费收入；等等。按照我国税法的规定，事业单位不论其隶属于哪个部门，实行什么管理方法，只要其取得税法规定的应征税事业收入和经营收入，就应缴纳相关的流转税金，只要拥有税法规定的应当征税的财产，就应缴纳房产税等财产税，只要发生税法规定应当征税的某些行为，就应当缴纳车船购置税等行为税，只要取得税法规定的应当征税的收益，就应当按其取得的收益缴纳企业所得税等。

事业单位在履职或开展业务活动中要按照税法的规定缴纳各种税费，如城市维护建设税、教育费附加、地方教育费附加、车船税、房产税、城镇土地使用税等。确认这些税费，一方面构成了事业单位的业务活动费用，另一方面在缴纳之前形成了事业单位的负债。因此，事业单位按照计算确定应交纳的金额，借记"业务活动费用"科目，贷记"其他应交税费"等科目。

【例6－5】 2×19年，某事业单位根据发生的业务活动确认应交税费，编制相关的会计分录。

（1）根据本期应交的增值税确认的应交城市维护建设税为3 500元、教育费附加为1 500元。编制财务会计分录：

借：业务活动费用　　5 000
　　贷：其他应交税费——应交城市维护建设税　　3 500
　　　　　　　　　　——应交教育费附加　　1 500

（2）本期应交车船税4 600元、房产税12 500元。编制财务会计分录：

借：业务活动费用　　17 100
　　贷：其他应交税费——车船税　　4 600
　　　　　　　　　　——房产税　　12 500

六、计提基金的核算

为了促进各类事业的健康发展，抵御各类风险，事业单位有时要按照规定从收入或结余中提取一定比例的专用基金，如科研单位按规定取得科研成果转化基金，医院按规定提取医疗风险基金。事业单位按照预算会计中基于预算收入计算提取专用基金并计入费用时，按照计提的基金数额，借记"业务活动费用"科目，贷记"专用基金"科目。

【例 6-6】2×19 年，某科研事业单位取得事业预算收入 14 600 000 元，经营预算结余 5 000 000 元。分别按照事业预算收入的 15%和经营预算结余的 20%提取科技成果转化基金。

应提取的专用基金=14 600 000×15%+5 000 000×20%=3 190 000（元）

编制财务会计分录：

借：业务活动费用　　2 190 000

　　本年盈余分配　　1 000 000

　　贷：专用基金　　3 190 000

同时，编制预算会计分录：

借：非财政拨款结余分配　　1 000 000

　　贷：专用结余　　1 000 000

七、其他业务活动费用的核算

事业单位为履职或开展业务活动发生其他各项费用时，按照确认的费用金额，借记“业务活动费用”科目，贷记“财政拨款收入”“零余额账户用款额度”“银行存款”“应付账款”“其他应付款”“其他应收款”等科目。事业单位发生当年购货退回等业务，对于已计入本年业务活动费用的，按照收回或应收的金额，借记“财政拨款收入”“零余额账户用款额度”“银行存款”“其他应收款”等科目，贷记“业务活动费用”科目。

【例 6-7】2×19 年 12 月，某事业单位根据发生的经济业务，编制相关的会计分录。

（1）10 日，通过单位零余额账户支付办公用品款项 3 800 元，购入的办公用品直接交付使用。编制财务会计分录：

借：业务活动费用　　3 800

　　贷：零余额账户用款额度　　3 800

同时，编制预算会计分录：

借：事业支出　　3 800

　　贷：资金结存——零余额账户用款额度　　3 800

（2）15 日，办公室王主任出差归来报销差旅费 850 元，以现金付讫。编制财务会计分录：

借：业务活动费用　　850

　　贷：库存现金　　850

同时，编制预算会计分录：

借：事业支出　　850

　　贷：资金结存——货币资金　　850

（3）20 日，以银行存款支付房屋维修支出 5 000 元。编制财务会计分录：

借：业务活动费用　　5 000

　　贷：银行存款　　5 000

同时，编制预算会计分录：

借：事业支出　　5 000

　　贷：资金结存——货币资金　　5 000

(4) 22 日，通过单位零余额账户支付水费 600 元。编制财务会计分录：

借：业务活动费用　　600

　　贷：零余额账户用款额度　　600

同时，编制预算会计分录：

借：事业支出　　600

　　贷：资金结存——零余额账户用款额度　　600

(5) 25 日，以银行存款支付网络通信费 2 000 元。编制财务会计分录：

借：业务活动费用　　2 000

　　贷：银行存款　　2 000

同时，编制预算会计分录：

借：事业支出　　2 000

　　贷：资金结存——货币资金　　2 000

月末，经计算，该单位 12 月共发生其他业务活动费用 12 250（3 800＋850＋5 000＋600＋2 000）元。

八、业务活动费用期末转销的核算

期末，事业单位将“业务活动费用”科目本期发生额转入本期盈余，借记“本期盈余”科目，贷记“业务活动费用”科目。

【例 6－8】承例 6－7，2×19 年 12 月末，该单位将业务活动费用结转计入本期盈余。编制财务会计分录：

借：本期盈余　　12 250

　　贷：业务活动费用　　12 250

第三节　单位管理费用

一、单位管理费用的性质和内容

单位管理费用是指事业单位本级行政及后勤管理部门开展管理活动发生的各项费用，包括事业单位行政及后勤管理部门发生的人员经费、公用经费、资产折旧（摊销）等费用，以及由事业单位统一负担的离退休人员经费、工会经费、诉讼费、中介费等。

单位管理费用具有以下特点：一是管理费用是为事业单位依法履职或开展专业业务活动及其辅助活动提供正常条件所发生的各项耗费，其目的是加强事业管理，与其履行职责或专业活动及其辅助活动没有直接关系。二是管理费用的发生体现在本级行政及后勤管理部门等方面的管理，具有全面性特点。因为事业单位行政管理覆盖任何单位的各个部门，后勤服务也会惠及事业单位所有部门，通过单位管理费用信息，可以全面反映单位行政和后勤管理支出情况，有助于提高单位管理水平。

单位管理费用主要包括人员经费、公用经费、资产折旧（摊销）等费用、相关税费、由事业单位统一负担的相关费用等。其中：

（1）人员经费，是指事业单位本级行政及后勤管理部门管理人员薪酬。包括基本工资、补助工资、其他工资、职工福利费、社会保障费等。

（2）公用经费，是指事业单位为完成工作任务用于设备设施的维持性费用支出，以及直接用于公务活动的支出，具体包括公务费、业务费、修缮费、设备购置费、其他费用等。其中，公务费包括办公费、印刷费、水电费、取暖费、邮电费、交通费、差旅费、会议费、培训费、福利费、劳务费、租赁费、物业管理费、维修费、招待费和其他公用费用。

（3）资产折旧（摊销）等费用，是指为管理活动所使用固定资产、无形资产计提的折旧、摊销费用。

（4）相关税费，主要是指事业单位开展业务活动中发生的城市维护建设税、教育费附加、地方教育费附加、车船税、房产税、城镇土地使用税等费用。

（5）由事业单位统一负担的相关费用，主要是指由事业单位统一负担的离退休人员经费、工会经费、诉讼费、中介费等。

为了反映事业单位管理费用增减变动情况，事业单位应设置“单位管理费用”科目。该科目的借方登记事业单位管理费用的增加额；贷方登记期末结转计入本期盈余的金额；期末结转后，“单位管理费用”科目应无余额。“单位管理费用”科目应当按照项目、费用类别、支付对象等进行明细核算。

为了满足成本核算的需要，“单位管理费用”科目下还可按照“工资福利费用”“商品和服务费用”“对个人和家庭的补助费用”“固定资产折旧费”“无形资产摊销费”等成本项目设置明细科目，归集能够直接计入单位管理活动或采用一定方法计算后计入单位管理活动的费用。

二、职工薪酬和劳务费的核算

职工薪酬和劳务费都是事业单位的管理费用，两者的不同之处是职工薪酬是事业单位接受本单位职工提供服务而给予的报酬，而劳务费是事业单位接受外部人员提供服务而给予的报酬。

事业单位为管理活动人员计提薪酬，按照计算确定的金额，借记“单位管理费用”科目，贷记“应付职工薪酬”科目；为开展管理活动发生外部人员劳务费，按照计算确定的金额，借记“单位管理费用”科目，按照代扣代交个人所得税的金额，贷记“其他应交税费——应交个人所得税”科目，按照扣税后应付或实际支付的金额，贷记“其他应付款”“财政拨款收入”“零余额账户用款额度”“银行存款”等科目。

【例6-9】 2×19年12月，某事业单位根据发生的职工薪酬和劳务业务，编制相关的会计分录。

（1）根据职工薪酬汇总表，该月应付从事管理活动人员的薪酬为1 300 000元。编制财务会计分录：

借：单位管理费用	1 300 000	
贷：应付职工薪酬		1 300 000

（2）按本月应付职工薪酬的一定比例计提管理人员工会经费26 000元。

应计提工会经费＝1 300 000×2%＝26 000（元）

编制财务会计分录：

借：单位管理费用——工会经费　26 000

　贷：其他应付款　26 000

（3）本月确认应付管理人员职工基本养老保险费 260 000 元、基本医疗保险费 78 000 元、失业保险费 26 000 元。编制财务会计分录：

借：单位管理费用——社会保险费　364 000

　贷：应付职工薪酬　364 000

（4）以现金支付临时聘用 5 名清洁工工资 15 000 元。编制财务会计分录：

借：单位管理费用——劳务费　15 000

　贷：库存现金　15 000

同时，编制预算会计分录：

借：事业支出　15 000

　贷：资金结存——货币资金　15 000

月末，经计算，该单位 12 月共发生职工薪酬和劳务费 1 705 000（1 300 000+26 000+364 000+15 000）元。

三、公用经费的核算

公用经费主要是指事业单位开展管理活动发生的不能归集到个人的各项费用。主要包括办公费、印刷费、咨询费、手续费、水费、电费、邮电费、物业管理费、取暖费、交通费、差旅费、出国费、维修（护）费、租赁费、会议费、培训费、公务接待费、委托业务费、专用材料费、设备购置费、公务用车运行维护费、其他商品和服务费用等。

事业单位为开展管理活动发生公用经费，按照确认的费用金额，借记“单位管理费用”科目，贷记“财政拨款收入”“零余额账户用款额度”“银行存款”“库存物品”“其他应收款”“其他应付款”等科目。

【例 6-10】承例 6-9，该单位根据 12 月发生的公用经费业务，编制相关的会计分录。

（1）开出转账支票支付电话费 12 400 元、传真费 800 元、网络通信费 25 000 元，共计 38 200 元。编制财务会计分录：

借：单位管理费用　38 200

　贷：银行存款　38 200

同时，编制预算会计分录：

借：事业支出　38 200

　贷：资金结存——货币资金　38 200

（2）李源出差归来报销出差的住宿费、伙食补助等费用 6 000 元，原预借 5 000 元，补付现金 1 000 元。编制财务会计分录：

借：单位管理费用　6 000

　贷：库存现金　1 000

　　　其他应收款——李源　5 000

同时，编制预算会计分录：

借：事业支出　1 000

贷：资金结存——货币资金 1 000

(3) 维修办公楼，用转账支票支付修缮费 20 000 元。编制财务会计分录：

借：单位管理费用 20 000

贷：银行存款 20 000

同时，编制预算会计分录：

借：事业支出 20 000

贷：资金结存——货币资金 20 000

(4) 以零余额账户支付单位取暖用燃料费、热力费 60 000 元。编制财务会计分录：

借：单位管理费用 60 000

贷：零余额账户用款额度 60 000

同时，编制预算会计分录：

借：事业支出 60 000

贷：资金结存——零余额账户用款额度 60 000

(5) 以财政直接支付方式支付单位办公用房、职工及离退休人员宿舍等的物业管理费 500 000 元。编制财务会计分录：

借：单位管理费用 500 000

贷：财政拨款收入 500 000

(6) 开出转账支票 150 000 元，支付行政租赁办公用房房租。编制财务会计分录：

借：单位管理费用——租赁费 150 000

贷：银行存款 150 000

同时，编制预算会计分录：

借：事业支出 150 000

贷：资金结存——货币资金 150 000

(7) 以财政直接支付方式支付单位举办会议时按规定开支的房租费 30 000 元。编制财务会计分录：

借：单位管理费用 30 000

贷：财政拨款收入 30 000

同时，编制预算会计分录：

借：事业支出 30 000

贷：财政拨款预算收入 30 000

(8) 以现金支付单位公务用车过桥过路费 800 元。编制财务会计分录：

借：单位管理费用 800

贷：库存现金 800

同时，编制预算会计分录：

借：事业支出 800

贷：资金结存——货币资金 800

月末，经计算，该单位 12 月共发生管理费用 805 000（38 200＋6 000＋20 000＋60 000＋500 000＋150 000＋30 000＋800）元。

四、固定资产折旧、无形资产摊销的核算

事业单位为管理活动所使用固定资产、无形资产计提的折旧、摊销，按照应提折旧、摊销额，借记“单位管理费用”科目，贷记“固定资产累计折旧”“无形资产累计摊销”科目。

【例6-11】 承例6-9，12月末该单位计提行政管理部门固定资产折旧125 000元，其中房屋及构筑物50 000元，通用设备30 000元，专用设备20 000元，家具、用具及装具25 000元。摊销无形资产价值40 000元。编制财务会计分录：

借：单位管理费用——折旧费用	125 000	
——摊销费用	40 000	
贷：累计折旧		125 000
累计摊销		40 000

五、税费的核算

事业单位为开展管理活动发生城市维护建设税、教育费附加、地方教育费附加、车船税、房产税、城镇土地使用税等，按照计算确定应交纳的金额，借记“单位管理费用”科目，贷记“其他应交税费”等科目。

【例6-12】 承例6-9，该单位根据12月发生的相关税费业务，编制相关的会计分录。

(1) 31日，根据当月应交增值税计算的应交城市维护建设税为17 500元、教育费附加为7 500元。编制财务会计分录：

借：单位管理费用	25 000	
贷：其他应交税费——城市维护建设税		17 500
——应交教育费附加		7 500

(2) 31日，经计算，全年应交房产税53 000元、城镇土地使用税12 000元、车船税13 800元。编制财务会计分录：

借：单位管理费用	78 800	
贷：其他应交税费——应交房产税		53 000
——应交城镇土地使用税		12 000
——应交车船税		13 800

六、其他管理费用的核算

事业单位为开展管理活动发生的其他各项管理费用，按照确认的费用金额，借记“单位管理费用”科目，贷记“财政拨款收入”“零余额账户用款额度”“银行存款”“其他应付款”“其他应收款”等科目。

事业单位发生当年购货退回等业务，对于已计入本年单位管理费用的，按照收回或应收的金额，借记“财政拨款收入”“零余额账户用款额度”“银行存款”“其他应收款”等科目，贷记“单位管理费用”科目。

七、单位管理费用期末结转的核算

期末，事业单位将“单位管理费用”科目本期发生额转入本期盈余，借记“本期盈

余”科目，贷记“单位管理费用”科目。

【例 6-13】 承例 6-9 至例 6-12，12 月末，该单位将本月发生的管理费用结转计入本期盈余。

应转入本期盈余金额＝1 300 000＋26 000＋364 000＋15 000＋38 200＋6 000
＋20 000＋60 000＋500 000＋150 000＋30 000＋800
＋125 000＋40 000＋25 000＋78 800＝2 778 800（元）

编制财务会计分录：

借：本期盈余　　　　2 778 800
　　贷：单位管理费用　　　　2 778 800

第四节　经营费用

一、经营费用概述

（一）经营费用的概念

经营费用是指事业单位在专业业务活动及其辅助活动之外开展非独立核算经营活动发生的各项费用。关于经营费用的概念，应从以下两个方面认识：

（1）经营费用是专业业务活动及其辅助活动之外发生的各项费用。

（2）经营费用是非独立核算经营活动发生的费用。

事业单位在专业业务活动及其辅助活动之外从事非独立核算的经营活动所发生的全部经济资源的流出都应纳入经营费用核算范围，并与经营收入相互配比。

（二）经营费用的特点

经营费用与业务活动费用均为事业单位因向社会提供了公共服务而发生的资金耗费。不同之处是，经营活动体现了保本获利原则，其支出只能从商品或服务接受方获得补偿；而业务活动费用体现了事业活动的公益性原则，可能从商品或服务的接受方得到补偿，也可能从财政获得补偿。

经营费用的主要特征有：费用是因非独立核算的经营性业务而发生；费用需要由经营活动收入补偿；经营费用应当与经营收入相互配比。

（三）经营费用的核算原则

1. 正确归集与合理分配费用

事业单位开展非独立核算经营活动的，应当正确归集开展经营活动发生的各项费用；无法直接归集的，应当按照规定的标准或比例合理分摊。

2. 经营费用与经营收入应当配比

为了提供与事业单位经济业务管理水平相关的信息，对经营活动的核算必须遵循收支配比原则。即在确定一个时期的经营收入时，还必须相应确认与该期收入有关的费用和支出，并将收入和相应的费用相互配比，进行比较，确定经营成果。

为了反映经营支出增减变动情况，事业单位应设置“经营费用”科目，核算事业单位在专业业务活动及其辅助活动之外开展非独立核算经营活动发生的支出。该科目的借方登记事业单位发生的各项经营费用；贷方登记冲减的经营费用以及期末将“经营费用”科目余额全部转入经营结转结余的数额。

“经营费用”科目应当按照经营活动类别、项目、支付对象等进行明细核算。

为了满足成本核算需要，“经营费用”科目下还可按照“工资福利费用”“商品和服务费用”“对个人和家庭的补助费用”“固定资产折旧费”“无形资产摊销费”等成本项目设置明细科目，归集能够直接计入单位经营活动或采用一定方法计算后计入单位经营活动的费用。

二、职工薪酬的核算

事业单位为在专业业务活动及其辅助活动之外开展非独立核算经营活动人员计提薪酬等时，按照计算确定的金额，借记“经营费用”科目，贷记“应付职工薪酬”等科目。

【例 6-14】某事业单位所属非独立核算印刷厂，2×19 年 12 月，该印刷厂“职工薪酬汇总表”列明的经营人员薪酬总额为 87 500 元。编制财务会计分录：

借：经营费用	87 500	
贷：应付职工薪酬		87 500

三、库存物品领用的核算

事业单位在专业业务活动及其辅助活动之外开展非独立核算经营活动领用、发出存货时，按领用、发出存货的实际成本，借记“经营费用”科目，贷记“库存物品”科目。

【例 6-15】承例 6-14，该印刷厂 12 月初库存某物品 100 千克，单位成本 6.40 元。当月 5 日，购入该库存物品 200 千克，单位成本 6.30 元，15 日又购入 700 千克，单位成本 6 元。10 月，发出该库存物品 500 千克，其中本月 18 日经营活动领用 300 千克，25 日专业活动领用 200 千克。发出的库存物品采用加权平均法计价。

库存物品加权平均单价＝(100×6.40＋200×6.30＋700×6)÷(100＋200＋700)

＝6.10（元）

经营活动领用库存物品成本＝300×6.10＝1 830（元）

专业活动消耗库存物品成本＝200×6.10＝1 220（元）

编制财务会计分录：

借：经营费用	1 830	
业务活动费用——专用材料费	1 220	
贷：库存物品		3 050

四、资产折旧和摊销的核算

事业单位为经营活动所使用的固定资产、无形资产计提折旧、摊销时，按照应提折旧、摊销额，借记“经营费用”科目，贷记“固定资产累计折旧”“无形资产累计摊销”科目。

【例 6-16】承例 6-14，12 月末，该印刷厂编制当月资产折旧及摊销表，表中列明经营活动使用固定资产应计提折旧 35 000 元，专利权应摊销 3 000 元。编制财务会计分录：

借：经营费用　　38 000

　　贷：累计折旧　　35 000

　　　　累计摊销　　3 000

五、相关税费的核算

事业单位开展经营活动发生城市维护建设税、教育费附加、地方教育费附加、车船税、房产税、城镇土地使用税等，按照计算确定应交纳的金额，借记“经营费用”科目，贷记“其他应交税费”等科目。

【例 6-17】 承例 6-14，12 月末，该印刷厂根据发生的税金业务，编制相关的会计分录。

（1）本月从事经营活动已交纳增值税 150 000 元，据此计算本月应交城市维护建设税 10 500 元、教育费附加 4 500 元。编制财务会计分录：

借：经营费用　　15 000

　　贷：其他应交税费——应交城市维护建设税　　10 500

　　　　　　　　　　——应交教育费附加　　4 500

（2）经计算，本月应交车船税 2 000 元、房产税 12 000 元、城镇土地使用税 3 000 元，共计 17 000 元。编制财务会计分录：

借：经营费用　　17 000

　　贷：其他应交税费——应交车船税　　2 000

　　　　　　　　　　——应交房产税　　12 000

　　　　　　　　　　——应交城镇土地使用税　　3 000

六、其他经营费用的核算

事业单位发生与经营活动相关的其他各项费用时，按照确认的费用金额，借记“经营费用”科目，贷记“银行存款”“其他应付款”“其他应收款”等科目。涉及增值税业务的，按照应交增值税的金额，借记“应交增值税——应交税金”科目。

事业单位发生当年购货退回等业务，对于已计入本年经营费用的，按照收回或应收的金额，借记“银行存款”“其他应收款”等科目，贷记“经营费用”科目。

期末，事业单位将经营费用转入本期盈余时，编制借记“本期盈余”科目，贷记“经营费用”科目的会计分录。

【例 6-18】 承例 6-14，该印刷厂根据 12 月发生的其他经营费用业务，编制相关的会计分录。

（1）领用劳保用品 3 000 元用于经营活动。编制财务会计分录：

借：经营费用　　3 000

　　贷：库存物品　　3 000

（2）经营部门王某出差归来报销差旅费 5 000 元，出差前预借现金 6 000 元，退回 1 000 元。编制财务会计分录：

借：库存现金　　1 000

经营费用 5 000

贷：其他应收款——王某 6 000

同时，编制预算会计分录：

借：经营支出 5 000

贷：资金结存——货币资金 5 000

（3）用支票支付经营部门电费、上网费 5 800 元。编制财务会计分录：

借：经营费用 5 800

贷：银行存款 5 800

同时，编制预算会计分录：

借：经营支出 5 800

贷：资金结存——货币资金 5 800

（4）对经营用设备进行维修。领用维修材料 6 000 元，购置零星配料支付现金 300 元。编制财务会计分录：

借：经营费用 6 300

贷：库存现金 300

库存物品 6 000

同时，编制预算会计分录：

借：经营支出 300

贷：资金结存——货币资金 300

期末，经计算，本月共发生其他经营费用 20 100（3 000＋5 000＋5 800＋6 300）元。

【例 6-19】 承例 6-14 至例 6-18，12 月末，该印刷厂将本月发生的经营费用结转计入本期盈余。

本期经营费用合计＝87 500＋1 830＋38 000＋15 000＋17 000＋20 100＝179 430（元）

根据计算结果，编制财务会计分录：

借：本期盈余 179 430

贷：经营费用 179 430

第五节 资产处置费用

一、资产处置费用的概念

资产处置费用是指事业单位经批准处置资产时发生的费用，包括转销的被处置资产价值，以及在处置过程中发生的相关费用或者处置收入小于相关费用形成的净支出。如果在处置过程中处置收入大于相关费用形成净收入，原则上应上缴财政。一般来说，在处置过程中发生的相关费用可能会形成货币资金的流出，发生的相关收入可能会形成货币资金的流入；而转销的被处置资产价值则不会发生货币资金的流出。

事业单位资产处置的形式包括无偿调拨、出售、出让、转让、置换、对外捐赠、报废、毁损以及货币性资产损失核销等。资产处置的程序应当符合国有资产管理规定。

事业单位在资产清查中查明的资产盘亏、毁损以及报废等，应当先通过“待处理财产损溢”科目进行核算，再将处理资产价值和处理净支出记入“资产处置费用”科目。

短期投资、长期股权投资、长期债券投资的处置，按照相关资产类科目的规定进行账务处理。

“资产处置费用”科目应当按照处置资产的类别、资产处置的形式等设置明细科目，进行明细核算。

资产可以分为流动资产和非流动资产，也可将流动资产细分为货币资金、应收及预付款项、存货等，将非流动资产细分为长期投资、固定资产、无形资产等。根据需要，事业单位还可以根据报表项目进行进一步细分。

二、资产处置不通过“待处理财产损溢”科目核算

按照规定，事业单位除资产清查中查明的资产盘亏、毁损以及报废等以外的资产处置业务，不需要通过“待处理财产损溢”科目核算。这些业务的会计处理程序如下。

（一）注销处置资产的账面价值

在报经批准处置资产时，按照处置资产的账面价值，借记“资产处置费用”科目；按照处置固定资产、无形资产、公共基础设施、保障性住房的累计折旧或摊销，借记“固定资产累计折旧”“无形资产累计摊销”“公共基础设施累计折旧（摊销）”“保障性住房累计折旧”科目，按照处置资产的账面原值（或成本），贷记“库存物品”“固定资产”“无形资产”“公共基础设施”“政府储备物资”“文物文化资产”“保障性住房”“其他应收款”“在建工程”等科目。

（二）发生处置费用

处置资产过程中发生的相关费用，按照实际发生金额，借记“资产处置费用”科目，贷记“银行存款”“库存现金”等科目。

（三）取得处置收入

在资产处置过程中，处置收入与处置费用不会同时发生。一般来说，先发生处置费用，后取得处置收入。在会计实务操作时，对发生的处置费用应及时记账，计入资产处置费用。取得处置收入时，应将处置收入与处置费用进行比较，如果处置收入小于处置费用，应将处置收入全额冲减处置费用，借记“库存现金”“银行存款”等科目，贷记“资产处置费用”科目；如果处置收入大于处置费用，应按照处置费用的金额冲减处置费用，按照取得的处置收入，借记“库存现金”“银行存款”等科目，按照处置资产过程中发生的处置费用金额，贷记“资产处置费用”科目，按照借贷方差额，贷记“应缴财政款”等科目。涉及增值税业务的，相关账务处理参见“应交增值税”科目。

【例 6-20】 2×19 年，某事业单位根据发生的资产处置业务，编制相关的会计分录。

（1）5 月 10 日，报经批准处置一批通用设备，该批设备因地震已全部损坏，无法使用。设备账面原值 500 000 元，已提折旧 450 000 元，无资产变卖收入。编制财务会计分录：

借：资产处置费用——固定资产（毁损）	50 000
固定资产累计折旧	450 000

贷：固定资产　500 000

未发生纳入预算管理的货币资金变动，不需要进行账务处理。

(2) 8月20日，该单位报经批准处置一批库存全部霉变的实验用材料。该批材料的成本为500 000元，以银行存款支付材料清理费5 000元。编制财务会计分录：

借：资产处置费用——存货（毁损）　500 000
　　贷：库存物品　500 000
借：资产处置费用——存货（毁损）　5 000
　　贷：银行存款　5 000

同时，编制预算会计分录：

借：其他支出　5 000
　　贷：资金结存——货币资金　5 000

(3) 10月6日，该单位报经批准处置一批专用设备，该批设备使用年限已超过规定年限，账面价值4 000 000元，已全额计提折旧。变卖设备取得收入15 000元，按规定留归该单位使用，另发生运输费25 000元。编制财务会计分录：

借：固定资产累计折旧　4 000 000
　　贷：固定资产　4 000 000
借：资产处置费用——固定资产（报废）　25 000
　　贷：银行存款　25 000
借：银行存款　15 000
　　贷：资产处置费用　15 000

同时，编制预算会计分录：

借：其他支出　25 000
　　贷：资金结存——货币资金　25 000
借：资金结存——货币资金　15 000
　　贷：其他支出　15 000

三、资产处置通过“待处理财产损溢”科目核算

按照规定，事业单位在资产清查中查明的资产盘亏、毁损以及报废等，需要通过“待处理财产损溢”科目核算。待查明原因报经批准后，将“待处理财产损溢”科目转入“资产处置费用”科目。

（一）现金短缺

事业单位账款核对中发现的现金短缺，属于无法查明原因的，报经批准核销时，借记“资产处置费用”科目，贷记“待处理财产损溢”科目。

【例6-21】 2×19年6月30日，M事业单位清查库存现金发现短缺200元，未查明短缺原因。7月31日，经批准予以核销。

(1) 6月30日盘亏现金时，编制财务会计分录：

借：待处理财产损溢　200
　　贷：库存现金　200

同时，编制预算会计分录：

借：其他支出 200

　　贷：资金结存——货币资金 200

（2）7月31日，经批准予以核销盘亏现金时，编制财务会计分录：

借：资产处置费用——现金（货币性损失核销） 200

　　贷：待处理财产损溢 200

（二）其他资产处置

事业单位资产清查过程中盘亏或者毁损、报废的存货、固定资产、无形资产、公共基础设施、政府储备物资、文物文化资产、保障性住房等，报经批准处理时，按照处理资产价值，借记“资产处置费用”科目，贷记“待处理财产损溢——待处理财产价值”科目。处理收支结清时，处理过程中所取得收入小于所发生相关费用的，按照相关费用减去处理收入后的净支出，借记“资产处置费用”科目，贷记“待处理财产损溢——处理净收入”科目。

【例6-22】 2×19年12月31日，N事业单位进行年度固定资产清查，发现一台专用设备已经遗失，无法找到。设备总价250 000元，已计提折旧150 000元。2×20年4月5日，该单位根据清查结果上报主管部门。6月30日，根据主管部门的批复进行处理。

（1）12月31日将设备转入待处理财产，编制财务会计分录：

借：待处理财产损溢——待处理财产价值 100 000

　　固定资产累计折旧 150 000

　　贷：固定资产 250 000

（2）6月30日核销待处理专用设备，编制财务会计分录：

借：资产处置费用——固定资产（盘亏） 100 000

　　贷：待处理财产损溢——待处理财产价值 100 000

四、资产处置费用期末结转的核算

期末，事业单位将“资产处置费用”科目本期发生额转入本期盈余，借记“本期盈余”科目，贷记“资产处置费用”科目。期末结转后，“资产处置费用”科目应无余额。

【例6-23】 承例6-21，2×19年6月30日，M事业单位将“资产处置费用”科目发生额200元予以转销。编制财务会计分录：

借：本期盈余 200

　　贷：资产处置费用——现金（货币性损失核销） 200

第六节　上缴上级费用和对附属单位补助费用

一、上缴上级费用的核算

上缴上级费用是指事业单位按照财政部门和主管部门的规定上缴上级单位款项发生的费用。

根据我国《事业单位财务规则》的规定，非财政补助收入超出其正常支出较多的事业单位的上级单位可会同同级财政部门，根据该事业单位的具体情况，确定对这些事业单位实行收入上缴的办法。收入上缴主要有两种形式：一是定额上缴，即在核定预算时，确定一个上缴的绝对数额；二是按比例上缴，即根据收支情况，确定按收入的一定比例上缴。事业单位按已确定的定额或比例上缴的款项即上缴上级费用。

为了反映上缴上级费用的增减变动情况，事业单位应设置“上缴上级费用”科目。该科目的贷方登记确认应上缴的数额；借方登记按规定上缴的款项；期末，将“上缴上级费用”科目余额转入本期盈余，借记“本期盈余”科目，贷记“上缴上级费用”科目。其明细账应当按照收缴款项单位或缴款项目等设置，并进行明细分类核算。一般可以将收缴款项单位作为一级明细科目，再根据缴款项目的具体内容下设明细科目。

上缴上级费用的确认按照权责发生制原则，在满足费用确认条件时予以确认。比如，在财政部门和主管部门正式下达了上缴任务，并明确了上缴内容和金额时，就可以据此确认费用，无须以现实的货币资金流出为前提。需要说明的是，主管部门在合并下级单位财务报表时，应当将下级单位上缴的费用与上级单位形成的收入予以抵消。

事业单位发生上缴上级费用，按照实际上缴的金额或者按照规定计算出应当上缴上级单位的金额，借记“上缴上级费用”科目，贷记“银行存款”“其他应付款”等科目。实际支付上缴款项时，按照实际支付的金额，借记“其他应付款”科目，贷记“银行存款”等科目。

【例 6－24】 2×19 年 5 月初，M 事业单位接到上级主管部门下达的缴款通知，注明该单位应当于 5 月 31 日前上缴某项目资金 200 000 元。5 月 25 日，该单位将 200 000 元以财政授权支付方式上缴上级主管部门。编制财务会计分录：

借：上缴上级费用	200 000	
贷：其他应付款——上级主管部门		200 000
借：其他应付款——上级主管部门	200 000	
贷：零余额账户用款额度——财政授权支付		200 000

同时，编制预算会计分录：

借：上缴上级支出	200 000	
贷：资金结存——零余额账户用款额度		200 000

期末，事业单位将“上缴上级费用”科目本期发生额转入“本期盈余”科目，编制借记“本期盈余”科目，贷记“上缴上级费用”科目的会计分录。期末结转后，“上缴上级费用”科目应无余额。

【例 6－25】 承例 6－24，2×19 年 5 月 31 日，该单位结转“上缴上级费用”科目本期发生额 200 000 元。编制财务会计分录：

借：本期盈余	200 000	
贷：上缴上级费用		200 000

二、对附属单位补助费用的核算

对附属单位补助费用是指事业单位用财政拨款收入之外的收入对附属单位补助发生的费用。附属单位是指事业单位附属的独立核算单位，一般应为法人单位。附属单位以协议或合同等形式，按照规定标准或比例缴纳给事业单位各项收入。但是，在附属单位开展专业业务活动及其辅助活动时，有时也存在收不抵支的情况，需要举办单位给予一定的资金支持。原则上，对附属单位补助的费用不得使用财政资金。

对附属单位补助，从其性质看也是一种对外投资，但由于所属单位是本单位的组成部分，与对其他单位的投资相比又有所区别。因此，对附属单位补助不通过“对外投资”科目核算，而单设“对附属单位补助费用”科目核算。该科目的借方登记对附属单位补助数额；贷方登记期末转入本期盈余的对附属单位补助数额；期末结账后，“对附属单位补助费用”科目应无余额。其明细账应当按照接受补助单位或补助项目等设置并进行明细分类核算。一般可将接受补助的单位作为一级明细科目，再根据补助项目的具体内容下设明细科目。

对附属单位补助费用的确认按照权责发生制原则，在满足费用确认条件时予以确认。比如，事业单位与附属单位签订了补助协议，或事业单位履行了决策程序形成补助决议，并明确了补助内容和金额时，就可以据此确认费用，无须以现实的货币资金流出为前提。

事业单位发生对附属单位补助支出的，按照实际补助的金额或者按照规定计算出应当对附属单位补助的金额，借记“对附属单位补助费用”科目，贷记“银行存款”“其他应付款”等科目。

【例6-26】2×19年4月5日，M事业单位决定使用自有资金对附属的法人N单位进行一次性服务补贴300 000元。5月20日，M事业单位财务部门将300 000元拨付至附属的法人N单位基本存款账户。

(1) 4月5日，编制财务会计分录：

借：对附属单位补助费用　　300 000

　　贷：其他应付款　　300 000

(2) 5月20日，M事业单位将资金300 000元拨付至附属的法人N单位。编制财务会计分录：

借：其他应付款　　300 000

　　贷：银行存款　　300 000

同时，编制预算会计分录：

借：对附属单位补助支出　　300 000

　　贷：资金结存——货币资金　　300 000

期末，事业单位将“对附属单位补助费用”科目本期发生额转入本期盈余，借记“本期盈余”科目，贷记“对附属单位补助费用”科目。期末结转后，“对附属单位补助费用”科目应无余额。

【例6-27】承例6-26，2×19年5月31日，该单位结转“对附属单位补助费用”科目本期发生额300 000元。编制财务会计分录：

借：本期盈余　　300 000

　　贷：对附属单位补助费用　　300 000

第七节 所得税费用

所得税费用是指负有企业所得税缴纳义务的事业单位按规定缴纳企业所得税所形成的费用。

根据《中华人民共和国企业所得税法》的规定，企业和其他取得收入的组织为企业所得税的纳税人，包括依法成立的企业、事业单位、社会团体以及其他取得收入的组织。可见，事业单位虽然是公益性或非营利性组织，但如果取得所得税法所规定的应纳税所得，如销售货物所得、提供劳务所得、转让财产所得、股息红利所得、利息所得、租金所得、特许权使用费所得、接受捐赠所得和其他所得，也应依法缴纳企业所得税。

从会计的角度来看，事业单位缴纳的企业所得税和其他费用一样，符合费用的定义和确认的条件，其实质就是事业单位的一项费用，因此，将其称为“所得税费用”。事业单位核算所得税，主要是为确定当期应交所得税负债以及所得税费用，提供事业单位在现行条件下已承担的义务，以及因此引起的事业单位净资产减少或者经济利益流出等相关信息。

事业单位在计算应交所得税（或所得税费用）时，以每一纳税年度的收入总额，减除不征税收入、免税收入、各项扣除以及允许弥补的以前年度亏损后的余额，为应纳税所得额。当期应交所得税的计算公式为：

应交所得税＝应纳税所得额×所得税税率

为了反映所得税费用增减变动情况，事业单位应设置“所得税费用”科目。该科目的借方登记事业单位确认的所得税费用；贷方登记实际交纳的所得税费用。

事业单位发生企业所得税纳税义务，根据按照税法规定计算的应交税金数额，借记“所得税费用”科目，贷记“其他应交税费——单位应交所得税”科目；实际交纳时，按照交纳金额，借记“其他应交税费——单位应交所得税”科目，贷记“银行存款”科目。年末，将“所得税费用”科目本年发生额转入本期盈余，借记“本期盈余”科目，贷记“所得税费用”科目。

【例 6-28】 2×19 年，某事业单位根据发生的所得税业务，编制相关的会计分录。

（1）经计算，当年取得应纳税所得额 380 000 元，适用的所得税税率为 25%。编制财务会计分录：

借：所得税费用　　95 000

　　贷：其他应交税费——单位应交所得税　　95 000

（2）以银行存款交纳所得税。编制财务会计分录：

借：其他应交税费——单位应交所得税　　95 000

　　贷：银行存款　　95 000

同时，编制预算会计分录：

借：非财政拨款结余　　95 000

　　贷：资金结存——货币资金　　95 000

（3）年末，将本年发生的所得税费用 95 000 元转入本期盈余。

借：本期盈余　　95 000

　　贷：所得税费用　　95 000

第八节　其他费用

一、其他费用的内容

其他费用是指事业单位发生的除业务活动费用、单位管理费用、经营费用、资产处置费用、上缴上级费用、附属单位补助费用、所得税费用以外的各项费用，包括利息费用、坏账损失、罚没支出、现金资产捐赠支出以及相关税费、运输费等。

其他费用的特点是大多与事业单位各项业务活动无直接关系，对这些费用进行单独核算的意义在于正确反映事业单位的各项费用水平，以评价事业单位的管理水平。

为了反映其他费用增减变动情况，事业单位应设置“其他费用”科目。该科目的借方登记发生的其他费用；贷方登记期末分摊转销的其他费用；年末结账后，“其他费用”科目应无余额。

“其他费用”科目应当按照其他支出的类别、《政府收支分类科目》中“支出功能分类”相关科目等进行明细核算。其他支出中如有专项资金支出，还应按具体项目进行明细核算。

二、其他费用的核算

事业单位按期计算确认借款利息费用时，按照计算确定的金额，借记“在建工程”科目或“其他费用”科目，贷记“应付利息”“长期借款——应计利息”科目。

年末，事业单位按照规定对收回后不需要上缴财政的应收账款和其他应收款计提坏账准备时，按照计提金额，借记“其他费用”科目，贷记“坏账准备”科目；冲减多提的坏账准备时，按照冲减金额，借记“坏账准备”科目，贷记“其他费用”科目。

事业单位发生罚没支出时，按照实际交纳或应当交纳的金额，借记“其他费用”科目，贷记“银行存款”“库存现金”“其他应付款”等科目。

事业单位对外捐赠现金资产时，按照实际捐赠的金额，借记“其他费用”科目，贷记“银行存款”“库存现金”等科目。

事业单位接受捐赠（或无偿调入）以名义金额计量的存货、固定资产、无形资产，以及成本无法可靠取得的公共基础设施、文物文化资产等发生相关税费、运输费等时，按照实际支付的金额，借记“其他费用”科目，贷记“财政拨款收入”“零余额账户用款额度”“银行存款”“库存现金”等科目。

事业单位发生的与受托代理资产相关的税费、运输费、保管费等时，按照实际支付或应付的金额，借记“其他费用”科目，贷记“零余额账户用款额度”“银行存款”“库存现金”“其他应付款”等科目。

期末，将“其他费用”科目本期发生额转入本期盈余，借记“本期盈余”科目，贷记“其他费用”科目。

【例 6-29】2×19 年 12 月，甲事业单位根据发生的其他费用业务，编制相关的会计分录。

（1）15 日，以银行存款归还两个月短期借款本金 480 000 元、利息 4 800 元（未预提）。编制财务会计分录：

借：短期借款　　480 000
　　其他费用　　4 800
　　贷：银行存款　　484 800

同时，编制预算会计分录：

借：债务还本支出　　480 000
　　其他支出　　4 800
　　贷：资金结存——货币资金　　484 800

（2）20 日，开出转账支票向灾区捐赠货币资金 500 000 元。编制财务会计分录：

借：其他费用　　500 000
　　贷：银行存款　　500 000

同时，编制预算会计分录：

借：其他支出　　500 000
　　贷：资金结存——货币资金　　500 000

（3）25 日，接受乙单位捐赠的一项固定资产并按名义金额入账。接受捐赠资产时支付相关税费、运输费 3 800 元，以银行存款付讫。

1）确认固定资产，编制财务会计分录：

借：固定资产　　1
　　贷：捐赠收入　　1

2）支付相关税费、运输费等，编制财务会计分录：

借：其他费用　　3 800
　　贷：银行存款　　3 800

同时，编制预算会计分录：

借：其他支出　　3 800
　　贷：资金结存——货币资金　　3 800

（4）31 日，根据对应收款项收回风险的估计，决定对应收账款和其他应收款按其余额的 5%计提坏账准备。当日，该单位不需要上缴财政的"应收账款"科目借方余额为 600 000 元，"其他应收款"科目借方余额为 200 000 元。该月初"坏账准备"科目贷方余额为 30 000 元。

31 日应计提坏账准备＝(600 000＋200 000)×5%－30 000＝10 000（元）

根据计算结果，编制财务会计分录：

借：其他费用　　10 000
　　贷：坏账准备　　10 000

（5）月末，将 12 月"其他费用"科目发生额转入本期盈余。

转入本期盈余的其他费用＝4 800＋500 000＋3 800＋10 000＝518 600（元）

编制财务会计分录：

借：本期盈余　　518 600
　　贷：其他费用　　518 600

制度测试

1. 资料：2×19 年，某公立医院发生经济业务如下：

(1) 经计算，本月应付从事医疗及其辅助活动人员薪酬 858 000 元，其中，基本工资 390 000 元，国家统一规定的津贴补贴 150 000 元，绩效工资 110 000 元，改革性补贴 91 000 元，应付各种社会保险费和住房公积金 117 000 元。

(2) 医院普通外科领用处置治疗用药品一批，其成本为 3 000 元。

(3) 全年医疗收入 360 000 000 元，该省规定提取的医疗风险基金比例为 3‰。

(4) 计提医疗设备折旧 50 000 元。

(5) 期末，将“业务活动费用”科目本期发生额合计转入“本期盈余”科目。

要求：根据上述业务，逐笔编制财务会计分录。

2. 资料：某事业单位为小规模纳税人，该单位所属非独立核算印刷厂 2×19 年 12 月发生经营费用业务如下：

(1) 购买一批办公用品，直接交付使用，取得的增值税专用发票上注明的价款为 1 500 元，增值税 195 元，款项以银行存款付讫。

(2) 10 月职工薪酬结算情况为：职工 35 人，其薪酬总额为 87 500 元。为职工代扣医药费 500 元、个人所得税 800 元。

(3) 印制图书领用纸张一批，其成本为 120 000 元。

(4) 印刷车间领用劳保用品 1 000 元；报销差旅费 5 000 元，以现金结算；对印刷设备进行维修，领用维修材料 7 000 元。

(5) 月末计提折旧 30 000 元，其中车间房屋的折旧为 18 000 元，印刷设备的折旧为 12 000 元。

(6) 经计算，本月应交城市维护建设税 10 500 元、教育费附加 4 500 元。

(7) 经计算，当年取得应纳税所得额 280 000 元，适用的所得税税率为 25%。

(8) 月末，将经营费用转入本期盈余。

要求：根据上述业务，逐笔编制财务会计分录。

3. 资料：2×19 年 8 月，某事业单位发生经济业务如下：

(1) 计提本月短期借款利息 2 800 元。

(2) 经批准，转销无法查明原因的现金盘亏损失 500 元。

(3) 对外捐出库存物品，其账面价值为 60 000 元。

(4) 以银行存款支付接受捐赠资产发生的相关费用 3 800 元。

(5) 本月应计提坏账准备 5 000 元。

(6) 月末，将本月“其他费用”科目发生额转入本期盈余。

要求：根据上述业务，逐笔编制财务会计分录。

第七章　净资产

事业单位开展教学、科研、医疗等公益活动必须具有一定的“本钱”，即净资产。净资产主要来自政府财政拨款、出资者出资、按规定提取的资金及结余分配。净资产是事业单位资产的基本来源，也是事业单位清偿债务的重要财力保障。

第一节　净资产概述

一、净资产的概念

《政府会计准则——基本准则》指出，净资产是指政府会计主体资产扣除负债后的净额。就事业单位来说，净资产表明了单位的资产总额抵偿其现存一切义务后的差额。这个差额用公式可表示为：

净资产＝资产－负债

结合上述净资产概念，可对净资产有如下认识：

(1) 从资产、负债和净资产三个要素之间的数量关系看，净资产包含差量和变量两层含义。所谓差量，是指净资产是资产与负债之间的差额，这种差量体现了事业单位所控制的各类经济资源的净额，反映了事业单位在持续发展过程中所具有的经济实力和物质基础。所谓变量，是指净资产因事业单位运营状况而发生数量的变化。通常情况下，净资产会随着收入扣除费用的正差额而增加，也会随着收入扣除费用的负差额而减少。其实质是由于消耗了现存的服务潜力或经济资源、获得或处置某些资源所带来的结果。

(2) 净资产体现的是一种剩余权益。权益有广义和狭义之分。广义的权益分为债权人权益和净资产两部分，在资产负债表上与资产总额相对应。净资产就是以资产总额抵去一切债务之后的剩余权益。事业单位所拥有的各类经济资源必须先用于负债的偿还，剩余部分才归事业单位所有。从这个角度看，净资产是一种“剩余权益”。通过净资产信息有助于各方了解事业单位的负债情况，监控与持有资产相关的债务水平。

二、净资产的特征

事业单位净资产具有以下特征：

（1）根据“净资产＝资产－负债”的关系可以看出，确定净资产不像资产、负债要素那样在发生时可按规定的方法单独计量，净资产要在资产和负债计量之后计算确定。因此，净资产确认与计量最终取决于资产和负债的确认与计量标准。

（2）净资产的变动主要来源于收入减去费用的余额。一般来说，引起净资产增减变动主要有两种情况：一是与控制的经济资源相关的服务潜力很可能实现或者经济利益很可能流入事业单位，使事业单位的资产增加或者负债减少（即收入实现），从而导致净资产增加，即事业单位因获得收入而导致净资产增加；二是与控制的经济资源相关的服务潜力或者经济利益很可能流出事业单位，使得单位的资产减少或负债增加（即费用发生），从而导致净资产减少，即事业单位因发生费用而导致净资产减少。

三、净资产的内容

事业单位的净资产包括累计盈余、专用基金、权益法调整、无偿调入净资产和本期盈余等。

（一）累计盈余

累计盈余是指事业单位历年实现的盈余扣除盈余分配后滚存的金额，以及因无偿调入调出资产产生的净资产变动额。

（二）专用基金

专用基金是指事业单位按规定设置、提取的具有专门用途的净资产，如职工福利基金等。

（三）权益法调整

事业单位的长期股权投资采用权益法核算时，按照被投资单位除净损益和利润分配以外的所有者权益变动额调整长期股权投资账面余额，并将其计入净资产的金额。

（四）无偿调入净资产

无偿调入净资产是指事业单位无偿调入或调出非现金资产所引起的净资产变动金额。

第二节　盈余

一、盈余概述

盈余是指事业单位一定期间提供公共服务、监管社会事务等活动形成的成果，也就是一定期间的全部收入抵减全部费用后的差额。如果收入抵减费用的差额为正数，就会导致事业单位净资产增加；反之，则会使事业单位净资产减少。

盈余指标可以直接反映事业单位财务状况、管理水平、资金使用效益等诸多方面的状况，通过该指标，既可以评价事业单位管理层的运营业绩，提高财务管理水平，也可以为债权人、各级政府及其有关部门、单位自身、社会公众和其他利益相关者等财务报告使用者提供相关信息。

事业单位盈余主要有以下特点：

（1）事业单位盈余是其全部收入与全部费用相抵后的余额。事业单位全部收入包括财政拨款收入、事业收入、上级补助收入、附属单位上缴收入、经营收入、非同级财政拨款收入、投资收益、捐赠收入、利息收入、租金收入、其他收入；事业单位全部费用包括业务活动费用、单位管理费用、经营费用、资产处置费用、上缴上级费用、对附属单位补助费用、所得税费用、其他费用。

（2）事业单位盈余与企业的利润有着本质区别。企业的生产经营活动以盈利为目的，其利润是在严格成本核算的基础上，通过产品的销售和提供劳务而形成的，它体现了企业的经营效益。事业单位的业务工作不以盈利为目的，其盈余的形成既可能是增收节支的结果，也可能是工作任务调整的结果。

（3）事业单位的盈余与行政单位的盈余存在差异。具体表现为：一是盈余构成不同。事业单位资金来源渠道众多，除财政拨款外，还包括上级补助收入、事业收入、经营收入、附属单位上缴收入和其他收入等，因此，其盈余是多种资金收入抵减费用后所形成的结余；与事业单位相比，行政单位的资金来源主要是财政拨款，所以其盈余构成主体是财政拨款。二是结余的管理方法不同。事业单位的盈余可以按规定提取职工福利基金等专用基金，而行政单位的盈余不允许提取基金，应按规定结转下年度继续使用。

按照计算时间不同，盈余分为本期盈余和累计盈余。前者是指本期各项收入、费用相抵后的余额；而后者主要是指历年实现的盈余扣除盈余分配后滚存的金额。

二、本期盈余的核算

本期盈余是指事业单位本期各项收入、费用相抵后的余额。它反映了事业单位一定时期（年、季或月）内开展各类公共事业活动，如承担市场监管任务、加强社会管理、促进公共服务、文化建设等活动所取得各类经济资源及资源使用的情况。

为了反映本期盈余增减变动情况，事业单位应设置“本期盈余”科目。该科目的贷方登记期末从各收入类科目转入的本期发生的各项收入；借方登记期末从各项费用类科目转入的本期发生的各项费用。期末如为贷方余额，反映事业单位自年初起至当期期末累计实现的盈余；如为借方余额，反映事业单位自年初起至当期期末累计发生的亏损。年末结账后，本科目应无余额。

期末，事业单位将各收入类科目的本期发生额转入本期盈余，借记“财政拨款收入”“事业收入”“上级补助收入”“附属单位上缴收入”“经营收入”“非同级财政拨款收入”“投资收益”“捐赠收入”“利息收入”“租金收入”“其他收入”科目，贷记“本期盈余”科目。

期末，事业单位将各费用类科目本期发生额转入本期盈余，借记“本期盈余”科目，贷记“业务活动费用”“单位管理费用”“经营费用”“所得税费用”“资产处置费用”“上缴上级费用”“对附属单位补助费用”“其他费用”科目。

年末，事业单位完成上述结转后，将“本期盈余”科目余额转入“本年盈余分配”科目，借记或贷记“本期盈余”科目，贷记或借记“本年盈余分配”科目。

【例 7－1】 2×19 年 12 月初，M 事业单位“本期盈余”科目本年累计余额为 10 800 000 元，2×19 年 12 月 31 日转账前收入、费用类科目余额如表 7－1 所示。

表 7-1　转账前各收入、费用类科目余额　单位：元

账户	借方余额	贷方余额
财政拨款收入		30 000 000
事业收入		500 000
上级补助收入		80 000
附属单位上缴收入		20 000
经营收入		3 000 000
非同级财政拨款收入		400 000
投资收益		200 000
捐赠收入		100 000
利息收入		300 000
租金收入		650 000
其他收入		350 000
业务活动费用	22 000 000	
单位管理费用	200 000	
经营费用	800 000	
所得税费用	1 200 000	
资产处置费用	200 000	
上缴上级费用	350 000	
对附属单位补助费用	150 000	
其他费用	100 000	

根据表 7-1 中的资料，该单位 2×19 年 12 月 31 日应编制如下会计分录：

(1) 结转收益类账户，编制财务会计分录：

借：财政拨款收入　30 000 000
　　事业收入　500 000
　　上级补助收入　80 000
　　附属单位上缴收入　20 000
　　经营收入　3 000 000
　　非同级财政拨款收入　400 000
　　投资收益　200 000
　　捐赠收入　100 000
　　利息收入　300 000
　　租金收入　650 000
　　其他收入　350 000
　　贷：本年盈余　35 600 000

(2) 结转费用类科目发生额，编制财务会计分录：

借：本年盈余　25 000 000
　　贷：业务活动费用　22 000 000
　　　　单位管理费用　200 000
　　　　经营费用　800 000
　　　　所得税费用　1 200 000

资产处置费用　200 000
上缴上级费用　350 000
对附属单位补助费用　150 000
其他费用　100 000

经过对收入、费用类科目的结转，该单位12月“本年盈余”科目贷方余额为10 600 000（35 600 000—25 000 000）元，即12月实现的盈余总额。2×19年全年盈余总额为21 400 000（10 800 000+10 600 000）元。

三、本年盈余分配的核算

本年盈余分配是指事业单位对本年度盈余的分配。如从非财政拨款结余中提取的职工福利基金、从经营结余中提取的科技成果转化基金等。通过对盈余的分配，一方面事业单位开展某些方面的活动有了资金保障；另一方面将盈余的剩余部分及时转入累计盈余，便于事业单位统筹安排使用盈余资金。

为了反映本年盈余分配增减变动情况，事业单位应设置“本年盈余分配”科目。该科目的借方登记年末“本期盈余”科目借方余额转入数、按规定从本年非财政拨款结余或经营结余中提取的专用基金数、将本科目贷方余额转入累计盈余数；贷方登记年末“本期盈余”科目贷方余额转入数、将本科目借方余额转入累计盈余数；年末结账后，“本年盈余分配”科目应无余额。

年末，事业单位将“本期盈余”科目余额转入“本年盈余分配”科目，借记或贷记“本期盈余”科目，贷记或借记“本年盈余分配”科目。

年末，事业单位根据有关规定从本年度非财政拨款结余或经营结余中提取专用基金的，按照预算会计中计算的提取金额，借记“本年盈余分配”科目，贷记“专用基金”科目。

年末，按照规定完成上述处理后，将“本年盈余分配”科目余额转入累计盈余，借记或贷记“本年盈余分配”科目，贷记或借记“累计盈余”科目。

【例7-2】承例7-1，年末，该单位根据发生的本年盈余分配业务，编制相关的会计分录。

（1）将“本期盈余”科目余额21 400 000元转入“本年盈余分配”科目。编制财务会计分录：

借：本期盈余　21 400 000
　　贷：本年盈余分配　21 400 000

（2）按照规定提取专用基金500 000元，其中从本年度非财政拨款结余中提取专用基金350 000元，从经营结余中提取专用基金150 000元。编制财务会计分录：

借：本年盈余分配　500 000
　　贷：专用基金　500 000

（3）年末，将“本年盈余分配”科目余额转入累计盈余。编制财务会计分录：

借：本年盈余分配　20 900 000
　　贷：累计盈余　20 900 000

四、累计盈余的核算

（一）累计盈余的范围

累计盈余是指事业单位历年实现的盈余扣除盈余分配后滚存的金额，以及因无偿调入调出资产产生的净资产变动额。此外，事业单位按照规定上缴、缴回、单位间调剂结转结余资金产生的净资产变动额，以及对以前年度盈余的调整金额，也属于累计盈余。

为了反映累计盈余增减变动情况，事业单位应设置"累计盈余"科目。该科目的贷方登记累计盈余的增加额；借方登记累计盈余的减少额；期末借方余额，反映事业单位未分配盈余（或未弥补亏损）的累计数以及截至上年末无偿调拨净资产变动的累计数。

"累计盈余"科目年末余额，反映事业单位未分配盈余（或未弥补亏损）以及无偿调拨净资产变动的累计数。

（二）累计盈余的账务处理

年末，事业单位将"本年盈余分配"科目的余额转入累计盈余，借记或贷记"本年盈余分配"科目，贷记或借记"累计盈余"科目。

年末，事业单位将"无偿调拨净资产"科目的余额转入累计盈余，借记或贷记"无偿调拨净资产"科目，贷记或借记"累计盈余"科目。

事业单位按照规定上缴财政拨款结转结余、缴回非财政拨款结转资金、向其他单位调出财政拨款结转资金时，按照实际上缴、缴回、调出金额，借记"累计盈余"科目，贷记"财政应返还额度""零余额账户用款额度""银行存款"等科目。

按照规定从其他单位调入财政拨款结转资金时，按照实际调入金额，借记"零余额账户用款额度""银行存款"等科目，贷记"累计盈余"科目。

将"以前年度盈余调整"科目的余额转入"累计盈余"科目，借记或贷记"以前年度盈余调整"科目，贷记或借记"累计盈余"科目。

按照规定使用专用基金购置固定资产、无形资产的，按照固定资产、无形资产的成本，借记"固定资产""无形资产"科目，贷记"银行存款"等科目；同时，按照专用基金使用金额，借记"专用基金"科目，贷记"累计盈余"科目。

【例 7-3】 2×19 年 1 月初，某事业单位（一般纳税人）"累计盈余"科目余额为35 000 000 元，2×19 年 12 月 31 日，该单位根据发生的与累计盈余相关的业务，编制相关的会计分录。

（1）12 月初，经批准使用专用基金购置一台研发设备并交付使用，取得的增值税专用发票上注明的价款为 150 000 元，增值税为 19 500 元，款项以银行存款支付。编制财务会计分录：

借：固定资产	150 000	
应交增值税——应交税金（进项税额）	19 500	
贷：银行存款		169 500
借：专用基金	169 500	
贷：累计盈余		169 500

同时，编制预算会计分录：

借：事业支出	169 500	
贷：资金结存——货币资金		169 500

（2）将“本年盈余分配”科目贷方余额5 000 000元转入累计盈余。编制财务会计分录：

借：本年盈余分配　5 000 000

　贷：累计盈余　5 000 000

（3）将“无偿调拨净资产”科目借方余额180 000元转入累计盈余。编制财务会计分录：

借：累计盈余　180 000

　贷：无偿调拨净资产　180 000

（4）按照规定上缴财政拨款结转结余资金300 000元，款项通过零余额账户支付。编制财务会计分录：

借：累计盈余　300 000

　贷：财政应返还额度　300 000

（5）将“以前年度盈余调整”科目贷方余额200 000元转入累计盈余。编制财务会计分录：

借：以前年度盈余调整　200 000

　贷：累计盈余　200 000

经计算，12月31日，该单位“累计盈余”科目余额为39 889 500（35 000 000＋169 500＋5 000 000－180 000－300 000＋200 000）元。

五、以前年度盈余调整的核算

以前年度盈余调整是指事业单位本年度发生的调整以前年度盈余的事项，包括本年度发生的重要前期差错更正涉及调整以前年度盈余的事项。这些事项通常是在年度资产负债表日后发生的，或者发现由于计量、确认、记录等方面出现少计或多计收入、费用等错误，以及盘盈实物资产等需要对以前年度财务报表数据进行调整的事项。

为了反映以前年度盈余调整的增减变动情况，事业单位应设置“以前年度盈余调整”科目。该科目的借方登记调整增加以前年度费用、调整减少以前年度收入；贷方登记调整增加以前年度收入、调整减少以前年度费用以及盘盈的各种非流动实物资产。年末，将“以前年度盈余调整”科目本年发生额转入累计盈余，年末结账后，“以前年度盈余调整”科目应无余额。

事业单位本年调整增加以前年度收入时，按照调整增加的金额，借记“以前年度盈余调整”科目，贷记有关科目；调整减少的，做相反的会计分录。盘盈的各种非流动资产，报经批准后处理时，借记“待处理财产损溢”科目，贷记“以前年度盈余调整”科目。

事业单位经上述调整后，应将“以前年度盈余调整”科目的余额转入累计盈余，借记或贷记“累计盈余”科目，贷记或借记“以前年度盈余调整”科目。

【例7-4】 2×19年，某事业单位根据发生的前期盈余调整业务，编制相关的会计分录。

（1）3月10日，有关部门审查2×18年服务收入时，发现有一笔100 000元收入误计入其他应付款。根据审批意见，对该笔业务予以调整。编制财务会计分录：

借：其他应付款　100 000

　贷：以前年度盈余调整　100 000

（2）4月5日，发现2×18年度的会计记录中有一项差错，将非独立核算经营部门管理人员工资20 000元误计入单位管理费用。编制财务会计分录：

借：以前年度盈余调整 20 000

贷：单位管理费用 20 000

(3) 4 月 20 日，经批准，将“以前年度盈余调整”科目余额 80 000 元结转计入“累计盈余”科目。编制财务会计分录：

借：以前年度盈余调整 80 000

贷：累计盈余 80 000

第三节　专用基金

一、专用基金概述

(一) 专用基金的性质

专用基金是指事业单位按规定设置、提取的具有专门用途的净资产，如职工福利基金等。事业单位资金的类型多样，其管理要求也不完全相同。在开展业务运营过程中，既有用于正常支出所需要的资金，也有其支出范围及额度受到严格限制，或需要进行必要积累，以满足某方面需要的资金。这部分资金就是专用基金。各项基金的提取比例和管理办法，国家有统一规定的，按照统一规定执行；没有统一规定的，由省（自治区、直辖市）主管部门（或举办单位）会同同级财政部门确定。专用基金要专款专用，不得擅自改变用途。

(二) 专用基金的内容

1. 修购基金

修购基金是指按照事业收入和经营收入的一定比例提取，并按照规定在相应的购置和修缮账户中列支（各列支 50%），以及按照其他规定转入，用于事业单位固定资产维修和购置的资金。事业收入和经营收入较少的事业单位可以不提取修购基金，计提固定资产折旧的事业单位不提取修购基金。

2. 职工福利基金

职工福利基金是指按照结余的一定比例提取转入，用于事业单位职工的集体福利设施、集体福利待遇等的资金。

3. 其他基金

其他基金是指按照其他有关规定提取或者设置的专用资金。

(三) 专用基金的特点

专用基金与事业单位正常业务资金相比有以下特点：

(1) 专用基金的形成均有特定渠道。专用基金不仅有专门用途，而且是由特定来源形成的。

(2) 对各项专用基金都规定有专门的用途和使用范围，除财务制度规定可以合并使用外，专用基金一般不得互相占用、挪用。

(3) 专用基金的使用均属于一次性消耗，没有循环周转，不可能通过专用基金支出直接取得补偿。

（四）专用基金的管理

专用基金的管理应当遵循先提后用、收支平衡、专款专用的原则，支出不得超出基金规模。具体管理时，要做到：

（1）按比例提取，按照《事业单位财务规则》的规定，各项专用基金的提取比例，国家有统一规定的，按照统一规定执行；没有统一规定的，由主管部门会同同级财政部门确定。

（2）按规定支出，事业单位各项专用基金都规定有专门的用途，在使用中要注意划清各项专用基金的界限。对于专用基金发生临时占用的，要注意及时还清。

（3）有计划收支，事业单位对各项专用基金要编制收支计划。安排的支出项目要以专用基金来源为依据，注意专用基金的积累。

二、专用基金的核算

根据专用基金的定义，专用基金的确认必须同时满足以下条件：一是事业单位专用基金的提取或设置，表明该基金不是基于该单位与外界发生的经济交易或事项。二是具有专门用途，或财务管理要求保本或保持适度规模。三是专用基金是一种准备而不是负债。

为了反映专用基金增减变动情况，事业单位应设置“专用基金”科目核算事业单位按照规定提取或设置的具有专门用途的净资产。该科目的贷方登记专用基金提取、拨入、转入的增加数；借方登记专用基金的支出、转出的减少数；期末贷方余额，反映事业单位累计提取或设置的尚未使用的专用基金。该科目的明细科目应按照基金类别设置并进行明细分类核算。

（一）专用基金的计提

年末，事业单位根据有关规定从本年度非财政拨款结余或经营结余中提取专用基金的，按照预算会计中计算的提取金额，借记“本年盈余分配”科目，贷记“专用基金”科目；根据有关规定从收入中提取专用基金并计入费用的，一般按照预算会计中基于预算收入计算提取的金额，借记“业务活动费用”等科目，贷记“专用基金”科目。国家另有规定的，从其规定。根据有关规定设置的其他专用基金，按照实际收到的基金金额，借记“银行存款”等科目，贷记“专用基金”科目。

【例 7-5】 2×19 年，某事业单位当年实现非财政拨款结余 400 000 元、经营结余 600 000 元。根据规定，该单位按经营结余的 25%计提所得税，按当年非财政拨款结余和缴纳所得税以后的经营结余的 10%提取职工福利基金。

（1）计提并确认应交企业所得税：

应交所得税＝600 000×25%＝150 000（元）

编制财务会计分录：

借：本年盈余分配	150 000	
贷：其他应交税费——应交企业所得税		150 000

（2）计提并确认职工福利基金：

提取的职工福利基金＝(400 000＋600 000－150 000)×10%＝85 000（元）

编制财务会计分录：

借：本年盈余分配——提取职工福利基金　85 000

　贷：专用基金——职工福利基金　85 000

【例7-6】2×19年，某科学事业单位实现事业收入165 000 000元、经营结余5 800 000元。年末，假定按照2%的比例计提科技成果转化基金。

科技成果转化基金提取额=(165 000 000+5 800 000)×2%=3 416 000（元）

编制财务会计分录：

借：业务活动费用　3 300 000

　本年盈余分配　116 000

　贷：专用基金——科技成果转化基金　3 416 000

同时，编制预算会计分录：

借：非财政拨款结余分配　116 000

　贷：专用结余　116 000

需要说明的是，如果事业单位未计提固定资产折旧，按照《事业单位财务规则》的规定，事业单位应按照事业收入和经营收入的一定比例提取修购基金，用于事业单位固定资产维修和购置。事业收入和经营收入较少的事业单位可以不提取修购基金。

【例7-7】某事业单位固定资产未计提折旧，分别按事业收入和经营收入的3%计提修购基金。当年实现事业收入4 000 000元、经营收入2 000 000元。计提修购基金时，进行如下账务处理：

修购基金提取额=(4 000 000+2 000 000)×3%=180 000（元）

编制财务会计分录：

借：业务活动费用　120 000

　经营费用　60 000

　贷：专用基金——修购基金　180 000

（二）专用基金的使用

事业单位按照规定使用提取的专用基金时，借记“专用基金”科目，贷记“银行存款”等科目。

事业单位使用提取的专用基金购置固定资产、无形资产的，按照固定资产、无形资产的成本，借记“固定资产”“无形资产”科目，贷记“银行存款”等科目；同时，按照专用基金使用金额，借记“专用基金”科目，贷记“累计盈余”科目。

【例7-8】某事业单位根据2×19年发生的专用基金使用业务，编制相关的会计分录。

(1) 使用专用基金购置设备一台，增值税专用发票上注明的价款为200 000元，增值税为26 000元（确认为进项税额），发生运费、安装费共计3 000元（不考虑增值税），全部款项以银行存款支付。

1) 财务会计的处理，编制财务会计分录：

借：固定资产　203 000

　应交增值税——应交税金（进项税额）　26 000

　贷：银行存款　229 000

同时，编制预算会计分录：

借：专用基金　229 000

贷：累计盈余　229 000

2）预算会计的处理，编制财务会计分录：

借：事业支出　229 000

贷：资金结存——货币资金　229 000

（2）使用修购基金支付设备维修费 15 000 元，以银行存款付讫。编制财务会计分录：

借：专用基金　15 000

贷：银行存款　15 000

同时，编制预算会计分录：

借：事业支出　15 000

贷：资金结存——货币资金　15 000

（3）使用职工福利基金购置一台专门用于职工娱乐活动的设备，取得的增值税普通发票上注明的货款为 28 000 元，增值税 3 640 元，全部款项以银行存款付讫。编制财务会计分录：

借：固定资产　31 640

贷：银行存款　31 640

借：专用基金　31 640

贷：累计盈余　31 640

第四节　权益法调整

权益法调整，是指事业单位取得长期股权投资后，根据被投资单位所有者权益变动情况，按照权益法对投资的账面价值进行的调整。

通常，事业单位长期股权投资采用权益法核算时，长期股权投资的账面价值会随着被投资单位所有者权益的变动而做出相应的调整。引起被投资单位所有者权益发生变动的原因主要有三个方面：一是被投资单位实现净损益；二是被投资单位进行利润分配；三是净损益、利润分配以外的经济业务。权益法调整是事业单位根据被投资单位除净损益和利润分配以外的所有者权益变动，按事业单位应享有或应分担的份额，而对净资产和长期股权投资账面余额的调整。

为了反映权益法调整的增减变动情况，事业单位应设置“权益法调整”科目。该科目的贷方登记权益法调整的增加额；借方登记权益法调整的减少额；年末余额，反映事业单位滚存的被投资单位权益变动金额。“权益法调整”科目应当按照被投资单位设置明细科目并进行明细核算。

年末，事业单位应按照被投资单位除净损益和利润分配以外的所有者权益变动的份额，借记或贷记“权益法调整”科目，贷记或借记“长期股权投资——其他权益变动”科目。

事业单位处置长期股权投资时，按因被投资企业除净损益以外所有者权益的其他变动而计入权益法调整净资产的数额，借记或贷记“权益法调整”科目，贷记或借记“投资收益”科目。

【例 7-9】 2×19 年至 2×21 年，甲事业单位根据发生的长期股权投资业务，编制会计分录如下：

(1) 2×19 年 1 月 5 日，以银行存款 6 000 000 元取得乙公司 30%的股权，并将其作为长期股权投资，采用权益法核算。编制财务会计分录：

借：长期股权投资　　6 000 000
　　贷：银行存款　　6 000 000

同时，编制预算会计分录：

借：投资支出　　6 000 000
　　贷：资金结存——货币资金　　6 000 000

(2) 2×19 年，乙公司实现净利润 30 000 000 元。编制财务会计分录：

借：长期股权投资——损益调整　　9 000 000
　　贷：投资收益　　9 000 000

(3) 2×19 年 12 月 31 日，乙公司其他综合收益增加 5 000 000 元。按照应享有被投资单位其他综合收益的增加额，编制财务会计分录：

借：长期股权投资——其他权益变动　　1 500 000
　　贷：权益法调整　　1 500 000

(4) 2×21 年 5 月 10 日，处置持有乙公司股份的 50%，取得价款 4 600 000 元。编制财务会计分录：

借：银行存款　　4 600 000
　　贷：长期股权投资——损益调整　　3 000 000
　　　　　　　　　　——其他权益变动　　750 000
　　　　投资收益　　850 000

同时，编制预算会计分录：

借：权益法调整　　750 000
　　贷：投资收益　　750 000

第五节　无偿调拨净资产

一、无偿调拨净资产概述

无偿调拨净资产是指事业单位无偿调入或调出非现金资产所引起的净资产变动金额。无偿调入或调出的非现金资产包括存货、长期股权投资、固定资产、无形资产、公共基础设施、政府储备物资、文物文化资产、保障性住房等资产。

无偿调入或调出资产是事业单位之间转移国有资产的一种行为。调入或调出的主体主要是主管部门和财政部门。通过单位之间资产的调剂，一是优化了事业单位资产配置，提高国有资产利用率和财政资金使用效益，二是对预算配置资产机制进行了有效的补充。

为了反映无偿调拨净资产增减变动情况，事业单位应设置“无偿调拨净资产”科目。该科目的贷方登记因无偿调入非现金资产而增加的净资产数额；借方登记因调出非现金资产而减少的净资产数额；年末将无偿调拨净资产余额转入累计盈余，年末结账后，“无偿调拨净资产”科目应无余额。

二、无偿调入非现金资产的核算

事业单位按照规定无偿调入非现金资产，其成本按照调出方账面价值加上相关税费、运输费等确定。

事业单位按照规定取得无偿调入的存货、长期股权投资、固定资产、无形资产、公共基础设施、政府储备物资、文物文化资产、保障性住房等，按照确定的成本，借记“库存物品”“长期股权投资”“固定资产”“无形资产”“公共基础设施”“政府储备物资”“文物文化资产”“保障性住房”等科目，按照调入过程中发生的归属于调入方的相关费用，贷记“零余额账户用款额度”“银行存款”等科目，按照借贷方差额，贷记“无偿调拨净资产”科目。

三、无偿调出非现金资产的核算

事业单位按照规定经批准无偿调出存货、长期股权投资、固定资产、无形资产、公共基础设施、政府储备物资、文物文化资产、保障性住房等，按照调出资产的账面余额或账面价值，借记“无偿调拨净资产”科目，按照固定资产累计折旧、无形资产累计摊销、公共基础设施累计折旧或摊销、保障性住房累计折旧的金额，借记“固定资产累计折旧”“无形资产累计摊销”“公共基础设施累计折旧（摊销）”“保障性住房累计折旧”科目，按照调出资产的账面余额，贷记“库存物品”“长期股权投资”“固定资产”“无形资产”“公共基础设施”“政府储备物资”“文物文化资产”“保障性住房”等科目；同时，按照调出过程中发生的归属于调出方的相关费用，借记“资产处置费用”科目，贷记“零余额账户用款额度”“银行存款”等科目。

四、无偿调拨净资产结转的核算

年末，事业单位应将“无偿调拨净资产”科目余额转入累计盈余，借记或贷记“无偿调拨净资产”科目，贷记或借记“累计盈余”科目。

【例 7-10】 2×19 年，甲事业单位根据发生的无偿调入、调出资产业务，编制相关的会计分录。

（1）从系统内部乙单位无偿调入一批材料，该批材料在乙单位的账面价值为 250 000 元。以银行存款支付调入材料发生的运输费等相关费用 15 000 元。编制财务会计分录：

借：库存物品	265 000	
贷：银行存款		15 000
无偿调拨净资产		250 000

同时，编制预算会计分录：

借：其他支出	15 000	
贷：资金结存——货币资金		15 000

（2）经批准，从丙单位无偿调入汽车一辆，调出方汽车账面价值为 150 000 元。因调入车辆发生相关费用 3 000 元，以零余额账户支付。编制财务会计分录：

借：固定资产　　153 000

　　贷：零余额账户用款额度　　3 000

　　　　无偿调拨净资产　　150 000

同时，编制预算会计分录：

借：其他支出　　3 000

　　贷：资金结存——零余额账户用款额度　　3 000

(3) 经批准，无偿调出一项非专利技术，该项资产账面余额为 160 000 元，已摊销50 000 元。

1) 转销非专利技术的账面价值，编制财务会计分录：

借：无形资产累计摊销　　50 000

　　无偿调拨净资产　　110 000

　　贷：无形资产　　160 000

2) 以银行存款支付与资产调出相关的费用 6 000 元，编制财务会计分录：

借：资产处置费用值　　6 000

　　贷：银行存款　　6 000

同时，编制预算会计分录：

借：其他支出　　6 000

　　贷：资金结存——货币资金　　6 000

(4) 年末，将“无偿调拨净资产”科目余额转入“累计盈余”科目。

转入累计盈余的金额＝250 000＋150 000－110 000＝290 000（元）

编制财务会计分录：

借：无偿调拨净资产　　290 000

　　贷：累计盈余　　290 000

制度测试

1. 资料：2×19 年 11 月，M 事业单位“本期盈余”科目本年累计余额（贷方）为 534 000 000 元，2×19 年 12 月 31 日转账前的收入类科目发生额合计为：财政拨款收入 30 000 000 元、事业收入 3 500 000 元、上级补助收入 280 000 元、附属单位上缴收入 320 000 元、经营收入 5 000 000 元、非同级财政拨款收入 600 000 元、投资收益 400 000 元、捐赠收入 300 000 元、利息收入 500 000 元、租金收入 850 000 元、其他收入 650 000 元。

费用类科目发生额合计（借方）：业务活动费用 42 000 000 元、单位管理费用 1 200 000 元、经营费用 1 600 000 元、所得税费用 2 200 000 元、资产处置费用 400 000 元、上缴上级费用 1 350 000 元、对附属单位补助费用 350 000 元、其他费用 200 000 元。

要求：(1) 将 12 月上述收入类和费用类科目发生额转入本期盈余。

(2) 计算该单位 2×19 年盈余总额。

(3) 编制 12 月 31 日将“本期盈余”科目余额转入“本年盈余分配”科目的会计分录。

2. 资料：某公立医院 2×19 年发生专用基金业务如下：

(1) 12 月 31 日，按照本年结余 20 560 000 元（假定没有财政基本补助结转）和当地规定的40%比例提取职工福利基金。

(2) 12月31日，根据医院全年实现医疗收入658 600 000元的0.2%提取医疗风险基金。2×19年初，“专用基金——医疗风险基金”科目贷方余额为1 200 000元。

(3) 2×19年6月，该医院发生医疗纠纷，经法院判决，应赔偿患者家属1 035 000元。

要求：根据上述经济业务，逐笔编制会计分录。

3. 2×19年1月初，M事业单位收到捐赠人张某捐赠资金5 000 000元，按照捐赠协议的规定，该项捐赠资金用于设立N发展基金，该基金只能用于国债投资，投资收益用于事业活动。2×19年3月，使用该基金购买5年期国债支出3 000 000元。

要求：根据上述经济业务，编制会计分录。

4. 资料：甲事业单位发生下列长期股权投资业务：

(1) 2×19年1月3日，用银行存款取得对乙公司的股权投资，占乙公司有表决权股份的25%，该单位将其作为长期股权投资并采用权益法核算。支付投资款6 400 000元，价款中包含已宣告但尚未发放的现金股利145 000元，另外支付相关税费7 000元。款项均以银行存款支付。

(2) 2×19年3月16日，收到乙公司宣告分派的现金股利。

(3) 2×19年度，乙公司实现净利润2 000 000元，其他所有者权益变动（不含利润分配）为400 000元。

(4) 2×21年1月4日，出售所持有的全部乙公司的股票，共取得价款5 200 000元。

要求：根据上述资料，编制甲事业单位与长期股权投资有关的会计分录。

5. 2×19年12月15日，经相关部门批准，甲事业单位从乙行政单位无偿调入一台专用设备，收到的票据上注明该设备的价值为371 200元（原价464 000元，已计提折旧92 800元）；当日，收到该设备且不需要安装直接投入使用；甲单位向运输公司以银行存款支付运费1 090元，取得增值税普通发票。不考虑其他因素。

要求：分别编制甲事业单位、乙行政单位上述业务的会计分录。

6. 2×19年3月，某事业单位的内部审计处对本单位的会计核算工作进行审计，发现上年度11月接受外单位捐赠的一台价值为300 000元的仪器设备，该单位会计处理结果为分别增加固定资产和专用基金300 000元。

要求：编制上述业务的财务会计分录。

第八章 预算收入、预算支出和预算结余

在事业单位，预算是其根据工作目标和计划编制的年度收支计划。预算由预算收入、预算支出组成。预算执行结果通过预算结余予以反映。事业单位会计通过预算收入、预算支出和预算结余的核算，反映事业单位预算资金收支规模和资金使用去向，为加强预算管理提供重要会计信息。

第一节 预算收入

一、预算收入概述

（一）预算收入的概念

预算收入是指事业单位在预算年度内依法取得的并纳入预算管理的现金流入。包括现金、支付权力（国库集中支付额度）、非现金资产（财政直接支付形成非现金资产）、借入债务资金、资产出售或变现取得的资金等。预算收入是事业单位在预算年度内通过一定的形式和程序，有计划筹措的运行资金，是事业单位履职和开展管理公共事务、提供公共服务、维护和实现社会公共利益，保障国家机器正常运转的重要财力保证；同时，预算收入活动上接预算编制，下承预算支出，是事业单位会计核算与财务管理的主要内容和重要环节。

（二）预算收入的内容

1. 财政拨款预算收入

财政拨款预算收入是指事业单位从同级政府财政部门取得的各类财政拨款。

2. 事业预算收入

事业预算收入是指事业单位开展专业业务活动及其辅助活动取得的现金流入。

3. 上级补助预算收入

上级补助预算收入是指事业单位从主管部门和上级单位取得的非财政补助现金流入。

4. 附属单位上缴预算收入

附属单位上缴预算收入是指事业单位取得附属独立核算单位根据有关规定上缴的现金流入。

5. 经营预算收入

经营预算收入是指事业单位在专业业务活动及其辅助活动之外开展非独立核算经营活

动取得的现金流入。

6. 债务预算收入

债务预算收入是指事业单位按照规定从银行和其他金融机构等借入的、纳入部门预算管理的、不以财政资金作为偿还来源的债务本金。

7. 非同级财政拨款预算收入

非同级财政拨款预算收入是指事业单位从非同级政府财政部门取得的财政拨款，包括本级横向转拨财政款和非本级财政拨款。

8. 投资预算收益

投资预算收益是指事业单位取得的按照规定纳入部门预算管理的属于投资收益性质的现金流入，包括股权投资收益、出售或收回债券投资所取得的收益和债券投资利息收入。

9. 其他预算收入

其他预算收入是指事业单位除财政拨款预算收入、事业预算收入、上级补助预算收入、附属单位上缴预算收入、经营预算收入、债务预算收入、非同级财政拨款预算收入、投资预算收益之外的纳入部门预算管理的现金流入，包括捐赠预算收入、利息预算收入、租金预算收入、现金盘盈收入等。

（三）预算收入的特点

事业单位预算收入具有以下特点：

（1）预算收入是事业单位通过开展业务活动和完成工作任务而取得的收入。如履职和开展业务活动取得的财政预算拨款、事业预算收入，开展非独立核算经营活动取得的经营收入，还有运行中举借债务资金取得的债务收入、获得的捐赠收入等。

（2）预算收入的取得和使用是依法的。一方面，事业单位获得的预算收入，必须符合国家有关法律、法规和规章制度的规定，并按照规定纳入单位部门收入预算；另一方面，财政预算拨款必须按照我国《预算法》和规定的预算收支科目、内容及程序进行申报、审批、领拨及使用。获得其他收入，也必须符合国家有关法律、法规和规章制度的规定。

（3）预算收入是非偿还性资金。事业单位取得的各项预算收入是不需要偿还的，按照规定可安排用于开展各类事业活动。事业单位取得的需要偿还的资金，如应付款项、应缴预算资金、应缴财政专户款项等，属于负债的范畴，需要偿还债权人或上缴财政，不能作为预算收入。

（四）预算收入的确认标准

根据《政府会计准则——基本准则》的规定，事业单位预算收入一般在实际收到时予以确认，以实际收到的金额计量。由于预算收入取得的方式不同，具体确认收入的标准也不尽相同。

（1）在财政直接支付方式下，各事业单位根据财政国库支付执行机构委托代理银行转来的“财政直接支付入账通知书”及相关原始凭证，按照通知书中的直接支付入账金额确认预算收入。

（2）在财政授权支付方式下，各事业单位根据代理银行转来的“财政授权支付额度到账通知书”，按照通知书中的授权支付额度确认预算收入。

（3）在其他方式下，按照实际收到的金额确认预算收入。

二、财政拨款预算收入的核算

（一）财政拨款预算收入概述

财政拨款预算收入是指事业单位从同级政府财政部门取得的各类财政拨款。关于财政拨款的内涵，在第五章中已做说明，这里不再赘述。

为了反映财政拨款预算收入的增减变动情况，事业单位应设置“财政拨款预算收入”科目。该科目的贷方登记财政拨款预算收入的增加额；借方登记财政拨款预算收入的减少额。年末将“财政拨款预算收入”科目本年发生额转入财政拨款结转后，该科目无余额。

“财政拨款预算收入”科目下应当设置“基本支出”和“项目支出”两个明细科目，并按照《政府收支分类科目》中“支出功能分类科目”的项级科目进行明细核算；同时，在“基本支出”明细科目下按照“人员经费”和“日常公用经费”进行明细核算，在“项目支出”明细科目下按照具体项目进行明细核算。有一般公共预算财政拨款、政府性基金预算财政拨款等两种或两种以上财政拨款的单位，还应当按照财政拨款的种类进行明细核算。

根据上述要求，“财政拨款预算收入”科目的明细科目的设置见表 8－1。

表 8－1　　“财政拨款预算收入”明细科目的设置方法

<table>
<tr><th rowspan="2">科目</th><th colspan="9">明细科目</th><th rowspan="2">用途</th></tr>
<tr><th>级次</th><th colspan="8">明细科目名称</th></tr>
<tr><td rowspan="5">财政拨款预算收入</td><td>一级</td><td colspan="8">一般预算拨款收入；政府性基金拨款收入</td><td>提供预算资金种类信息</td></tr>
<tr><td>二级</td><td colspan="4">财政直接支付</td><td colspan="4">财政授权支付</td><td>满足与国库和银行对账的需要</td></tr>
<tr><td>三级</td><td colspan="2">基本支出</td><td colspan="2">项目支出</td><td colspan="2">基本支出</td><td colspan="2">项目支出</td><td>满足部门决算对基本支出、项目支出业务资金管理和报告的需要，以及政府报告中对支出功能分类数据的需要</td></tr>
<tr><td>四级</td><td>人员经费</td><td>日常公用经费</td><td>A 项目</td><td>B 项目</td><td>人员经费</td><td>日常公用经费</td><td>A 项目</td><td>B 项目</td><td>区分财政资金收入限定的不同用途</td></tr>
<tr><td>五级</td><td colspan="8">按照支出功能分类设置</td><td></td></tr>
</table>

需要说明的是，明细科目级次顺序的设置，并没有严格的限制，事业单位根据自身管理和财政部门编制报表的需要，清晰地标示相应科目的类别即可。

下面举例说明财政拨款预算收入明细科目的运用方法。

【例 8－1】 2×19 年 3 月 10 日，某事业单位以财政直接支付方式购入一批库存物资并验收入库，库存物资成本为 50 000 元。编制会计分录如下：

借：事业支出　　50 000

　贷：财政拨款预算收入——一般预算拨款收入——财政直接支付

　　——基本支出——日常公用经费——机构运行　　50 000

为了便于读者掌握会计处理的主要方法，后续的会计分录一般不列出明细科目。

（二）财政拨款预算收入的取得

由于财政资金支付方式不同，财政拨款预算收入的日常账务处理方法也存在一定区别。

在财政直接支付方式下，事业单位根据收到的“财政直接支付入账通知书”及相关原始凭证，按照通知书中的直接支付金额，借记“事业支出”等科目，贷记“财政拨款预算收入”科目。年末，根据本年度财政直接支付预算指标数与当年财政直接支付实际支出数的差额，借记“资金结存——财政应返还额度”科目，贷记“财政拨款预算收入”科目。

在财政授权支付方式下，事业单位根据收到的“财政授权支付额度到账通知书”，按照通知书中的授权支付额度，借记“资金结存——零余额账户用款额度”科目，贷记“财政拨款预算收入”科目。年末，事业单位本年度财政授权支付预算指标数大于零余额账户用款额度下达数的，按照两者差额，借记“资金结存——财政应返还额度”科目，贷记“财政拨款预算收入”科目。

除上述财政直接支付、财政授权支付方式外，在其他支付方式下，事业单位按照本期预算收到财政拨款预算收入时，按照实际收到的金额，借记“资金结存——货币资金”科目，贷记“财政拨款预算收入”科目。事业单位收到下期预算的财政预拨款，应当在下个预算期，按照预收的金额，借记“资金结存——货币资金”科目，贷记“财政拨款预算收入”科目。

如果事业单位因差错更正、购货退回等原因发生国库直接支付款项退回的，对于属于本年度支付的款项，按照退回金额，借记“财政拨款预算收入”科目，贷记“事业支出”等科目。

（三）财政拨款预算收入期末的结转

年末，事业单位将“财政拨款预算收入”科目本年发生额转入财政拨款结转，借记“财政拨款预算收入”科目，贷记“财政拨款结转——本年收支结转”科目。

【例 8-2】甲事业单位实行国库集中支付。2×19 年 12 月，根据发生的财政拨款预算收入业务，编制相关的会计分录。

（1）10 日，收到代理银行转来的“财政直接支付入账通知书”及固定资产发票等原始凭证，财政部门直接支付从乙企业采购的医疗设备款，其合同价款为 150 000 元。

借：事业支出	150 000	
贷：财政拨款预算收入		150 000

（3）15 日，收到代理银行转来的“财政直接支付入账通知书”，由财政直接支付科研楼维修工程款 250 000 元。

借：事业支出	250 000	
贷：财政拨款预算收入		250 000

（4）18 日，收到代理银行转来的“财政授权支付额度到账通知书”，通知书中注明的本月授权额度为 450 000 元，用于单位基本业务活动支出。

借：资金结存——零余额账户用款额度	450 000	
贷：财政拨款预算收入		450 000

（5）25 日，收到代理银行退款通知书（已经财政确认），本月 10 日从乙企业采购的设

备因质量问题发生退货。

借：财政拨款预算收入　150 000

　　贷：事业支出　150 000

（6）31 日，经计算，全年财政直接支付预算指标数为 65 300 000 元，当年财政直接支付实际支出数为 64 800 000 元，财政应返还额度为 500 000 元；财政授权支付预算指标数为 45 600 000 元，当年零余额账户用款额度下达数为 45 200 000 元，财政应返还额度为 400 000 元。

借：资金结存——财政应返还额度　900 000

　　贷：财政拨款预算收入　900 000

（7）31 日，结转全年财政拨款预算收入共计 600 000 000 元，其中直接支付 350 000 000 元，授权支付 250 000 000 元。

借：财政拨款预算收入　600 000 000

　　贷：财政拨款结转——本年收支结转　600 000 000

三、事业预算收入的核算

事业预算收入是指事业单位开展专业业务活动及其辅助活动取得的现金流入。事业单位专业业务活动及其辅助活动取得收入的内容已在第五章说明。根据《事业单位财务规则》的规定，事业单位应当将各项收入全部纳入单位预算，实行统筹安排，统一管理。纳入预算管理的事业收入形成了事业单位的事业预算收入。

为了反映事业预算收入增减变动情况，事业单位应设置“事业预算收入”科目。该科目的贷方登记实际收到的事业预算收入；借方登记年末转入非财政拨款结转或其他结余的事业预算收入。年末结转后，“事业预算收入”科目应无余额。

事业单位因开展科研及其辅助活动从非同级政府财政部门取得的经费拨款，也通过“事业预算收入”科目核算。

“事业预算收入”科目应当按照事业预算收入的类别、项目、来源以及《政府收支分类科目》中“支出功能分类科目”项级科目等进行明细核算。对于因开展科研及其辅助活动从非同级政府财政部门取得的经费拨款，应当在“事业预算收入”科目下单设“非同级财政拨款”明细科目进行明细核算。事业预算收入中如有专项资金收入，还应按照具体项目进行明细核算。

事业单位采用财政专户返还方式管理的事业预算收入，收到从财政专户返还的事业预算收入时，按照实际收到的返还金额，借记“资金结存——货币资金”科目，贷记“事业预算收入”科目；收到其他事业预算收入时，按照实际收到的款项金额，借记“资金结存——货币资金”科目，贷记“事业预算收入”科目。

年末，事业单位将“事业预算收入”科目本年发生额中的专项资金收入转入“非财政拨款结转”科目，借记“事业预算收入”科目下各专项资金收入明细科目，贷记“非财政拨款结转——本年收支结转”科目；将“事业预算收入”科目本年发生额中的非专项资金收入转入“其他结余”科目，借记“事业预算收入”科目下各非专项资金收入明细科目，贷记“其他结余”科目。

【例 8-3】 2×19 年 12 月，某事业单位根据发生的预算收入业务，编制相关的会计分录。

（1）20 日，收到从财政专户返还的事业预算收入 2 000 000 元，存入银行。

借：资金结存——银行存款 2 000 000

贷：事业预算收入 2 000 000

（2）25 日，收到经核准无须上缴的资金 150 000 元，存入银行。

借：资金结存——货币资金 150 000

贷：事业预算收入 150 000

（3）31 日，结转全年事业预算收入 45 000 000 元，其中专项资金收入 5 000 000 元，非专项资金收入 40 000 000 元。

借：事业收入 45 000 000

贷：非财政拨款结转——本年收支结转 5 000 000

其他结余 40 000 000

四、上级补助预算收入和附属单位上缴预算收入的核算

（一）上级补助预算收入

上级补助预算收入是指事业单位从主管部门和上级单位取得的非财政补助现金流入。

为了反映上级补助预算收入，事业单位应设置“上级补助预算收入”科目。该科目的贷方登记收到上级补助预算收入；借方登记年末转入非财政拨款结转或其他结余的上级补助预算收入。年末结转后，“上级补助预算收入”科目应无余额。

“上级补助预算收入”科目应当按照发放补助单位、补助项目、《政府收支分类科目》中“支出功能分类科目”的项级科目等进行明细核算。上级补助预算收入中如有专项资金收入，还应按照具体项目进行明细核算。

事业单位收到上级补助预算收入时，按照实际收到的金额，借记“资金结存——货币资金”科目，贷记“上级补助预算收入”科目；年末，将“上级补助预算收入”科目本年发生额中的专项资金收入转入“非财政拨款结转”科目，借记“上级补助预算收入”科目下各专项资金收入明细科目，贷记“非财政拨款结转——本年收支结转”科目；将“上级补助预算收入”科目本年发生额中的非专项资金收入转入“其他结余”科目，借记“上级补助预算收入”科目下各非专项资金收入明细科目，贷记“其他结余”科目。

（二）附属单位上缴预算收入

附属单位上缴预算收入是指事业单位取得附属独立核算单位根据有关规定上缴的现金流入。

为了反映附属单位上缴预算收入增减变动情况，事业单位应设置“附属单位上缴预算收入”科目。该科目的贷方登记实际收到附属单位上缴的预算收入；借方登记年末转入非财政拨款结转或其他结余的附属单位上缴的预算收入。年末结转后，“附属单位上缴预算收入”科目应无余额。

“附属单位上缴预算收入”科目应当按照附属单位、缴款项目、《政府收支分类科目》中“支出功能分类科目”的项级科目等进行明细核算。附属单位上缴预算收入中如有专项资金收入，还应按照具体项目进行明细核算。

附属单位收到附属单位缴来预算收入款项时，按照实际收到的金额，借记“资金结存——货币资金”科目，贷记“附属单位上缴预算收入”科目。年末，将“附属单位上缴预算收入”科目本年发生额中的专项资金收入转入“非财政拨款结转”科目，借记“附属单位上缴预算收入”科目下各专项资金收入明细科目，贷记“非财政拨款结转——本年收支结转”科目；将本科目本年发生额中的非专项资金收入转入“其他结余”科目，借记“附属单位上缴预算收入”科目下各非专项资金收入明细科目，贷记“其他结余”科目。

【例8-4】 2×19年，某事业单位根据发生的上级补助预算收入和附属单位上缴预算收入业务，编制相关的会计分录。

(1) 7月5日，收到上级主管部门非财政补助收入5 000 000元（其中专项资金收入3 000 000元），款项已存入银行。

借：资金结存——货币资金	5 000 000	
贷：上级补助预算收入		5 000 000

(2) 9月30日，收到下属独立核算乙单位缴款4 000 000元（其中专项资金2 800 000元），丙单位缴款1 350 000元（非专项资金）。全部款项已存入银行。

借：资金结存——货币资金	4 000 000	
贷：附属单位上缴预算收入		4 000 000

(3) 12月31日，结转上级补助预算收入和附属单位上缴预算收入。

借：上级补助预算收入	5 000 000	
附属单位上缴预算收入	4 000 000	
贷：非财政拨款结转——本年收支结转		5 800 000
其他结余		3 200 000

五、经营预算收入的核算

经营预算收入是指事业单位在专业业务活动及其辅助活动之外开展非独立核算经营活动取得的现金流入。经营收入是事业单位在专业业务活动及其辅助活动之外取得的收入，它是由非独立核算经营活动形成的，其通常来自商品或服务接受方所支付的对价。事业单位应按照预算管理的要求，对经营收入区分收入项目分别编制预算，取得的收入作为经营预算收入核算。

为了反映经营活动取得现金流入的增减变动情况，事业单位应设置“经营预算收入”科目。该科目的贷方登记取得的经营预算收入；借方登记年末结转的经营预算收入。年末结转后，“经营预算收入”科目应无余额。“经营预算收入”科目应当按照经营活动类别、项目、《政府收支分类科目》中“支出功能分类科目”的项级科目等进行明细核算。

事业单位收到经营预算收入时，按照实际收到的金额，借记“资金结存——货币资金”科目，贷记“经营预算收入”科目；年末，将“经营预算收入”科目本年发生额转入“经营结余”科目，借记“经营预算收入”科目，贷记“经营结余”科目。

【例8-5】 2×19年12日1日，某科研机构“经营预算收入”科目全年累计发生额为303 650 000元。12月根据发生的经营收入业务，编制相关的会计分录。

(1) 销售新开发的科技产品一批，开具的增值税专用发票上注明的价款为180 000元，增值税为23 400元，全部款项存入银行。

借：资金结存——货币资金　　203 400

　　贷：经营预算收入　　203 400

（2）取得本月出租房屋租金收入 30 000 元，租金已存入银行。

借：资金结存——货币资金　　30 000

　　贷：经营预算收入　　30 000

（3）年末结转全年经营预算收入。

借：经营预算收入　　303 883 400

　　贷：经营结余　　303 883 400

六、债务预算收入的核算

债务预算收入是指事业单位按照规定从银行和其他金融机构等借入的、纳入部门预算管理的、不以财政资金作为偿还来源的债务本金。

为了反映债务预算收入增减变动情况，事业单位应设置“债务预算收入”科目。该科目的贷方登记事业单位实际借入的金额；借方登记年末转入非财政拨款结转的专项资金收入或转入其他结余的非专项资金收入。年末结转后，“债务预算收入”科目应无余额。

“债务预算收入”科目应当按照贷款单位、贷款种类、《政府收支分类科目》中“支出功能分类科目”的项级科目等进行明细核算。债务预算收入中如有专项资金收入，还应按照具体项目进行明细核算。

事业单位借入各项短期或长期借款时，按照实际借入的金额，借记“资金结存——货币资金”科目，贷记“债务预算收入”科目；年末，将“债务预算收入”科目本年发生额中的专项资金收入转入“非财政拨款结转”科目，借记“债务预算收入”科目下各专项资金收入明细科目，贷记“非财政拨款结转——本年收支结转”科目；将“债务预算收入”科目本年发生额中的非专项资金收入转入“其他结余”科目，借记“债务预算收入”科目下各非专项资金收入明细科目，贷记“其他结余”科目。

【例 8-6】 2×19 年，某事业单位根据发生的债务收入业务，编制相关的会计分录。

（1）9 月 1 日，从银行借入一笔款项，借款金额为 80 000 元，利率为 5%，期限为 6 个月，资金已转入单位的账户。

借：资金结存——货币资金　　80 000

　　贷：债务预算收入　　80 000

（2）11 月 10 日，单位为修建职工食堂从银行借入专门借款 300 000 元，期限为 2 年，分期付息、到期还本，年利率为 6%。

借：资金结存——货币资金　　300 000

　　贷：债务预算收入　　300 000

（3）12 月 31 日，结转债务预算收入 3 080 000 元，其中专项资金收入 3 000 000 元，非专项资金收入 80 000 元。

借：债务预算收入　　3 080 000

　　贷：非财政拨款结转——本年收支结转　　3 000 000

　　　　其他结余　　80 000

七、非同级财政拨款预算收入的核算

非同级财政拨款预算收入是指事业单位从非同级政府财政部门取得的财政拨款，包括本级横向转拨财政款和非本级财政拨款。

需要说明的是，事业单位因开展科研及其辅助活动而从非同级政府财政部门取得的经费拨款，不确认为非同级财政拨款预算收入，应作为事业预算收入核算。

为了反映非同级财政拨款预算收入增减变动情况，事业单位应设置“非同级财政拨款预算收入”科目。该科目的贷方登记取得的非同级财政拨款预算收入；借方登记年末本科目本年发生额中应转入非财政拨款结转、其他结余的非同级财政拨款预算收入。“非同级财政拨款预算收入”科目应当按照非同级财政拨款预算收入的类别、来源、《政府收支分类科目》中“支出功能分类科目”的项级科目等进行明细核算。非同级财政拨款预算收入中如有专项资金收入，还应按照具体项目进行明细核算。

事业单位取得非同级财政拨款预算收入时，按照实际收到的金额，借记“资金结存——货币资金”科目，贷记“非同级财政拨款预算收入”科目；年末，将“非同级财政拨款预算收入”科目本年发生额中的专项资金收入转入“非财政拨款结转”科目，借记“非同级财政拨款预算收入”科目下各专项资金收入明细科目，贷记“非财政拨款结转——本年收支结转”科目；将“非同级财政拨款预算收入”科目本年发生额中的非专项资金收入转入“其他结余”科目，借记“非同级财政拨款预算收入”科目下各非专项资金收入明细科目，贷记“其他结余”科目。

【例 8-7】 2×19 年 10 月 20 日，某市级事业单位从省财政取得财政拨款 1 500 000 元用于 M 项目研发活动，款项已转入该单位财政零余额账户。编制财务会计分录如下：

(1) 取得财政拨款：

借：资金结存——货币资金	1 500 000	
贷：非同级财政拨款预算收入		1 500 000

(2) 年末结转非同级财政拨款预算收入：

借：非同级财政拨款预算收入	1 500 000	
贷：非财政拨款结转——本年收支结转		1 500 000

八、投资预算收益的核算

(一) 投资预算收益概述

投资预算收益是指事业单位取得的按照规定纳入部门预算管理的属于投资收益性质的现金流入，包括股权投资收益、出售或收回债券投资所取得的收益和债券投资利息收入。

为了反映投资预算收益的增减变动情况，事业单位应设置“投资预算收益”科目。该科目的贷方登记获得的投资收益；借方登记发生的投资损失以及年末转入其他结余的投资收益。年末结转后，“投资预算收益”科目应无余额。

“投资预算收益”科目应当按照《政府收支分类科目》中“支出功能分类科目”的项级科目等进行明细核算。

(二) 债权投资预算收益

事业单位因持有短期投资以及分期付息、一次还本的长期债券投资而收到利息时，按照实际收到的金额，借记“资金结存——货币资金”科目，贷记“投资预算收益”科目。

事业单位出售或到期收回本年度取得的短期、长期债券，按照实际取得的价款或实际收到的本息金额，借记“资金结存——货币资金”科目，按照取得债券时“投资支出”科目的发生额，贷记“投资支出”科目，按照借贷方差额，贷记或借记“投资预算收益”科目；出售或到期收回以前年度取得的短期、长期债券，按照实际取得的价款或实际收到的本息金额，借记“资金结存——货币资金”科目，按照取得债券时“投资支出”科目的发生额，贷记“其他结余”科目，按照借贷方差额，贷记或借记“投资预算收益”科目。

事业单位出售、转让以货币资金取得的长期股权投资的，其账务处理参照出售或到期收回债券投资。

【例 8-8】 2×19 年，某事业单位根据发生的债权投资预算收益业务，编制相关的会计分录。

（1）1 月 5 日，收到 2×18 年度购买国债利息 40 000 元，存入银行。该国债取得成本为 1 000 000 元，与其面值相同，年利率为 4%。

借：资金结存——货币资金	40 000	
贷：投资预算收益		40 000

（2）6 月 30 日，处置 2×18 年购买国债的 40%，取得收入 650 000 元，存入银行。

借：资金结存——货币资金	650 000	
贷：其他结余		400 000
投资预算收益		250 000

（三）长期股权投资预算收益

事业单位因持有长期股权投资而取得被投资单位分派的现金股利或利润时，按照实际收到的金额，借记“资金结存——货币资金”科目，贷记“投资预算收益”科目。

事业单位出售、转让以非货币性资产取得的长期股权投资时，按照实际取得的价款扣减支付的相关费用和应缴财政款后的余额（按照规定纳入单位预算管理的），借记“资金结存——货币资金”科目，贷记“投资预算收益”科目。

【例 8-9】 承例 8-8，该单位根据发生的长期股权投资预算收益业务，编制相关的会计分录。

（1）4 月 20 日，收到被投资甲企业分配的利润 10 000 元。该笔投资发生的时间为 2×18 年 5 月 30 日，以非货币性资产确认的投资支出为 500 000 元。

借：资金结存——货币资金	10 000	
贷：投资预算收益		10 000

（2）9 月 10 日，转让投资于甲企业的股权投资的 40%，取得纳入单位预算管理的价款为 160 000 元，存入银行。

借：资金结存——货币资金	160 000	
贷：投资预算收益		160 000

（四）投资预算收益的年末结转

年末，事业单位将“投资预算收益”科目本年发生额转入“其他结余”科目，借记或贷记“投资预算收益”科目，贷记或借记“其他结余”科目。

【例8-10】承例8-8、例8-9，2×19年12月31日，该事业单位将“投资预算收益”科目本年发生额转入“其他结余”科目。

投资预算收益=40 000+250 000+10 000+160 000=460 000（元）

借：投资预算收益　460 000

　贷：其他结余　460 000

九、其他预算收入的核算

（一）其他预算收入的内容

其他预算收入是指事业单位除财政拨款预算收入、事业预算收入、上级补助预算收入、附属单位上缴预算收入、经营预算收入、债务预算收入、非同级财政拨款预算收入、投资预算收益之外的纳入部门预算管理的现金流入，包括捐赠预算收入、利息预算收入、租金预算收入、现金盘盈收入等。

（二）其他预算收入的日常核算

为了反映其他预算收入增减变动情况，事业单位应设置“其他预算收入”科目。该科目的贷方登记取得的其他预算收入，借方登记年末转入非财政拨款结转的专项资金收入或转入其他结余的非专项资金收入。年末结转后，“其他预算收入”科目应无余额。

“其他预算收入”科目应当按照其他收入的类别、《政府收支分类科目》中“支出功能分类科目”的项级科目等进行明细核算。其他预算收入中如有专项资金收入，还应按照具体项目进行明细核算。事业单位发生的捐赠预算收入、利息预算收入、租金预算收入金额较大或业务较多的，可单独设置“捐赠预算收入”“利息预算收入”“租金预算收入”等科目。

事业单位接受捐赠现金资产、收到银行存款利息、收到资产承租人支付的租金时，按照实际收到的金额，借记“资金结存——货币资金”科目，贷记“其他预算收入”科目。

事业单位在每日现金账款核对中如发现现金溢余，按照溢余的现金金额，借记“资金结存——货币资金”科目，贷记“其他预算收入”科目。经核实，属于应支付给有关个人和单位的部分，按照实际支付的金额，借记“其他预算收入”科目，贷记“资金结存——货币资金”科目。

事业单位收到其他预算收入时，按照收到的金额，借记“资金结存——货币资金”科目，贷记“其他预算收入”科目。

（三）其他预算收入的年末结转

年末，事业单位将“其他预算收入”科目本年发生额中的专项资金收入转入“非财政拨款结转”科目，借记“其他预算收入”科目下各专项资金收入明细科目，贷记“非财政拨款结转——本年收支结转”科目；将“其他预算收入”科目本年发生额中的非专项资金收入转入“其他结余”科目，借记“其他预算收入”科目下各非专项资金收入明细科目，贷记“其他结余”科目。

【例8-11】2×19年，某事业单位根据发生的其他预算收入业务，编制相关的会计分录。

(1) 3月31日，取得利息收入15 000元存入银行。

借：资金结存——货币资金　　15 000

　　贷：其他预算收入　　15 000

（2）6 月 30 日，接到银行通知，某公司支付的房屋租金 300 000 元已转入本单位财政零余额账户。

借：租金结存——零余额账户用款额度　　300 000

　　贷：其他预算收入　　300 000

（3）9 月 1 日，收到社会捐赠款 1 000 000 元存入银行。

借：资金结存——货币资金　　1 000 000

　　贷：其他预算收入　　1 000 000

（4）12 月 31 日，结转其他预算收入，其中专项资金收入为 15 000 元。

借：其他预算收入　　1 315 000

　　贷：非财政拨款结转——本年收支结转　　15 000

　　　　其他结余　　1 300 000

第二节　预算支出

一、预算支出概述

（一）预算支出的概念

预算支出是指事业单位在预算年度内依法发生并纳入预算管理的现金流出。事业单位在履行职能或开展业务活动过程中，必然要发生各种各样的耗费或支出，如支付职工薪酬、支付购置设备和库存物品款、发生日常办公支出等。根据《事业单位财务规则》的规定，事业单位应当将各项支出全部纳入单位预算，由财务部门统一归口管理，建立健全支出管理制度，统筹安排各项支出。事业单位发生各项支出，财务部门严格按照批准的预算和相关规定审核办理。

（二）预算支出的内容

1. 事业支出

事业支出是指事业单位开展专业业务活动及其辅助活动实际发生的各项现金流出。

2. 经营支出

经营支出是指事业单位在专业业务活动及其辅助活动之外开展非独立核算经营活动实际发生的各项现金流出。

3. 上缴上级支出

上缴上级支出是指事业单位按照财政部门和主管部门的规定上缴上级单位款项发生的现金流出。

4. 对附属单位补助支出

对附属单位补助支出是指事业单位用财政拨款预算收入之外的收入对附属单位补助发生的现金流出。

5. 投资支出

投资支出是指事业单位以货币资金对外投资发生的现金流出。

6. 债务还本支出

债务还本支出是指事业单位偿还自身承担的纳入预算管理的从金融机构举借的债务本金的现金流出。

7. 其他支出

其他支出是指事业单位除事业支出、经营支出、上缴上级支出、对附属单位补助支出、投资支出、债务还本支出以外的各项现金流出，包括利息支出、对外捐赠现金支出、现金盘亏损失、接受捐赠（调入）和对外捐赠（调出）非现金资产发生的税费支出、资产置换过程中发生的相关税费支出、罚没支出等。

（三）预算支出的特点

事业单位预算支出具有以下特点：

（1）预算支出是事业单位在履职和开展业务活动过程中发生的支出。事业单位发生预算支出的活动有提供管理服务和公益服务活动、非独立核算经营活动、其他活动等。导致预算支出发生的活动应当是已经发生的活动，不包括尚未发生的活动。

（2）预算支出是一种资源流出。如归还政府借款本金、购买资本性资产付出的资金等。属于预算支出的资源包括现金、非现金资产、支付权力（国库集中支付额度）等。

（3）预算支出是限定性支出。即支出属于纳入单位预算管理的资源流出，其内容和金额是由经过法定程序批准的单位预算所规定和约束的。

（4）预算支出不具有可补偿性。事业单位的支出主要是消耗性的，除经营性支出以外，其他各项支出都不可能从任何渠道获得任何形式的补偿。事业单位只能通过不断争取国家拨款以及社会捐赠等方式获得各项支出所需的资金，而取得的各项收入通常与事业单位发生的支出并无任何直接关系。

（四）预算支出的确认、计量标准

根据《政府会计准则——基本准则》的规定，预算会计采用收付实现制会计基础，其支出一般应当在支付款项时予以确认，并按照实际支付金额进行计量。

二、事业支出的核算

（一）事业支出概述

1. 事业支出的概念

事业支出是指事业单位开展专业业务活动及其辅助活动实际发生的各项现金流出。

事业支出是事业单位从事其主营或核心业务发生的主要现金支出，具有经常性、数额大的特点，反映了事业单位在履行其职责、提供公益服务过程中发生的必要的耗费，是考核事业成果和资金使用效益的重要依据。

2. 事业支出的分类

事业支出可以按照不同标准进行分类：

（1）按行业分类，事业支出可以分为中小学校事业支出、高等学校事业支出、科学事业单位事业支出、医院事业支出、基层医疗卫生机构事业支出、彩票机构事业支出、测绘事业单位事业支出、地质事业单位事业支出、文物事业单位事业支出、文化事业单位事业支出、广播电视事业单位事业支出、计划生育事业单位事业支出、体育事业单位事业支出、农业事业单位事业支出、国家物资储备事业单位事业支出等。

（2）按支出的经济分类，根据《政府收支分类科目》，事业支出可以分为工资福利支出、商品和服务支出、对个人和家庭的补助、基本建设支出、其他资本性支出类级科目。

（3）按支出的资金来源性质分类，事业单位的事业支出可以分为财政拨款支出和非财政拨款支出两类。其中：财政拨款支出是指事业单位因使用财政预算拨入经费和财政预算外资金返还收入而发生的事业支出；非财政拨款支出是指事业单位因使用除财政预算拨入经费和财政预算外资金返还收入以外的资金而发生的支出。

（4）事业支出的综合分类。综合分类，是指按照预算管理要求，根据事业支出特点，将事业支出不同分类进行有机的结合而形成的事业支出类别。事业支出的综合分类一般先按不同经费来源性质将事业支出分为财政拨款支出和非财政拨款支出两类。在财政拨款支出下，再按财政拨款所属时期区分为当年财政拨款支出和以前年度财政拨款结余支出两类。在当年财政拨款支出和以前年度财政拨款结余支出下，再按部门预算管理的要求分为基本支出和项目支出。在基本支出下再区分人员经费支出和日常公用经费支出。在项目支出下再按具体支出项目进行分类。在人员经费和日常公用经费以及相应的项目支出下，再按《政府收支分类科目》中的支出经济分类科目进行分类。非财政拨款支出种类下按部门预算管理的要求区分为基本支出和项目支出两类。

（二）“事业支出”科目的设置

为了反映事业支出增减变动情况，事业单位应设置“事业支出”科目。该科目的借方登记事业支出的增加；贷方登记事业支出的减少。

事业单位发生教育、科研、医疗、行政管理、后勤保障等活动的，可在“事业支出”科目下设置相应的明细科目进行核算，或单设“教育支出”“科研支出”“医疗支出”“行政管理支出”“后勤保障支出”等一级会计科目进行核算。

“事业支出”科目应当分别按照“财政拨款支出”“非财政专项资金支出”“其他资金支出”等进行明细核算，并按照《政府收支分类科目》中“支出功能分类科目”的项级科目进行明细核算；“基本支出”和“项目支出”明细科目下应当按照《政府收支分类科目》中“部门预算支出经济分类科目”的款级科目进行明细核算，同时在“项目支出”明细科目下按照具体项目进行明细核算。

有一般公共预算财政拨款、政府性基金预算财政拨款等两种或两种以上财政拨款的事业单位，还应当在“财政拨款支出”明细科目下按照财政拨款的种类进行明细核算。

对于预付款项，可通过在“事业支出”科目下设置“待处理”明细科目进行明细核算，待确认具体支出项目后再转入“事业支出”科目下的相关明细科目。年末结账前，应将本科目“待处理”明细科目余额全部转入“事业支出”科目下相关明细科目。

“事业支出”明细科目的设置方法如表8-2所示。

表 8-2　　“事业支出”明细科目的设置方法

总账科目	二级明细科目	三级明细科目	四级明细科目	五级明细科目	六级明细科目
事业支出	财政拨款支出	支出功能分类项级科目	基本支出	部门预算支出经济分类款级科目	
			项目支出	部门预算支出经济分类款级科目	××项目
	非财政专项资金支出	支出功能分类项级科目	××项目		
			××项目		
	其他资金支出	支出功能分类项级科目			

下面举例说明“事业支出”总账科目及其明细科目的应用。

【例 8-12】 2×19 年 9 月 10 日，某文化事业单位通过零余额账户支付图书馆大修费 85 000 元（属于项目支出预算）。根据上述经济业务，该单位编制会计分录如下：

借：事业支出——财政拨款支出——项目支出——图书馆大修　　85 000
　贷：零余额账户用款额度　　85 000

（三）事业支出的日常核算

事业单位日常发生的事业支出业务主要包括：支付单位职工（经营部门职工除外）薪酬；按照规定代扣代交个人所得税以及代扣代交或为职工交纳职工社会保险费和住房公积金等；为专业业务活动及其辅助活动实际支付外部人员劳务费；开展专业业务活动及其辅助活动过程中为购买存货、固定资产、无形资产等以及在建工程支付的相关款项；开展专业业务活动及其辅助活动过程中实际交纳的相关税费以及发生的其他各项支出。发生上述事业支出时，事业单位应按照实际支付的数额，借记“事业支出”科目，贷记“财政拨款预算收入”“资金结存”科目。

事业单位开展专业业务活动及其辅助活动过程中发生预付账款时，按照实际支付的金额，借记“事业支出”科目，贷记“财政拨款预算收入”“资金结存”科目。对于暂付款项，在支付款项时可不做预算会计处理，待结算或报销时，按照结算或报销的金额，借记“事业支出”科目，贷记“资金结存”科目。事业单位按照实际支付的金额，借记“事业支出”科目，贷记“财政拨款预算收入”“资金结存”科目。

有时，事业单位开展专业业务活动及其辅助活动过程中因购货退回等发生款项退回，或者发生差错更正的，属于当年支出收回的，按照收回或更正金额，借记“财政拨款预算收入”“资金结存”科目，贷记“事业支出”科目。

（四）事业支出的期末结转

年末，事业单位将“事业支出”科目本年发生额中的财政拨款支出转入财政拨款结转，借记“财政拨款结转——本年收支结转”科目，贷记“事业支出”科目下各财政拨款支出明细科目；将“事业支出”科目本年发生额中的非财政专项资金支出转入非财政拨款结转，借记“非财政拨款结转——本年收支结转”科目，贷记“事业支出”科目下各非财政专项资金支出明细科目；将“事业支出”科目本年发生额中的其他资金支出（非财政非专项资金支出）转入其他结余，借记“其他结余”科目，贷记“事业支出”科目下其他资金支出明细科目。

【例 8－13】某事业单位为小规模纳税人，2×19 年 12 月根据发生的事业支出业务，编制相关会计分录。

（1）该单位职工薪酬实行财政直接支付方式。5 日，收到代理银行开具的工资发放明细表，支付职工工资总额为 4 600 000 元。

借：事业支出　　4 600 000

　　贷：财政拨款预算收入　　4 600 000

（2）15 日，购入自用库存物品一批并验收入库，以银行存款支付价税款 35 100 元。

借：事业支出　　35 100

　　贷：资金结存——货币资金　　35 100

（3）20 日，用非财政专项资金购买一台不需要安装的设备，设备价款为 3 000 000 元，由财政直接支付。该事业单位收到的“财政授权支付入账通知书”及有关凭证。

借：事业支出——非财政专项资金支出　　3 000 000

　　贷：资金结存——零余额账户用款额度　　3 000 000

（4）28 日，开展辅助活动并以非财政非专项资金支付单位外部人员劳务费 10 000 元。

借：事业支出　　15 000

　　贷：资金结存——货币资金　　15 000

（5）年末，结转“事业支出”科目本年累计发生额，该科目所属明细科目累计发生额合计如下：“财政拨款支出”明细科目 40 635 100 元，“非财政专项资金支出”明细科目 28 000 000元，“其他资金支出”明细科目 200 000 元。

借：财政拨款结转——本年收支结转　　40 635 100

　　非财政拨款结转——本年收支结转　　28 000 000

　　其他结余　　200 000

　　贷：事业支出　　68 835 100

三、经营支出的核算

（一）经营支出概述

经营支出有广义和狭义之分。广义的经营支出是指事业单位在专业业务活动及其辅助活动之外开展非独立核算经营活动发生的支出。它既包括以货币资金支付的职工薪酬、库存物品采购支出、设备或仪器购置支出、日常办公费支出等，也包括库存物品的耗用、设备折旧费用等非现金支出；既包括日常经营活动发生的正常支出，也包括与不可预见因素相关的支出，如资产盘亏损失、水灾或火灾等灾害造成的损失等。从广义分析，经营支出造成事业单位经济资源的流出，导致其净资产减少。

狭义的经营支出是指事业单位在专业业务活动及其辅助活动之外开展非独立核算经营活动实际发生的各项现金流出。本书所讲的经营支出是狭义的经营支出。

关于狭义的经营支出，可以从以下三个方面理解：

第一，经营支出是专业业务活动及其辅助活动之外发生的支出。

第二，经营支出是非独立核算经营活动发生的支出。经营支出形成于非独立核算的经营活动，也就是说，事业单位从事非独立核算的经营活动所发生的全部支出（包括直接用于经营活动消耗的材料、工资等直接支出和由事业单位统一垫支需要分配转入的各项支出）都应纳入经营支出核算范围，并实行经营支出与经营收入的相互配比。

第三，经营支出属于预算会计提供的重要信息之一。经营支出的核算基础为收付实现制，核算依据是事业单位编制的经营支出预算，核算对象是经营支出预算增减变动情况。

（二）经营支出的日常核算

为了反映经营支出增减变动情况，事业单位应设置“经营支出”科目。该科目的借方登记开展经营活动发生的现金支出；贷方登记年末将经营支出转入经营结余的金额。年末结转后，“经营支出”科目应无余额。

“经营支出”科目应当按照经营活动类别、项目、《政府收支分类科目》中“支出功能分类科目”的项级科目和“部门预算支出经济分类科目”的款级科目等进行明细核算。

事业单位经营支出日常业务活动主要包括：支付经营部门职工薪酬向职工个人支付薪酬；按照规定代扣代交个人所得税以及代扣代交或为职工缴纳职工社会保险费、住房公积金；为经营活动支付外部人员劳务费；开展经营活动过程中为购买存货、固定资产、无形资产等以及在建工程支付相关款项；因开展经营活动交纳的相关税费以及发生的其他各项支出等。事业单位发生经营支出支付上述款项时，借记“经营支出”科目，贷记“资金结存”科目。

需要说明两点：一是事业单位开展日常经营活动过程中发生预付账款时，按照实际支付的金额，借记“经营支出”科目，贷记“资金结存”科目。具体来说，发生的预付款项，可通过在“经营支出”科目下设置“待处理”明细科目进行明细核算，待确认具体支出项目后再转入“经营支出”科目下相关明细科目。年末结账前，应将“经营支出”科目下“待处理”明细科目余额全部转入“经营支出”科目下相关明细科目。为了简化核算，也可以在支付款项时可不做预算会计处理，待结算或报销时，按照结算或报销的金额，借记“经营支出”科目，贷记“资金结存”科目。二是事业单位在开展经营活动中因购货退回等发生款项退回，或者发生差错更正的，属于当年支出收回的，按照收回或更正金额，借记“资金结存”科目，贷记“经营支出”科目。

（三）经营支出的年末结转

年末，事业单位将“经营支出”科目本年发生额转入“经营结余”科目，借记“经营结余”科目，贷记“经营支出”科目。

【例 8-14】 20×6 年 10 月，某事业单位所属非独立核算印刷厂根据发生的经营支出业务，编制相关的会计分录。

（1）以银行存款支付外部人员设备维修费 1 500 元。

借：经营支出	1 500	
贷：资金结存——货币资金		1 500

（2）以零余额账户支付经营部门电费、网费 15 800 元。

借：经营支出	15 800	
贷：资金结存——零余额账户用款额度		15 800

（3）车间主任王某出差归来报销差旅费 850 元，以现金付讫。

借：经营支出	850	
贷：资金结存——货币资金		850

（4）购置印刷设备一台，以零余额账户支付设备款 46 000 元。

借：经营支出 46 000

　　贷：资金结存——零余额账户用款额度 46 000

（5）本月取得经营收入应交增值税 35 000 元、城市维护建设税 2 450 元、教育费附加 1 050 元。全部税费以银行存款支付。

借：经营支出 38 500

　　贷：资金结存——货币资金 38 500

（6）收到上月购货退回的款项 5 000 元，存入银行。

借：资金结存——货币资金 5 000

　　贷：经营支出 5 000

（7）月末，将经营支出 97 650 元转入经营结余。

借：经营结余 97 650

　　贷：经营支出 97 650

四、上缴上级支出和对附属单位补助支出的核算

（一）上缴上级支出

上缴上级支出是指事业单位按照财政部门和主管部门的规定上缴上级单位款项发生的现金流出。

根据《事业单位财务规则》的规定，对非财政补助收入超出其正常支出较多的事业单位，其上级单位可会同同级财政部门，根据该事业单位的具体情况，确定对这些事业单位实行收入上缴的办法。收入上缴主要有两种形式：一是定额上缴，即在核定预算时，确定一个上缴的绝对数额；二是按比例上缴，即根据收支情况，确定按收入的一定比例上缴。事业单位按已确定的定额或比例上缴的预算收入即上缴上级支出。

为了反映上缴上级支出增减变动情况，事业单位应设置“上缴上级支出”科目。该科目的借方登记实际上缴的支出；贷方登记年末将“上缴上级支出”科目本年发生额转入其他结余的数额。年末结转后，本科目应无余额。

“上缴上级支出”科目应当按照收缴款项单位、缴款项目、《政府收支分类科目》中“支出功能分类科目”的项级科目和“部门预算支出经济分类 科目”的款级科目等进行明细核算。

事业单位按照规定将款项上缴上级单位的，按照实际上缴的金额，借记“上缴上级支出”科目，贷记“资金结存”科目；年末，将“上缴上级支出”科目本年发生额转入“其他结余”科目，借记“其他结余”科目，贷记“上缴上级支出”科目。

（二）对附属单位补助支出

对附属单位补助支出是指事业单位用财政拨款预算收入之外的收入对附属单位补助发生的现金流出。从性质看，对附属单位进行补助也是一种对外投资，但由于补助的对象为所属单位，是本单位的组成部分，所以与对其他单位的投资相比又有所区别。因此，对附属单位补助支出不通过“对外投资”科目进行核算，而另设“对附属单位补助支出”科目核算。

为了反映对附属单位补助支出增减变动情况，事业单位应设置“对附属单位补助支出”科目。该科目的借方登记对附属单位实际补助的数额；贷方登记期末转入其他结余的对附属单位的补助数额；期末结账后，该科目应无余额。

“对附属单位补助支出”科目应当按照接受补助单位、补助项目、《政府收支分类科目》中“支出功能分类科目”的项级科目和“部门预算支出经济分类科目”的款级科目等进行明细核算。

事业单位发生对附属单位补助支出的，按照实际补助的金额，借记“对附属单位补助支出”科目，贷记“资金结存”科目；年末，将“对附属单位补助支出”科目本年发生额转入“其他结余”科目，借记“其他结余”科目，贷记“对附属单位补助支出”科目。

【例 8-15】 某市教育局所属 M 大学，根据发生的上缴上级支出和对附属单位补助支出业务，编制相关的会计分录。

（1）按规定的标准上缴上级单位资金 25 000 元，款项已用银行存款付讫。

借：上缴上级支出　　25 000

　　贷：资金结存——货币资金　　25 000

（2）根据预算安排，对所属机构拨款 500 000 元。

借：对附属单位补助支出　　500 000

　　贷：资金结存——货币资金　　500 000

（3）收到所属单位根据章程规定缴回的 30 000 元剩余资金。

借：资金结存——货币资金　　30 000

　　贷：对附属单位补助支出　　30 000

（4）年末，结转上缴上级支出和对附属单位补助支出。

借：其他结余　　470 000

　　贷：对附属单位补助支出　　470 000

借：其他结余　　25 000

　　贷：上缴上级支出　　25 000

五、投资支出和债务还本支出的核算

（一）投资支出

投资支出是指事业单位以货币资金对外投资发生的现金流出。

为了反映投资支出增减变动情况，事业单位应设置“投资支出”科目。该科目的借方登记以货币资金对外投资的金额和所支付的相关税费；贷方登记年末转入其他结余的投资支出。年末结转后，“投资支出”科目应无余额。

“投资支出”科目应当按照投资类型、投资对象、《政府收支分类科目》中“支出功能分类科目”的项级科目和“部门预算支出经济分类科目”的款级科目等进行明细核算。

事业单位以货币资金对外投资时，按照投资金额和所支付的相关税费金额的合计数，借记“投资支出”科目，贷记“资金结存”科目。

事业单位出售、对外转让或到期收回本年度以货币资金取得的对外投资的，如果按规定将投资收益纳入单位预算，按照实际收到的金额，借记“资金结存”科目，按照取得投资时“投资支出”科目的发生额，贷记“投资支出”科目，按照借贷方差额，贷记或借记

“投资预算收益”科目；如果按规定将投资收益上缴财政，按照取得投资时“投资支出”科目的发生额，借记“资金结存”科目，贷记“投资支出”科目。

事业单位出售、对外转让或到期收回以前年度以货币资金取得的对外投资的，如果按规定将投资收益纳入单位预算，按照实际收到的金额，借记“资金结存”科目，按照取得投资时“投资支出”科目的发生额，贷记“其他结余”科目，按照借贷方差额，贷记或借记“投资预算收益”科目；如果按规定将投资收益上缴财政，按照取得投资时“投资支出”科目的发生额，借记“资金结存”科目，贷记“其他结余”科目。

年末，事业单位将“投资支出”科目本年发生额转入“其他结余”科目，借记“其他结余”科目，贷记“投资支出”科目。

（二）债务还本支出

债务还本支出是指事业单位偿还自身承担的纳入预算管理的从金融机构举借的债务本金的现金流出。

为了反映债务还本支出的增减变动情况，事业单位应设置“债务还本支出”科目。该科目的借方登记偿还各项短期或长期借款的本金；贷方登记年末转入其他结余的各项短期或长期借款的本金；年末结转后，“债务还本支出”科目应无余额。

“债务还本支出”应当按照贷款单位、贷款种类、《政府收支分类科目》中“支出功能分类科目”的项级科目和“部门预算支出经济分类科目”的款级科目等进行明细核算。

事业单位偿还各项短期或长期借款时，按照偿还的借款本金，借记“债务还本支出”科目，贷记“资金结存”科目。

年末，将“债务还本支出”科目本年发生额转入“其他结余”科目，借记“其他结余”科目，贷记“债务还本支出”科目。

【例 8-16】 2×19 年，某事业单位根据发生的纳入预算管理的投资支出和债务还本支出业务，编制相关的会计分录。

（1）4 月 1 日，购买 5 个月到期的国债，支付价款 200 000 元，票面利率为 3%，一次还本付息，另支付相关交易费用 600 元。全部款项以银行存款支付。

借：投资支出	200 600	
贷：资金结存——货币资金		200 600

（2）6 月 30 日，以银行存款归还长期借款本金 500 000 元。

借：债务还本支出	500 000	
贷：资金结存——货币资金		500 000

（3）6 月 30 日，将 4 月 1 日购买的国债的 40% 予以出售，取得款项 82 000 元，存入银行。该投资收益纳入单位预算。

借：资金结存——货币资金	82 000	
贷：投资支出		80 240
投资预算收益		1 760

（4）年末，结转投资支出和债务还本支出。

借：其他结余	620 360	
贷：投资支出		120 360
债务还本支出		500 000

六、其他支出的核算

（一）其他支出的内容

其他支出是指事业单位除事业支出、经营支出、上缴上级支出、对附属单位补助支出、投资支出、债务还本支出以外的各项现金流出，包括利息支出、对外捐赠现金支出、现金盘亏损失、接受捐赠（调入）和对外捐赠（调出）非现金资产发生的税费支出、资产置换过程中发生的相关税费支出、罚没支出等。

为了反映其他支出的增减变动情况，事业单位应设置“其他支出”科目。该科目的借方登记其他支出的增加金额；贷方登记其他支出的减少金额；年末结转后，“其他支出”科目应无余额。

“其他支出”科目应当按照其他支出的类别，“财政拨款支出”“非财政专项资金支出”“其他资金支出”，《政府收支分类科目》中“支出功能分类科目”的项级科目和“部门预算支出经济分类科目”的款级科目等进行明细核算。其他支出中如有专项资金支出，还应按照具体项目进行明细核算。有一般公共预算财政拨款、政府性基金预算财政拨款等两种或两种以上财政拨款的事业单位，还应当在“财政拨款支出”明细科目下按照财政拨款的种类进行明细核算。

需要说明的是，事业单位发生利息支出、捐赠支出等金额较大的其他支出或业务较多的，可单独设置“利息支出”“捐赠支出”等科目。

（二）其他支出的日常核算

事业单位支付银行借款利息时，按照实际支付的金额，借记“其他支出”科目，贷记“资金结存”科目；事业单位对外捐赠现金资产时，按照捐赠金额，借记“其他支出”科目，贷记“资金结存——货币资金”科目。每日现金账款核对中如发现现金短缺，按照短缺的现金金额，借记“其他支出”科目，贷记“资金结存——货币资金”科目。经核实，属于应当由有关人员赔偿的，按照收到的赔偿金额，借记“资金结存——货币资金”科目，贷记“其他支出”科目。

事业单位接受捐赠（无偿调入）和对外捐赠（无偿调出）非现金资产发生税费支出，接受捐赠（无偿调入）非现金资产发生归属于捐入方（调入方）的相关税费、运输费等，以及对外捐赠（无偿调出）非现金资产发生归属于捐出方（调出方）的相关税费、运输费等时，按照实际支付金额，借记“其他支出”科目，贷记“资金结存”科目。

事业单位资产置换过程中发生相关税费支出，资产置换过程中发生相关税费时，按照实际支付金额，借记“其他支出”科目，贷记“资金结存”科目。

事业单位发生罚没等其他支出时，按照实际支出金额，借记“其他支出”科目，贷记“资金结存”科目。

（三）其他支出的年末结转

年末，将“其他支出”科目本年发生额中的财政拨款支出转入财政拨款结转，借记“财政拨款结转——本年收支结转”科目，贷记“其他支出”科目下各财政拨款支出明细科目；将“其他支出”科目本年发生额中的非财政专项资金支出转入“非财政拨款结转”科目，借记“非财政拨款结转——本年收支结转”科目，贷记“其他支出”科目下各非财政专项资金支出明细科目；将“其他支出”科目本年发生额中的其他资金支出（非财政非专项资金支出）转入“其他结余”科目，借记“其他结余”科目，贷记“其他支出”科目下各其他资金支出明细科目。

【例8-17】 2×19年，某事业单位根据发生的其他支出业务，编制相关的会计分录。

(1) 3月1日，支付短期借款利息3 000元，长期借款利息5 000元。

借：其他支出	8 000	
贷：资金结存——货币资金		8 000

(2) 9月1日，经批准向西部欠发达地区教育部门捐赠现金100 000元。

借：其他支出	100 000	
贷：资金结存——货币资金		100 000

(3) 10月28日，盘点库存现金时发现现金短缺200元。因短缺原因不明，经批准作为其他支出处理。

借：其他支出	200	
贷：资金结存——货币资金		200

(4) 12月5日，经批准，从其他事业单位调入库存物品一批，以银行存款支付与调入物品相关的税费支出3 000元。

借：其他支出	3 000	
贷：资金结存——货币资金		3 000

(5) 12月31日，结转其他支出183 200元，其中转入财政拨款结转8 000元、其他结余103 200元。

借：财政拨款结转——本年收支结转	8 000	
其他结余	103 200	
贷：其他支出		111 200

第三节　预算结余

一、预算结余概述

（一）预算结余的概念和特点

预算结余是指事业单位预算年度内预算收入扣除预算支出后的资金余额，以及历年滚存的资金余额。预算结余包括结余资金和结转资金，其中：结余资金是指年度预算执行终了，预算收入实际完成数扣除预算支出和结转资金后剩余的资金；结转资金是指预算安排项目的支出年终尚未执行完毕或者因故未执行，且下年需要按原用途继续使用的资金。

预算结余具有以下特点：

第一，预算结余是事业单位全部预算收入与全部预算支出相抵后的余额，是事业单位的财务成果。其数额的多少取决于预算收入、预算支出的确认和计量，不存在单独对预算结余确认的问题。

第二，由于事业单位的业务活动不以盈利为目的，因此，形成预算结余的原因可能是增收节支所致，也可能是对工作任务调整的结果。

第三，预算结余在一定程度上表明事业单位可动用预算资金的数额。

（二）预算结余的分类

预算结余按资金来源性质不同，可分为以下几种。

1. 财政拨款结转结余

财政拨款结转结余是指事业单位一定时期财政拨款的结转资金和结余资金。它是根据年初预算结转结余加减年初余额调整、本年财政拨款结转结余增减额变动额计算确定。其计算公式如下：

年末财政拨款结转结余＝年初预算结转结余±年初余额调整金额±本年收支差额＋本年归集调入－本年归集上缴或调出

2. 其他资金结转结余

其他资金结转结余是指事业单位一定时期除财政拨款结转结余资金以外的结转资金和结余资金。包括非财政拨款结转、非财政拨款结余、专用结余、经营结余。它是根据年初其他预算资金结转结余加减年初其他预算资金余额调整、本年其他预算资金结转结余增减变动额计算确定。其计算公式如下：

年末其他资金结转结余＝年初其他预算资金结转结余±年初其他预算资金余额调整±本年收支差额－本年的缴回资金－本年使用的专用结余－本年支付的所得税

二、资金结存的核算

（一）资金结存的概念和内容

资金结存是指事业单位纳入部门预算管理的资金结存额。它随着预算资金的流入或收到预算资金使用额度而增加，随着预算资金的流出或支用预算资金额度而减少。

资金结存包括以下三个方面的内容。

1. 零余额账户用款额度

零余额账户用款额度是指实行国库集中支付的事业单位根据财政部门批复的用款计划收到和支用的零余额账户用款额度。

2. 货币资金

货币资金是指事业单位中以库存现金、银行存款、其他货币资金形态存在的资金。

3. 财政应返还额度

财政应返还额度是指实行国库集中支付的事业单位可以使用的以前年度财政直接支付资金额度和财政应返还的财政授权支付资金额度。

（二）“资金结存”科目的设置

为了反映纳入部门预算管理的资金的流入、流出、调整和滚存等情况，事业单位应设置“资金结存”科目。该科目的借方登记资金结存的流入或增加额；贷方登记资金结存流出、减少额；年末借方余额，反映事业单位预算资金的累计滚存情况。

“资金结存”科目下应当设置“零余额账户用款额度”“货币资金”“财政应返还额度”三个明细科目。年末，三个明细账科目余额情况如下：“零余额账户用款额度”明细科目年末结账后无余额；“货币资金”明细科目年末借方余额反映事业单位尚未使用的货币资金；“财政应返还额度”明细科目年末借方余额反映事业单位应收财政返还的资金额度。

（三）资金结存的日常核算

1. 资金结存的增加

在财政授权支付方式下，事业单位根据代理银行转来的“财政授权支付额度到账通知书”，按照通知书中的授权支付额度，借记“资金结存——零余额账户用款额度”科目，贷记“财政拨款预算收入”科目。

事业单位以国库集中支付以外的其他支付方式取得预算收入时，按照实际收到的金额，借记“资金结存——货币资金”科目，贷记“财政拨款预算收入”“事业预算收入”“经营预算收入”等科目。

事业单位从零余额账户提取现金时，借记“资金结存——货币资金”科目，贷记“资金结存——零余额账户用款额度”科目。退回现金时，做相反的会计分录。

事业单位收到从其他单位调入的财政拨款结转资金时，按照实际调入资金数额，借记“资金结存——财政应返还额度、零余额账户用款额度、货币资金”科目，贷记“财政拨款结转——归集调入”科目。

2. 资金结存的减少

在财政授权支付方式下，事业单位发生相关支出时，按照实际支付的金额，借记“事业支出”等科目，贷记“资金结存——零余额账户用款额度”科目。

事业单位使用以前年度财政直接支付额度发生支出时，按照实际支付金额，借记“事业支出”等科目，贷记“资金结存——财政应返还额度”科目。

事业单位在国库集中支付以外的其他支付方式下发生相关支出时，按照实际支付的金额，借记“事业支出”“经营支出”等科目，贷记“资金结存——货币资金”科目。

事业单位按照规定上缴财政拨款结转结余资金或注销财政拨款结转结余资金额度时，按照实际上缴资金数额或注销的资金额度数额，借记“财政拨款结转——归集上缴”或“财政拨款结余——归集上缴”科目，贷记“资金结存——财政应返还额度、零余额账户用款额度、货币资金”科目。按规定向原资金拨入单位缴回非财政拨款结转资金的，按照实际缴回资金数额，借记“非财政拨款结转——缴回资金”科目，贷记“资金结存——货币资金”科目。

事业单位按照规定使用专用基金时，按照实际支付金额，借记“专用结余”科目（从非财政拨款结余中提取的专用基金）或“事业支出”等科目（从预算收入中计提的专用基金），贷记“资金结存——货币资金”科目。

事业单位因购货退回、发生差错更正等退回国库直接支付、授权支付款项，或者收回货币资金的，属于本年度支付的，借记“财政拨款预算收入”科目或“资金结存——零余额账户用款额度、货币资金”科目，贷记相关支出类科目；属于以前年度支付的，借记“资金结存——财政应返还额度、零余额账户用款额度、货币资金”科目，贷记“财政拨款结转”“财政拨款结余”“非财政拨款结转”“非财政拨款结余”科目。

有企业所得税缴纳义务的事业单位缴纳所得税时，按照实际缴纳的金额，借记“非财政拨款结余——累计结余”科目，贷记“资金结存——货币资金”科目。

（四）资金结存的年末结转

年末，事业单位根据本年度财政直接支付预算指标数与当年财政直接支付实际支出数的差额，借记“资金结存——财政应返还额度”科目，贷记“财政拨款预算收入”科目。

年末，事业单位依据代理银行提供的对账单做注销额度的相关账务处理，借记“资金结存——财政应返还额度”科目，贷记“资金结存——零余额账户用款额度”科目；本年度财政授权支付预算指标数大于零余额账户用款额度下达数的，根据未下达的用款额度，借记“资金结存——财政应返还额度”科目，贷记“财政拨款预算收入”科目。

下年初，事业单位依据代理银行提供的额度恢复到账通知书做恢复额度的相关账务处理，借记“资金结存——零余额账户用款额度”科目，贷记“财政应返还额度”科目。事业单位收到财政部门批复的上年末未下达零余额账户用款额度的，借记“资金结存——零余额账户用款额度”科目，贷记“资金结存——财政应返还额度”科目。

【例 8-18】 2×19 年，某事业单位根据发生的资金结存业务，编制相关的会计分录。

（1）收到代理银行转来的“财政授权支付额度到账通知书”，通知书中的授权支付额度为 200 000 元。

借：资金结存——零余额账户用款额度	200 000	
贷：财政拨款预算收入		200 000

（2）从零余额账户提取现金 5 000 元备用。

借：资金结存——货币资金	5 000	
贷：资金结存——零余额账户用款额度		5 000

（3）购入不需要安装可直接投入使用的专用检测设备一台，设备的价款为 800 000 元，发生运杂费 6 000 元。全部款项以银行存款支付。

借：事业支出	806 000	
贷：资金结存——货币资金		806 000

三、财政拨款结转和结余的核算

（一）财政拨款结转

结转资金是指当年预算已执行但未完成，或者因故未执行，下一年度需要按照原用途继续使用的资金。按形成时间，资金结转分为当年资金结转和累计资金结转，当年资金结转是指当年形成的财政拨款结转，累计资金结转是指截止到年底形成的历年累计财政拨款结转资金。按结转资金来源，结转资金分为基本支出结转资金和项目支出结转资金。其中，基本支出结转资金包括人员经费结转资金和日常公用经费结转资金。

为了反映取得同级财政拨款结转资金的调整、结转和滚存情况，事业单位应设置“财政拨款结转”科目。

“财政拨款结转”科目所属明细科目的设置如表 8－3 所示。

表 8－3　“财政拨款结转”科目所属明细科目的设置

归属类别	名称	核算内容
与会计差错更正、以前年度支出业务收回相关	年初余额调整	因发生会计差错更正、以前年度支出收回等，需要调整财政拨款结转的金额
与财政拨款调拨业务相关	归集调入	按照规定从其他单位调入财政拨款结转资金时，实际调增的额度数额或调入的资金数额
	归集调出	按照规定向其他单位调出财政拨款结转资金时，实际调减的额度数额或调出的资金数额
	归集上缴	按照规定上缴财政拨款结转资金时，实际核销的额度数额或上缴的资金数额
	单位内部调剂	经财政部门批准对财政拨款结余资金改变用途，调整用于本单位其他未完成项目等的调整金额
与年末财政拨款结转业务相关	本年收支结转	本年度财政拨款收支相抵后的余额
	累计结转	滚存的财政拨款结转资金

需要说明的是，年末结账后，财政拨款结转明细科目除“累计结转”外，其他明细科目均无余额。

“财政拨款结转”科目应当设置“基本支出结转”“项目支出结转”两个明细科目，并在“基本支出结转”明细科目下按照“人员经费”“日常公用经费”进行明细核算，在“项目支出结转”明细科目下按照具体项目进行明细核算；同时，“财政拨款结转”科目还应按照《政府收支分类科目》中“支出功能分类科目”的相关科目进行明细核算。

有一般公共预算财政拨款、政府性基金预算财政拨款等两种或两种以上财政拨款的，还应当在“财政拨款结转”科目下按照财政拨款的种类进行明细核算。

1. 年初余额调整业务的核算

事业单位因发生会计差错更正退回以前年度国库直接支付、授权支付款项或财政性货币资金，或者因发生会计差错更正增加以前年度国库直接支付、授权支付支出或财政性货币资金支出，属于以前年度财政拨款结转资金的，借记或贷记“资金结存”科目，贷记或借记“财政拨款结转——年初余额调整”科目。

2. 财政拨款结转结余资金调整业务的核算

事业单位按照规定从其他单位调入财政拨款结转资金的，按照实际调增的额度数额或调入的资金数额，借记“资金结存”科目，贷记“财政拨款结转——归集调入”科目。

事业单位按照规定向其他单位调出财政拨款结转资金的，按照实际调减的额度数额或调出的资金数额，借记“财政拨款结转——归集调出”科目，贷记“资金结存”科目。

事业单位按照规定上缴财政拨款结转资金或注销财政拨款结转资金额度的，按照实际上缴资金数额或注销的资金额度数额，借记“财政拨款结转——归集上缴”科目，贷记“资金结存”科目。

事业单位经财政部门批准对财政拨款结余资金改变用途，调整用于本单位基本支出或其他未完成项目支出的，按照批准调剂的金额，借记“财政拨款结余——单位内部调剂”科目，贷记“财政拨款结转——单位内部调剂”科目。

3. 年末财政拨款结转的核算

年末，事业单位将财政拨款预算收入本年发生额转入“财政拨款结转”科目，借记“财政拨款预算收入”科目，贷记“财政拨款结转——本年收支结转”科目；将各项支出中财政拨款支出本年发生额转入“财政拨款结转”科目，借记“财政拨款结转——本年收支结转”科目，贷记“财政拨款支出”等支出科目。

年末，冲销“财政拨款结转”科目有关明细科目的余额，将“财政拨款结转——本年收支结转、年初余额调整、归集调入、归集调出、归集上缴、单位内部调剂”科目余额转入“财政拨款结转——累计结转”科目。结转后，“财政拨款结转”科目除“累计结转”明细科目外，其他明细科目应无余额。

年末完成上述财政拨款结转后，应当对财政拨款结转各明细项目执行情况进行分析，按照有关规定将符合财政拨款结余性质的项目余额转入“财政拨款结余”科目，借记“财政拨款结转——累计结转”科目，贷记“财政拨款结余——结转转入”科目。

财政拨款结转的账务处理程序如图 8－1 所示。

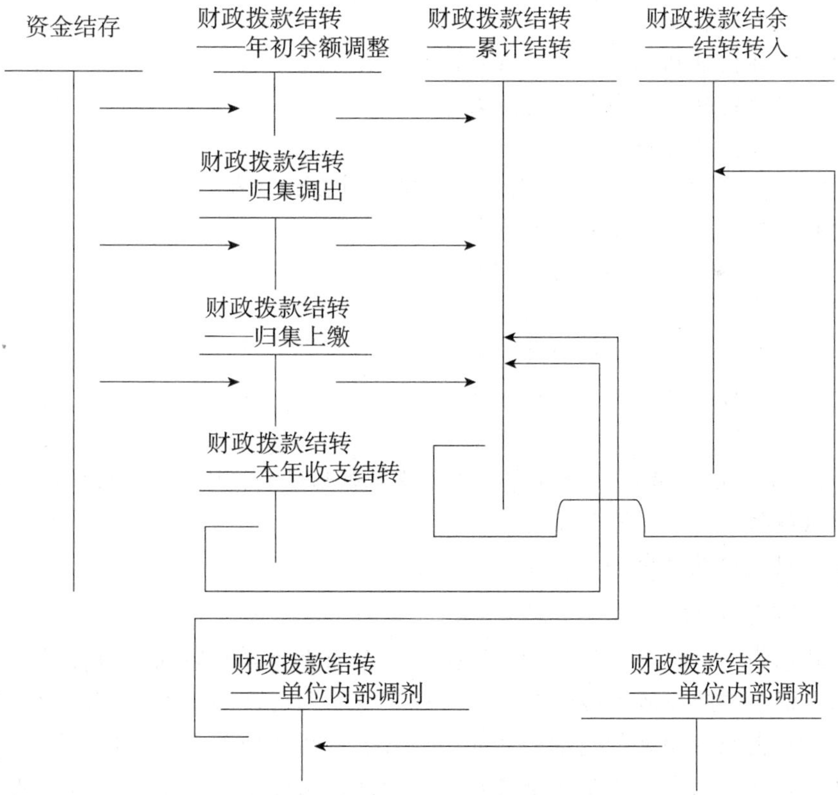

图 8－1　财政拨款结转账务处理程序

【例 8－19】 2×19 年，甲事业单位根据发生的财政拨款结转业务，编制相关的会计分录。

（1）因单位发生会计差错更正增加以前年度国库直接支付款项 100 000 元，该资金属于以前年度财政拨款结转资金。

借：资金结存——财政应返还额度　　100 000

　　贷：财政拨款结转——年初余额调整　　100 000

（2）按照规定从其他单位调入财政拨款结余资金 5 000 000 元，款项存入银行。

借：资金结存——货币资金　　5 000 000

　　贷：财政拨款结转——归集调入　　5 000 000

（3）按照规定上缴财政拨款结转资金 2 000 000 元，款项以零余额账户结算。

借：财政拨款结转——归集上缴　　2 000 000

　　贷：资金结存——零余额账户用款额度　　2 000 000

（4）经财政部门批准，该单位将其财政拨款结余资金 300 000 元调剂给乙事业单位。

借：财政拨款结余——单位内部调剂——甲事业单位　　300 000

　　贷：财政拨款结转——单位内部调剂——乙事业单位　　300 000

（5）年末，进行财政拨款结转相关业务的处理。

1）年末结转本年财政拨款预算收入和支出。经计算，该单位财政拨款预算收入总额为 235 000 000 元，财政拨款支出为 220 000 000 元。

借：财政拨款预算收入　　235 000 000

　　贷：财政拨款结转——本年收支结转　　235 000 000

借：财政拨款结转——本年收支结转　　220 000 000

　　贷：财政拨款支出　　220 000 000

2）年末冲销“财政拨款结转”科目相关明细科目的余额。

借：财政拨款结转——本年收支结转　　15 000 000

　　　　　　　　——年初余额调整　　100 000

　　　　　　　　——归集调入　　5 000 000

　　　　　　　　——单位内部调剂　　300 000

　　贷：财政拨款结转——累计结转　　18 400 000

　　　　　　　　　　——归集上缴　　2 000 000

3）年末完成上述结转后，按照有关规定将累计结转的 60%转入财政拨款结余。

借：财政拨款结转——累计结转　　11 040 000

　　贷：财政拨款结余——结转转入　　11 040 000

（二）财政拨款结余

财政拨款结余是“财政拨款”和“结余”复合而成的专有概念。前者说明结余资金的性质，即结余资金是政府的财政资金，直接用于行使和实现国家职能等活动。事业单位主要采取预算方式无偿取得和使用财政资金。“结余”是结余资金的简称，结余的概念有广义和狭义之分。从广义讲，结余是全部收入与全部支出相抵后的余额。从狭义讲，结余资金一般具体指财政拨款结余、事业结余和经营结余。其中，财政拨款结余是指当年预算工作目标已完成，或者因故终止，当年剩余的资金。具体来讲，财政拨款结余包括两个方面的内容：一是单位在完成行政或事业计划的前提下因节约开支而形成的收支结余；二是因行政或事业计划未完成或项目需要跨年度进行而要结转下年度使用的资金结存。可见，财政拨款形成结余的原因是多方面的，既有各级政府预算部门加强资金管理形成的结余，又有制度、政策性因素及预算编制、调整等原因形成的结余。

为了反映财政拨款结余增减变动情况，事业单位应设置“财政拨款结余”科目。该科目的贷方登记财政拨款结余的增加数；借方登记财政拨款结余的减少数；“财政拨款结余”科目年末贷方余额，反映事业单位滚存的财政拨款结余资金数额。

“财政拨款结余”科目所属明细科目的设置如表 8-4 所示。

表 8-4　“财政拨款结余”科目所属明细科目的设置

归属类别	明细科目的名称	核算内容
与会计差错更正、以前年度支出收回相关	年初余额调整	因发生会计差错更正、以前年度支出收回等，需要调整财政拨款结余的金额
与财政拨款结余资金调整业务相关	归集上缴	按照规定上缴财政拨款结余资金时，实际核销的额度数额或上缴的资金数额
	单位内部调剂	经财政部门批准对财政拨款结余资金改变用途，调整用于本单位其他未完成项目等的调整金额
与年末财政拨款结余业务相关	结转转入	按照规定转入财政拨款结余的财政拨款结转资金
	累计结余	滚存的财政拨款结余资金

需要说明的是，“财政拨款结余”科目还应当按照具体项目、《政府收支分类科目》中“支出功能分类科目”的项级科目等进行明细核算。有一般公共预算财政拨款、政府性基金预算财政拨款等两种或两种以上财政拨款的，还应当在本科目下按照财政拨款的种类进行明细核算。

1. 年初余额调整业务的核算

事业单位因发生会计差错更正退回以前年度国库直接支付、授权支付款项或财政性货币资金，或者因发生会计差错更正增加以前年度国库直接支付、授权支付支出或财政性货币资金支出，属于以前年度财政拨款结余资金的，借记或贷记“资金结存”科目，贷记或借记“财政拨款结余——年初余额调整”科目。

2. 财政拨款结余资金调整业务的核算

事业单位经财政部门批准对财政拨款结余资金改变用途，调整用于本单位基本支出或其他未完成项目支出的，按照批准调剂的金额，借记“财政拨款结余——单位内部调剂”科目，贷记“财政拨款结转——单位内部调剂”科目。

事业单位按照规定上缴财政拨款结余资金或注销财政拨款结余资金额度的，按照实际上缴资金数额或注销的资金额度数额，借记“财政拨款结余——归集上缴”科目，贷记“资金结存”科目。

3. 财政拨款结余年末结转的核算

年末，事业单位对财政拨款结转各明细项目执行情况进行分析，按照有关规定将符合财政拨款结余性质的项目余额转入财政拨款结余，借记“财政拨款结转——累计结转”科目，贷记“财政拨款结余——结转转入”科目；年末冲销有关明细科目余额时，将“财政拨款结余——年初余额调整、归集上缴、单位内部调剂、结转转入”科目余额转入“财政拨款结余——累计结余”科目。结转后，“财政拨款结余”科目除“累计结余”明细科目外，其他明细科目应无余额。

财政拨款结余的账务处理程序如图 8-2 所示。

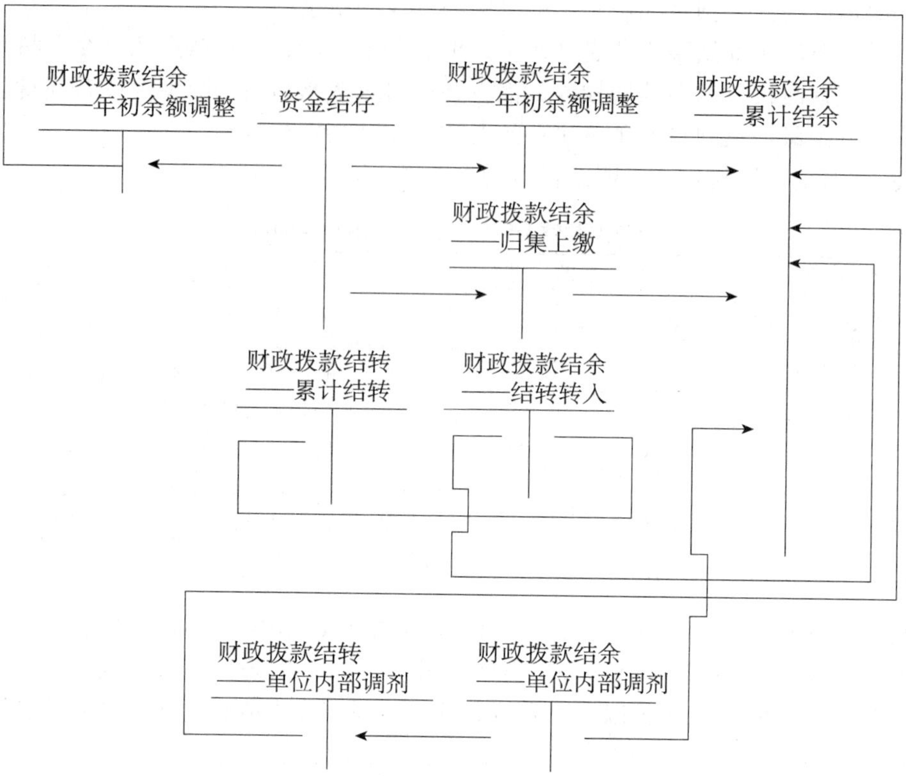

图 8-2 财政拨款结余的账务处理程序

【例 8-20】 2×19 年初，某事业单位“财政拨款结余——累计结余”科目贷方余额为 6 800 000 元。该单位根据 2×19 年发生的财政拨款结余业务，编制相关的会计分录。

（1）因发生会计差错，退回财政部门 2×18 年度财政授权支付的相关款项 150 000 元。

借：财政拨款结余——年初余额调整　　150 000

　　贷：资金结存——零余额账户用款额度　　150 000

（2）经财政部门批准，将财政拨款结余资金 100 000 元改变用途，调整用于本单位研发未完成项目支出。

借：财政拨款结余——单位内部调剂　　100 000

　　贷：财政拨款结转——单位内部调剂　　100 000

（3）注销财政拨款结余资金额度 300 000 元。

借：财政拨款结余——归集上缴　　300 000

　　贷：资金结存——财政应返还额度　　300 000

（4）年末，按照有关规定将符合财政拨款结余性质的项目余额 50 000 元转入财政拨款结余。

借：财政拨款结转——累计结转　　50 000

　　贷：财政拨款结余——结转转入　　50 000

（5）假定该单位 2×19 年仅发生上述财政拨款结余业务，年末结转财政拨款结余有关明细科目余额。

借：财政拨款结余——结转转入 50 000

——累计结余 500 000

贷：财政拨款结余——年初余额调整 150 000

——单位内部调剂 100 000

——归集上缴 300 000

经上述结转，该单位 2×19 年 12 月 31 日“财政拨款结余——累计结余”科目余额为 6 300 000（6 800 000－500 000）元。

四、非财政拨款结转和结余的核算

（一）非财政拨款结转

非财政拨款结转是指事业单位除财政拨款收支、经营收支以外各非同级财政拨款专项资金的调整和结转。其中，非同级财政拨款专项资金：一是来自财政拨款但不属于同级财政拨款；二是该资金性质是专项资金，也就是指定用途、专款专用、单独核算的资金。

为了反映非财政拨款结转情况，事业单位应设置“非财政拨款结转”科目。该科目的贷方登记非财政补助专项资金收入转入数；借方登记上缴或注销非财政补助专项资金收入数；“非财政拨款结余”科目年末贷方余额，反映事业单位滚存的非同级财政拨款专项结转资金数额。

“非财政拨款结转”科目所属明细科目的设置如表 8－5 所示。

表 8－5 “非财政拨款结转”科目所属明细科目的设置

明细科目	核算内容	年末余额情况
年初余额调整	因发生会计差错更正、以前年度支出收回等，需要调整非财政拨款结转的资金	无余额
缴回资金	按照规定缴回非财政拨款结转资金时，实际缴回的资金数额	无余额
项目间接费用或管理费	取得的科研项目预算收入中，按照规定计提项目间接费用或管理费的数额	无余额
本年收支结转	本年度非同级财政拨款专项收支相抵后的余额	无余额
累计结转	滚存的非同级财政拨款专项结转资金	年末贷方余额，反映单位非同级财政拨款滚存的专项结转资金数额

“非财政拨款结转”科目还应当按照具体项目、《政府收支分类科目》中“支出功能分类科目”的相关科目等进行明细核算。

1. 非财政拨款结转的日常核算

事业单位按照规定从科研项目预算收入中提取项目管理费或间接费用时，按照提取金额，借记“非财政拨款结转——项目间接费用或管理费”科目，贷记“非财政拨款结余——项目间接费用或管理费”科目。

事业单位因会计差错更正收到或支出非同级财政拨款货币资金，属于非财政拨款结转资金的，按照收到或支出的金额，借记或贷记“资金结存”科目，贷记或借记“非财政拨款结转——年初余额调整”科目。

事业单位因收回以前年度支出等收到非同级财政拨款货币资金，属于非财政拨款结转资金的，按照收到的金额，借记“资金结存”科目，贷记“非财政拨款结转——年初余额调整”科目。

事业单位按照规定缴回非财政拨款结转资金的，按照实际缴回资金数额，借记“非财政拨款结转——缴回资金”科目，贷记“资金结存”科目。

2. 年末非财政拨款结转的核算

年末，将事业预算收入、上级补助预算收入、附属单位上缴预算收入、非同级财政拨款预算收入、债务预算收入、其他预算收入本年发生额中的专项资金收入转入“非财政拨款结转——本年收支结转”科目，借记“事业预算收入”“上级补助预算收入”“附属单位上缴预算收入”“非同级财政拨款预算收入”“债务预算收入”“其他预算收入”科目下各专项资金收入明细科目，贷记“非财政拨款结转——本年收支结转”科目；将事业支出、其他支出本年发生额中的非财政拨款专项资金支出转入“非财政拨款结转”科目，借记“非财政拨款结转——本年收支结转”科目，贷记“事业支出”“其他支出”科目下各非财政拨款专项资金支出明细科目。

年末冲销有关明细科目余额时，将“非财政拨款结转——年初余额调整、项目间接费用或管理费、缴回资金、本年收支结转”科目余额转入“非财政拨款结转——累计结转”科目。结转后，“非财政拨款结余”科目除“累计结转”明细科目外，其他明细科目应无余额。

年末完成上述结转后，应当对非财政拨款专项结转资金各项目情况进行分析，将留归本单位使用的非财政拨款专项（项目已完成）剩余资金转入非财政拨款结余，借记“非财政拨款结转——累计结转”科目，贷记“非财政拨款结余——结转转入”科目。

非财政拨款结转的账务处理程序如图 8－3 所示。

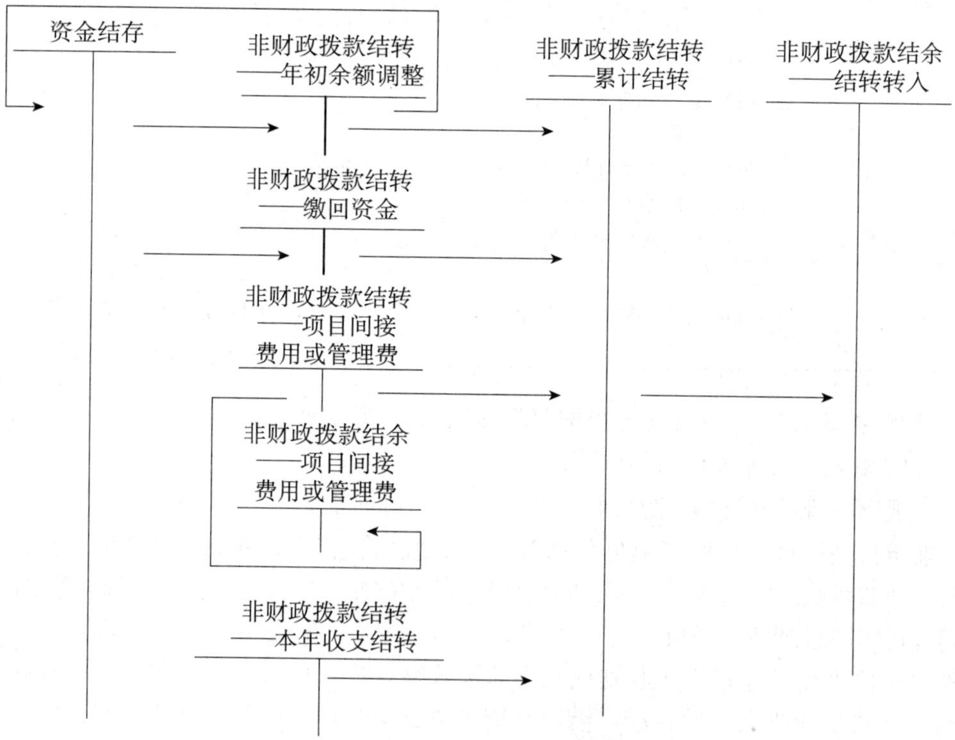

图 8－3　非财政拨款结转的账务处理程序

【例 8-21】 2×19 年，某事业单位根据发生的非财政拨款结转业务，编制相关的会计分录。

(1) 收回 2×18 年已列入支出的非同级财政拨款 150 000 元，存入银行。

借：资金结存——货币资金　150 000
　　贷：非财政拨款结转——年初余额调整　150 000

(2) 根据与拨款单位签订的《项目管理办法》的规定，年末，该单位按照科研项目预算收入的 5%提取项目管理费 30 000 元。

借：非财政拨款结转——项目间接费用或管理费　30 000
　　贷：非财政拨款结余——项目间接费用或管理费　30 000

(3) 因拨款单位工作原因，收到拨款单位追加 2×18 年非同级财政拨款 50 000 元，存入银行。

借：资金结存——货币资金　50 000
　　贷：非财政拨款结转——年初余额调整　50 000

(4) 按照相关规定，该单位缴回非财政拨款结转资金 20 000 元，款项以银行存款结算。

借：非财政拨款结转——缴回资金　20 000
　　贷：资金结存——货币资金　20 000

(5) 年末，经计算，与专项资金相关的收入、支出科目余额情况如表 8-6 所示。

表 8-6　与专项资金相关的收入、支出科目余额表　单位：元

一级科目	借方余额	贷方余额
事业预算收入		1 500 000
上级补助预算收入		2 000 000
非同级财政拨款预算收入		1 000 000
债务预算收入		600 000
其他预算收入		400 000
事业支出	3 800 000	
其他支出	500 000	
合计	4 300 000	5 500 000

根据表 8-6 中的资料，编制会计分录如下：

借：事业预算收入　1 500 000
　　上级补助预算收入　2 000 000
　　非同级财政拨款预算收入　1 000 000
　　债务预算收入　600 000
　　其他预算收入　400 000
　　贷：非财政拨款结转——本年收支结转　5 500 000

借：非财政拨款结转——本年收支结转　4 300 000
　　贷：事业支出　3 800 000
　　　　其他支出　500 000

经计算，2×19 年该单位非财政拨款收支结余为 1 200 000（5 500 000—4 300 000）元。

（6）年末冲销有关明细科目余额。

借：非财政拨款结转——年初余额调整　150 000
——项目间接费用或管理费　30 000
——年初余额调整　50 000
——本年收支结转　1 200 000
贷：非财政拨款结转——缴回资金　20 000
——累计结转　1 410 000

（7）年末，将留归本单位使用的非财政拨款专项资金剩余的350 000元转入非财政拨款结余。

借：非财政拨款结转——累计结转　350 000
贷：非财政拨款结余——结转转入　350 000

年末，“非财政拨款结转——累计结转”科目余额为1 060 000元。

（二）非财政拨款结余

非财政拨款结余是指事业单位历年滚存的非限定用途的非同级财政拨款结余资金，主要包括非财政拨款结余扣除结余分配后滚存的金额。

为了反映非财政拨款结余增减变动情况，事业单位应设置“非财政拨款结余”科目。该科目的贷方登记非财政拨款结余的增加额；借方登记调整减少额、因计提间接费用或管理费上缴或注销非财政拨款结余额；年末贷方余额，反映事业单位非同级财政拨款结余资金的累计滚存数额。

“非财政拨款结余”科目所属明细科目的设置如表8－7所示。

表8－7　“非财政拨款结余”科目所属明细科目的设置

明细科目	核算内容	年末余额情况
年初余额调整	因发生会计差错更正、以前年度支出收回等，需要调整非财政拨款结余的资金	无余额
项目间接费用或管理费	取得的科研项目预算收入中，按照规定计提的项目间接费用或管理费数额	无余额
结转转入	按照规定留归单位使用，由单位统筹调配，纳入单位非财政拨款结余的非同级财政拨款专项剩余资金	无余额
累计结余	历年滚存的非同级财政拨款、非专项结余资金	年末贷方余额，反映单位非同级财政拨款滚存的非专项结余资金数额

需要说明的是，“非财政拨款结余”科目还应当按照《政府收支分类科目》中“支出功能分类科目”的项级科目进行明细核算。

1. 非财政拨款结余的日常核算

事业单位按照规定从科研项目预算收入中提取项目管理费或间接费用时，借记“非财政拨款结转——项目间接费用或管理费”科目，贷记“非财政拨款结余——项目间接费用或管理费”科目。

有企业所得税缴纳义务的事业单位实际缴纳企业所得税时，按照缴纳金额，借记“非财政拨款结余——累计结余”科目，贷记“资金结存”科目。

事业单位因会计差错更正收到或支出非同级财政拨款货币资金，属于非财政拨款结余资金的，按照收到或支出的金额，借记或贷记“资金结存”科目，贷记或借记“非财政拨款结余——年初余额调整”科目。因收回以前年度支出等收到非同级财政拨款货币资金，属于非财政拨款结余资金的，按照收到的金额，借记“资金结存”科目，贷记“非财政拨款结余——年初余额调整”科目。

2. 非财政拨款结余年末结转的核算

年末，将留归本单位使用的非财政拨款专项（项目已完成）剩余资金转入“非财政拨款结余”科目，借记“非财政拨款结转——累计结转”科目，贷记“非财政拨款结余——结转转入”科目。

年末冲销有关明细科目余额，将“非财政拨款结余——年初余额调整、项目间接费用或管理费、结转转入”科目余额结转入“非财政拨款结余——累计结余”科目。结转后，“非财政拨款结余”科目除“累计结余”明细科目外，其他明细科目应无余额。

年末，事业单位将“非财政拨款结余分配”科目余额转入非财政拨款结余。“非财政拨款结余分配”科目为借方余额的，借记“非财政拨款结余——累计结余”科目，贷记“非财政拨款结余分配”科目；“非财政拨款结余分配”科目为贷方余额的，借记“非财政拨款结余分配”科目，贷记“非财政拨款结余——累计结余”科目。

年末，事业单位将“其他结余”科目余额转入非财政拨款结余。“其他结余”科目为借方余额的，借记“非财政拨款结余——累计结余”科目，贷记“其他结余”科目；“其他结余”科目为贷方余额的，借记“其他结余”科目，贷记“非财政拨款结余——累计结余”科目。

非财政拨款结余的账务处理程序如图 8－4 所示。

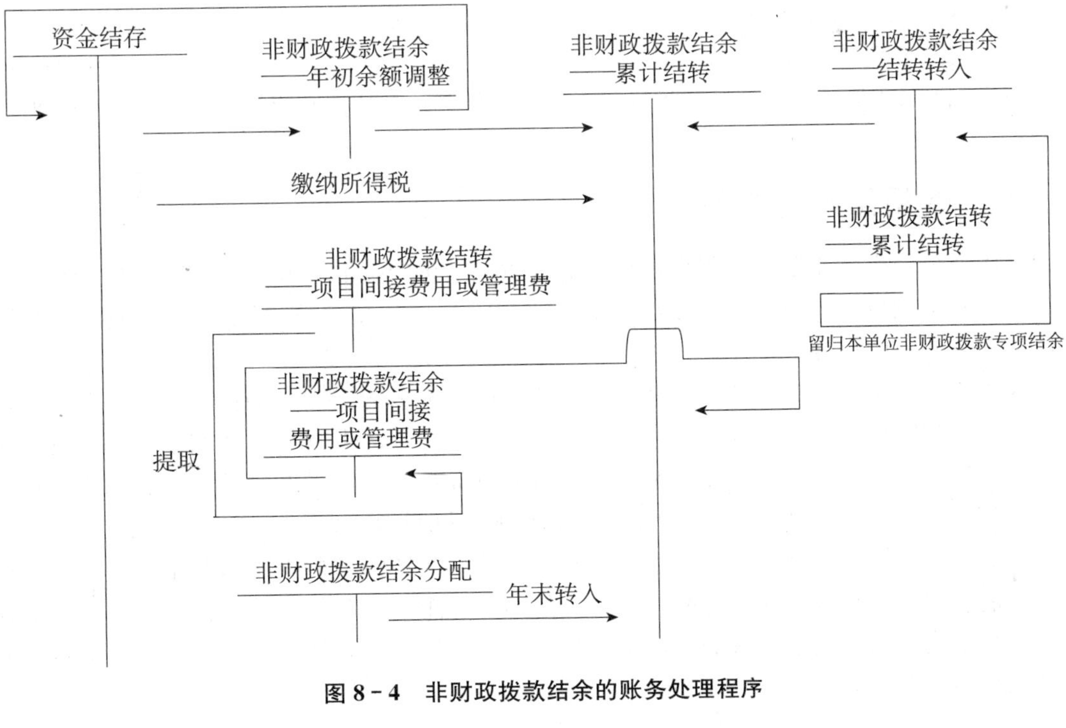

图 8－4　非财政拨款结余的账务处理程序

【例 8-22】某具有企业所得税缴纳义务的事业单位，2×20 年初“非财政拨款结余——累计结余”科目贷方余额为 5 800 000 元。该单位根据 2×20 年发生的非财政拨款结余业务，编制相关的会计分录。

(1) 1 月 20 日，更正上年会计差错，以银行存款支付非同级财政拨款 200 000 元。

借：非财政拨款结余——年初余额调整 200 000

　　贷：资金结存——货币资金 200 000

(2) 3 月初，以银行存款交纳 2×19 年该单位负担的所得税 400 000 元。

借：非财政拨款结余——累计结余 400 000

　　贷：资金结存——货币资金 400 000

(3) 按照规定从科研项目预算收入中提取项目管理费 150 000 元。

借：非财政拨款结转——项目间接费用或管理费 150 000

　　贷：非财政拨款结余——项目间接费用或管理费 150 000

(4) 年末，结转项目已完成留归本单位使用的非财政拨款专项剩余资金 30 000 元。

借：非财政拨款结转——累计结转 30 000

　　贷：非财政拨款结余——结转转入 30 000

(5) 年末，冲销和结转有关科目。

1) 冲销有关明细科目余额。

借：非财政拨款结余——项目间接费用或管理费 150 000

　　　　　　　　　——结转转入 30 000

　　　　　　　　　——累计结余 20 000

　　贷：非财政拨款结余——年初余额调整 200 000

2) 将“非财政拨款结余分配”科目余额 300 000 元转入非财政拨款结余。

借：非财政拨款结余——累计结余 300 000

　　贷：非财政拨款结余分配 300 000

年末，2×20 年末“非财政拨款结余——累计结余”科目余额为 5 080 000 (5 800 000－400 000－20 000－300 000) 元。

五、专用结余的核算

专用结余是指事业单位按照规定从非财政拨款结余中提取的具有专门用途的资金。如职工福利基金就是按照非财政拨款结余的一定比例提取，用于单位职工的集体福利设施、集体福利待遇等的资金。

为了反映从非财政拨款结余中提取具有专门用途资金的增减变动情况，事业单位应设置“专用结余”科目。该科目的贷方登记提取的专用基金；借方登记使用已经提取的专用基金；年末贷方余额，反映事业单位从非同级财政拨款结余中提取的专用基金的累计滚存数额。“专用结余”科目应当按照专用结余的类别进行明细核算。

事业单位根据有关规定从本年度非财政拨款结余或经营结余中提取基金的，按照提取金额，借记“非财政拨款结余分配”科目，贷记“专用结余”科目；根据规定使用从非财政拨款结余或经营结余中提取的专用基金时，按照使用金额，借记“专用结余”科目，贷记“资金结存”科目。

【例 8-23】 2×19 年至 2×20 年，某科学事业单位根据发生的专用基金业务，编制相关的会计分录。

(1) 2×19 年 12 月 31 日，非财政拨款本年结余 3 000 000 元，按照规定的 20%比例提取职工福利基金。

借：非财政拨款结余分配　　600 000
　　贷：专用结余　　600 000

(2) 2×19 年 12 月 31 日，该单位分别按全年事业收入和经营收支结余的 10%提取科技成果转化基金。该单位全年事业收入 365 000 000 元，经营结余 53 000 000 元。

应提取专用基金＝(365 000 000＋53 000 000)×10%＝41 800 000（元）

借：非财政拨款结余分配　　41 800 000
　　贷：专用结余　　41 800 000

(3) 2×20 年 3 月 10 日，该单位使用专用基金奖励科研部门 3 000 000 元用于研发活动，款项以银行存款支付。

借：专用结余　　3 000 000
　　贷：资金结存——货币资金　　3 000 000

六、经营结余的核算

(一) 经营结余的概念

经营结余是指事业单位本年度经营活动收支相抵后用余额弥补以前年度经营亏损后的余额。当事业单位年度经营收入大于其经营支出时，其差额表现为当年的经营盈余；反之，当事业单位年度经营收入小于其经营支出时，其差额表现为当年的经营亏损。

经营结余反映事业单位在一定期间从事经营活动的最终成果。它既反映了事业单位管理者从事经营活动对公共资源受托责任的履行情况，同时反映了管理者的工作业绩和经营效率。

(二) 经营结余的形成与结转

为了反映经营结余增减变动情况，事业单位应设置"经营结余"科目。该科目的贷方登记期末转入的经营预算收入；借方登记期末转入的经营预算支出；"经营结余"科目一般无余额，如为借方余额，反映事业单位累计发生的经营亏损。"经营结余"科目可以按照经营活动类别进行明细核算。

年末，事业单位将经营预算收入本年发生额转入"经营结余"科目，借记"经营预算收入"科目，贷记"经营结余"科目；将经营支出本年发生额转入"经营结余"科目，借记"经营结余"科目，贷记"经营支出"科目。

年末，事业单位完成上述结转后，如"经营结余"科目为贷方余额，将"经营结余"科目贷方余额转入"非财政拨款结余分配"科目，借记"经营结余"科目，贷记"非财政拨款结余分配"科目；如"经营结余"科目为借方余额，为经营亏损，不予结转。

【例 8-24】 2×19 年 1 月至 11 月，某事业单位"经营结余"科目借方余额为 35 000 元。

该年12月，“经营预算收入”科目贷方发生额为168 000元，“经营支出”科目借方发生额为108 000元。12月末，编制会计分录如下：

（1）结转经营预算收入：

借：经营预算收入　　168 000

　　贷：经营结余　　168 000

（2）结转支出：

借：经营结余　　108 000

　　贷：经营支出　　108 000

（3）计算年度经营损益并将其转入“非财政拨款结转”科目：

　　年度经营损益＝－35 000＋(168 000－108 000)＝25 000（元）

借：经营结余　　25 000

　　贷：非财政补助结余分配　　25 000

七、其他结余的核算

其他结余是指事业单位本年度除财政拨款收支、非同级财政专项资金收支和经营收支以外各项收支相抵后的余额。

为了反映其他结余增减变动情况，事业单位应设置“其他结余”科目。

年末，事业单位将事业预算收入、上级补助预算收入、附属单位上缴预算收入、非同级财政拨款预算收入、债务预算收入、其他预算收入本年发生额中的非专项资金收入以及投资预算收益本年发生额转入“其他结余”科目，借记“事业预算收入”“上级补助预算收入”“附属单位上缴预算收入”“非同级财政拨款预算收入”“债务预算收入”“其他预算收入”科目下各非专项资金收入明细科目和“投资预算收益”科目，贷记“其他结余”科目（“投资预算收益”科目本年发生额为借方余额时，借记“其他结余”科目，贷记“投资预算收益”科目）；将事业支出、其他支出本年发生额中的非同级财政、非专项资金支出，以及上缴上级支出、对附属单位补助支出、投资支出、债务还本支出本年发生额转入“其他结余”科目，借记“其他结余”科目，贷记“事业支出”、“其他支出”科目下各非同级财政、非专项资金支出明细科目和“上缴上级支出”、“对附属单位补助支出”、“投资支出”、“债务还本支出”科目。

年末，事业单位完成上述结转后，将“其他结余”科目余额转入“非财政拨款结余分配”科目。

【例8-25】2×19年12月31日，某事业单位除财政拨款收支、非同级财政专项资金收支和经营收支以外的收支科目余额如表8-8所示。

表8-8　相关收入和支出科目余额表　　单位：元

科目名称	借方发生额	贷方发生额
事业预算收入		53 000 000
上级补助预算收入		17 000 000
附属单位上缴预算收入		5 000 000
非同级财政拨款预算收入		8 000 000
债务预算收入		12 000 000

续前表

科目名称	借方发生额	贷方发生额
其他预算收入		3 000 000
投资预算收益	2 000 000	
事业支出	45 000 000	
其他支出	8 000 000	
上缴上级支出	4 000 000	
对附属单位补助支出	3 000 000	
投资支出	5 000 000	
债务还本支出	6 000 000	
合计	73 000 000	98 000 000

注："事业支出""其他支出"科目为非同级财政、非专项资金支出。

根据表 8-8 中的资料，编制会计分录如下：

借：事业预算收入　53 000 000
　　上级补助预算收入　17 000 000
　　附属单位上缴预算收入　5 000 000
　　非同级财政拨款预算收入　8 000 000
　　债务预算收入　12 000 000
　　其他预算收入　3 000 000
　　贷：其他结余　98 000 000

借：其他结余　73 000 000
　　贷：投资预算收益　2 000 000
　　　　事业支出　45 000 000
　　　　其他支出　8 000 000
　　　　上缴上级支出　4 000 000
　　　　对附属单位补助支出　3 000 000
　　　　投资支出　5 000 000
　　　　债务还本支出　6 000 000

经计算，该单位其他结余年末余额为 25 000 000（98 000 000－73 000 000）元，将其结转计入非财政拨款结余分配。

借：其他结余　25 000 000
　　贷：非财政拨款结余分配　25 000 000

八、非财政拨款结余分配的核算

非财政拨款结余分配是指事业单位按照规定的程序、方法对其非财政补助结余进行结转和处理。根据《事业单位财务规则》的规定，非财政拨款结余可以按照国家有关规定提取职工福利基金，剩余部分作为事业基金用于弥补以后年度单位收支差额；国家另有规定的，从其规定。

为了反映本年度非财政拨款结余分配的情况和结果，事业单位应设置"非财政拨款结余分配"科目。该科目的贷方登记从本期其他结余、经营结余转入的结余数以及年末转入非财政拨款结余数；借方登记根据有关规定提取的专用基金和年末转入非财政拨款结余数等；年末结转后，“非财政拨款结余分配”科目无余额。

年末，事业单位将“其他结余”科目余额转入“非财政拨款结余分配”科目，当“其他结余”科目为贷方余额时，借记“其他结余”科目，贷记“非财政拨款结余分配”科目；当“其他结余”科目为借方余额时，借记“非财政拨款结余分配”科目，贷记“其他结余”科目。

年末，事业单位将“经营结余”科目贷方余额转入“非财政拨款结余分配”科目，借记“经营结余”科目，贷记“非财政拨款结余分配”科目。

事业单位根据有关规定提取专用基金的，按照提取的金额，借记“非财政拨款结余分配”科目，贷记“专用结余”科目。

年末，事业单位按照规定完成上述“其他结余”“经营结余”科目结转后，将“非财政拨款结余分配”科目余额转入非财政拨款结余。当“非财政拨款结余分配”科目为借方余额时，借记“非财政拨款结余——累计结余”科目，贷记“非财政拨款结余分配”科目；当“非财政拨款结转分配”科目为贷方余额时，借记“非财政拨款结余分配”科目，贷记“非财政拨款结余——累计结余”科目。

【例 8-26】 2×19 年 12 月 31 日，某事业单位根据发生的非财政拨款结余分配业务，编制相关的会计分录。

(1) 结转其他结余和经营结余，其中：“其他结余”科目借方余额为 800 000 元；“经营结余”科目贷方余额为 1 200 000 元。

借：非财政拨款结余分配	800 000	
贷：其他结余		800 000
借：经营结余	1 200 000	
贷：非财政拨款结余分配		1 200 000

(2) 根据当年事业结余和经营结余提取职工福利费 30 000 元。

借：非财政拨款结余分配	30 000	
贷：专用结余		30 000

(3) 结转非财政拨款结余分配。

借：非财政拨款结余分配	10 000	
贷：非财政拨款结余——累计结余		10 000

制度测试

1. 资料：2×19 年，某事业单位发生以下预算收入业务：收到从财政专户返还的事业预算收入 500 000 元，上级补助预算收入 100 000 元，附属单位缴来款项 150 000 元，经营预算收入 250 000 元，借入短期借款 50 000 元、长期借款 350 000 元，收到从非同级政府财政部门拨款 180 000 元，取得被投资单位分派的现金股利 120 000 元，利息预算收入 30 000 元。

要求：(1) 逐笔编制上述业务的会计分录。

(2) 年末，结转“财政拨款预算收入”“经营预算收入”“投资预算收入”科目的本年发生额。

(3) 年末，结转“事业预算收入”“上级补助预算收入”“附属单位上缴预算收入”“非同级财政拨款预算收入”科目的本年发生额。本年发生额的40%为专项资金收入，其余部分为非专项资金收入。

2. 资料：2×19年，某事业单位发生如下经济业务：

(1) 实际向职工支付应付职工薪酬1 650 000元，其中基本工资750 000元，津贴补贴600 000元，社会保险费160 000元，住房公积金140 000元。采用财政直接支付方式，将职工薪酬计入个人工资账户。

(2) 采用财政授权支付方式，支付某审计事务所审计费用35 000元。以现金支付临时聘用清洁工的工资3 600元。

(3) 购买办公设备，将其作为固定资产管理，取得的增值税普通发票上注明的价款为65 000元，增值税为8 450元。全部款项通过零余额账户支付。

(4) 本期发生办公费、印刷费、水电费共计25 000元，款项以零余额账户支付。

(5) 通过财政授权支付方式预付采购福利救济物资款80 000元。福利救济物资尚未收到。

(6) 收回上年度通过财政授权支付方式采购的电脑耗材8 000元。款项已存入单位银行账户，电脑耗材已退还供货单位。

(7) 通过财政直接支付方式支付施工单位办公楼大修改造项目工程款150 000元。

要求：(1) 根据上述经济业务，逐笔编制会计分录。

(2) 年末，结转“事业支出”科目的本年发生额。“事业支出”科目本年发生额的50%为财政拨款支出，30%为非财政专项资金支出，20%为非财政非专项资金支出。

3. 资料：2×19年12月，某事业单位发生以下经济业务：

(1) 使用公务卡购买办公用品16 000元，已办理报账手续。通过零余额账户归还公务卡款。

(2) 使用上级补助资金（非财政专项资金）购买事业用一项无形资产，其价款为50 000元，以银行存款支付。

(3) 租入事业用房若干间，使用自有资金支付租金60 000元。

(4) 收到代理银行转来的“财政直接支付入账通知书”，按工程进度拨付施工单位专项款3 000 000元。

(5) 通过财政授权支付方式支付专业业务活动发生的相关费用共计165 000元，其中水费97 000元，电费68 000元。

(6) 购进图书一批，其全部价款为35 000元，以零余额账户支付。

(7) 购进一批专业用耗材，价款为18 000元，通过零余额账户支付，材料已入库。

(8) 通过财政直接支付方式支付专业活动人员薪酬1 850 000元，其中基本工资950 000元、津贴补贴400 000元、岗位绩效500 000元。

(9) 12月初，“事业支出”科目借方发生额合计68 000 000元。年末，结转“事业支出”科目本年发生额，其中60%为财政拨款资金，30%为非财政专项资金，10%非财政非专项资金。

要求：根据上述经济业务，逐笔编制会计分录。

4. 资料：2×19 年，某事业单位发生以下经济业务：

（1）对外转让本年度以货币资金取得的对外投资，按规定将投资收益纳入单位预算。对外转让投资实际收到资金 1 500 000 元，存入银行，取得投资的成本为1 400 000。

（2）对附属单位实际补助资金 300 000 元，款项以银行存款付讫。

（3）按照财政部门的规定上缴上级单位款项 200 000 元，以银行存款支付。

（4）偿还长期借款本金 1 000 000 元，以银行存款支付。

（5）期末，将上述支出转入其他结余。

要求：根据上述业务，逐笔编制会计分录。

5. 资料：2×19 年 12 月，某高校非独立核算服务中心（小规模纳税人）发生经济业务如下：

（1）通过财政直接支付方式支付经营人员薪酬 65 000 元，以零余额账户代扣代交个人所得税 3 000 元，为职工缴纳职工社会保险费 12 000 元、住房公积金 4 500 元。

（2）代理银行转来委托收款共计 15 000 元，其中电信局委托收取电话费 6 000 元，供电局委托收取电费 9 000 元，根据自动划款协议从单位零余额账户办理相关款项的划转。

（3）该中心招待所购进毛巾、浴巾、茶叶等服务用品，价款为 15 000 元，零售店购进库存商品 30 000 元，支付增值税 15 300 元，全部款项以银行存款付讫。

（4）通过财政授权方式支付增值税 20 000 元、城市维护建设税 1 400 元、教育费附加 600 元。

（5）因上月购进零售商品有瑕疵，将其退回，收到退回的商品款 5 000 元、增值税 650 元，已存入零余额账户。

（6）年末，将“经营支出”科目本年发生额合计转入“经营结余”科目。11 月初，“经营结余”科目贷方余额为 360 000 元。

要求：根据上述经济业务，逐笔编制会计分录。

6. 资料：某事业单位全部收支纳入预算管理。2×19 年度，财政补助收入 50 000 000 元（其中专项收入 10 000 000 元），事业收入 100 000 000 元（其中，科研事业收入 20 000 000 元），上级补助收入 1 000 000 元，附属单位上缴收入 1 000 000 元，经营收入 3 000 000 元，其他收入 500 000 元。事业支出 120 000 000 元（基本支出 100 000 000 元，其中，财政补助基本支出全部形成支出；项目支出 20 000 000 元，其中，财政补助项目支出 8 000 000 元，科研项目支出 5 000 000 元），经营支出 2 000 000 元，上缴上级单位支出 500 000 元，对附属单位补助支出 1 000 000 元。规定职工福利基金提取比例为非财政拨款结余的 20%。

要求：根据该单位上述资料计算 2×19 年以下项目的金额：

（1）收支差额。

（2）财政拨款结转金额。

（3）财政拨款结余。

（4）非财政拨款结转金额。

（5）非财政拨款结余。

（6）职工福利基金提取额。

7. 资料：2×19 年某事业单位发生财政拨款结转业务如下：

(1) 年初发现 2×18 年采购日常业务用材料的质量存在问题，材料全部退回，支付的 40 000 元款项已收回。

(2) 年初收到财政授权支付额度到账通知书，列明主管部门从其他单位调剂的财政拨款结余资金为 60 000 元。

(3) 经财政部门批准，将 2×18 年已完成的 M 专项活动结余资金 34 000 元转入本年 N 项目。

(4) 年末，将“财政拨款预算收入”科目及其明细科目的余额转入“财政拨款结转”科目及其明细科目。财政拨款预算收入总额为 181 498 800 元，其中：人员经费拨款 12 490 800 元、日常公用经费拨款 22 400 000 元；项目支出拨款 146 608 000 元。

年末，将“事业支出”科目及其明细科目的余额转入“财政拨款结转”科目及其明细科目。事业支出总额为 180 643 400 元，其中：基本支出 34 274 800 元，项目支出 146 368 600 元。

(5) 年末，将“财政拨款结转”科目的“本年收支结转”“年初余额调整”“归集调入”“单位内部调剂”等明细科目余额转入“财政拨款结转——累计结转”科目。

(6) 按照有关规定将“财政拨款结转——累计结转”科目余额转入财政拨款结余。

要求：根据上述经济业务，逐笔编制会计分录。

8. 资料：2×19 年，某事业单位发生以下与财政拨款结转有关的业务：

(1) 年初，财政部门拨来财政调剂资金 45 000 元，增加单位财政应返还额度。

(2) 年初，收到某设备厂退回 2×18 年多收取的科研备维修费 24 000 元，款项已转入零余额账户。

(3) 年末，结转各种收入和支出，其中：财政拨款预算收入总额为 57 400 000 元，其中：人员经费拨款 32 600 000 元、日常公用经费拨款 14 400 000 元；项目支出拨款 10 400 000 元。上级补助预算收入总额为 1 460 000 元，其中：非专项资金 940 000 元，专项资金 520 000 元。事业预算收入总额 8 140 000 元，其中：非专项资金 8 000 000 元，专项资金 140 000 元。经营收入 334 000 元。附属单位上缴预算收入总额为 710 000 元，其中：非专项资金 210 000 元，专项资金 500 000 元。其他收入总额为 1 200 000 元，其中：非专项资金 800 000 元，专项资金 400 000 元。

事业支出总额为 63 547 800 元，其中：财政拨款预算支出 56 025 800 元（基本支出 46 515 800 元，项目支出 9 510 000 元），非财政专项资金支出 1 522 000 元，其他资金支出6 000 000元。经营支出 336 000 元，上缴上级支出 600 000 元，对附属单位补助支出 1 000 000 元。

(4) 年末，结转“财政拨款结转”“非财政拨款结转”科目相关明细科目的余额。

(5) 年末，将“财政拨款结转——累计结转”科目余额（符合财政拨款结余性质）转入财政拨款结余，将“非财政拨款结转——累计结转”科目余额（留归本单位使用已完成项目的剩余资金）转入财政拨款结余。

(6) 结转经营结余。

(7) 结转其他结余。

要求：根据上述经济业务，逐笔编制会计分录。

第九章 财务报表和预算会计报表

财务报表是财务会计信息的主要载体，也是事业单位财务状况和运营成果的结构性表述。财务报表由会计报表及其附注构成。会计报表主要包括资产负债表、收入支出表或者收入费用表和财政补助收入支出表。

预算会计报表是系统、完整地反映事业单位预算执行情况的书面报告。它是分析、检查单位预算执行情况的重要依据，也是编制下期预算的数字基础。主要包括预算收入支出表、预算结转结余变动表和财政拨款预算收入支出表。

第一节 财务报表概述

一、财务报表的概念

《政府会计准则——基本准则》指出，财务报表是对政府会计主体财务状况、运行情况和现金流量等信息的结构性表述。根据财务报表的定义，事业单位财务报表具有以下几层含义：一是财务报表应当是对外报表，其服务对象主要是各级政府及其有关部门、债权人、政府会计主体自身和其他利益相关者等外部使用者，专门为了内部管理需要的报表不属于财务报表的范畴；二是财务报表应当综合反映事业单位的运营状况，包括某一时点的财务状况和某一时期的财务业绩与现金流量等信息；三是财务报表必须形成一个系统的文件，不应是零星的或者不完整的信息；四是财务报表中会计报表和附注组成。

财务报表是事业单位财务会计确认与计量的最终结果体现，是向外界传递财务信息的主要载体或手段。通过财务报表，有助于与事业单位有利益关系的各方分析、评价事业单位当前的财务状况、财务业绩和现金流量等情况，正确反映事业单位有效履行公共受托责任状况。因此，财务报表是向财务报表使用者提供决策有用信息的媒介和渠道，也是事业单位外部会计信息使用者与事业单位内部管理层之间相互沟通的桥梁和纽带。

二、财务报表的作用

财务报表使用者众多，不同使用者对财务报表所提供信息的要求也不同，财务报表信息对于不同使用者所起的作用也不同。

（1）主管部门通过财务报表，可以了解所属单位预算执行情况和财务业绩，分析各项资金取得和使用的合理性、合法性，并通过对不同单位之间的财务状况、运行情况、现金流量等情况比较分析，发现财务管理中存在的问题，以便加强对单位财务、预算等一系列工作的监督、管理和指导。此外，通过汇总所属单位财务信息，可以分析和检查本行业预算执行情况，提高全行业的管理水平。

（2）财政部门通过财务报表，可以了解各事业单位预算执行的进度，掌握预算支出情况，以便于正确地核拨预算资金，核算总预算支出。同时，通过财务报表还可以发现预算管理中存在的问题，帮助和指导各事业单位做好财务工作，为制定、修订各项政策和规章制度提供依据。

（3）事业单位内部管理者通过财务报表，可以了解预算指标执行情况和财务业绩，掌握预算执行的进度，分析各项资金的取得和使用是否合理，考核资金使用效益情况，检查遵守和执行法律、行政法规、部门规章等情况，有助于不断总结管理经验，及时发现预算管理和财务管理中的问题，迅速制定相关决策，采取有效的管理措施，改善和提高财务管理水平。同时，财务报表也是事业单位制订未来公共事业发展计划和财务收支预算的重要依据。

（4）审计、税务、银行等部门通过财务报表，可以了解事业单位的财务状况和运行情况，据以考核事业单位各项资金收支活动是否遵守国家的财经法规，以便加强对事业单位在财经政策上的宏观监督和管理。

此外，财务报表的其他使用者，如债权人、社会公众等，通过财务报表可以了解事业单位偿债能力以及受托使用、保管公共资源情况，有助于他们对事业单位的管理水平做出正确地评价。

三、财务报表的组成

为了满足不同的报表使用者对会计信息的不同需要，《政府会计制度》制定了由若干张会计报表组成的完整的报表体系。事业单位财务报表由会计报表和附注组成。

（一）会计报表

会计报表是指以会计账簿记录和有关资料为依据，按照规定的报表格式，全面、系统地反映事业单位财务状况、业务成果和现金流量的文件。

会计报表是财务报表的主体，是事业单位向外界传递会计信息的主要途径和方式。会计报表至少应当包括以下种类：

（1）资产负债表，是指反映事业单位在某一特定日期全部资产、负债和净资产情况的报表。

（2）收入费用表，是指反映事业单位在某一会计期间内发生的收入、费用及当期盈余情况的报表。

（3）净资产变动表，是指反映事业单位在某一会计年度内净资产项目的变动情况的报表。

（4）现金流量表，是指反映事业单位在某一会计年度内现金流入和流出信息的报表。

（二）附注

附注是会计报表附注的简称，是指对在会计报表中列示项目的文字描述或明细资料，以及对未能在会计报表中列示项目的说明等。附注是财务报表的有机组成部分，它有助于会计信息使用者对财务报表的理解和应用。

四、财务报表的编制要求

编制财务报表的目的，就是向财务报表的使用者提供财务、成本方面的信息。要保证财务报表提供的信息满足使用者的需要，必须按照一定的程序和要求进行编制。

（1）事业单位应当根据《政府会计准则——基本准则》《政府会计制度》等有关会计报表的编制基础、编制依据、编制原则和方法的要求，对外提供真实、完整的财务报表。事业单位不得违反规定，随意改变财务报表的编制基础、编制依据、编制原则和方法，不得随意改变《政府会计制度》规定的财务报表有关数据的会计口径。

（2）事业单位的财务报表应当根据登记完整、核对无误的账簿记录和其他有关资料编制，要做到数字真实、计算准确、内容完整、报送及时。

（3）编制财务报表前做好往来款项的清理、账目核对和结账、财产物资的清查工作，保证账实相符。在做好以上工作的基础上，事业单位才能正式编制财务报表。

（4）事业单位财务报表应当由事业单位负责人和主管会计工作的负责人、会计机构负责人（会计主管人员）签名并盖章。

第二节　资产负债表和净资产变动表

一、资产负债表的概念和作用

（一）资产负债表的概念

资产负债表是反映事业单位在某一特定日期全部资产、负债和净资产情况的报表，又称财务状况表。它是根据资产、负债和净资产之间的相互关系，按照一定的分类标准和顺序，将事业单位一定日期的资产、负债和净资产项目适当排列所形成的报告文件。资产负债表能够提供事业单位某一日期所拥有或控制的经济资源、承担的负债义务以及出资者和债权人等享有权益的信息，有助于资产负债表使用者做出各类决策或者进行监督和管理。

（二）资产负债表的作用

资产负债表是事业单位财务报表体系中的主要报表，它能够提供丰富的信息，具有以下作用：

（1）资产负债表中的资产项目，反映了事业单位所拥有的各种财务资源、结构以及事业单位偿还债务的能力，有助于预计事业单位未来满足负债和承诺要求并履行支付承诺的能力。

（2）资产负债表中的负债、净资产项目，表明了事业单位所承担的长短期债务的数量、偿还期限的长短、各种财务资源的来源渠道及增减变动情况。

（3）根据不同时期资产负债表中相同项目的横向对比和不同时期不同项目的纵向对比，有助于分析和掌握事业单位财务状况的发展趋势。

总之，通过资产负债表可据以分析、检查资产、负债和净资产三者之间的结构比例是否合理，各项资产的配置是否合理，是否具有较好的偿债能力、经济运行能力，从而总结和评价事业单位的财务状况和运行情况。

二、资产负债表的结构

资产负债表是根据“资产＝负债＋净资产”的会计等式，依照一定的分类和程序，把事业单位一定日期的资产、负债和净资产项目予以适当排列，按照一定的要求编制而成。它是事业单位特定日期所拥有或控制的资产、承担的债务责任以及净资产的静态反映。

资产负债表的格式，目前国际上主要有账户式和报告式两种。事业单位编制账户式资产负债表。账户式资产负债表分为左右两方，资产项目列在表的左方；负债和净资产项目列在表的右方。资产项目按照流动性的强弱排列，流动性强的在先，流动性弱的在后；负债项目按照其到期的远近排列，到期日近的在先，到期日远的在后；净资产项目按其稳定性强弱排列，稳定性强的在先，稳定性弱的在后。资产表现为资金占用的形式，而负债和净资产被视为资金的来源，因此资金来源等于资金占用，所以该表的左右两方金额相等，故资产负债表也称平衡表。资产负债表的基本结构如表 9－2 所示。

三、资产负债表的编制方法

总体而言，资产负债表是根据事业单位总分类账的期末余额编制的。根据“表从账出”的原则，编制资产负债表应当以总分类科目及其相关明细科目的期末余额为依据。同时，资产负债表是一种比较报表，表中分别要列示期末数和年初数。资产负债表的编制方法如下。

（一）各项目年初数的填列方法

资产负债表“年初余额”栏内各项数字，应当根据上年年末资产负债表“期末余额”栏内数字填列。如果本年度资产负债表规定的项目的名称和内容与上年度不一致，应当对上年年末资产负债表项目的名称和数字按照本年度的规定进行调整，将调整后的数字填入本表“年初余额”栏内。如果本年度事业单位发生前期差错更正、会计政策变更等调整以前年度盈余的事项，还应当对“年初余额”栏中的有关项目金额进行相应调整。

（二）各项目期末数的填列方法

前已述及，编制资产负债表的依据主要是总分类科目及其相关明细科目资料。具体说，资产负债表相关项目的编制方法分为以下几种。

1. 根据总账科目余额直接填列

资产负债表中大部分项目是根据相关总账科目期末余额直接填列的。这些项目包括：

（1）资产类项目，包括短期投资、财政应返还额度、应收票据、预付账款、应收股利、应收利息、待摊费用、长期股权投资、固定资产原值（根据“固定资产”科目的期末余额填列）、固定资产累计折旧、工程物资、在建工程、无形资产原值（根据“无形资产”科目的期末余额填列）、无形资产累计摊销、研发支出、公共基础设施原值、公共基础设施累计折旧（摊销）、政府储备物资、文物文化资产、保障性住房原值（根据“保障性住房”科目的期末余额填列）、保障性住房累计折旧、长期待摊费用。

（2）负债类项目，包括短期借款、应缴财政款、应付职工薪酬、应付票据、应付账款、应付利息、预收账款、其他应付款、预提费用、预计负债、受托代理负债等。

（3）净资产类项目，包括累计盈余、专用基金。

需要说明的是，资产类项目中的“待处理财产损溢”，应当根据“待处理财产损溢”科目的期末借方余额填列；如“待处理财产损溢”科目期末为贷方余额，以“－”号填列。

负债类项目中的“应交增值税”，应当根据“应交增值税”科目的期末余额填列；如“应交增值税”科目期末为借方余额，以“－”号填列。“其他应交税费”应当根据“其他应交税费”科目的期末余额填列；如“其他应交税费”科目期末为借方余额，以“－”号填列。

净资产类项目中的“权益法调整”，应当根据“权益法调整”科目的期末余额填列。如“权益法调整”科目期末为借方余额，以“－”号填列。“无偿调拨净资产”仅在月度报表中列示，在年度报表中不列示。月度报表中，本项目应当根据“无偿调拨净资产”科目的期末余额填列；“无偿调拨净资产”科目期末为借方余额时，以“－”号填列。“本期盈余”仅在月度报表中列示，在年度报表中不列示。月度报表中，本项目应当根据“本期盈余”科目的期末余额填列；“本期盈余”科目期末为借方余额时，以“－”号填列。

2. 根据总账科目余额计算填列

资产负债表有些项目根据若干总账科目的期末余额计算填列。

（1）“货币资金”项目，应当根据“库存现金”“银行存款”“零余额账户用款额度”“其他货币资金”科目的期末余额的合计数填列；若事业单位存在通过“库存现金”“银行存款”科目核算的受托代理资产，还应当按照前述合计数扣减“库存现金”“银行存款”科目下“受托代理资产”明细科目的期末余额后的金额填列。

（2）“存货”项目，应当根据“在途物品”“库存物品”“加工物品”科目的期末余额的合计数填列。

（3）“其他流动资产”项目，应当根据有关科目期末余额的合计数填列。

（4）“其他非流动资产”项目，应当根据有关科目的期末余额合计数填列。

（5）“受托代理资产”项目，应当根据“受托代理资产”科目的期末余额与“库存现金”“银行存款”科目下“受托代理资产”明细科目的期末余额的合计数填列。

（6）“其他流动负债”项目，应当根据有关科目的期末余额的合计数填列。

（7）“其他非流动负债”项目，应当根据有关科目的期末余额合计数填列。

3. 根据明细科目余额分析计算填列

资产负债表中还有一些项目根据有关总账科目所属的有关明细科目的期末余额计算填列。如“一年内到期的非流动资产”项目，应当根据“长期债券投资”等科目的明细科目的期末余额分析填列。“一年内到期的非流动负债”项目，应当根据“长期应付款”“长期借款”等科目的明细科目的期末余额分析填列。

4. 根据总账科目和明细科目余额分析计算填列

（1）“长期债券投资”项目，应当根据“长期债券投资”科目的期末余额减去其中将于1年内（含1年）到期的长期债券投资余额后的金额填列。

（2）“长期借款”项目，应当根据“长期借款”科目的期末余额减去其中将于1年内（含1年）到期的长期借款余额后的金额填列。

（3）“长期应付款”项目，应当根据“长期应付款”科目的期末余额减去其中将于1年内（含1年）到期的长期应付款余额后的金额填列。

5. 根据总账科目余额减去其备抵科目后的净额填列

（1）“应收账款净额”项目，应当根据“应收账款”科目的期末余额减去“坏账准备”科目中对应收账款计提的坏账准备的期末余额后的金额填列。

（2）“其他应收款净额”项目，应当根据“其他应收款”科目的期末余额减去“坏账准备”科目中对其他应收款计提的坏账准备的期末余额后的金额填列。

（3）“固定资产净值”项目，应当根据“固定资产”科目期末余额减去“固定资产累计折旧”科目期末余额后的金额填列。

（4）“无形资产净值”项目，应当根据“无形资产”科目期末余额减去“无形资产累计摊销”科目期末余额后的金额填列。

（5）“公共基础设施净值”项目，应当根据“公共基础设施”科目期末余额减去“公共基础设施累计折旧（摊销）”科目期末余额后的金额填列。

（6）“保障性住房净值”项目，应当根据“保障性住房”科目期末余额减去“保障性住房累计折旧”科目期末余额后的金额填列。

【例 9-1】M事业单位为一般纳税人，2×19年12月31日，该单位会计科目余额表如表9-1所示。

表 9-1 **M事业单位会计科目余额表**

2×19年12月31日 单位：元

科目名称	期初余额		科目名称	期初余额	
	借方	贷方		借方	贷方
库存现金	65 000		短期借款		540 000
银行存款	2 800 000		应交增值税	320 000	
其他货币资金	200 000		其他应交税费		130 000
短期投资	512 000		应缴财政款		230 000
财政应返还额度	200 000		应付职工薪酬		290 000
应收票据	195 000		应付票据		460 000
应收账款	2 300 000		应付账款		263 000
预付账款	380 000		应付利息		30 000
应收股利	60 000		预收账款		500 000
其他应收款	700 000		其他应付款		100 000
坏账准备		150 000	预提费用		50 000
在途物品	360 000		长期借款		3 200 000
库存物品	8 200 000		长期应付款		2 000 000
加工物品	250 000		预计负债		60 000
待摊费用	30 000		累计盈余		42 150 000
长期股权投资	6 000 000		专用基金		19 839 000
长期债权投资	500 000		权益法调整	280 000	
固定资产	15 000 000				
固定资产累计折旧		4 120 000			
在建工程	2 000 000				

续前表

科目名称	期初余额		科目名称	期初余额	
	借方	贷方		借方	贷方
无形资产	850 000				
无形资产累计摊销		20 000			
公共基础设施	1 500 000				
公共基础设施累计摊销		300 000			
政府储备物资	1 200 000				
保障性住房	36 000 000				
保障性住房累计折旧		6 000 000			
长期待摊费用	580 000				
待处理财产损溢		50 000			
合计	79 882 000	10 640 000	合计	600 000	69 842 000
	69 242 000			69 242 000	

其他资料：

（1）“银行存款”科目余额中有 100 000 元为受托代管的资金。

（2）“坏账准备”科目余额 150 000 元中，属于应收账款的为 115 000 元，其余为其他应收款的坏账准备。

2×20 年，M 事业单位根据发生的经济业务编制相关的会计分录。

（1）收到代理银行转来的“财政授权支付额度到账通知书”，通知书中注明的授权额度为 2 000 000 元。

借：零余额账户用款额度　　2 000 000

　　贷：财政拨款收入　　2 000 000

（2）本期确认提供专业服务收入 8 500 000 元，适应的增值税税率为 6%，此前已预收款项 200 000 元，收到客户开具的商业承兑汇票，面值 300 000 元，余款全部存入银行。提供专业业务服务耗用库存物品成本为 450 000 元。

借：银行存款　　8 510 000

　　应收票据　　300 000

　　预收账款　　200 000

　　贷：事业收入　　8 500 000

　　　　应交增值税——应交税金（销项税额）　　510 000

借：业务活动费用　　450 000

　　贷：库存物品　　450 000

（3）提供经营服务取得收入 300 000 元，增值税专用发票上注明的增值税为 39 000 元，全部款项尚未收到。

借：应收账款　　339 000

　　贷：经营收入　　300 000

　　　　应交增值税——应交税金（销项税额）　　39 000

(4) 收到上级主管部门非财政补助收入 3 000 000 元，收到下属独立核算的乙单位缴款 2 000 000 元，全部款项存入银行。

借：银行存款　　5 000 000
　　贷：上级补助收入　　3 000 000
　　　　附属单位上缴收入　　2 000 000

(5) 接受捐赠专业材料一批，按照同类材料的市场价格计价为 300 000 元，材料已验收入库，并以零余额账户支付运杂费、包装费等费用 12 000 元。

借：库存物品　　312 000
　　贷：捐赠收入　　300 000
　　　　零余额账户用款额度　　12 000

(6) 年初，以银行存款归还 A 银行到期的长期借款本金 280 000 元（利息已付清）。年末，计提从 B 银行借入的长期借款利息 120 000 元，其中计入工程成本的利息为 80 000 元，利息按年支付。

1) 年初归还长期借款本金：

借：长期借款　　280 000
　　贷：银行存款　　280 000

2) 年末计提应付利息：

借：在建工程　　80 000
　　其他费用　　40 000
　　贷：应付利息　　120 000

(7) 以银行存款归还短期借款本金 200 000 元、借款利息 10 000 元（利息尚未预提，直接计入当期费用）。

借：短期借款　　200 000
　　其他费用　　10 000
　　贷：银行存款　　210 000

(8) 采购材料一批，增值税专用发票上注明的价款为 120 000 元、增值税为 15 600 元，款项以银行汇票结算，材料尚在途中。

借：在途物品　　120 000
　　应交增值税——应交税金（进项税额）　　15 600
　　贷：应付票据　　135 600

(9) 发出库存物品的实际成本共计 130 000 元，其中：业务活动耗用 80 000 元，行政管理耗用 30 000 元，研发活动耗用 20 000 元。

借：业务活动费用　　80 000
　　单位管理费用　　30 000
　　研发支出　　20 000
　　贷：库存物品　　130 000

(10) 出售短期投资取得价款 320 000 元，存入银行，该投资的账面余额为 300 000 元，转让投资取得的收入适用的增值税税率为 6%。

借：银行存款　320 000
　　贷：短期投资——成本　300 000
　　　　投资收益　18 868
　　　　应交增值税——应交税金（销项税额）　1 132

（11）M事业单位对丙公司股权投资采用权益法核算，并按该公司所有者权益15%的份额确认投资收益。2×19年丙公司实现净利3 000 000元。

借：长期股权投资　450 000
　　贷：投资收益　450 000

（12）经批准，该单位使用专用基金购置一台研发设备并交付使用，取得的增值税专用发票上注明的价款为150 000元，增值税为19 500元，款项以银行存款支付。

借：固定资产　150 000
　　应交增值税——应交税金（进项税额）　19 500
　　贷：银行存款　169 500
借：专用基金　169 500
　　贷：累计盈余　169 500

（13）财产清查中，发现一台专用设备毁损，其账面余额为196 000元，已计提折旧158 000元，将该设备转入待处理资产。

借：待处置资产损溢——待处置资产价值　38 000
　　固定资产累计折旧　158 000
　　贷：固定资产——专用设备　196 000

（14）本期以财政直接支付方式支付全部职工薪酬2 250 000元。期末，分配职工薪酬总额为2 300 000元，其中专业活动人员1 500 000元、行政管理人员300 000元、工程人员120 000元，研发人员200 000元、经营活动人员180 000元。

1）支付职工薪酬：

借：应付职工薪酬　2 250 000
　　贷：财政拨款收入　2 250 000

2）分配职工薪酬：

借：业务活动费用　1 500 000
　　单位管理费用　300 000
　　在建工程　120 000
　　研发支出　200 000
　　经营费用　180 000
　　贷：应付职工薪酬　2 300 000

（15）该单位研发大楼竣工达到预定可使用状态，其入账价值为2 200 000元，结转研发大楼建造成本。不考虑增值税。

借：固定资产　2 200 000
　　贷：在建工程　2 200 000

（16）期末，计提固定资产折旧180 000元，其中业务活动部门折旧费100 000元、行政管理部门折旧费 50 000 元、经营部门折旧费 30 000 元；计入管理费用的摊销支出共计 145 000 元，其中无形资产摊销 65 000 元、经营租赁房屋改良支出摊销 80 000 元。

借：业务活动费用　　100 000
　　单位管理费用　　195 000
　　经营费用　　30 000
　　贷：固定资产累计折旧　　180 000
　　　　无形资产摊销　　65 000
　　　　长期待摊费用　　80 000

(17) 期末，该单位应收账款余额为 2 639 000 元，提取坏账准备的比例为 5%，“坏账准备”科目期初贷方余额为 115 000 元。

期末应提取的坏账准备＝2 639 000×5%－115 000＝16 950（元）

借：其他费用　　16 950
　　贷：坏账准备　　16 950

(18) 期末，确认本期应由业务活动费用负担的城市维护建设税 42 000 元、教育费附加 18 000 元。

借：业务活动费用　　60 000
　　贷：其他应交税费——应交城市维护建设税　　42 000
　　　　　　　　　　——应交教育费附加　　18 000

(19) 期末，将无法支付的甲公司货款 185 000 元予以转账。有确凿证据表明预付丙科研所技术服务费余款 7 000 元因该研究所撤销而无法收回，予以转账。

借：应付账款　　185 000
　　贷：其他收入　　185 000
借：其他应收账款——丙科研所　　7 000
　　贷：预付账款——丙科研所　　7 000

(20) 期末，该单位以银行存款支付价款 108 000 元（其中含应收利息 5 000 元）从活跃市场上购入 5 年期国债并划分为长期债券投资。债券面值为 100 000 元，票面利率为 4.72%，按年付息。

借：长期债券投资　　103 000
　　应收利息　　5 000
　　贷：银行存款　　108 000

(21) 经批准，该单位将一辆闲置豪华班车与 N 事业单位持有的长期股权投资置换。在置换日，班车的账面余额为 2 000 000 元，已计提折旧 1 200 000 元，评估价为 770 000 元；N 事业单位持有的长期股权投资账面余额为 850 000 元。在置换过程中，M 事业单位以银行存款支付补价 50 000 元、相关税费 10 000 元。

借：长期股权投资——成本　　830 000
　　累计折旧　　1 200 000
　　资产处置费用　　30 000
　　贷：固定资产　　2 000 000

银行存款 60 000

(22) 从系统内部乙单位无偿调入一批材料，该批材料在乙单位的账面价值为250 000元。以银行存款支付与调入材料相关的费用15 000元。

借：库存物品 265 000
贷：银行存款 15 000
无偿调拨净资产 250 000

(23) 期末，摊销应由本期业务活动费负担的设备租赁费20 000元。

借：业务活动费用 20 000
贷：待摊费用 20 000

(24) 接受委托转赠的抗旱物资一批并验收入库，该批物资凭据上注明的金额为350 000元。

借：受托代理资产——受托转赠物资 350 000
贷：受托代理负债 350 000

(25) 因销售研发产品，出借给乙单位一批包装物，收到乙单位支付的押金6 000元，存入银行。

借：银行存款 6 000
贷：其他应付款——存入保证金 6 000

(26) 按规定从科研项目收入中提取项目管理费35 000元。

借：单位管理费用 35 000
贷：预提费用——项目管理费 35 000

(27) 期末，融资租入科研设备一台并交付使用，租赁协议确定的租赁价款为650 000元，租赁费分5年于每年年初偿还，以财政直接支付方式结算。

借：固定资产 650 000
贷：长期应付款——融资租入固定资产应付款 650 000

(28) 该单位在经营活动中涉及一桩诉讼案，根据以往的审判案例推断，单位很可能败诉，但法院尚未判决。估计赔款金额为80 000元至120 000元。

借：经营费用 100 000
贷：预计负债 100 000

(29) 外购两栋保障性住房，成本共计72 000 000元，款项以财政直接支付方式结算。以零余额账户支付相关税费1 360 000元。

借：保障性住房 73 360 000
贷：财政拨款收入 72 000 000
零余额账户用款额度 1 360 000

(30) 结转本年度财政直接支付预算指标数大于当年财政直接支付实际支出数的差额150 000元。

借：财政应返还额度 150 000
贷：财政拨款收入 150 000

(31) 按照财政部门和主管部门的规定，用银行存款上缴上级单位款项1 500 000元；

按照规定，用非财政拨款资金补助附属单位300 000元，款项尚未划拨。

借：上缴上级单位费用　　1 500 000
　　贷：银行存款　　1 500 000
借：对附属单位补助费用　　300 000
　　贷：其他应付款　　300 000

(32) 接到银行通知，有两笔款项已划入单位存款账户，其中客户交来当期房租109 000元（含税），银行存款利息收入20 000元（不考虑增值税）。

借：银行存款　　129 000
　　贷：租金收入　　100 000
　　　　应交增值税——应交税金（销项税额）　　9 000
　　　　利息收入　　20 000

(33) 收到同级政府其他部门横向转拨的财政款650 000元，存入银行。

借：银行存款　　650 000
　　贷：非同级财政拨款收入　　650 000

(34) 经计算，本期应纳税所得额为200 000元，适用的所得税税率为25%。确认所得税费用50 000元。

借：所得税费用　　50 000
　　贷：其他应交税费——所得税　　50 000

(35) 以银行存款交纳应缴财政款200 000元。

借：应缴财政款　　200 000
　　贷：银行存款　　200 000

(36) 年末，根据代理银行提供的对账单，注销零余额账户用款额度628 000元。

借：财政应返还额度——财政授权支付　　628 000
　　贷：零余额账户用款额度　　628 000

(37) 期末，结转各项收益类及费用类科目。

1) 结转收益类科目：

借：财政拨款收入　　76 400 000
　　事业收入　　8 500 000
　　上级补助收入　　3 000 000
　　附属单位上缴收入　　2 000 000
　　经营收入　　300 000
　　非同级财政拨款收入　　650 000
　　投资收益　　468 868
　　捐赠收入　　300 000
　　利息收入　　20 000
　　租金收入　　100 000
　　其他收入　　185 000
　　贷：本年盈余　　91 923 868

2）结转费用类科目：

借：本年盈余　　5 026 950

　　贷：业务活动费用　　2 210 000

　　　　单位管理费用　　560 000

　　　　经营费用　　310 000

　　　　资产处置费用　　30 000

　　　　上缴上级费用　　1 500 000

　　　　对附属单位补助费用　　300 000

　　　　所得税费用　　50 000

　　　　其他费用　　66 950

经计算，“本期盈余”科目贷方余额为 86 896 918（91 923 868－5 026 950）元。

(38) 期末，将“本期盈余”科目余额转入“本年盈余分配”科目。

借：本期盈余　　86 896 918

　　贷：本年盈余分配　　86 896 918

(39) 按照规定提取专用基金。其中根据本年度非财政拨款结余提取专用基金 850 000 元，根据经营结余提取专用基金 450 000 元。

借：本年盈余分配　　1 300 000

　　贷：专用基金　　1 300 000

(40) 期末，进行下列结转业务：将“本年盈余分配”科目贷方余额 85 596 318 元转入累计盈余；将“无偿调拨净资产”科目借方余额 250 000 元转入累计盈余；按照规定上缴财政拨款结转结余资金 500 000 元。

1）结转本年盈余分配：

借：本年盈余分配　　85 596 918

　　贷：累计盈余　　85 596 918

2）结转无偿调拨净资产：

借：无偿调拨净资产　　250 000

　　贷：累计盈余　　250 000

3）按照规定上缴财政拨款结转结余资金 500 000 元：

借：累计盈余　　500 000

　　贷：财政应返还额度　　500 000

期末，“累计盈余”科目贷方余额为 127 666 418（42 150 000＋169 500＋85 596 918＋250 000－500 000）元。

注：(1) 年末“长期债权投资”科目余额中包括 2×21 年 6 月 30 日到期的长期债券投资 200 000 元。

(2) 年末，“长期借款”科目余额中包括一笔从建设银行借入的款项 1 000 000 元（本利和），期限为 2×19 年 8 月 1 日至 2×22 年 8 月 1 日。

根据上述资料，编制 2×20 年 M 事业单位资产负债表，如表 9－2 所示。

表 9-2 **资产负债表**

会政财 01 表

编制单位：M 事业单位 2×20 年 12 月 31 日 单位：元

资产	期末余额	年初余额	负债和净资产	期末余额	年初余额
流动资产：			流动负债：		
货币资金	15 137 500	3 065 000	短期借款	340 000	540 000
短期投资	212 000	512 000	应交增值税	204 032	－320 000
财政应返还额度	478 000	200 000	其他应交税费	240 000	130 000
应收票据	495 000	195 000	应缴财政款	30 000	230 000
应收账款净额	2 507 050	2 185 000	应付职工薪酬	340 000	290 000
预付账款	373 000	380 000	应付票据	595 600	460 000
应收股利	60 000	60 000	应付账款	78 000	263 000
应收利息	5 000	0	应付政府补贴款	0	0
其他应收款净额	672 000	665 000	应付利息	150 000	30 000
存货	8 927 000	8 810 000	预收账款	300 000	500 000
待摊费用	10 000	30 000	其他应付款	406 000	100 000
一年内到期的非流动资产	200 000	0	预提费用	85 000	50 000
其他流动资产	0	0	一年内到期的非流动负债	0	0
流动资产合计	29 076 550	16 102 000	其他流动负债	0	0
非流动资产：			流动负债合计	2 768 632	2 273 000
长期股权投资	7 280 000	6 000 000	非流动负债：		
长期债券投资	403 000	500 000	长期借款	2 920 000	3 200 000
固定资产原值	15 804 000	15 000 000	长期应付款	2 650 000	2 000 000
减：固定资产累计折旧	2 942 000	4 120 000	预计负债	160 000	60 000
固定资产净值	12 862 000	10 880 000	其他非流动负债	0	0
工程物资	0	0	非流动负债合计	5 730 000	5 260 000
在建工程	0	2 000 000	受托代理负债	350 000	0
无形资产原值	850 000	850 000	负债合计	8 848 632	7 533 000
减：无形资产累计摊销	85 000	20 000	净资产：		
无形资产净值	765 000	830 000	累计盈余	127 666 418	42 150 000
研发支出	220 000	0	专用基金	20 969 500	19 839 000
公共基础设施原值	1 500 000	1 500 000	权益法调整	－280 000	－280 000
减：公共基础设施累计折旧（摊销）	300 000	300 000	无偿调拨净资产	0	—
公共基础设施净值	1 200 000	1 200 000	本期盈余	0	—
政府储备物资	1 200 000	1 200 000	净资产合计	148 355 918	61 709 000
文物文化资产	0	0			
保障性住房原值	109 360 000	36 000 000			
减：保障性住房累计折旧	6 000 000	6 000 000			

续前表

资产	期末余额	年初余额	负债和净资产	期末余额	年初余额
保障性住房净值	103 360 000	30 000 000			
长期待摊费用	500 000	580 000			
待处理财产损溢	−12 000	−50 000			
其他非流动资产	0	0			
非流动资产合计	127 778 000	53 140 000			
受托代理资产	350 000	0			
资产总计	157 204 550	69 242 000	负债和净资产总计	157 204 550	69 242 000

四、净资产变动表

（一）净资产变动表的性质

净资产变动表是指反映事业单位在某一会计年度内净资产项目变动情况的报表。通过净资产变动表，可以反映事业单位净资产的构成内容、总额及其增减变动情况，分析净资产增减变动的原因，有助于报表使用者预测净资产发展趋势。

（二）净资产变动表的结构

净资产变动表分为表头和基本内容两部分，其格式如表 9－3 所示。表头主要包括报表名称、编制单位、编制时期和金额单位等。

净资产变动表的基本内容以矩阵的形式列示。一方面，列示导致净资产变动的经济业务，即净资产变动的来源，对一定时期净资产的变动情况进行全面的反映（如本年盈余、无偿调拨净资产、归集调整预算结转结余、提取或设置专用基金、使用专用基金和权益法调整）；另一方面，按照净资产各组成部分（即累计盈余、专用基金、权益法调整）列示经济业务的变动对净资产各部分的影响。

（三）净资产变动表的编制

净资产变动表的“本年数”栏反映本年度各项目的实际变动数；“上年数”栏反映上年度各项目的实际变动数（应当根据上年度净资产变动表中“本年数”栏内所列数字填列）。如果上年度净资产变动表规定的项目的名称和内容与本年度不一致，应对上年度净资产变动表项目的名称和数字按照本年度的规定进行调整，将调整后的金额填入本年度净资产变动表“上年数”栏内。

净资产变动表“本年数”栏各项目的填列方法：

(1)“上年年末余额”行。本行各项目应当根据“累计盈余”“专用基金”“权益法调整”科目上年年末余额填列。

(2)“以前年度盈余调整”行。本行“累计盈余”项目应当根据本年度“以前年度盈余调整”科目转入“累计盈余”科目的金额填列；如调整减少累计盈余，以“－”号填列。

(3)“本年年初余额”行。本行“累计盈余”“专用基金”“权益法调整”项目应当根据其各自在“上年年末余额”和“以前年度盈余调整”行对应项目金额的合计数填列。

(4)“本年变动金额”行。本行“累计盈余”“专用基金”“权益法调整”项目应当根据其各自在“本年盈余”“无偿调拨净资产”“归集调整预算结转结余”“提取或设置专用基金”“使用专用基金”“权益法调整”行对应项目金额的合计数填列。

(5)“本年盈余”行。本行“累计盈余”项目应当根据年末由“本期盈余”科目转入“本年盈余分配”科目的金额填列；如转入时借记“本年盈余分配”科目，则以“一”号填列。

(6)“无偿调拨净资产”行。本行“累计盈余”项目应当根据年末由“无偿调拨净资产”科目转入“累计盈余”科目的金额填列；如转入时借记“累计盈余”科目，则以“一”号填列。

(7)“归集调整预算结转结余”行。本行“累计盈余”项目应当根据“累计盈余”科目明细账记录分析填列；如归集调整减少预算结转结余，则以“一”号填列。

(8)“提取或设置专用基金”行。本行“累计盈余”项目应当根据“从预算结余中提取”行“累计盈余”项目的金额填列。本行“专用基金”项目应当根据“从预算收入中提取”“从预算结余中提取”“设置的专用基金”行“专用基金”项目金额的合计数填列。其中：“从预算收入中提取”行，“专用基金”项目应当通过对“专用基金”科目的明细科目记录的分析，根据本年按有关规定从预算收入中提取基金的金额填列。“从预算结余中提取”行，“累计盈余”“专用基金”项目应当通过对“专用基金”科目明细账记录的分析，根据本年按有关规定从本年度非财政拨款结余或经营结余中提取专用基金的金额填列。本行“累计盈余”项目以“一”号填列。“设置的专用基金”行，“专用基金”项目应当通过对“专用基金”科目明细账记录的分析，根据本年按有关规定设置的其他专用基金的金额填列。

(9)“使用专用基金”行。本行“累计盈余”“专用基金”项目应当通过对“专用基金”科目的明细科目记录的分析，根据本年按规定使用专用基金的金额填列。本行“专用基金”项目以“一”号填列。

(10)“权益法调整”行。本行“权益法调整”项目应当根据“权益法调整”科目本年发生额填列；若本年净发生额为借方时，以“一”号填列。

(11)“本年年末余额”行。本行“累计盈余”“专用基金”“权益法调整”项目应当根据其各自在“本年年初余额”“本年变动金额”行对应项目金额的合计数填列。

【例9-2】承例9-1，该事业单位根据2×20年发生的经济业务，编制净资产变动表，如表9-3所示。

表9-3　　净资产变动表

会政财03表

编制单位：M事业单位　　2×20年　　单位：元

项目	本年数				上年数			
	累计盈余	专用基金	权益法调整	净资产合计	累计盈余（略）	专用基金（略）	权益法调整（略）	净资产合计（略）
一、上年年末余额	42 150 000	19 839 000	—280 000	61 709 000				
二、以前年度盈余调整（减少以“一”号填列）								

续前表

项目	本年数				上年数			
	累计盈余	专用基金	权益法调整	净资产合计	累计盈余（略）	专用基金（略）	权益法调整（略）	净资产合计（略）
三、本年年初余额	42 150 000	19 839 000	−280 000	61 709 000				
四、本年变动金额（减少以“—”号填列）								
（一）本年盈余	85 596 918			86 896 318				
（二）无偿调拨净资产	250 000			250 000				
（三）归集调整预算结转结余	−500 000			−500 000				
（四）提取或设置专用基金		1 300 000	0	0				
其中：从预算收入中提取								
从预算结余中提取		1 300 000		0				
设置的专用基金								
（五）使用专用基金	169 500	−169 500		0				
（六）权益法调整								
五、本年年末余额	127 666 418	20 969 500	−280 000	148 355 318				

第三节　收入费用表

一、收入费用表的概念及作用

收入费用表是指反映事业单位在某一会计期间内发生的收入、费用及当期盈余情况的报表。通过收入费用表，可以反映事业单位一定时期收入、费用发生的情况，确定运营活动结果，考核行政任务、事业计划完成情况，评价工作业绩，预测盈余未来发展趋势。总体来说，收入费用表的作用主要表现在以下方面：

（1）收入费用表可以反映事业单位活动成果，也就是该表可以全面反映单位业务活动、运营活动发生的收入、支出情况，并通过收入与支出的比较，确定事业单位在某一会计期间的业务活动成果。

（2）收入费用表为评价事业单位管理机构、管理者业绩提供了重要依据。利用收入费用表提供的收入、支出数据资料，可以反映事业单位管理机构、管理者业绩，有助于考核管理者受托经济资源管理责任的履行情况。

（3）收入费用表有助于反映净资产增减变动情况。净资产增减变动情况是事业单位资源提供者较为关注的内容之一，通过收入费用表，可以向资源提供者报告单位净资产的增加、使用、结存情况。

总之，通过收入费用表可以了解事业单位盈余水平，判断事业单位运营成果；考核事业单位运营业绩；预测事业单位未来运营与盈余发展趋势；为编制未来收支预算、做出未来运营决策提供依据。同时，将收入费用表中的信息与资产负债表中的信息相结合，还可以提供进行单位分析的基本资料。

二、收入费用表的结构

收入费用表由表头和正表两个部分构成。表头说明报表的名称、编制单位的名称、编制报表的日期和货币的计量单位等。

正表是收入费用表的核心，分为项目栏和金额栏两部分。

正表“项目”栏反映事业单位全部收支相抵后运营成果各项指标的构成、分类和排列。该表采取报告式形式，分为收入类和费用类两部分。收入类项目依次为财政拨款收入、事业收入、上级补助收入、附属单位上缴收入、经营收入、非同级财政拨款收入、投资收益、捐赠收入、利息收入、租金收入、其他收入；费用类项目依次为业务活动费用、单位管理费用、经营费用、资产处置费用、上缴上级费用、对附属单位补助费用、所得税费用和其他费用。表内各项目之间的关系如下：

本期收入－本期费用＝本期盈余

正表“金额”栏，反映事业单位不同时期（月份、年份）各项收支及运营成果达到的水平以及结余情况，便于报表使用者分析、考核事业单位收支、结余情况。收入费用表的结构如表 9－4 所示。

三、收入费用表的编制方法

收入费用表各项目均需要填列“本月数”和“本年累计数”两栏。其中“本月数”栏反映各项目的本月实际发生数。编制年度收入费用表时，应当将本栏改为“本年数”，反映本年度各项目的实际发生数。“本年累计数”栏反映各项目自年初起至报告期期末的累计实际发生数。编制年度收入费用表时，应当将本栏改为“上年数”，反映上年度各项目的实际发生数，“上年数”栏应当根据上年年度收入费用表中“本年数”栏内所列数字填列。

如果本年度收入费用表规定的项目名称和内容与上年度不一致，应当对上年度收入费用表项目的名称和数字按照本年度的规定进行调整，将调整后的金额填入本年度收入费用表的“上年数”栏内。

如果本年度单位发生了因前期差错更正、会计政策变更等调整以前年度盈余的事项，还应当对年度收入费用表中“上年数”栏中的有关项目金额进行相应调整。

收入费用表各项目的填列方法可归纳为以下几种：

第一，根据总账和明细账的本期发生额直接或分析填列。如财政拨款收入、事业收入、上级补助收入、附属单位上缴收入、经营收入、非同级财政拨款收入、捐赠收入、利息收入、租金收入、其他收入、业务活动费用、单位管理费用、经营费用、资产处置费用、上缴上级费用、对附属单位补助费用、所得税费用、其他费用项目，应根据其相应的会计科目的本期发生额填列。

“政府性基金收入”项目应当根据“财政拨款收入”相关明细科目的本期发生额填列。

第二，根据表中项目计算填列。如“本期收入”项目应当根据本表中“财政拨款收入”“事业收入”“上级补助收入”“附属单位上缴收入”“经营收入”“非同级财政拨款收入”“投资收益”“捐赠收入”“利息收入”“租金收入”“其他收入”项目金额的合计数填列。“本期费用”项目应当根据本表中“业务活动费用”“单位管理费用”“经营费用”“资产处置费用”“上缴上级费用”“对附属单位补助费用”“所得税费用”“其他费用”项目金额的合计数填列。

第三，根据总账科目的借方或贷方余额分析填列。如“投资收益”项目，应当根据“投资收益”科目的本期发生额填列；如为投资净损失，以“－”号填列。

第四，根据表中相关项目相抵后的结果分析填列。如“本期盈余”项目应当根据本表中“本期收入”项目金额减去“本期费用”项目金额后的金额填列；如为负数，以“－”号填列。

【例 9-3】承例 9-1，该事业单位根据 2×20 年发生的经济业务，编制收入费用表，如表 9-4 所示。

表 9-4 **收入费用表**

会政财 02 表

编制单位：M 事业单位 2×20 年 单位：元

项目	本月数（略）	本年累计数
一、本期收入		91 923 868
（一）财政拨款收入		76 400 000
其中：政府性基金收入		
（二）事业收入		8 500 000
（三）上级补助收入		3 000 000
（四）附属单位上缴收入		2 000 000
（五）经营收入		300 000
（六）非同级财政拨款收入		650 000
（七）投资收益		468 868
（八）捐赠收入		300 000
（九）利息收入		20 000
（十）租金收入		100 000
（十一）其他收入		185 000
二、本期费用		5 027 400
（一）业务活动费用		2 210 000
（二）单位管理费用		560 000
（三）经营费用		310 000
（四）资产处置费用		30 000
（五）上缴上级费用		1 500 000
（六）对附属单位补助费用		300 000
（七）所得税费用		50 000
（八）其他费用		67 400
三、本期盈余		86 896 468

第四节 现金流量表

一、现金流量表概述

（一）现金流量表的概念

现金流量表是指反映事业单位在某一会计年度内现金流入和流出信息的报表。

在现实经济活动中，事业单位虽然不是以盈利作为其运营活动的核心目标和最终归宿，但其运营活动始于现金收入、终于现金支出则是一个不争事实，事业单位现金流转状况在很大程度上影响其履职能力和业务活动的发展。可见，现金的取得与使用情况是事业单位重要信息之一。资产负债表虽然可以提供事业单位的资产增减变动的结果，收入费用表可以提供事业单位本期盈余总额、结构及其变动信息，净资产变动表可以反映净资产形成原因以及使用情况，但三张报表均无法直接反映事业单位一定期间从事日常活动、投资活动和筹资活动产生现金流量的详细信息。编制现金流量表的目的是为报表使用者提供事业单位一定会计期间现金和现金等价物流入和流出的信息，帮助报表使用者了解和评价事业单位获取现金的能力，预测事业单位未来的现金流量。

（二）现金、现金流量及现金流量的分类

1. 现金

现金流量表中的“现金”是指事业单位的库存现金以及其他可以随时用于支付的款项，包括库存现金、可以随时用于支付的银行存款、其他货币资金、零余额账户用款额度、财政应返还额度，以及通过财政直接支付方式支付的款项。

2. 现金流量

现金流量是指事业单位现金的流入和流出。但现金内部之间发生的相关事项，如将库存现金转作银行存款，将银行存款转换为其他货币资金等，它们彼此之间的转换不构成现金流量事项，即不会导致现金流量的增加或减少。

3. 现金流量的分类

根据事业单位活动的性质和现金流量的来源，现金流量表将事业单位一定期间产生的现金流量分为日常活动产生的现金流量、投资活动产生的现金流量和筹资活动产生的现金流量三类，每一类现金流量分为现金流入和现金流出。

（三）现金流量表的作用

1. 能够反映事业单位的工作业绩

有些事业单位的工作成果最终将体现在现金的存量上，现金流入的多少直接反映其业务量，现金增减变动的结果是这些事业单位工作业绩最直观的体现。

2. 有助于评价事业单位的支付能力和偿债能力

现金流量表是以现金收支为基础编制的。通过现金流量表，有助于报表使用者了解事业单位当前的支付能力以及偿债能力。

3. 有助于分析产生现金收付差异的原因

事业单位财务会计核算基础为权责发生制，而现金流量表是以收付实现制为基础编制的。通过现金流量表可以将权责发生制下的收入和费用与收付实现制提供的现金流量进行比较，揭示收入抵减费用后的余额与现金结余之间的差异及其原因，评价收入产生现金的能力，反映费用对现金的影响。

4. 有助于预测未来获取现金的能力

现金流量表能具体说明事业单位现金来源渠道和运用方向。过去的现金流量总是与未来的现金流量相关，是未来现金流量的预示，所以通过现金流量表可以分析事业单位未来获取现金的能力，预测现金增减变动趋势。

二、现金流量表的结构

现金流量表由表头和正表两个部分构成。现金流量表的结构如表 9－5 所示。

表头说明报表的名称、编制单位的名称、编制报表的日期和货币的计量单位等。

正表是现金流量表的核心，分为项目栏和金额栏两部分。现金流量表项目栏分为以下五部分。

（一）日常活动产生的现金流量

日常活动产生的现金流量是指事业单位投资活动和筹资活动以外的所有交易和事项引起的现金流入或现金流出。

日常活动的现金流入包括：(1) 财政基本支出拨款收到的现金；(2) 财政非资本性项目拨款收到的现金；(3) 事业活动收到的除财政拨款以外的现金；(4) 收到的其他与日常活动有关的现金。

日常活动的现金流出包括：(1) 购买商品、接受劳务支付的现金；(2) 支付给职工以及为职工支付的现金；(3) 支付的各项税费；(4) 支付的其他与日常活动有关的现金。

（二）投资活动产生的现金流量

投资活动产生的现金流量是指事业单位长期资产的购建及其处置活动引起的现金流入或现金流出。其中：长期资产是指固定资产、无形资产、在建工程、公共基础设施等非流动资产。

投资活动的现金流入包括：(1) 收回投资收到的现金；(2) 取得投资收益收到的现金；(3) 处置固定资产、无形资产、公共基础设施等收回的现金净额；(4) 收到的其他与投资活动有关的现金。

投资活动的现金流出包括：(1) 购建固定资产、无形资产、公共基础设施等支付的现金；(2) 对外投资支付的现金；(3) 上缴处置固定资产、无形资产、公共基础设施等净收入支付的现金；(4) 支付的其他与投资活动有关的现金。

（三）筹资活动产生的现金流量

投资活动产生的现金流量主要是指导致事业单位债务规模和构成发生变动等活动而引起的现金流入或现金流出。

筹资活动的现金流入包括：(1) 财政资本性项目拨款收到的现金；(2) 取得借款收到的现金；(3) 收到的其他与筹资活动有关的现金。

筹资活动的现金流出包括：(1) 偿还借款支付的现金；(2) 偿还利息支付的现金；(3) 支付的其他与筹资活动有关的现金。

（四）汇率变动对现金的影响额

汇率变动对现金的影响额是指事业单位本年外币现金流量折算为人民币时，所采用的现金流量发生日的汇率折算的人民币金额与外币现金流量净额按期末汇率折算的人民币金额之间的差额。

（五）现金净增加额

现金净增加额是指日常活动产生的现金流量净额、投资活动产生的现金流量净额、筹资活动产生的现金流量净额以及汇率变动对现金的影响额之和。

现金流量表金额栏分为“本年金额”和“上年金额”两部分。以反映构成现金流量各项目金额的增减变动情况，有助于现金流量表使用者了解和评价事业单位获取现金和现金的能力，并据以预测其未来的现金流量。

三、日常活动产生现金流量的计算方法

编制现金流量表时，日常活动产生的现金流量的列报方法主要有两种：一是直接法；二是间接法。

（一）直接法

直接法是指通过现金收入和现金支出的主要类别直接反映事业单位日常活动产生的现金流量。在直接法下，一般是以收入费用表中的本期各项收入为起点，调节与日常活动有关的项目的增减变动，然后计算出日常活动产生的现金流量。

（二）间接法

间接法是指以本期净资产变动额为起点，通过调整不涉及现金的收入、费用等项目的增减变动，调整不属于业务活动的现金收支项目，据此计算并列示业务活动的现金流量的一种方法。

按照《政府会计制度》的规定，事业单位应当采用直接法编制现金流量表。采用直接法编报的现金流量表，便于分析事业单位日常业务活动产生的现金流量的来源和用途，预测事业单位现金流量的未来前景。

四、现金流量具体项目的填列方法

（一）日常活动产生的现金流量

（1）“财政基本支出拨款收到的现金”项目。本项目应当根据“零余额账户用款额度”“财政拨款收入”“银行存款”等科目及其所属明细科目的记录分析填列。

（2）“财政非资本性项目拨款收到的现金”项目。本项目应当根据“银行存款”“零余额账户用款额度”“财政拨款收入”等科目及其所属明细科目的记录分析填列。

（3）“事业活动收到的除财政拨款以外的现金”项目。本项目应当根据“库存现金”“银行存款”“其他货币资金”“应收账款”“应收票据”“预收账款”“事业收入”等科目及其所属明细科目的记录分析填列。

（4）“收到的其他与日常活动有关的现金”项目。本项目应当根据“库存现金”“银行存款”“其他货币资金”“上级补助收入”“附属单位上缴收入”“经营收入”“非同级财政拨款收入”“捐赠收入”“利息收入”“租金收入”“其他收入”等科目及其所属明细科目的

记录分析填列。

(5)“购买商品、接受劳务支付的现金”项目。本项目应当根据“库存现金”“银行存款”“财政拨款收入”“零余额账户用款额度”“预付账款”“在途物品”“库存物品”“应付账款”“应付票据”“业务活动费用”“单位管理费用”“经营费用”等科目及其所属明细科目的记录分析填列。

(6)“支付给职工以及为职工支付的现金”项目。本项目应当根据“库存现金”“银行存款”“零余额账户用款额度”“财政拨款收入”“应付职工薪酬”“业务活动费用”“单位管理费用”“经营费用”等科目及其所属明细科目的记录分析填列。

(7)“支付的各项税费”项目。本项目应当根据“库存现金”“银行存款”“零余额账户用款额度”“应交增值税”“其他应交税费”“业务活动费用”“单位管理费用”“经营费用”“所得税费用”等科目及其所属明细科目的记录分析填列。

(8)“支付的其他与日常活动有关的现金”项目。本项目应当根据“库存现金”“银行存款”“零余额账户用款额度”“财政拨款收入”“其他应付款”“业务活动费用”“单位管理费用”“经营费用”“其他费用”等科目及其所属明细科目的记录分析填列。

需要说明的是，“日常活动产生的现金流量净额”项目，应当按照本表中“日常活动的现金流入小计”项目金额减去“日常活动的现金流出小计”项目金额后的金额填列；如为负数，以“－”号填列。

（二）投资活动产生的现金流量

(1)“收回投资收到的现金”项目。本项目应该根据“库存现金”“银行存款”“短期投资”“长期股权投资”“长期债券投资”等科目的记录分析填列。

(2)“取得投资收益收到的现金”项目。本项目应当根据“库存现金”“银行存款”“应收股利”“应收利息”“投资收益”等科目的记录分析填列。

(3)“处置固定资产、无形资产、公共基础设施等收回的现金净额”项目。本项目应当根据“库存现金”“银行存款”“待处理财产损溢”等科目的记录分析填列。

(4)“收到的其他与投资活动有关的现金”项目，反映事业单位本年收到的除上述项目之外与投资活动有关的现金。本项目应当根据“库存现金”“银行存款”等有关科目的记录分析填列。对于金额较大的现金流入，应当单列项目反映。

(5)“购建固定资产、无形资产、公共基础设施等支付的现金”项目。本项目应当根据“库存现金”“银行存款”“固定资产”“工程物资”“在建工程”“无形资产”“研发支出”“公共基础设施”“保障性住房”等科目的记录分析填列。

(6)“对外投资支付的现金”项目。本项目应当根据“库存现金”“银行存款”“短期投资”“长期股权投资”“长期债券投资”等科目的记录分析填列。

(7)“上缴处置固定资产、无形资产、公共基础设施等净收入支付的现金”项目。本项目应当根据“库存现金”“银行存款”“应缴财政款”等科目的记录分析填列。

(8)“支付的其他与投资活动有关的现金”项目，反映事业单位本年支付的除上述项目之外与投资活动有关的现金。本项目应当根据“库存现金”“银行存款”等有关科目的记录分析填列。对于金额较大的现金流出，应当单列项目反映。

需要说明的是，“投资活动产生的现金流量净额”项目，应当按照本表中“投资活动的现金流入小计”项目金额减去“投资活动的现金流出小计”项目金额后的金额填列；如为负数，以“－”号填列。

（三）筹资活动产生的现金流量

（1）“财政资本性项目拨款收到的现金”项目。本项目应当根据“银行存款”“零余额账户用款额度”“财政拨款收入”等科目及其所属明细科目的记录分析填列。

（2）“取得借款收到的现金”项目。本项目应当根据“库存现金”“银行存款”“短期借款”“长期借款”等科目记录分析填列。

（3）“收到的其他与筹资活动有关的现金”项目，反映事业单位本年收到的除上述项目之外与筹资活动有关的现金。本项目应当根据“库存现金”“银行存款”等有关科目的记录分析填列。对于金额较大的现金流入，应当单列项目反映。

（4）“偿还借款支付的现金”项目。本项目应当根据“库存现金”“银行存款”“短期借款”“长期借款”等科目的记录分析填列。

（5）“偿付利息支付的现金”项目。本项目应当根据“库存现金”“银行存款”“应付利息”“长期借款”等科目的记录分析填列。

（6）“支付的其他与筹资活动有关的现金”项目，反映事业单位本年支付的除上述项目之外与筹资活动有关的现金，如融资租入固定资产所支付的租赁费。本项目应当根据“库存现金”“银行存款”“长期应付款”等科目的记录分析填列。

需要说明的是，“筹资活动产生的现金流量净额”项目，应当按照本表中“筹资活动的现金流入小计”项目金额减去“筹资活动的现金流出小计”金额后的金额填列；如为负数，以“－”号填列。

（四）汇率变动对现金的影响额

该项目反映事业单位本年外币现金流量折算为人民币时，所采用的现金流量发生日的汇率折算的人民币金额与外币现金流量净额按期末汇率折算的人民币金额之间的差额。

（五）现金净增加额

该项目反映事业单位本年现金变动的净额。该项目应当根据本表中“日常活动产生的现金流量净额”“投资活动产生的现金流量净额”“筹资活动产生的现金流量净额”“汇率变动对现金的影响额”项目金额的合计数填列；如为负数，以“－”号填列。

【例 9－4】承例 9－1，该事业单位根据 2×20 年发生的经济业务，编制现金流量表如表 9－5 所示。

该单位现金增减变动的金额＝(15 137 500＋478 000)－(3 065 000＋200 000)
＝12 350 500（元）

财政基本支出拨款收到的现金＝业务（1）2 000 000＋业务（14）2 250 000＋业务（30）150 000＝4 400 000（元）

财政非资本性项目拨款收到的现金＝业务（33）650 000（元）

事业活动收到的除财政拨款以外的现金＝业务（2）8 510 000（元）

收到的其他与日常活动有关的现金＝业务（4）5 000 000＋业务（25）6 000＋业务（32）129 000＝5 135 000（元）

支付给职工以及为职工支付的现金＝业务（14）2 250 000

支付的其他与日常活动有关的现金＝业务（5）12 000＋业务（22）15 000＋业务

（31）1 500 000＋业务（35）200 000＋业务（40）中的3）500 000＝2 227 000（元）

收回投资收到的现金＝业务（10）300 000（元）

取得投资收益收到的现金＝业务（10）18 868（元）

收到的其他与投资活动有关的现金＝业务（10）1 132（元）

购建固定资产、无形资产、公共基础设施等支付的现金＝业务（12）150 000＋业务（29）73 360 000＝73 510 000（元）

对外投资支付的现金＝业务（20）103 000（元）

支付的其他与投资活动有关的现金＝业务（12）19 500＋业务（20）5 000＋业务（21）60 000＝84 500（元）

偿还借款支付的现金＝业务（6）280 000＋业务（7）200 000＝480 000（元）

偿还利息支付的现金＝业务（7）10 000（元）

表 9-5 **现金流量表**

会政财04表

编制单位：M事业单位 2×20年 单位：元

项目	本年金额	上年金额（略）
一、日常活动产生的现金流量：		
财政基本支出拨款收到的现金	4 400 000	
财政非资本性项目拨款收到的现金	650 000	
事业活动收到的除财政拨款以外的现金	8 510 000	
收到的其他与日常活动有关的现金	5 135 000	
日常活动的现金流入小计	18 695 000	
购买商品、接受劳务支付的现金		
支付给职工以及为职工支付的现金	2 250 000	
支付的各项税费	0	
支付的其他与日常活动有关的现金	2 227 000	
日常活动的现金流出小计	4 477 000	
日常活动产生的现金流量净额	14 218 000	
二、投资活动产生的现金流量：		
收回投资收到的现金	300 000	
取得投资收益收到的现金	18 868	
处置固定资产、无形资产、公共基础设施等收回的现金净额	0	
收到的其他与投资活动有关的现金	1 132	
投资活动的现金流入小计	320 000	
购建固定资产、无形资产、公共基础设施等支付的现金	73 510 000	
对外投资支付的现金	103 000	
上缴处置固定资产、无形资产、公共基础设施等净收入支付的现金	0	
支付的其他与投资活动有关的现金	84 500	
投资活动的现金流出小计	73 697 500	

续前表

项目	本年金额	上年金额（略）
投资活动产生的现金流量净额	—73 377 500	
三、筹资活动产生的现金流量：		
财政资本性项目拨款收到的现金	72 000 000	
取得借款收到的现金	0	
收到的其他与筹资活动有关的现金	0	
筹资活动的现金流入小计	72 000 000	
偿还借款支付的现金	480 000	
偿还利息支付的现金	10 000	
支付的其他与筹资活动有关的现金	0	
筹资活动的现金流出小计	490 000	
筹资活动产生的现金流量净额	71 510 000	
四、汇率变动对现金的影响额	0	
五、现金净增加额	12 350 500	

第五节　预算会计报表

一、预算会计报表的作用和组成

（一）预算会计报表的作用

预算会计报表是指综合反映事业单位年度预算收支执行结果的书面文件，是事业单位决算报告的组成部分。它以日常的预算会计核算资料为依据，经整理汇总后，按照规定的格式内容和编制方法编制，系统、完整地反映事业单位预算执行情况。它是编制下一年度事业单位预算和实施科学收支管理的主要依据和信息基础，也是政府研究调整有关政策、做好财政管理以及调控经济的重要参考依据。具体作用表现在以下方面：

（1）各事业单位利用决算报表提供的信息，可以了解预算资金的来源及支出的去向，分析和检查预算的执行情况，发现预算管理工作中存在的问题，总结预算管理经验，以便采取有效措施，改进预算管理工作，提高预算管理水平，为编制下年政府预算提供科学的依据。

（2）各级主管部门利用下级事业单位的会计报表，可以考核各事业单位执行国家有关方针政策的情况，督促各事业单位认真遵守财经制度与法规维护财经纪律。主管部门对全系统的会计报表汇总后，还可以分析和检查全系统的预算执行情况，提高全系统的预算管理工作水平。

（3）财政机关利用各事业单位上报的会计报表，便于掌握各单位的预算执行进度、正确地核算预算支出，还可以了解各单位执行预算的情况和存在的问题，指导和帮助各单位做好预算会计工作，提高预算管理质量。

（二）预算会计报表的组成

1. 预算收入支出表

预算收入支出表是指反映事业单位在某一会计年度内各项预算收入、预算支出和预算结转结余情况，以及年末非财政拨款结余的分配情况。

2. 预算结转结余变动表

预算结转结余变动表是指反映事业单位在某一会计年度内预算结转结余变动情况以及与资金结存钩稽关系的报表。

3. 财政拨款预算收入支出表

财政拨款预算收入支出表是指反映事业单位本年财政拨款预算资金收入、支出及相关变动具体情况的报表。

二、预算收入支出表

（一）预算收入支出表的概念和作用

预算收入支出表，是指反映事业单位在某一会计年度内各项预算收入、预算支出和预算结转结余情况，以及年末非财政拨款结余的分配情况。该表通过对事业单位预算资金收入、支出及结余情况的全面列示，集中揭示了事业单位从事承担社会管理和公共服务职责的经费来源及去向。预算收入支出表从以下方面为预算会计报表使用者提供有用的信息：

（1）“本期预算收入”项目，按事业单位取得预算收入来源的性质列示，可以反映事业单位“财政拨款预算收入”“事业预算收入”“上级补助预算收入”“附属单位上缴预算收入”“经营预算收入”“债务预算收入”“非同级财政拨款预算收入”“投资预算收益”“其他预算收入”占本期预算总收入的比重，财务报表使用者可以掌握事业单位收入构成。

（2）“本年预算支出”项目，将事业单位一定时期所发生的支出按不同性质分类，既反映了一定会计期间支出的全貌，又将“事业支出”“经营支出”“上缴上级支出”“对附属单位补助支出”“投资支出”“债务还本支出”“其他支出”加以区分，便于预算会计报表使用者对各类性质不同支出进行分析，掌握各类支出在总支出中所占的比重。

（3）“本年预算收支差额”项目，总括反映了事业单位的预算执行情况，即预算收入扣减预算支出的差额，通过预算收支差额及其构成，有利于财政部门、事业单位主管部门和事业单位检查监督年度收支预算的完成情况，正确考核事业单位提供公共服务和监督社会事务的情况。

（二）预算收入支出表的结构

预算收入支出表由表头和正表两个部分构成。预算收入支出表的结构如表 9－9 所示。

表头说明报表的名称、编制单位的名称、编制报表的日期和货币的计量单位等。

正表是预算收入支出表的核心，分为“项目”栏和“金额”栏两部分。

正表“项目”栏反映单位全部预算收支总量、构成，并采取了报告式形式，分为本年预算收入类、本年预算支出类和本年预算收支差额三部分，三者关系如下：

本年预算收支差额＝（财政拨款收入＋事业收入＋上级补助收入＋附属单位上缴收入＋经营收入＋非同级财政拨款收入＋投资收益＋捐赠收入＋利息收入＋租金收入＋其他收入）－（业务活动费用＋单位管理费用＋经营费用＋资产处置费用＋上缴上级费用＋对附属单位补助费用＋所得税费用＋其他费用）

正表“金额”栏的“本年数”栏反映各项目的本年实际发生数；“上年数”栏反映各项目上年度的实际发生数，应当根据上年度预算收入支出表中“本年数”栏内所列数字填列。

如果本年度预算收入支出表规定的项目的名称和内容同上年度不一致，应当对上年度预算收入支出表项目的名称和数字按照本年度的规定进行调整，将调整后金额填入本年度预算收入支出表的“上年数”栏。

（三）预算收入支出表的编制

预算收入支出表各项目的填列方法可归纳为以下几种：

第一，根据总账科目和明细科目的本期发生额直接或分析填列。如财政拨款预算收入、事业预算收入、上级补助预算收入、附属单位上缴预算收入、经营预算收入、债务预算收入、非同级财政拨款预算收入、投资预算收益等收入类项目，事业支出、经营支出、上缴上级支出、对附属单位补助支出、投资支出、债务还本支出等项目，根据总账科目和明细科目的本期发生额直接或分析填列。

“政府性基金收入”项目应当根据“财政拨款预算收入”相关明细科目的本年发生额填列。

第二，根据相关科目明细记录分析填列。如事业单位未单设“利息预算收入”“捐赠预算收入”“租金预算收入”科目，与此相关的项目，应根据“其他预算收入”科目的明细记录分析填列。如果事业单位单设“利息预算收入”“捐赠预算收入”“租金预算收入”科目，应当根据相应科目本年发生额填列。

如事业单位未单设“利息支出”“捐赠支出”科目，该表与此相关的项目，应根据“其他支出”科目的明细科目记录分析填列。如果事业单位单设“利息支出”“捐赠支出”科目，与此相关项目，应当根据相应科目本年发生额填列。

第三，根据表中项目计算填列。如“本年预算收入”项目应当根据本表中“财政拨款预算收入”“事业预算收入”“上级补助预算收入”“附属单位上缴预算收入”“经营预算收入”“债务预算收入”“非同级财政拨款预算收入”“投资预算收益”“其他预算收入”项目金额的合计数填列。“本年预算支出”项目应当根据本表中“事业支出”“经营支出”“上缴上级支出”“对附属单位补助支出”“投资支出”“债务还本支出”“其他支出”项目金额的合计数填列。

第四，根据表中相关项目相抵后的结果分析填列。如“本年预算收支差额”项目应当根据本表中“本期预算收入”项目金额减去“本期预算支出”项目金额后的金额填列；如相减后金额为负数，以“—”号填列。

三、预算结转结余变动表

（一）预算结转结余变动表的概念和作用

预算结转结余变动表是指反映事业单位在某一会计年度内预算结转结余变动情况的报表。该表全面反映了事业单位预算资金结转结余的年初余额、本期变动以及年末结余情况。预算结转结余变动表至少包括以下含义：

（1）预算结转结余变动表反映的是预算资金结转结余情况。其中，结转资金是指当年预算已执行但未完成，或者因故未执行，下一年度需要按照原用途继续使用的资金。结余资金是指当年预算工作目标已完成，或者因故终止，当年剩余的资金。

（2）预算资金结转结余包括财政拨款结转结余和其他资金结转结余两部分内容。

（3）预算结转结余变动表内部项目之间存在相互联系，彼此制约，形成一种在数量上可据以相互查考、核对的平衡相等关系。

（二）预算结转结余变动表的结构

预算结转结余变动表由表头和正表两个部分构成。预算结转结余变动表结构如表9－10所示。

表头说明报表的名称、编制单位的名称、编制报表的日期和货币的计量单位等。

正表是预算结转结余变动表的核心，分为“项目”栏和“金额”栏两部分。

预算结转结余变动表“项目”栏主要是由年初预算结转结余、年初余额调整、本年变动金额和年末预算结转结余四部分构成。它们之间的关系是：

年末预算结转结余＝年初预算结转结余＋年初余额调整＋本年变动金额

预算结转结余变动表“金额”栏分为“本年数”和“上年数”两个栏次，其中：“本年数”栏反映各项目的本年实际发生数；“上年数”栏反映各项目的上年实际发生数，应当根据上年度预算结转结余变动表中“本年数”栏内所列数字填列。

如果本年度预算结转结余变动表规定的项目的名称和内容与上年度不一致，应当对上年度预算结转结余变动表项目的名称和数字按照本年度的规定进行调整，将调整后金额填入本年度预算结转结余变动表的“上年数”栏。

（三）预算结转结余变动表的编制

1.“年初预算结转结余”项目

该项目反映事业单位本年预算结转结余的年初余额。该项目应当根据该项目下“财政拨款结转结余”“其他资金结转结余”项目金额的合计数填列。

（1）“财政拨款结转结余”项目。本项目应当根据“财政拨款结转”“财政拨款结余”科目本年年初余额合计数填列。

（2）“其他资金结转结余”项目。本项目应当根据“非财政拨款结转”“非财政拨款结余”“专用结余”“经营结余”科目本年年初余额的合计数填列。

2.“年初余额调整”项目

该项目反映事业单位本年预算结转结余年初余额调整的金额。该项目应当根据该项目下“财政拨款结转结余”“其他资金结转结余”项目金额的合计数填列。

（1）“财政拨款结转结余”项目。本项目应当根据“财政拨款结转”“财政拨款结余”科目下“年初余额调整”明细科目的本年发生额的合计数填列；如调整减少年初财政拨款结转结余，以“－”号填列。

（2）“其他资金结转结余”项目。本项目应当根据“非财政拨款结转”“非财政拨款结余”科目下“年初余额调整”明细科目的本年发生额的合计数填列；如调整减少年初其他资金结转结余，以“－”号填列。

3. “本年变动金额”项目

该项目反映事业单位本年预算结转结余变动的金额。本项目应当根据该项目下“财政拨款结转结余”“其他资金结转结余”项目金额的合计数填列。

（1）“财政拨款结转结余”项目。本项目应当根据本项目下“本年收支差额”“归集调入”“归集上缴或调出”项目金额的合计数填列。

1）“本年收支差额”项目。本项目应当根据“财政拨款结转”科目下“本年收支结转”明细科目本年转入的预算收入与预算支出的差额填列；差额为负数的，以“－”号填列。

2）“归集调入”项目。本项目应当根据“财政拨款结转”科目下“归集调入”明细科目的本年发生额填列。

3）“归集上缴或调出”项目。本项目应当根据“财政拨款结转”“财政拨款结余”科目下“归集上缴”明细科目，以及“财政拨款结转”科目下“归集调出”明细科目本年发生额的合计数填列，以“－”号填列。

（2）“其他资金结转结余”项目。本项目应当根据本项目下“本年收支差额”“缴回资金”“使用专用结余”“支付所得税”项目金额的合计数填列。

1）“本年收支差额”项目。本项目应当根据“非财政拨款结转”科目下“本年收支结转”明细科目、“其他结余”科目、“经营结余”科目本年转入的预算收入与预算支出的差额的合计数填列；如为负数，以“－”号填列。

2）“缴回资金”项目。本项目应当根据“非财政拨款结转”科目下“缴回资金”明细科目本年发生额的合计数填列，以“－”号填列。

3）“使用专用结余”项目。本项目应当根据“专用结余”科目明细账中本年使用专用结余业务的发生额填列，以“－”号填列。

4）“支付所得税”项目。本项目应当根据“非财政拨款结余”明细账中本年实际缴纳企业所得税业务的发生额填列，以“－”号填列。

4. “年末预算结转结余”项目

该项目反映单位本年预算结转结余的年末余额。本项目应当根据该项目下“财政拨款结转结余”“其他资金结转结余”项目金额的合计数填列。

（1）“财政拨款结转结余”项目。本项目应当根据本项目下“财政拨款结转”“财政拨款结余”项目金额的合计数填列。

本项目下“财政拨款结转”“财政拨款结余”项目，应当分别根据“财政拨款结转”“财政拨款结余”科目的本年年末余额填列。

（2）“其他资金结转结余”项目。本项目应当根据本项目下“非财政拨款结转”“非财政拨款结余”“专用结余”“经营结余”项目金额的合计数填列。

本项目下“非财政拨款结转”“非财政拨款结余”“专用结余”“经营结余”项目，应当分别根据“非财政拨款结转”“非财政拨款结余”“专用结余”“经营结余”科目的本年年末余额填列。

四、财政拨款预算收入支出表

（一）财政拨款预算收入支出表的概念和作用

财政拨款预算收入支出表是指反映事业单位本年财政拨款预算资金收入、支出及相关变动具体情况的报表。

为了清楚地表明财政拨款预算收入、支出及相关变动具体情况，财政拨款预算收入支出表采取矩阵形式列示。一方面，列示事业单位在某一特定时期实现全部财政拨款收入、发生财政拨款支出以及收入抵减支出结余情况，同时反映了引起财政拨款增减变动原因，如年初财政拨款结转结余、调整年初财政拨款结转结余、本年归集调入、本年归集上缴或调出、内部调剂情况、本年财政拨款收入、本年拨款支出、年末财政拨款结转结余；另一方面，列示事业单位一定时期财政拨款支出性质，如公共财政预算资金、政府性基金预算资金。

（二）财政拨款收入支出表的结构

财政拨款收入支出表由表头和正表两个部分构成，财政拨款收入支出表的结构如表9－11所示。

表头说明报表的名称、编制单位的名称、编制报表的日期和货币的计量单位等。

为了清楚地反映事业单位财政拨款收入、支出的各组成部分当期的增减变动情况以及财政拨款收支内容，财政拨款收入支出表正表以矩阵的形式列示。一方面，列示导致财政拨款收入支出变动的事项，按财政拨款收入、支出变动的来源对一定时期财政拨款收入支出变动情况进行全面反映；另一方面，按照财政拨款性质如按一般公共预算财政拨款、政府性基金预算财政拨款分类，列示每类收支变动情况。

（三）财政拨款收入支出表的填列方法

（1）“年初财政拨款结转结余”栏中各项目，反映事业单位年初各项财政拨款结转结余的金额。各项目应当根据“财政拨款结转”“财政拨款结余”及其明细科目的年初余额填列。本栏中各项目的数额应当与上年度财政拨款预算收入支出表中“年末财政拨款结转结余”栏中各项目的数额相等。

（2）“调整年初财政拨款结转结余”栏中各项目。应当根据“财政拨款结转”“财政拨款结余”科目下“年初余额调整”明细科目及其所属明细科目的本年发生额填列；如调整减少年初财政拨款结转结余，以“－”号填列。

（3）“本年归集调入”栏中各项目。应当根据“财政拨款结转”科目下“归集调入”明细科目及其所属明细科目的本年发生额填列。

（4）“本年归集上缴或调出”栏中各项目。应当根据“财政拨款结转”“财政拨款结余”科目下“归集上缴”科目和“财政拨款结转”科目下“归集调出”明细科目，及其所属明细科目的本年发生额填列，以“－”号填列。

（5）“单位内部调剂”栏中各项目。应当根据“财政拨款结转”和“财政拨款结余”科目下的“单位内部调剂”明细科目及其所属明细科目的本年发生额填列；对单位内部调剂减少的财政拨款结余金额，以“－”号填列。

(6)“本年财政拨款收入”栏中各项目。应当根据“财政拨款预算收入”科目及其所属明细科目的本年发生额填列。

(7)“本年财政拨款支出”栏中各项目。应当根据“事业支出”等科目及其所属明细科目本年发生额中的财政拨款支出数的合计数填列。

(8)“年末财政拨款结转结余”栏中各项目。应当根据“财政拨款结转”“财政拨款结余”科目及其所属明细科目的年末余额填列。

【例 9-5】 2×19 年末，M 事业单位结账前预算收支科目、财政拨款结转结余科目、非财政拨款结转结余科目资料如下：

(1) 2×19 年，M 事业单位预算收入科目资料如表 9-6 所示。

表 9-6　　M 事业单位预算收入科目发生额　　单位：元

总账科目	一级明细科目	二级明细科目	借方发生额	贷方发生额
财政拨款预算收入				43 050 000
	基本支出			35 250 000
		人员经费		24 450 000
		日常公用经费		10 800 000
	项目支出			7 800 000
		A 专项资金		300 000
		B 专项资金		7 500 000
事业预算收入				6 105 000
	教学			3 600 000
		C 专项资金		1 100 000
		非专项资金		2 500 000
	科研			2 505 000
		D 专项资金		2 000 000
		非同级财政拨款		505 000
上级补助预算收入				1 095 000
	E 专项资金			219 000
	非专项资金			876 000
附属单位上缴预算收入	F 专项资金			532 500
经营预算收入				250 500
债务预算收入（非专项资金收入）				300 000
非同级财政拨款预算收入（非专项资金收入）				100 000
投资预算收益（非专项资金收入）				200 000
其他预算收入（非专项资金收入）				50 000

该事业单位根据表 9-6 中的资料，编制年终转账的相关会计分录。

1) 将“财政拨款预算收入”科目全年发生额合计转入“财政拨款结转”科目。

借：财政拨款预算收入——基本支出——人员经费　　24 450 000

——日常公用经费 10 800 000

——项目支出——A 项目 300 000

——B 项目 7 500 000

贷：财政拨款结转——本年收支结转 43 050 000

2）将“事业预算收入”科目全年发生额合计转入“非财政拨款结转”“其他结余”科目。

借：事业预算收入——教学活动——C 专项资金收入 1 100 000

——非专项资金收入 2 500 000

——科研活动——D 专项资金收入 2 000 000

——非同级财政拨款收入 505 000

贷：非财政拨款结转——本年收支结转 3 100 000

其他结余 3 005 000

3）将“上级补助预算收入”科目全年发生额合计转入“非财政拨款结转”“其他结余”科目。

借：上级补助预算收入——E 专项资金 219 000

——非专项资金 876 000

贷：非财政拨款结转——本年收支结转 219 000

其他结余 876 000

4）将“附属单位上缴预算收入”科目全年发生额合计转入“非财政拨款结转”科目。

借：附属单位上缴预算收入——F 专项资金 532 500

贷：非财政拨款结转——本年收支结转 532 500

5）将“经营预算收入”科目全年发生额合计转入“经营结余”科目。

借：经营预算收入 250 500

贷：经营结余 250 500

6）将“债务预算收入”“非同级财政拨款预算收入”“投资预算收益”“其他预算收入”科目全年发生额合计转入“其他结余”科目。

借：债务预算收入 300 000

非同级财政拨款预算收入 100 000

投资预算收益 200 000

其他预算收入 50 000

贷：其他结余 650 000

（2）2×19 年，M 事业单位预算支出科目资料如表 9-7 所示。

表 9-7　　M 事业单位预算支出科目发生额　　单位：元

总账科目	一级明细科目	二级明细科目	三级明细科目	借方发生额	贷方发生额
事业支出					
	财政拨款支出			40 350 000	
		基本支出		35 050 000	
			人员经费	24 450 000	
			日常公用经费	10 600 000	

续前表

总账科目	一级明细科目	二级明细科目	三级明细科目	借方发生额	贷方发生额
		项目支出		5 300 000	
			A项目支出	300 000	
			B项目支出	5 000 000	
	非财政专项资金支出			2 900 000	
			C项目支出（教学）	1 100 000	
			D项目支出（科研）	1 800 000	
	其他资金支出			3 000 000	
经营支出				200 000	
上缴上级支出				150 000	
对附属单位补助支出				50 000	
投资支出				200 000	
债务还本支出				100 000	
其他支出（财政拨款支出）				60 000	

该事业单位根据表9-7中的资料，编制年终转账的相关会计分录。

1）将“事业支出”科目全年发生额合计中的财政拨款支出转入“财政拨款结转”科目。

借：财政拨款结转——本年收支结转　40 350 000

　　贷：事业支出——财政拨款支出——基本支出——人员经费　24 450 000

　　　　——日常公用经费　10 600 000

　　　　——项目支出——A项目支出　300 000

　　　　——B项目支出　5 000 000

2）将“事业支出”科目全年发生额合计中的非财政拨款支出转入“非财政拨款结转”科目。

借：非财政拨款结转——本年收支结转　2 900 000

　　贷：事业支出——非财政拨款支出——项目支出——C项目　1 100 000

　　　　——D项目　1 800 000

3）将“事业支出”科目全年发生额合计中的非财政、非专项资金转入“其他结余”科目。

借：其他结余　3 000 000

　　贷：事业支出　3 000 000

4）将“经营支出”科目全年发生额合计转入“经营结余”科目。

借：经营结余　　200 000

　　贷：经营支出　　200 000

5）将"上缴上级支出""对附属单位补助支出""投资支出""债务还本支出"科目全年发生额合计转入"其他结余"科目。

借：其他结余　　500 000

　　贷：上缴上级支出　　150 000

　　　　对附属单位补助支出　　50 000

　　　　投资支出　　200 000

　　　　债务还本支出　　100 000

6）将"其他支出"科目全年发生额合计转入"财政拨款结转"科目。

借：财政拨款结转——本年收支结转　　60 000

　　贷：其他支出　　60 000

经计算，本年预算收支差额为 4 673 000 元，其中"财政拨款结转——本年收支结转"科目余额为 2 640 000（35 250 000＋7 800 000－40 350 000－60 000）元，"非财政拨款结转——本年收支结转"科目余额为 419 000（3 100 000＋219 000－2 900 000）元，"其他结余"科目余额为 1 563 500（3 005 000＋876 000＋532 500＋650 000－3 000 000－500 000）元，"经营结余"科目余额为 50 500（250 500－200 000）元。

（3）2×19 年，该单位因发生会计差错更正增加以前年度国库直接支付款项 50 000 元，该资金属于以前年度财政拨款结转资金（公用经费部分）；按照规定从其他单位调入财政拨款结余资金 600 000 元，款项存入银行；按照规定上缴财政拨款结转资金 500 000 元，款项以零余额账户结算；经财政部门批准，该单位将其财政拨款结余项目资金 200 000 元调剂给乙事业单位。

1）更正会计差错，增加以前年度国库直接支付款项：

借：资金结存——财政应返还额度　　50 000

　　贷：财政拨款结转——年初余额调整　　50 000

2）按照规定从其他单位调入财政拨款结余资金：

借：资金结存——货币资金　　600 000

　　贷：财政拨款结转——归集调入　　600 000

3）按照规定上缴财政拨款结转资金：

借：财政拨款结转——归集上缴　　500 000

　　贷：资金结存——零余额账户用款额度　　500 000

4）将财政拨款结余资金调剂给乙事业单位：

借：财政拨款结余——单位内部调剂——甲事业单位　　200 000

　　贷：财政拨款结转——单位内部调剂——乙事业单位　　200 000

（4）年末冲销"财政拨款结转"科目所属相关明细科目的余额。

借：财政拨款结转——本年收支结转　　2 640 000

　　　　　　　　——年初余额调整　　50 000

——归集调入 600 000

——单位内部调剂——乙事业单位 200 000

贷：财政拨款结转——累计结转 2 990 000

——归集上缴 500 000

（5）年末完成上述结转后，按规定将财政拨款累计结转的 800 000 元转入财政拨款结余，其中项目资金结转 600 000 元，非项目资金结转 200 000 元。

借：财政拨款结转——累计结转 800 000

贷：财政拨款结余——结转转入 800 000

（6）年末，将“财政拨款结余——结转转入”科目余额转入“财政拨款结余——累计结转结余”科目。

借：财政拨款结余——结转转入 800 000

贷：财政拨款结余——累计结余 800 000

（7）2×19 年，该事业单位收回 2×18 年已列支出的非同级财政拨款 150 000 元，存入银行；根据与拨款单位签订的《项目管理办法》的规定，年末提取项目管理费 50 000 元；按照相关规定，该单位缴回非财政拨款结转资金 30 000 元，以银行存款结算。

1）收回 2×18 年已列支出的非同级财政拨款：

借：资金结存——货币资金 150 000

贷：非财政拨款结转——年初余额调整 150 000

2）提取项目管理费：

借：非财政拨款结转——项目间接费用或管理费 50 000

贷：非财政拨款结余——项目间接费用或管理费 50 000

3）缴回非财政拨款结转资金：

借：非财政拨款结转——缴回资金 30 000

贷：资金结存——货币资金 30 000

（8）年末，冲销“非财政拨款结转”科目相关明细科目的余额。

借：非财政拨款结转——本年收支结转 419 000

——年初余额调整 150 000

贷：非财政拨款结转——项目间接费用或管理费 50 000

——缴回资金 30 000

——累计结转 489 000

（9）年末完成上述结转后，将非财政拨款累计结转中专项剩余资金 100 000 元转入非财政拨款结余。

借：非财政拨款结转——累计结转 100 000

贷：非财政拨款结余——结转转入 100 000

（10）年末，将“非财政拨款结余”科目中的“年初余额调整”明细科目贷方余额 60 000元、“结转转入”明细科目贷方余额 100 000 元、“项目间接费用或管理费”明细科目贷方余额 50 000 元转入“非财政拨款结余”科目中的“累计结余”明细科目。

借：非财政拨款结余——年初余额调整　60 000
　　　　　　　　——结转转入　100 000
　　　　　　　　——项目间接费用或管理费　50 000
　贷：非财政拨款结余——累计结转　210 000

(11) 年末，将“其他结余”科目余额转入“非财政拨款结余分配”科目。

借：其他结余　1 563 500
　贷：非财政拨款结余分配　1 563 500

(12) 年末，将“经营结余”科目余额转入“非财政拨款结余分配”科目。

借：经营结余　50 500
　贷：非财政拨款结余分配　50 500

(13) 年末，按照规定从非财政拨款结余和经营结余中提取专用基金130 000元。

借：非财政拨款结余分配　130 000
　贷：专用基金　130 000

(14) 年末，将“非财政拨款结余分配”科目余额转入“非财政拨款结余”科目。

借：非财政拨款结余分配　1 484 000
　贷：非财政拨款结余——累计结余　1 484 000

该事业单位根据上述会计分录登记会计账簿的结果如表9-8所示。

表9-8　财政拨款结转结余年初余额、本期发生额和期末余额　单位：元

总账科目	一级明细科目	期初余额（贷方）	本期发生额		期末余额（贷方）
			借方	贷方	
财政拨款结转	年初余额调整		(4) 50 000	(3) 中1) 50 000	0
	归集调入		(4) 600 000	(3) 中2) 600 000	0
	归集上缴		(3) 中3) 500 000	(4) 500 000	0
	单位内部调剂		(4) 200 000	(3) 中4) 200 000	0
	本年收支结转		(2) 中1) 40 350 000 (2) 中6) 60 000 (4) 2 640 000	(1) 中1) 43 050 000	0
	累计结转		(5) 800 000	(4) 2 990 000	2 190 000
财政拨款结余					
	年初余额调整				
	归集上缴				
	单位内部调剂				
	结转转入		(6) 800 000	(5) 800 000	0
	累计结余		(3) 中4) 200 000	(6) 800 000	600 000
非财政拨款结转					
	年初余额调整		(8) 150 000	(7) 中1) 150 000	0
	缴回资金		(7) 中3) 30 000	(8) 30 000	0
	项目间接费用或管理费		(7) 中2) 50 000	(8) 50 000	0
	本年收支结转		(2) 中2) 2 900 000 (8) 419 000	(1) 中2) 3 100 000 (1) 中3) 219 000	0

续前表

总账科目	一级明细科目	期初余额（贷方）	本期发生额		期末余额（贷方）
			借方	贷方	
	累计结转		(9) 100 000	(8) 489 000	389 000
非财政拨款结余					
	年初余额调整	60 000	(10) 60 000		0
	项目间接费用或管理费		(10) 50 000	(7) 中 2) 50 000	0
	结转转入		(10) 100 000	(9) 100 000	0
	累计结余			(10) 210 000 (14) 1 484 000	1 694 000
其他结余			(2) 中 3) 3 000 000 (2) 中 5) 500 000 (11) 1 563 500	(1) 中 2) 3 005 000 (1) 中 3) 876 000 (1) 中 4) 532 500 (1) 中 6) 650 000	0
经营结余			(2) 中 4) 200 000 (12) 50 500	(1) 中 5) 250 500	0
非财政拨款结余分配			(13) 130 000 (14) 1 484 000	(11) 1 563 500 (12) 50 500	0
专用基金				(13) 130 000	130 000

根据表 9－8 中的资料，编制预算收入支出表、预算结转结余变动表和财政拨款预算收入支出表，如表 9－9、表 9－10、表 9－11 所示。

表 9－9　　　　预算收入支出表

会政预 01 表

编制单位：M 事业单位　　　　2×20 年　　　　单位：元

项目	本年数	上年数（略）
一、本年预算收入	51 683 000	
（一）财政拨款预算收入	43 050 000	
其中：政府性基金收入		
（二）事业预算收入	6 105 000	
（三）上级补助预算收入	1 095 000	
（四）附属单位上缴预算收入	532 500	
（五）经营预算收入	250 500	
（六）债务预算收入	300 000	
（七）非同级财政拨款预算收入	100 000	
（八）投资预算收益	200 000	
（九）其他预算收入	50 000	
其中：利息预算收入		
捐赠预算收入		
租金预算收入		
二、本年预算支出	47 010 000	
（一）行政支出	0	

续前表

项目	本年数	上年数（略）
（二）事业支出	46 250 000	
（三）经营支出	200 000	
（四）上缴上级支出	150 000	
（五）对附属单位补助支出	50 000	
（六）投资支出	200 000	
（七）债务还本支出	100 000	
（八）其他支出	60 000	
其中：利息支出		
捐赠支出		
三、本年预算收支差额	4 673 000	

表 9-10　　预算结转结余变动表

会政预 02 表

编制单位：M 事业单位　　2×20 年　　单位：元

项目	本年数	上年数（略）
一、年初预算结转结余	60 000	
（一）财政拨款结转结余		
（二）其他资金结转结余	60 000	
二、年初余额调整（减少以“—”号填列）	200 000	
（一）财政拨款结转结余	50 000	
（二）其他资金结转结余	150 000	
三、本年变动金额（减少以“—”号填列）	4 743 000	
（一）财政拨款结转结余	2 740 000	
1. 本年收支差额	2 640 000	
2. 归集调入	600 000	
3. 归集上缴或调出	—500 000	
（二）其他资金结转结余	2 003 000	
1. 本年收支差额	2 033 000	
2. 缴回资金	—30 000	
3. 使用专用结余		
4. 支付所得税		
四、年末预算结转结余	5 003 000	
（一）财政拨款结转结余	2 790 000	
1. 财政拨款结转	2 190 000	
2. 财政拨款结余	600 000	
（二）其他资金结转结余	2 213 000	
1. 非财政拨款结转	389 000	
2. 非财政拨款结余	1 694 000	
3. 专用结余	130 000	
4. 经营结余（如有余额，以“—”号填列）		

表 9-11

财政拨款预算收入支出表

会政预 03 表

编制单位：M 事业单位　　　　2×20 年　　　　单位：元

项目	年初财政拨款结转结余		调整年初财政拨款结转结余	本年归集调入	本年归集上缴或调出	单位内部调剂		本年财政拨款收入	本年财政拨款支出	年末财政拨款结转结余	
	结转	结余				结转	结余			结转	结余
一、一般公共预算财政拨款			50 000	600 000	−500 000			43 050 000	40 410 000	2 190 000	600 000
(一)基本支出			50 000	600 000	−500 000			35 250 000	35 110 000	290 000	200 000
1. 人员经费								24 450 000	24 450 000		
2. 日常公用经费			50 000	600 000	−500 000			10 800 000	10 660 000	290 000	200 000
(二)项目支出								7 800 000	5 300 000	1 900 000	400 000
1. A 项目								300 000	300 000	—	—
2. B 项目							−200 000	7 500 000	5 000 000	1 900 000	400 000
……											
二、政府性基金预算财政拨款											
(一)基本支出											
1. 人员经费											
2. 日常公用经费											
(二)项目支出											
1. ××项目											
2. ××项目											
……											
总计			50 000	600 000	−500 000		−200 000	43 050 000	40 410 000	2 190 000	600 000

第六节　附注

一、附注的概念

附注是对在会计报表中列示的项目所做的进一步说明，以及对未能在会计报表中列示项目的说明。附注是财务报表的重要组成部分。

无论是财务报表还是预算会计报表，由于受格式、反映形式等因素的限制，有时所提供的信息不能完全满足报表使用者的需要。对此，需要附注来完善会计报表，为会计信息使用者理解会计报表提供帮助。很多情况下只有通过附注，才能对会计报表有全面、准确的理解，一些在报表中以表格形式难以表达的内容也需要通过报表附注加以反映。可见，附注既是对会计报表的补充说明，也是会计报表不可缺少的内容。

附注与会计报表及其附表相比，具有一定的特点：（1）附注主要以文字而非数字来表达信息；（2）附注侧重提供定性而非定量信息；（3）附注对报表兼具基础和补充的作用。当然，即使附注具有其相对独立的地位和重要的作用，但不能用以取代报表中对项目的适当分类与描述，也不能与报表信息重复甚至矛盾。

二、附注的内容

附注主要包括下列内容：

（1）事业单位的基本情况。事业单位应当简要披露其基本情况，包括事业单位的主要职能、主要业务活动、所在地、预算管理关系等。

（2）会计报表的编制基础。

（3）遵循政府会计准则、制度的声明。

（4）重要会计政策和会计估计。事业单位应当采用与其业务特点相适应的具体会计政策，并充分披露报告期内采用的重要会计政策和会计估计。主要包括以下内容：

1）会计期间。

2）记账本位币，外币折算汇率。

3）坏账准备的计提方法。

4）存货类别、发出存货的计价方法、存货的盘存制度，以及低值易耗品和包装物的摊销方法。

5）长期股权投资的核算方法。

6）固定资产分类、折旧方法、折旧年限和年折旧率；融资租入固定资产的计价和折旧方法。

7）无形资产的计价方法；使用寿命有限的无形资产，其使用寿命估计情况；使用寿命不确定的无形资产，其使用寿命不确定的判断依据；事业单位内部研究开发项目划分研究阶段和开发阶段的具体标准。

8）公共基础设施的分类、折旧（摊销）方法、折旧（摊销）年限及其确定依据。

9）政府储备物资分类，以及确定其发出成本所采用的方法。

10）保障性住房的分类、折旧方法、折旧年限。

11）其他重要的会计政策和会计估计。

12）本期发生重要会计政策和会计估计变更的，变更的内容和原因、受其重要影响的报表项目名称和金额、相关审批程序，以及会计估计变更开始适用的时点。

（5）会计报表重要项目说明。事业单位应当按照资产负债表和收入费用表项目列示顺序，采用文字和数据描述相结合的方式披露重要项目的明细信息。报表重要项目的明细金额合计，应当与报表项目金额相衔接。报表重要项目如货币资金、应收账款、存货、长期投资、固定资产、在建工程、无形资产、公共基础设施、政府储备物资、受托代理资产、应付账款、长期借款、事业收入、非同级财政拨款收入、业务活动费用等。

（6）本年盈余与预算结余的差异情况说明。为了反映事业单位财务会计和预算会计因核算基础和核算范围不同所产生的本年盈余数与本年预算结余数之间的差异，事业单位应当按照重要性原则，对本年度发生的各类影响收入（预算收入）和费用（预算支出）的业务进行适度归并和分析，披露将年度预算收入支出表中“本年预算收支差额”调节为年度收入费用表中“本期盈余”的信息。

（7）其他重要事项说明。

1）资产负债表日存在的重要或有事项说明。没有重要或有事项的，也应说明。

2）以名义金额计量的资产名称、数量等情况，以及以名义金额计量理由的说明。

3）通过债务资金形成的固定资产、公共基础设施、保障性住房等资产的账面价值、使用情况、收益情况及与此相关的债务偿还情况等的说明。

4）重要资产置换、无偿调入（出）、捐入（出）、报废、重大毁损等情况的说明。

5）事业单位将单位内部独立核算单位的会计信息纳入本单位财务报表情况的说明。

6）政府会计具体准则中要求附注披露的其他内容。

7）有助于理解和分析事业单位财务报表需要说明的其他事项。

制度测试

资料：甲事业单位（一般纳税人），2×20 年发生如下经济业务：

（1）收到上级主管部门非财政补助收入 2 400 000 元、下属独立核算的乙单位缴款 1 600 000元，全部款项存入银行。同时，接受捐赠专业材料一批并已验收入库，该批材料的市场价格为 1 300 000 元，以零余额账户支付相关费用 80 000 元。

（2）收到代理银行转来的“财政授权支付额度到账通知书”，通知书中注明的授权额度为 1 600 000 元；收到同级政府其他部门横向转拨的财政款 350 000 元，存入银行。

（3）预收 M 客户科研服务款 160 000 元，存入银行。当年确认向 M 客户提供专业服务收入 6 800 000 元，适用的增值税税率为 6%，在转销预收账款、收到客户开具面值为 180 000 元商业承兑汇票后，余款尚待结算。提供专业业务服务耗用库存物品成本为 360 000 元。

该单位提供经营服务取得收入 240 000 元，增值税专用发票上注明的增值税为 31 200 元，全部款项尚未收到。与经营活动相关的成本为 200 000 元（消耗的经营材料）。

（4）从银行借入 5 年期借款 2 800 000 元。当年计提长期借款利息 140 000 元，其中计入工程成本的利息为 100 000 元，利息按年结算，次年初支付。年末，借入 1 年期短期借款 180 000 元，存入银行。

（5）采购材料一批，增值税专用发票上注明的价款为 900 000 元、增值税为 117 000 元，款项以银行汇票结算，材料尚在途中；从系统内部乙单位无偿调入一批材料，该批材料在乙单位的账面价值为 250 000 元。以银行存款支付与调入材料相关的费用 15 000 元。

本期发出库存物品的实际成本共计 100 000 元，其中：业务活动耗用 60 000 元，行政管理耗用 30 000 元，研发活动耗用 10 000 元。

（6）单位按面值购入 5 年期国债并划分为长期债券投资，款项以银行存款支付，债券票面利率为 4.72%，按年付息。

单位对丙公司股权投资采用权益法核算，并按该公司所有者权益 15%的份额确认投资收益，2×20 年丙公司实现净利润 3 000 000 元。

（7）经批准，该单位使用专用基金购置一台研发设备并交付使用，取得增值税专用发票注明的价款为 150 000 元，增值税为 19 500 元，款项以银行存款支付；融资租入科研设备一台并交付使用，租赁协议确定的租赁价款为 450 000 元，租赁费分 5 年于每年年初偿还，以财政直接支付方式结算。

（8）以财政直接支付方式支付职工薪酬 2 800 000 元。期末，分配职工薪酬总额为 2 800 000元，其中专业活动人员 1 500 000 元、行政管理人员 300 000 元、工程人员 100 000 元、研发人员 700 000 元、经营活动人员 200 000 元。

（9）经批准，从其他单位无偿调拨科研设备一台，确认价值为 2 200 000 元；接受捐赠一项专利权，市场价格为 150 000 元，以银行存款支付相关费用 20 000 元；以银行存款支付经营租入行政办公楼改良支出 250 000 元。

本期计提固定资产折旧 180 000 元，其中业务活动部门折旧费 100 000 元，行政管理部门折旧费 50 000 元，经营部门折旧费 30 000 元；本期计入管理费用的摊销支出共计 145 000元，其中无形资产摊销 65 000 元，经营租赁房屋改良支出摊销 80 000 元；首次计提坏账准备，该单位应收账款余额为 200 000 元，提取坏账准备的比例为 5%。

（10）期末，将无法支付某公司的货款 150 000 元予以转账。以零余额账户资金预付丙科研所技术服务费余款 20 000 元。

（11）因销售研发产品，出借给乙单位一批包装物，收到乙单位支付的押金 6 000 元，存入银行。

根据供电部门通知，本单位本月应付电费 360 000 元。其中专业业务部门 300 000 元，经营部门 60 000 元，款项尚未支付。

本单位研究室张某持公务卡购买专业图书 35 000 元，开发中心刘某参加专业研讨会使用公务卡支付资料费 2 000 元。经审核予以报销，尚未收到银行划款通知。

（12）按规定从科研项目收入中提取项目管理费 35 000 元。在经营活动中，该单位涉及一桩诉讼案，根据以往的审判案例推断，单位很可能要败诉，但法院尚未判决，估计赔款金额为 120 000 元。

（13）外购两栋保障性住房，成本共计 12 000 000 元，款项以财政直接支付方式结算。以零余额账户支付相关税费 130 000 元。接受捐赠一项文化资产，公允价值为 500 000 元。

（14）按照财政部门和主管部门的规定，用银行存款上缴上级单位款项 500 000 元；

按照规定，用非财政拨款资金补助附属单位 200 000 元，款项尚未划拨。以银行存款交纳应缴财政款 100 000 元。

(15) 经计算，确认本期应由业务活动费用负担的城市维护建设税 70 000 元、教育费附加 30 000 元。本期应纳税所得额为 100 000 元，适用的所得税税率为 25%，确认所得税费用。

(16) 期末，结转各项收入及费用类科目；将“本期盈余”科目余额转入“本年盈余分配”科目。

(17) 按照规定提取专用基金。其中根据本年度非财政拨款结余的 20%提取专用基金，根据经营结余的 40%提取专用基金。

(18) 期末，结转以下业务：

1) 将“本年盈余分配”科目贷方余额转入累计盈余。

2) 将“无偿调拨净资产”科目借方余额转入累计盈余。

要求：根据上述资料，编制该单位 2×20 年的资产负债表、收入费用表。

参考文献

1. 财政部．政府会计制度——行政事业单位会计科目和报表．2017.
2. 王国生．事业单位会计．北京：中国方正出版社，1997.
3. 王彦，王建英．政府会计．北京：中国人民大学出版社，2012.
4. 财政部会计司．医院会计制度讲解．北京：经济科学出版社，2011.
5. 王国生．行政事业单位会计实务．北京：经济管理出版社，2014.
6. 王国生．政府会计学．北京：北京大学出版社，2017.